MINERVA
人文・社会科学叢書
205

近代日本の労務供給請負業

西成田 豊 著

ミネルヴァ書房

近代日本の労務供給請負業

目　次

序章　課題と研究史の再検討

一　課題と問題意識

本書の課題は、これまでほとんど究明されることがなかった近代日本における労務供給請負業と、それらの業者（個人、集団、組織）が供給する繊維女工や臨時職工、工場人夫について考察することにある。こうした課題を設定した一つの理由はきわめて現代的な問題関心からであるが[1]、もう一つは、これまでの近代日本経済史・労働史・労資関係史の研究において、それがおおきな空白になっていることに無視できない重要な意味が含まれていると考えたからである。そこでまず、こうした課題を設定した筆者の問題意識についてのべておくことにしたい。

従来、資本主義の確立をどのような指標で捉えるかという点について二つの見解が示されてきた。一つは、農業と結びついていた自給的な家内工業（自給的衣料生産）が衣料生産の機械制大工業化によって決定的に破壊され、商品経済が社会全体に押し広げられるようになったことを指標として捉える見解である。もう一つは、生産手段生産部門（機械工業など）と消費資料生産部門（綿工業など）の二つの部門が機械制大工業として相互に関連し循環し再生産構造を描くようになること、これが資本主義確立の指標であるとする見解である。この二つの見解はマルクス主義の理論解釈と深く結びついたものであるが、こうした理論認識の枠組では、歴史（経済史）研究としては完全に抜け落ちてしまう問題群が存在する。

第一は、資本主義の確立は理論的にはそれに即応した労働市場の成立を意味するが、実際には、賃金労働者となる人びとは、どの地域にどのような企業・工場が存在し、賃金を含めた労働条件がどのようなものかについての情報がなく、これらのことについて何も知ることができないため、当初は潜在的労働力としてしか存在しえない。したがって、実際には、労働市場は上記の点について情報を有する人びとの手によって開拓・発掘され、潜在的労働力を顕在化させることによって成立する。その意味で、資本主義の確立は、理論で想定されるような人びとが自由に移動・往来し、自己の判断で賃金労働者になるという自由な労働市場の自動的な成立をただちに意味するわけではない。もちろん、それぞれの国によって、前近代社会における都市の発展の程度や新聞など情報媒体の発達の度合、人口移動（人口の流動性）の状態などによって人びとが情報に接する機会の多少はあり、それによる労働市場の発達の差異は、当然みとめられるであろう。しかし、いずれにしても資本主義の確立は即自由な労働市場の自動的成立を意味するわけではない。それぞれの国によって呼称はさまざまであろうが（あるいは呼称自体ないかもしれないが）、潜在的労働力を顕在化させる役割を担ったのは労務供給請負業であった。従来の資本主義確立論争は、このことについての関心がまったく欠如していたといってよい。

第二は、機械制大工業の成立は技術的には作業機械と原動機の発明と応用であって、機械と機械が伝導機構によって有機的に結合された機械体系（ライン、流れ作業）の成立と同義ではない。運搬機械の発明と応用によって機械体系（ライン、流れ作業）が成立するのは、資本主義が確立してからだいぶ経ってからのことである[2]。したがって、機械制大工業の成立による資本主義の確立は、運搬過程の重筋労働を担う多数の不熟練労働者を必要とした[3]。上述した二つの資本主義確立論から導き出される労働者像は、綿工業労働者や機械工業労働者であるが、運搬過程を担うこうした不熟練労働者（日本のばあい工場人夫や工場雑役と称される労働者）についてこれまで焦点が当てられることはなかった。これら不熟練労働者を募集・調達し、工場へ供給する役割を担ったのは労務供給請負業者であった。

第三は、二つの資本主義確立論のどちらの立場に立つにせよ、資本主義の確立は具体的には機械制工場の起業・操業を意味する。しかし、こうした機械制工場が実際に操業するためには、道路や上下水道などのインフラの整備を欠かすことができない。その意味で、資本主義が確立するためには、その時点で土木建築業が発達していることが前提であり、ここでもそれらを担う多数の不熟練労働者（土木建設人夫）の存在が必要であった。日本のばあい、これらの不熟練労働者の多くは親方が支配する親方制度の下にあり、親方が作業まで請負うかどうかは別として、それら不熟練労働者の供給は親方が有する労務供給請負業務に依存していたことは確かである(4)。

第四に、ひとくちに生産手段生産部門とは言っても、それは機械製作工業や製鉄業、造船業など幅広い産業にわたっており、それらの多くは注文（受注）生産を特徴としている(5)。生産の不安定性を構造的に内包している注文（受注）生産は、その方法はおそらく国によってさまざまであろうが、産業内に雇用を調整する機構を有しているばあいが多い。日本では、資本主義の確立期のころからそれは臨時職工の存在として指摘されてきた(6)。しかしこれまで、資本主義確立論から導き出される機械工業労働者について、その階層的な存在形態にはほとんど考慮が払われてこなかった。こうした臨時職工の多くも、工場内の親方の労務供給請負業務や工場と契約した労務供給請負業者によって調達された。

第五に、資本主義の確立と言っても、具体的に考えれば、内需完結型で確立することはなく、外国貿易をその不可欠の一環として確立する。とくに日本の資本主義のばあい、米国への生糸輸出、中国への綿糸輸出、ヨーロッパからの機械輸入、インドからの棉花輸入という四つの環節から成る外国貿易への依存度がきわめて高い資本主義として確立したことが、これまでしばしば強調されてきた。しかし、この史実を具体的に敷衍すれば、日本の資本主義が確立するためには貿易港の構築・拡張（築港）がきわめて重要だったことがわかる。また、四囲が海に囲まれた日本の地理的条件を考えたばあい、近代の資本制経済が成立すれば、それ以前よりいっそう海運による流通が発達し、そのための築港（構築・拡張）も必要とされたであろう。また、近代の労働者の重要な栄養源となる魚類の捕獲（漁業）も、前近代社会以上に発達し、そのための漁港の築港（構築・拡張）もすすんだものとおもわれる。こうしたさまざまな領域における築港は、当然それを担う多数の重筋不熟練労働者が必要となる。一方、貿易や海運のための築港が完成しても、当時大型船舶が着岸できる技術や技能は存在しなかったため、港の沖合に碇泊している船舶への積荷や荷下ろしを担う重筋不熟練労働者（沖仲仕）が必要とされた。

以上のような築港を担う不熟練労働者（土木建設人夫）や沖仲仕の多くは、前述したことと同じように親方の支配下にあり、その親方が作業まで請負うかどうかは別として、これらの労働者の供給が親方の労務供給請負業務に依存していたことは確かである。

以上のべてきたように、資本主義の確立はそれに即応した労働市場の自動的成立をただちに意味したわけではなく、労働市場は人間の行為によって意識的に開拓されなければならなかった。こうした労働市場開拓の業務を担ったのが、労務供給請負業であった。この労務供給請負業は、資本主義の確立にともなうさまざまな領域における厖大な不熟練労働者、臨時職工などの熟練労働者下層の需要に応えるための労働市場開拓の面でとくにおおきな役割を担った。

ただし、こうした労務供給請負業とその背景にある労働市場状況は、資本主義の「発展段階」によって自動的に変容したり消滅したりするものではなかった。資本制経済の景気循環にともなう労働者の整理や再入職、重化学工業の発達にともなう工場建設の増加や拡張、インフラのさらなる整備・拡充、貿易・海運の発展による築港の増加、海上荷役業の拡大など、これらさまざまな領域において労務供給請負業の存立基盤は拡大した。また一般的に言って、資本主義の発展にともない機械体系（ライン、流れ作業）の形成がすすむのは事実であるが、それは自動車や家電などの耐久消費財生産にかぎってのことである。しかし、戦前日本においては耐久消費財を中心に大量生産・大量消費社会は形成されることはなく、機械体系（ライン、流れ作業）は成立しなかった。したがって、主として運搬過程を担う工場人夫や工場雑役などの不熟練労働者を供給する労務供給請負業が衰退することはなかった。本論で論ずるように、この面で労務供給請負業が縮小するのは、政府・行政当局による政策的規制や時代状況の変化（日中戦争の勃発）によらなければならなかった。

以上、本書が研究対象とする近代日本の労務供給請負業とその業者が供給するさまざまな不熟練労働者について、その背景にある筆者の問題意識についてのべてきた。それでは、従来の労働史・労資関係史の研究は、上述した点とのかかわりで、どのような議論・主張を展開してきたのであろうか。そこで次に、これまでの研究――古い研究から始まることになるが――を振り返り、それをあらためて再検討することにしよう。

注

（1）筆者はかねてより、一九八六年に施行された労働者派遣法が、その後九九年、二〇〇四年の二度にわたる改正によって一般の労働者にまで適用されるようになったことは、戦後労働改革の一環として制定された職業安定法第四四条の規定（「労働者供給事業」の禁止）と抵触するのではないかという疑念を抱いていた。また同時に筆者は、職業安定法の制定は逆に戦前社会において「労働者供給事業」＝労務供給請負業がかなり広い範囲で展開していたのではないかという問題意識をもつようになった。

（2）機械の発明と機械体系の成立は区別されなければならないという見解については、堀江英一編著『イギリス工場制度の成立』ミネルヴァ書房、一九七一年、第四章、参照。

（3）たとえば、日本資本主義成立期の一九〇九年現在、工場労働者総数（「職工」と「労働人夫」の合計）八四万二〇〇〇人の内、「労働人夫」は四万二〇〇〇人で総数の五・〇%を占めている（農商務省『工場統計表』明治四二年）。この「労働人夫」は工場側が直接雇用した人夫と考えられるので、後述する労務供給請負業者によって供給された人夫（臨時人夫）を含めれば、工場人夫数が工場労働者総数に占めるその比率は、さらにおおきくなるものと考えられる。

（4）たとえば横山源之助は、「東京府下幾多の工場あり（中略）各種の工場に職工以外にして、尚工場に出入する人足多きや言を俟たず。同じく親方の手より出ずるもあり、直接工場に雇はるゝもあり」と記している（横山『日本の下層社会』一八九八年〔岩波文庫、一九四九年〕二九―三〇頁）。

（5）たとえば、資本主義成立期のイギリスの機械製作工場は多品種少量の注文生産であった（前掲、堀江英一編著『イギリス工場制度の成立』、一四五頁）。

（6）日本の労働史の基礎的文献史料である『職工事情』は、「鋲工ノ雇傭関係ニ就キテハ常傭職工ト臨時傭職工トノ区別ヲナサル可ラス」と記している（農商務省商工局工務課『職工事情』一九〇三年、「鋲工事情」一〇頁）。

二　研究史の再検討

研究史を再検討するにあたって、近代日本の労働問題（労働史・労資関係史）研究につよい影響をあたえた山田盛太郎『日本資本主義分析』[1]（以下、山田『分析』と記す）の検討から始めることには、誰しも異存はないであろう。山田『分析』が、近代日本の資本主義を「軍事的半農奴制的」と構造的に定義したことはつとに有名であり、それに対してはこれまでさまざまな批判がなされてきた。ここでは、それらと同じ批判は繰り返さないが、本書の課題に即してみれば、山田『分析』から析出される三つの労働力について注目したい。第一の労働力――山田が最も重視するのはこれであるが――は、周知のように、生産過程で陶冶・鍛冶されプロレタリアートに成長する労働力である。山田はこうのべている。「生産機構＝労役機構は労働力を陶冶する。日本資本主義の場合における基軸たる所の……軍事機構＝鍵鑰産業は必然的な過程の事情の下に、最も良く透視の利く亦必量的な労働力を陶冶する。

当該プロレタリアートの客観的作用遂展（革命——引用者注）の問題における応答的條件は玆に成立する[2]」、「軍事機構＝鍵鑰産業を基軸とする総機構での序列＝陶冶＝作用を通じてプロレタリアートは鍛冶せられる[3]」（傍点引用者、以下とくに断わらない限り同じ）。すなわち山田は、官民重工業部門（「軍事機構＝鍵鑰産業」）の労働力は、その生産過程のなかで組織的に訓練され、知識・規律と団結の基礎を身につけ（「陶冶」）、日本資本主義変革（革命）の展望をもった「プロレタリアート」として成長（「鍛冶」）するという思想をかたっている。

山田のこの第一の労働力論について、まず問題点として指摘しておきたいことは、前にのべたように、戦前日本においては機械と機械が伝導機構を通じて有機的に結合した機械体系は成立しなかったため、生産過程で同じように訓練され、組織的に結びつき（団結し）、「プロレタリアート」として「成長」する客観的な条件は存在しなかったことである。このことへの認識を欠いていたために山田は、主として運搬過程を担う工場人夫や工場雑役は生産過程では「陶冶」されない者として考慮の外におくことになった（ただしこれらの労働者は、後述する「監獄部屋」・「人夫部屋」論というまったく別の系論のなかで登場する）。

また山田においては、上述したようにその客観的条件が存在しなかったにもかかわらず、官民重工業部門の生産過程で日本資本主義の変革（革命）主体が「陶冶」、「鍛冶」されるという「理論」把握に思考が縛られていたため、その中核をなす労働力（現代的な表現で言えば「本工」）のみが重視され、山田『分析』執筆当時（一九三二―三三年）確実に増加していた「臨時工」（重工業労働者の階層的存在形態）についての認識をまったく欠如していた。

山田の「生産過程における陶冶・鍛冶」論についてさらに言えば、『分析』で実際に論じられているのは、大阪砲兵工廠、王子火薬工廠、国有鉄道、大井鉄道工場、横須賀海軍工廠、横浜船渠製機工場などの官民重工業諸工場における労働力の職種別構成を表出し、そのなかでどの職種が「鍵鑰《キイ》」（基軸的）労働力かという説明にすぎない。そのさい、「鍵鑰《キイ》」労働力析出の基準は、労働者全体のなかでどの職種の労働者がもっとも多いかという点にあるようであるが、そうでない事例も存在する。たとえば、大井鉄道工場（一九二九年現在）のばあい、労働者総数一一七〇人の内、「鍵鑰《キィ》」労働力とされるのは製罐工一一三人、旋盤工八〇人であるが、それらより多い組立工（一二九人）は「鍵鑰《キィ》」労働力とはされておらず[4]、そのことへの説明はまったくない。こうした重工業諸工場における「鍵鑰《キィ》」労働力を析出すること自体、その当否は別として、機械体系が成立していないことを意味しており、それは山田みずからが主張する「生産過程における陶冶・鍛冶」論とは明らかに矛盾していると言わねばならない。

さらにもう一つ指摘すれば、「生産過程における陶冶・鍛冶」論は、労働者の連帯と団結の基盤を創り出すとは言えても、それがただちに資本主義変革（革命）の精神を生み出すとはかぎらないということである。生産過程が変革（革命）精神を育むという主張は、マルクス主義特有の経済決定論（経済が人間の社会意識を規定するという思想）と言うべきであろう。実際、明治中期から後期にかけて重工業諸工場を渡り歩いたある労働者の自叙伝によれば[5]、ひとくちに「鉄工」とは言っても、製罐工と旋盤工とでは変革（革命）精神は言うに及ばず、その「気質」がまったく異なっていたのが実態であった。

山田『分析』が論述する第二の労働力は、上述した「軍事機構＝鍵鑰産業」（官民重工業）の創出・建設を担い、その後も当該産業の「基礎」としてその内部に包摂された「隷奴制的労役形態」の労働力である。山田はこうのべている。「軍事機構＝鍵鑰《キィ》産業なるものの創出は……厖大なる低廉労働力群を一挙に強力的に創出する必要上での……隷奴的形態における労役を基礎として、これに立脚して遂行せられた所である」[6]、「この労役制置形態なるものは、啻に、軍事機構＝鍵鑰《キィ》産業創出の場合の基礎として、その歴史的起点を特徴づけてゐるのみに止まらず、更に亦、軍事機構＝鍵鑰《キィ》産業の体制それ自体の基礎として、その構造的基調として……存続＝強化＝普遍化してきてゐる」[7]。

山田がここで言う「隷奴的形態における労役」（「隷奴制的労働形態」）とは、日本資本主義の原始的蓄積期における囚人労働と、「囚人の充用には数量的、地域的、制度的の制限ある」[8]ために生まれた「囚人労働形態の再出に外ならぬ所の監獄部屋、納屋制度＝友子同盟＝人夫部屋の形態」[9]下にある労働力である。

山田が言う以上の第二の労働力論について問題点としてまず指摘しておきたいことは、確かに日本資本主義形成期に囚人労働が果した役割は無視しがたいが[10]、それと監獄部屋、納屋制度、友子同盟、人夫部屋とを同一の概念で把握することには、明らかに無理がある。また、監獄部屋という名称の是非は後述するが、監獄部屋・納屋制度・人夫部屋と友子同盟とを同一の範疇で括るのも、友子に関する実証的研究[11]をふまえれば、明らかな間違いであろう。

山田の言う第二の労働力論についての二つめの問題点は、「軍事機構＝鍵鑰産業」（官民重工業）の基礎に、以上のようなさまざまなかたちをとった労役形態を見い出し、それを山田『分析』の理論的枠組のなかに措定したこと自体、「軍事機構＝鍵鑰産業」に機械体系が成立していなかったことを意味しており、そうであれば、山田みずからが主張する「生産過程における陶冶・鍛冶」論と齟齬をきたすことになるであろう。

第二の労働力論についての三つめの問題点は、監獄部屋、納屋制度、人夫部屋それぞれの労働力に共通する具体的な内容規定が意外と乏しいことである。「隷奴制的労役形態」という概念から想像されることは、苛酷で長時間の労働、生活の拘束性（不自由性）などであるが、それを「隷奴制的」と規定するのは、世界史における近代の労働をあまりにも美化し、その抽象的理念と比較したうえで生まれた概念である。むしろこれらの労働力に共通するのは、労務供給請負業務を担った親方の支配・統制下にある労働力ということであろう。第二の労働力についての労務供給請負業に関する山田の視点の欠如は、これらの労働力を囚人労働の「再出形態」として捉えたことに起因しているようにおもわれる。ただし山田は、「監獄部屋」労働の典型的形態として官営八幡製鉄所の「職夫」群を取りあげ、そのなかで「請負の下に」[12]とさりげなく記しており、「監獄部屋」と筆者の言う労務供給請負業との関係に迫っているようにもおもえる。ただし、「監獄部屋」という用語の使用は誤りであろう。そもそも「監獄部屋」

という用語は、一九二〇年代にある作家が北海道の「タコ部屋」や「土工部屋」の実態を描いた同名の小説[13]からきており、官営八幡製鉄所の「職夫」にその表現を用いるのは誤りである。

山田『分析』から析出される第三の労働力は、紡績業、製糸業、織物業などの「衣料生産」における女工労働力である。山田はそれを、「賃銀の補充によって高き小作料が可能にせられ又逆に、補充の意味で賃銀が低められる様な関係の成立、即ち、半隷農的小作料支払後の僅少な残余部分と低い賃銀との合計でミゼラブルな一家を支へる様な関係の成立[14]」（日本資本主義と地主制の相互規定関係）にもとづく「半隷奴的賃銀労働者[15]」と規定している。この「半隷奴的賃銀労働者」は、「貧農部分より流れ出づる半隷奴的賃銀労働者」という表現に示されるように、さしあたり出稼女工労働者と捉えることができる。

この第三の労働力について問題点をのべれば、これらの女工労働者は出稼先としてどの地域にどのような製糸工場、紡績工場があるかをどのようにして知ったのかが、まったく説明されていないことである。基本的に理論書としての性格を有する山田『分析』からすれば、このような具体的な事柄は無視してよいのかもしれないが、難解な漢語的表現を多用する『分析』のなかで唯一口語調の「流れ出づる」という表現が用いられていることに、率直に言って筆者は違和感を覚える。本論で詳しく論ずるように、出稼先の情報（虚偽のそれを含めて）を伝え出稼労働者を紹介し斡旋したのは労務供給請負業者であった。

上述のように、山田『分析』には「流れ出づる」という表現は出てくるが「出稼」という言葉は出てこない。それはなぜかと言えば、「出稼」という言葉を用いれば、人身拘束性の意味合をもつ「半隷奴的」という概念規定と矛盾することになるからである。実際、山田は「かかる労役制置形態（監獄部屋、友子同盟、人夫部屋――引用者注）は、衣料生産の場合の諸形態と共に、半隷奴的労役関係を示し……[16]」とのべ、第三の労働力も前述した第二の労働力と基本的に同質のものとして捉えている。山田『分析』における労働力論の根底を貫いているのは、一貫して工場や作業現場における労働の諸形態であり、労働市場論は完全に欠落している。それが第三の労働力について「流れ出づる」という表現になったものとおもわれる。労働市場論をふまえ、第二と第三の労働力に共通するものがあるとすれば、労務供給請負業によって創出された労働力ということになろう。

以上、山田『分析』から析出される三つの労働力と、それぞれに対する筆者が抱いている問題点を指摘してきた。それはつづめて言えば、山田『分析』に一貫してつらぬかれているのは、工場・作業現場（「生産過程」）の労働の諸形態であり、労働市場とそれと分かち難く結びついている労務供給請負業に対する認識の欠如であった。

さて戦後になって、まず山田『分析』の第三の労働力論を「出稼型」賃労働論として発展させ、それを一般化させたのは大河内一男氏である。大河内氏は次のようにのべている。「明治以来今日に至るまで、一貫して日本の労働問題を特殊な、『日本的な』ものにつくり上げて来たところのものは、実はこの賃労働の特殊な型（「出稼型」——引用者注）に外ならなかった[17]」。大河内氏のこうした類型認識は、「日本の資本主義経済が、単に日本における資本主義というだけでなく、『日本資本主義』として特殊な型をもっているのと同様に、日本の賃労働もまた、それが日本資本主義の支柱であるかぎり、特殊な類型のものであ[18]」るという、日本資本主義に型がある以上賃労働にも型があるという理解にもとづくものであった。大河内氏のこうした「出稼型」賃労働論は、以下の二点にまで展開されていることに注目する必要があろう。

第一は、上述したことからもすでに明らかなように、「出稼型」賃労働のなかには男性工場労働者（当然、重工業労働者も含む）も含まれていることである。大河内氏はこうのべている。「男子労働者の中心である工場、鉱山、交通、その他の賃労働についていえば、彼らの大部分は農村における過剰人口の流出部分からなっており、所謂『次三男』がその中核を占めている。……彼らは好景気の時は農村から流出して工場地帯や鉱山に職を求め、不況に遭遇して職場を喪って農村に帰還する[19]」、「いわゆる『出稼工女』を除いて考えても、日本の場合には、出稼形態が一般的である。……一般の工場工業における男子の賃労働も、その本質において、出稼型のものだと考えて差支えないであろう」[20]。

第二は、大河内氏の「出稼型」賃労働論のおおきな特徴であるが、「出稼型」賃労働は労働組合の型や労働者意識など日本の労働問題のすべてを規定しているという主張である。「出稼型労働に負わされた著しい特徴が、日本における賃銀労働者の『低賃銀』やその他一切の労働条件を、労働市場の形態を、労働組合その他の労働者組織の型を、そして特殊な労働者意識やその『エートス』を、総じて明治以来八十年を通ずる労働問題の一切を、その日本型を、つくり上げてしまった」[21]。

「出稼型」賃労働がいかに「特殊な労働者意識」をつくりだしたのかについて言えば、大河内氏はまず、労働者意識はそもそも職業意識・職能意識から出発するとし[22]、次のようにのべている。「出稼ぎ労働は……決して鮮明な職業意識や職能意識を生み出すことはないであろうし、また職業意識をおのれのうちに含みつつ、階級的な立場にまでそれが高度化され、脱皮されて行くことも考ええないであろう。（中略）賃労働が出稼ぎ型で、かつ流動性が高い場合には、おのずから労働条件に対する厳格な意識や観念は、最初から期待することはできないし、あらゆる条件に対する投げやりな態度が、また日本の『下層社会』的急進主義と表裏の関係に結びついている」[23]、「圧倒的多数の女子労働者＝『工女』の無知と少数の先端的男子労働者の急進的意識との奇妙な組み合わせ、そこに戦前における日本の労働者意識の特殊性があった」[24]。ただし、上記の「男子労働者の急進的意識」を、大河内氏は「都市における浮浪層の堆積」[25]と結びつけている。

以上の大河内「出稼型」賃労働論については、多くの問題点がある。まず第一に、日本資本主義の型がある以上賃労働の型もあると言うばあい、一見「理論的」な定義のようにおもわれるが、なぜそのように言えるのか、「出稼型」賃労働が「支柱」となる「日本資本主義の型」とは一体何か、このことへの説明がまったくない。第二に、男性工場労働者（当然、重工業労働者も含む）も「出稼型」と規定したばあい、景気変動の波に応じて流出・流入する男性労働者を「出稼型」とすることには重大な難点がある[26]ばかりでなく、重工業男性労働者内部に存在した本工・臨時工・工場人夫などの階層性はすべて「出稼型」賃労働として一括りにされることになり、その階層性を究明しようとする具体的な問題意識が生まれる余地がない。第三に、「出稼型」賃労働論は労働者意識を含む「労働問題」のすべてを「日本型」として説明できるとする主張に対する筆者のつよい違和感である。一つの理論＝視点ですべての「労働問題」を説明できるとする主張には、一見その理論のレヴェル（抽象度）の高さを感じさせるが、「社会科学」という学問においてそのような理論は存在しないというのが筆者の考えである。事実、労働者意識に関する上記の引用文から、労働者の「無知」、「投げやりな態度」、「急進主義」といったことを「出稼型」賃労働に即して何の迷いもなくそのまま受けとることができるであろうか。実際、「出稼型」賃労働と労働者の「急進主義」的意識を結びつけることはさすがに無理とみて、「急進主義」的意識は、さりげなく「下層社会」論や「都市浮浪層」論と関連させて説明している。そのこと自体、「出稼型」賃労働論の破綻を意味している[27]。そのことはひとまずおくとしても、賃労働の在り方（それが生産過程に即したものか労働市場に即したものかは別として）から労働者意識を想像することは、山田『分析』と同様に、マルクス主義特有の経済決定論という誹りを免れがたいであろう。

「出稼型」賃労働論には以上のべたような問題点があるが、他方で大河内氏の議論のなかには、これまでの「出稼型」賃労働批判ではほとんど無視されてきたが、本書の課題とのかかわりでは重要な主張が含まれている。大河内氏はこう指摘している。「労働力が出稼的な形態で提供され労働力の定着分や蓄積分が少ないということは、統一的な労働市場の成立を妨げている根本的な理由であり、またそのことは、労働者の募集や調達が横断的で広い労働市場を通じて行なわれずに、個人的な形で遂行されることを意味する……労働市場で労働力が合理的な仕方で募集され調達されるのではなく、すべて『縁故』をたどって行なわれることになるが、そのことは……労務の調達における頭はね制度やボス制度の介入の原因ともなる。女子労働者についての『募集人』による委託募集、男子労働者の場合の『縁故』募集は、日本における賃労働の殆んど大部分を占め（中略）労働者の調達は……会社の『募集人』＝『周旋人』や縁故（親方・先輩・地縁・血縁など）を通じて行われ、……労働者の調達は、だから、横断的にではなく、組織的に行われる」[28]。同様の議論は、同氏のほかの論考にみられる[29]。

ここで大河内氏が指摘する「募集人」、「周旋人」による委託募集や、親方などによる「縁故」募集は、それらの募集の担い手に即してみれば、労務供給請負業者にほかならない。大河内氏がこの点に着目したことは、けっして見落すべきではない。ただ、同氏のこの議論が現実には存在しない「横断的・統一的労働市場」という理論像を前提とし、その偏奇として、また「出稼型」賃労働論の枠組のなかでなされていることは問題であろう。近代の資本主義諸国の労働市場は、程度の差や形態の差はあれ、人為的、組織的（労務供給請負業）に開拓されなければならなかったというのが、筆者の主張だからである。

以上のべた大河内「出稼型」賃労働論に対して、それを批判しつつ、「（都市）雑業層」論を提起したのは、隅谷三喜男氏である。隅谷氏によれば、「出稼型」賃労働論は、労働市場が農村過剰人口と賃労働という二つの範疇で把握されているが[30]、実際は「明治以来農村人口は停滞的であるのに対し、都市人口、とくに産業都市人口は急激に膨張して」おり、それは「都市において『下層社会』の構成員が蓄積されてきた」[31]ことをものがたっているとする。そのうえで同氏は、「都市下層社会」の構成員として、「雑役・臨時工・社外工・日雇はいうまでもなく……中小企業労働者の一部、とくに零細企業労働者」[32]をあげ、これらを「（都市）雑業層」と呼び、それを「労働市場の構成要素」として重視している[33]。

こうした「（都市）雑業層」論を展開したうえで、同氏はとくに「臨時工」問題に着目している[34]。同氏によれば、「臨時職工」はすでに明治三十年代から存在し、第一次大戦後、満州事変後と段階を追って重要な存在となっていったとする。[35] そのうえで同氏は、「このような意義をもった臨時工が広範に存在したということは、これを供給する給源が存在した、ということを物語っている。そもそも、日本においては、不熟練労働者の供給は潜在的・顕在的に過剰であり、この過剰労働力を基盤として、労務供給請負業が成立していた」[36] と、重要なことを指摘している。以上のように隅谷「(都市)雑業層」論は、臨時工、雑役、日雇労働者を重視し、それと労務供給請負業と結びつけている点で、筆者の問題意識と相通ずる見解を提示している。ただ、後者の労務供給請負業について言えば、その実態がまったく究明されていないこと、またそれを「(都市)雑業層」とのみ結びつけてよいのかなど、問題・疑問点はなお残されていると言わねばならない。

以上のべた隅谷「(都市)雑業層」論は、津田真澂・中川清両氏の「都市下層社会」論として継承され、[37] 工場労働者と「都市下層社会」との関係が隅谷氏以上に詳しく考察されている。しかし、隅谷氏が提起し言及した臨時工の問題や労務供給請負について両氏の研究がまったく触れていないのは、一つの問題点であろう。

さて次に、山田『分析』の第二の労働力論を「組頭制度」論として発展させたのは藤本武氏である。[38] 藤本氏によれば、「組頭制度」とは土木建築業では「人夫部屋」、「監獄部屋」、石炭鉱業では「納屋制度」、「飯場制度」、林業では「杣頭制度」、「庄屋制度」、その他の産業では「組頭制度」、「親方制度」などと呼ばれているものの総称である。[39] 同氏によれば、「組頭制度」に共通するものは「労働請負あるいは労務供給請負制度といわれるもの」[40] であり、その典型例を同氏は次のように記している。「組頭あるいは親方が雇主である資本との間に労務供給請負契約によってその作業あるいは労働力の供給を請負い、雇主の指示の下に配下の労働者を働かせ、賃金は組頭＝親方がうけとり、若干の頭ハネをしてその残額が労働者に賃金として配分されるものであって、多くの場合(必ずとはいわないが)飯場を経営し、それによっても収益をえている」[41]。

藤本氏は「組頭制度」の典型例をこのようにのべたうえで、それに則して「組頭制度」の四つの機能を指摘している。すなわち第一、労働者を募集する機能、第二、「作業面における機能」、第三、頭ハネをともなった賃金管理機能、第四、生活管理機能、以上の四つがそれである(42)。ただし同氏は、第二、第四の機能についてそれぞれ、「すべての組頭制は組頭自体が作業面における機能をもっているとは限らないが、多くの場合、作業面における機能を果している(43)」、「この（第四の機能――引用者注）うち最も重要なものは飯場の維持・経営であるが、これは組頭＝親方制にとって不可欠ではないが、不可分のものである(44)」と限定を付していることにも注目しなければならない。

さて、以上のべたような「組頭制度」の「本質」について、藤本氏は「非近代的雇用形態」、「半封建的雇用形態」と規定している(45)。その理由は、「組頭制度」のもとにおける雇用形態は近代的雇用形態（近代的労働契約）と比べてきわめて異質な点にあるとし、こう記している。「労働者はこの労務供給請負契約の当事者である親方とのあいだに雇用契約を結ぶのであるが、これは通常の労働契約と異なり、その内容において近代的雇用契約と異なる面をもっているだけでなく、親方が産業資本ではなく、単なる仲介者にすぎないという点でも異質的である(46)」。ただし、藤本氏の議論は、「組頭制度」の「本質」を一方では以上のような「雇用形態」の問題として捉えておきながら、他方では組頭による「中間搾取関係」をその「本質」としている。「組頭制度の本質は、労賃からの中間搾取関係に、その搾取のしかたいかんにあるといわねばならぬ(47)」。したがって、前に記した「組頭制度」の四つの機能のうち、「いずれが本質的かという問題については何よりも賃金管理の点であり、これが組頭制をささえる支柱である(48)」としている。

以上のように藤本氏は、「組頭制度」の「本質」を二重に規定する一方、同制度の衰退の条件は作業面における機械化の進展にあるとして以下のようにのべている。「機械化は、この作業面における組頭制の機能を次第に圧縮してゆく傾向がある(49)」、「組頭制は機械化の低い段階にある産業あるいは作業に多くみられることも事実であるし、機械化の進展はかかる非近代的な労働組織を止揚して行く一般的傾向をもつ(50)」、「機械化の低い段階において組頭制が発展し、機械化の進展が後者の衰微をもたらす[51]」。

さて、藤本「組頭制度」論の特長は、これをアジア的視点で考察していることである。藤本氏は、中国の把頭制、インドのジョッバー制、インドシナのカイ制度に言及し、「組頭＝親方制度といわれる労働請負制度は、日本はいうまでもなく、中国・インド・インドシナ等の植民地ないし半植民地諸国に広範にみられた雇用形態である[52]」としている。さらに同氏は、こうした「組頭制度」は、一九世紀中頃のイギリスにおいてもみられたとし、その事例として鉄道建設作業における Sub-contract システム（下請契約制）や農業の一部における Gang-system をあげている[53]。そのうえで同氏は、イギリスにおいては、「組頭制度」は資本主義の発展とともに衰退していったのに対し、アジアにおいては「組頭制度」は経済の発展とは関係なく構造的に定着していったとしている。「組頭制度そのものはアジアにおいてのみ見出されるものではないが、イギリスの如き資本主義諸国では構造的特質とまでならなかったものが、これらのアジア諸国では、いわば構造的に根を下し、日本の如きは独占資本主義の段階に至るも、消滅するどころか拡大していったという意味においてアジア的特質ともいうべき性格をもっている[54]」。

以上、藤本「組頭制度」論の内容をのべてきた。これまでの労働史研究では藤本氏のこの議論はほとんど顧みられることはなかったが、山田『分析』の第二の労働力論を労務供給請負業の視点から再構成したことに藤本説の新しさがあった。しかし筆者の課題意識からすれば、藤本説にもいくつかの問題点がある。

第一は、「組頭制度」に共通するのは労務供給請負制度であるとし、それにもとづく特殊な「雇用形態」を「本質」としながら、他方では組頭による「中間搾取関係」をその「本質」とするという矛盾した規定をおこなっていることである。その矛盾した規定は、以下の二つの文章の齟齬にいっそう明瞭に示されている。「組頭に統轄される労働力は窮乏化した貧農であるが（日本の林業の全部、土木の一部、中国炭坑の大部分）、あるいは都市の困窮した半失業的労働者であるが（港湾、ならびに土建の一部）、これらの労働力を募集するためには、組頭制度は最大の適応能力をもっている」[55]、「募集面における機能は組頭制にとっては従たるものであって、これが組頭制の一支柱となっているにしても、これを欠いた場合に組頭制が成立しえないというものではない」[56]。筆者の考えではこの二つの文章のうち後者は明らかな間違いである。「組頭」の労務供給請負業務にもとづく特殊な「雇用形態」が「組頭」による「中間搾取関係」を生みだすのであり、両者は統一的に把握されなければならないというのが、筆者の考えである。

第二は、上述した藤本説の内容紹介では省略したが、同氏が「組頭制度」と「募集人制度」を明確に区別していることである。「『組頭制度』の本質は、商品としての労働力の日々の売買に介入し、その間にあって組頭＝親方が利益をうる制度である。中間搾取という点では募集人制度と同一であるが、募集人の場合にはただ一回募集時においてそれを行うにとどまるのに対し、組頭の場合はむしろ日々の労働ないし賃金についてそれを行う」[57]。「組頭は募集面における機能のみにとどまるならば、既に募集人に変質したとみるべきである」[58]。本論で詳述するように、「募集人」はただ一回限りの募集に従事する存在ではない。いまその点はおくとしても、上記の文章は「中間搾取関係」本質論にもとづき、「中間搾取」が一時的か恒常的かという基準で「募集人制度」と「組頭制度」とを区別している。前述したように、「組頭制度」にもとづく労務供給請負業務と「中間搾取関係」が一体のものだと考えれば、本質的に「組頭制度」と「募集人制度」とを区別する理由はない。前者は労働市場を開拓・発掘し、それを「組頭」のもとに力でもって囲い込み収容し、それら労働者を雇主に供給する制度であり、後者は労働市場を開拓・発掘するもそれら労働者を囲い込む施設をもたず雇主に直接供給する制度という点で、形態の差はあるものの、両者は労務供給請負業として共通の性格を有している。

問題点の第三は、作業における機械化の進展が「組頭制度」を衰退させるという点である。前述したように、藤本氏は「組頭自体が作業面における機能をもっているとは限らない」と限定を付しており、作業の機械化を「組頭制度」一般の衰退要因とするのは矛盾しており、無理がある。労務供給請負業は、同氏も自覚しているように、業務（労働・作業）請負をともなうばあいと、そうでないばあいとがある。前者のばあいは確かに、作業の機械化の進展が「組頭制度」の衰退要因となるであろう。しかし後者のばあいは、作業の機械化と何ら関係なく、不熟練労働者を対象とした「組頭」による労務供給請負機能は残ることになろう。

問題点の第四は、「組頭制度」を「非近代的」「半封建的」制度として捉えていることである。そもそも、「非近代的」と「半封建的」とはかならずしも同義ではないし、「組頭制度」はアジアの植民地、半植民地諸国に共通にみられた制度として捉えるならば、「半封建的」という規定は適切ではないだろう。さらに「組頭制度」は、一九世紀中葉のイギリスのいくつかの産業部門でもみられたとするならば、それを「非近代的」と規定することも無理がある。藤本氏が「組頭制度」をアジア的な規模で、あるいはイギリスを含めて捉えるならば、それは工鉱業化の進展や資本主義の成立にともなう労働市場の開拓・発掘の過程で生成したものとして理解されねばならないであろう。「組頭制度」がイギリスにおいてその後衰退していったのに対し、アジアにおいてその後も長く存続したのは、労働市場発達の遅行性、すなわち労働市場の開拓がその後もスムーズに進展せず、「組頭」によって発掘された労働者に対する力による囲い込みが続いたためと考えられる。その意味で、イギリスとアジア・日本の差異は認めつつも、「組頭制度」は工鉱業化や資本主義の成立にともなって必然的に生成したものと捉える必要があろう。

以上、藤本「組頭制度」論を検討してきたが、山田『分析』の第二の労働力論や藤本「組頭制度」論との関係を意識していたかは別として、この系譜を引く研究としては石炭鉱業の労働史とくに「納屋制度」に関する諸研究がある。[59] これらの諸研究は、「納屋制度」とは「納屋頭」による「納屋」に収容した鉱夫の出炭督励（繰り込み）、賃金の一括受けとり、鉱夫の生活管理などがその基本的な機能であることを明らかにしている。ただ、明治初期に少なからずみられた「納屋頭」が作業（採炭）請負までおこなうばあいは、それを「納屋頭制度」と区別するか、あるいはそれを前期「納屋制度」と呼び後期「納屋制度」と区別するかしており、[60]いずれにしても作業（採炭）請負を「納屋制度」の不可欠の要因とはしていない。このように考えれば、「納屋制度」とは「納屋頭」が炭鉱労働市場を開拓し、そのことによって発掘された人びと（鉱夫）を力でもって「納屋」に囲い込み、その鉱夫を鉱業経営者に供給する労務供給請負業の一つの型態として把握されなければならないであろう。

またこのほか、山田『分析』の第二の労働力論や藤本「組頭制度」論の系譜を引く研究として近年、官営八幡製鉄所の「職夫」とその「供給人」に関する森建資・長島修両氏による詳しい実証研究が発表されている。[61]

さて次に、山田『分析』の第一の労働力論の系譜を引く研究としては、兵藤釗氏の研究がある。[62]同氏はまず、機械制大工業の成立は、それまでの労働者の熟練を次第に解体するとともに労働の均等化・平準化をもたらし、労働者を機械の付属物たらしめる傾向をもっているとし、以下のようにのべている。「資本主義は、機械制大工業を基礎として成立し（中略）労働主体のうちに内在する経験的熟練を機械に移し替え、その労働の均等化・平準化傾向を発展せしめることによって、つまり労働者の熟練を次第に内容空虚なものと化し、必要とあらば労働者を相互に代替せしめうる可能性を増大せしめ（中略）（労働者を）機械の付属物たらしめていく傾向を有している」。[63]ここで兵藤氏は、機械制大工業の成立は労働者を機械の従属的存在たらしめ、かれ（かの女）らを資本のもとに統合する契機を内包していることを指摘している。しかしそのうえで同氏は、機械制大工業による労働の均等化・平準化（いわば労働の互換性、代替可能性）は、労働者にさまざまな機能を担いうる諸能力と知識をあたえるとともに、労働者が連帯する基盤を作りだすとして次のようにのべている。「近代的工業（機械制大工業――引用者注）の発展は……労働者を種々の諸機能を担いうる労働者たらしめ、かつ……労働者の知的水準の上昇を促すという機械そのものの本性の作用を内包せざるをえない。しかも（中略）機械そのものの本性が促す直接的に社会化された共同労働としての協業と労働の均等化・平準化の傾向が促す労働者の同質化を通して、彼らを共通の絆で結びつける連帯の基盤を内包せざるをえない」(64)。こう指摘したうえで同氏は、労働者を機械の付属物たらしめるという「資本主義の物化のメカニズムは、それ自体のうちに……資本主義そのものに対する批判的意識」(65)を生みだすことを強調している(66)。

機械制大工業に関する以上のような考えのもとに、兵藤氏は山田『分析』を検討し、筆者のいう第一の労働力論について、山田『分析』の基本的な正しさを強調しつつも(67)、さきに筆者が指摘したことと同様に、その問題点を以下のように記している。「労働者の鍛冶の過程を具体的に検討する『分析』第二編の『労働力』の分析においては、この視点（生産過程のなかで資本主義の変革主体が「鍛冶」されるという視点――引用者注）はほとんど労働手段体系に応ずる労働力群編成のうちにおいて、いかなる部分が作業工程上枢要な地位を占めているかという点に限定されてしまっているのであって、……『頑強、強靱なる鍵鑰《キイ》労働力』が……いかにそのプロレタリアートとしての性格を展開しえたかは、ほとんど視界の外に消えてしまっている(68)」。

兵藤氏の研究は、以上のべたような視点に立って、一八九〇年から一九二〇年代までの重工業「大経営」の生産過程に注目しつつ、その生産技術的構成の変化から労働者に対する管理が「間接的管理体制」（親方請負制による管理）から「直接的管理体制」（経営側の直轄管理）へと変化していく過程を分析するとともに、重工業「大経営」労働者の「都市下層民」的性格とそこから離脱していく様子を描出している(69)。この実証部分では同氏は、藤本「組頭制度」論や隅谷「（都市）雑業層」論の視点を導入している。

以上、兵藤氏の研究の概要をのべてきたが、やはりいくつかの問題点を指摘せざるをえない。第一は、機械制大工業の成立は、これまでものべてきたように「機械体系」の成立ではなく、歴史具体的には労働者の代替可能性（互換性）を促すような「労働の均等化・平準化」は生じていないことである。したがって、機械制大工業の成立期には、労働者が機械の「付属物」たらしめられることはなく、逆に労働者は機械を巧く使いこなせる職人的熟練を必要とした(70)。その意味で、逆説的な言い方になるが、兵藤氏が「労働の均等化・平準化」説に立って山田『分析』

に対して前述のような批判をしたのはある意味で正しいと言わねばならない。

第二は、第一の批判と関連するが、機械制大工業の成立とともに、その生産過程を通して資本主義に対する労働者の批判意識が醸成されるというのは誤りである。仮に労働者の連帯の基盤が生じたとしても、それがどのような意識を生み、どのような運動や行動に結びつくか結びつかないのかは、一義的に規定することはできないであろう。

問題点の第三は、筆者が別の著書ですでに実証したこと[71]であるが、日清戦後期の重工業「大経営」労働者の「都市下層民」的性格を説くのは相当無理があり、誤りである。

第四に、したがって重工業「大経営」労働者と「都市下層」との関係を考察するばあいには、「大経営」労働者を単一の主体（「本工」）のみに焦点を当てるのではなく、「大経営」内の臨時工や工場人夫など、労働者の重層的存在形態に注目する必要があろう。臨時工や工場人夫はまさに「都市下層」を給源としており、労務供給請負業をとおして供給され入職し、「大経営」内部の「間接的管理体制」を不断に生みだしていた。その意味で、重工業「大経営」労働者に対する管理体制を「本工」のみに即して、「間接的」から「直接的」へと段階的にかつ単線的に描くのは一面的であるという誹りを免れがたいであろう。

以上の兵藤氏の研究と同様に、生産過程における労働者の存在とその主体形成を重視した研究として、足尾暴動（一九〇七年二月）に関する二村一夫氏の研究がある。[72]同氏の研究の出発点は、前述した大河内「出稼型」労働力論への批判から始まる。すなわち同氏は、「日本の労働者の特質を〈出稼型〉とすることには疑問がある。というのは、〈出稼型〉は主として労働力を、その労働市場における性格によって特徴づけたに過ぎないからである」[73]とのべ、大河内「出稼型」労働力論を批判する。そのうえで、兵藤氏の議論と同様に、労働力の性格は生産過程において規定されるとし、以下のように記している。「労働力がまさに労働力たることを実証するのは、ほかならぬ生産過程においてである。労働力は資本の支配する生産過程において、その生産機構の特質に応じて特有の性格を刻印される（中略）近代産業の生産手段体系は、労働市場において如何に前近代的な性格を持っていた労働力であろうと、その生産過程に必要な技術的、社会的訓練をほどこし、これを近代的労働力に鍛え上げていく」[74]。

二村氏は、以上のような考えを理論的前提とし、「足尾暴動」を対象として実証的な分析をおこなっている。そのさい同氏は、藤本「組頭制度」論をどの程度認識していたかどうかは別として、足尾銅山の飯場制度について考察している。すなわち、同氏は飯場制度の「定義」として、労働力確保機能、作業請負機能、賃金管理機能、日常生活管理機能の四つの機能をあげている[75]。ただ同氏は、この四つの機能のうち作業請負機能がもっとも重要で本質的な機能と捉えており、「飯場制度は産業資本に包摂された請負制度である。〈労務管理〉についてはほぼ独自の権限をもち、生産過程においても一定の自立性を有する」[76]と記している。そのうえで同氏は、「近代的資本主義経営の内部に、なぜ飯場制度のような前近代的な労働組織が生まれたのか？」[77]と問題を提起し、大河内「出稼型」労働力論が説く統一的・横断的労働市場の欠如だけでは説明できないとし、「飯場制度はただ単に労働者の募集、確保を目的としただけでなく、作業請負制として生産過程の内部に組み込まれていたのであるが、この事実は大河内氏の理論では理解し得ない……。労働力の労働市場における性格は、飯場制度の成立を可能にした、あるいは容易にした一つの条件ではあるが、その成立を必然たらしめるものではない」[79]とのべている。大河内氏の議論をこう批判したうえで、二村氏は「飯場制度成立の主要な要因は、排水、坑内運搬、坑外運搬の動力化や選鉱・製錬部門の機械化がすすんだにもかかわらず、採鉱部門は依然鎚とタガネによる手労働に依存していたという「跛行的な技術の近代化」[80]にあるとしている。「要するに、飯場制度は日本労働市場の特質、或いはそこにおける労働力の特徴によって規定されたものというより、むしろこの段階での日本の鉱業技術の跛行的な発展に基づくもので」[81]あった。そのことが近代的資本制産業の内部に飯場制度という「前近代的な労働組織」が包摂された主な要因であるというのが、二村氏の主張である。

以上のべたような「飯場制度」論や「足尾暴動」の分析をとおして二村氏は、それまでの労働運動史研究の在り方についても疑問を投げ掛けている。すなわち、それまでの研究は、「労資関係をとりまく歴史的、社会的、文化的要因」や「労働者の主体的要因」の分析を軽視しており[82]、そのことが「労働運動についての理解がいちじるしく経済主義的であった[83]」理由であるとし、労働運動に対する「経済主義」的解釈を批判する。それは、「労働争議や暴動を、つねに、経済的窮乏に対する〈自然発生的抵抗〉として描くことに終らせているのではないか?[84]」、「経済的要因だけで暴動や争議の発生を理解するのは無理である[85]」という主張と結びつく。そのうえで二村氏は「労働者意識」を取りあげ、争議史研究における〈マンタリテ〉(心性)など「社会史」の視点の重要性を強調している[86]。同氏の研究書の副題が「鉱山労働者の社会史」となっているのは、そうした考えにもとづくものであろう。

以上、二村氏の研究の概要をのべてきたが、やはりいくつかの問題点を指摘せざるをえない。一つは、労働力の性格は〝生産過程において規定される〟と二村氏は主張するが、そこで念頭に置いているのは、いわゆる「本工」であって、臨時工や工場人夫などは考慮の外に置かれており、諸産業の工場の生産過程をさまざまなかたちで担う労働者の重層的な存在形態について認識がおよんでいない。そして実は、後者のいわゆる「周辺」労働力を考慮すれば、本論で詳述するが、労働市場やその開拓を担う労務供給請負業の方が重要になってくる。

第二の問題点は、飯場制度について作業請負機能がもっとも重要で本質的な機能であると二村氏は主張するが、足尾銅山で作業請負制が廃止された後も、飯場制度が存続(ただし同氏は「変質」と捉えているが)したことを考えれば、上記のような本質規定には無理があろう。実際同氏は、飯場制度の第一の労働力確保機能について、「労働環境が極めて劣悪で、しかも多くの場合山間の僻地に立地する鉱山業においては、必要な労働力を得ることは著しく困難であり、所要労働力を安定して確保することは鉱業経営上の最重要課題であった。飯場制度はこの難問を解決するためのものであった[87]」とのべており、このことをふまえれば、労働力確保機能が飯場制度の中心的な機能だったのではないかと考えるのがふつうである。事実、「補論――飯場頭の出自と労働者募集圏」のなかで二村氏が以下のように記していることを考慮すれば、飯場制度の中心的機能は労働力の確保機能であったことがわかる。「飯場制度の主要な機能のうち作業請負は比較的短期間で消滅した。これに対し、労働者を募集し、その日常生活を管理し、出役を督励するという広い意味での労働力確保の機能は長期間存続した[88]」「事業の拡大期に飯場制度が有効……これはただ単に現在の飯場頭を通じ労働者を募集するだけでなく、一定数の配下労働者を確保できる者なら誰でも飯場頭に登用するという方法で急速な増員が可能であったからである（中略）。その当時（一八八〇年代――引用者注）、坑夫飯場を開設するのに必要な最低人員は二〇人であった[89]」。このように、飯場制度の労働力確保機能を強調する「補論1」は、その作業請負機能を強調する「本論」とは相互に相い容れない矛盾した論述となっている。

以上要するに、飯場制度は労務供給請負業者（飯場頭）が労働市場を開拓・発掘し、発掘した（募集した）鉱夫を鉱業主に「紹介」するかたちで、それらの鉱夫を自分の配下労働者として編成し、労働（作業）請負まで担う制度として捉えるべきであろう。労務供給請負を担う飯場頭が鉱夫を発掘することが比較的容易であったのは、飯場頭の出身地に求人網が存在したためでもあるが[90]、基本的に鉱夫の労働が「手労働」という不熟練労働だったためである。前述したように、近代化は熟練労働者のみならず、多数の不熟練労働者を生みだした。このことを考えれば、鉱夫の手労働をもって飯場制度を「前近代的な労働組織」と規定するのは誤りであろう。

問題点の第三は、従来の労働運動史研究を「経済主義」（「経済的要因」の重要視）と批判し、社会史の視点の重要性を説いている点についてである。社会史の視点の重要性を筆者もけっして否定しないが、二村氏の議論もやはり「経済主義」（ただしマルクス経済学的なそれ）の枠組を出ていないのではないかという疑問がある。〝労働力の性格は生産過程で規定される〟という主張や、旧稿[91]にあった「生産過程の労働運動への規定性を追求する[92]」といった文言は、まさに「経済主義」的である。社会史の視点の重要性を、二村氏は一九七一年に発表した論文ですでに指摘したと主張し、その一部を引用しているが[93]、その論文のなかで同氏がもっとも強調していた点、「労働争議は、日本労働運動史の特質を解明するための最も豊かな鉱脈としてわれわれの前に残されている。問題は、それを掘りあてる方法にこそある。一経営を対象に、その資本蓄積の運動にともなって変化する労働関係の具体的な存在様式を解明することが必要である。このことによって、争議の当事者の性格、特質を解明することが可能になる」[94]（「組合研究から争議研究へ」という二村氏の提言）という文章がすっぽり抜け落ちている。マルクス経済学の立場に立って「資本蓄積」の「運動」を重視するのであれば、「資本蓄積」の対極には、マルクス経済学的には労働者の絶対的・相対的「窮乏化」がある。それもまさしく二村氏がいう「経済主義」であろう。上記の重要な文章を切り落としたとしても、大河内「出稼型」労働力論への批判を問題意識としてもち続ける限り、「生産過程」論という、もう一つの「経済主義」をもちださざるをえない。真に社会史の視点に立つならばそもそも、大河内氏の議論は研究史の検討の俎上に載らないはずである。

さて、一方筆者の旧著[95]は、兵藤氏の前記の研究をいかにのりこえるかという意図のもとになされた研究であるが、その批判の要点は、㈠「生産過程」の重視は技術主義的・生産力主義的である、㈡重工業「大経営」一般ではなく、官営企業（国家資本）と民間企業（財閥資本・非財閥資本・中小資本）を区別すれば、労資関係の構造は異なっており、官営企業は早くから経営側の直接的管理が成立していた、㈢国家の労働政策の考察を欠いているため、労資関係の総体的把握に成功していない、の三点にあった。しかし、当時の筆者には、兵藤氏の議論に対して上述したような批判的な問題意識は欠落していた。確かに財閥系重工業企業である三菱長崎造船所の労資関係を考察した第三章では、同所の臨時工制度や人夫供給請負制度について一定の考察がなされているものの、それをこれまで縷々のべてきたような労働市場の開拓や労務供給請負業という、ほかの産業や企業でもみられる現象として広く捉える視点を欠いていた。その点は率直に認めなければならない。

以上、近代日本の労働史・労資関係史に関するこれまでの研究史を再検討してきた。それらの研究の多くは――研究によっては繰り返し――批評の対象とされ、その功績や問題点が指摘されてきた。しかし、これまでのべてきたような労働市場の開拓・労務供給請負業の視点でそれらの諸研究を検討するという学問的営みは、まったくなされてこなかった。実際、労務供給請負業の視点から「組頭制度」を考察した藤本氏の研究は、これまでほとんど取りあげられることはなかった。また、大河内「出稼型」労働力論や隅谷「(都市)雑業層」論のなかで言及・論述されていた労務供給請負業や臨時工(隅谷氏のばあい)については、ほとんど注目されず、あるいは無視され、それらの点が検討の対象となることはなかった。また、機械制大工業の成立と機械体系の成立が同一視されたため、労務供給請負業者によって供給される工場人夫・雑役など、工場労働者の重層的な存在形態に焦点が当てられることもなかった。これまでの研究史をあらためて再検討すれば、以上のような諸問題・諸課題が浮かびあがる。

注

(1) 山田盛太郎『日本資本主義分析』岩波書店、一九三四年。
(2) 同上書、一三五頁。
(3) 同上書、一五九頁。
(4) 同上書、一四〇頁。
(5) 宮地嘉六『職工物語』中央労働学園、一九四九年。
(6) 山田、前掲書、八三頁。
(7) 同上書、八九―九〇頁。
(8) 同上書、八五頁。
(9) 同上書、同頁。

(10) 官営三池炭鉱、官営幌内炭鉱では、それぞれ一八七三年と八三年に囚人労働が開始され、また明治時代前期、北海道の道路・港湾・鉄道の建設にも、囚人が大量に使用された。
(11) 村串仁三郎『日本の鉱夫――友子制度の歴史』世界書院、一九九八年など参照されたい。
(12) 山田、前掲書、一四九頁。
(13) 羽志主水『監獄部屋』一九二五年。
(14) 山田、前掲書、六二頁。ただし、山田のこの規定が正しいかについては、第二章の注記で検討する。
(15) 同上書、六一頁。
(16) 同上書、九〇頁。
(17) 大河内一男『黎明期の日本労働運動』岩波新書、一九五二年、七頁。
(18) 同上書、三頁。
(19) 同上書、四―五頁。
(20) 大河内一男「賃労働における封建的なるもの」(大河内一男『社会政策の経済理論』日本評論新社、一九五二年、所収)二一九頁。
(21) 大河内、前掲書、一〇頁。
(22) 大河内一男「労働者の意識」(大河内一男・隅谷三喜男編『日本の労働者階級』東洋経済新報社、一九五五年、所収)三二七頁。
(23) 同上論文、三三一頁。
(24) 大河内、前掲書、一八頁。
(25) 同上書、一七頁。
(26) この点について詳しくは、西成田豊『近代日本労働史――労働力編成の論理と実証』有斐閣、二〇〇七年、一一五頁、参照。
(27) また、都市下層・浮浪層と「急進主義的」労働者意識を結びつけること自体も、史実に即してみれば何も根拠もなく、そこにあるのは両者に対する大河内氏のある種の蔑視観である。
(28) 大河内、前掲書、一二頁。
(29) 大河内一男「『原生的労働関係』における西洋と東洋」(前掲、大河内『社会政策の経済理論』所収)など。

(30) 隅谷三喜男「日本資本主義と労働市場」一九六〇年（隅谷三喜男『日本の労働問題』東京大学出版会、一九六七年、所収）六〇頁。
(31) 隅谷三喜男「賃労働の日本的特質」一九五五年（隅谷、同上書、所収）四四頁。
(32) 同上論文、四八頁。
(33) 前掲、隅谷「日本資本主義と労働市場」六三頁。
(34) 隅谷三喜男「臨時工問題の基底とその展開――戦前・戦後の同質性と異質性」一九六三年（隅谷、前掲書、所収）。
(35) 同上論文、九〇―九五頁。
(36) 同上論文、九七頁。
(37) 津田真澂「日本の都市下層社会――明治末期のスラムをめぐって」（東京大学『経済学論集』第二四巻第二号、一九五六年三月）、津田真澂『日本の都市下層社会』ミネルヴァ書房、一九七二年、中川清『日本の都市下層』勁草書房、一九八五年。
(38) 藤本武「組頭＝親方制度の本質」（『社会学評論』第八号、一九五二年）。後、藤本武『組頭制度の研究――国際的考察』（財）労働科学研究所、一九八四年、第一章に所収される。
(39) 同上論文（同上書）、二頁。
(40) 同上論文、一―二頁。
(41) 同上論文、二頁。
(42) 同上論文、二―六頁。
(43) 同上論文、三頁。
(44) 同上論文、六頁。
(45) 同上論文、一頁、九頁。
(46) 同上論文、一〇頁。
(47) 同上論文、一一頁。
(48) 同上論文、同頁。
(49) 同上論文、四頁。
(50) 同上論文、一七頁。

(51) 同上論文、一八頁。
(52) 同上論文、一六頁。
(53) 同上論文、一七頁。
(54) 同上論文、同頁。
(55) 同上論文、三頁。
(56) 同上論文、一二頁。
(57) 同上論文、一一頁。
(58) 同上論文、一二頁。
(59) 村串仁三郎『日本炭鉱賃労働史論』時潮社、一九七八年、田中直樹『近代炭礦労働史研究』草風館、一九八四年、荻野喜弘『筑豊炭鉱労資関係史』九州大学出版会、一九九三年、市原博『炭鉱の労働社会史』多賀出版、一九九七年、など。
(60) 前掲、村串仁三郎『日本炭鉱賃労働史論』。
(61) 森建資「官営八幡製鉄所の労務管理（1）」（東京大学『経済学論集』第七一巻第一号、二〇〇五年四月）四二—四七頁、長島修『官営八幡製鉄所論——国家資本の経営史』日本経済評論社、二〇一二年、第一二章。
(62) 兵藤釗『日本における労資関係の展開』東京大学出版会、一九七一年。
(63) 同上書、八頁。
(64) 同上書、一〇頁。
(65) 同上書、同頁。
(66) 以上のべたような兵藤氏の議論は、一九七〇年代当時のマルクス主義者の多くに共通した認識であった。たとえば、「労働の社会化」という概念を中心に同様の議論を展開している研究として、富沢賢治『唯物史観と労働運動』（ミネルヴァ書房、一九七四年）第四章、とくに一六一—一七三頁を参照されたい。
(67) 兵藤、前掲書、二三頁。
(68) 同上書、二六頁。
(69) このような歴史的把握は、熊沢誠氏の研究にもみられる。熊沢誠『日本の労働者像』筑摩書房、一九八一年、Ⅱ（章）を参照。
(70) この点について詳しくは、西成田豊『経営と労働の明治維新』吉川弘文館、二〇〇四年、前掲、西成田『近代日本労働史』第三章、第四章を参照。
(71) 前掲、西成田『近代日本労働史』第四章。
(72) 二村一夫『足尾暴動の史的分析——鉱山労働者の社会史』東京大学出版会、一九八八年。
(73) 同上書、一三二頁。
(74) 同上書、同頁。
(75) 同上書、一三七—一四〇頁。
(76) 同上書、一四一頁。
(77) 同上書、一四七頁。
(78) 同上書、一四七—一四八頁。
(79) 同上書、一四八頁。
(80) 同上書、一五三頁。
(81) 同上書、一五五頁。
(82) 同上書、三四三頁。
(83) 同上書、同頁。
(84) 同上書、三四四頁。
(85) 同上書、同頁。
(86) 同上書、三四六頁。
(87) 同上書、一三七頁。
(88) 同上書、一六三頁。
(89) 同上書、一六五頁。
(90) 同上書、一七二頁。
(91) 二村一夫「足尾暴動の基礎過程——『出稼型』論に対する一批判」(『法学志林』第五七巻第一号、一九五九年七月)。
(92) 同上論文、三八頁。
(93) 二村、前掲書、三四六頁。
(94) 二村一夫「労働運動史(戦前期)」(労働問題文献研究会編『文献研究　日本の労働問題』増補版、総合労働研究所、一九七一年、三〇一頁。

(95) 西成田豊『近代日本労資関係史の研究』東京大学出版会、一九八八年。

三 本書の構成

最後に、本書の具体的な考察の対象と、それにもとづく本書の構成についてのべておきたい。

これまでの近代日本経済史・労働史研究の多くは、繊維工業（綿紡績業、製糸業、織物業）や機械工業（おもに造船業）を研究の対象としてきたが、本書でもこの二つの産業部門を取りあげ、そこにおける労働者（繊維女工、臨時工、工場人夫など）と労務供給請負業を考察の対象とする。これまで、これら繊維工業と機械工業（造船業など）については産業・金融史的視点からの研究はもちろん、労働史に関係する内容の研究もなされてきたが、前述したように労務供給請負業の視点を含んだ研究は、前記森建資・長島修両氏の研究（官営八幡製鉄所の「職夫」とその供給人について）とかつての筆者の研究（三菱長崎造船所の工場人夫について）を除けば、ほとんどなされてこなかったと考えたからである。本来、一（節）で論じたことからすれば、土木建築業や港湾荷役業における労務供給請負業とその労働者（土木建築人夫、沖仲仕）を研究対象として設定することが重要であるが、史料上の制約もあり、その点については、本書の最後で若干の考察をすることにする。

次に、本書の構成を示せば以下のとおりである。まず第一章では、一九〇〇年代（産業革命期・日本資本主義確立期）から二〇年代にかけての繊維女工の募集方法の実態を労務供給請負業の視点から考察する。第二章では、一九二〇年代の「女工供給（保護）組合」を取りあげ、それが労務供給請負業者に対抗するための「組合」による「労働者供給事業」（それも一種の労務供給請負業であるが）であったことを究明する。第三章では、一九〇〇年前後から三八年（日中戦争勃発直後）ころまでの三菱財閥傘下の重工業企業・事業所の臨時工と工場人夫を取りあげ、それを労務供給請負業との関係に即して考察する。第四章では、一九二〇年代から三〇年代にかけて（両大戦間期）の重工業部門における臨時工・「人夫名義の職工」と労務供給請負業について考察する。そして最後の終章では、一九三七年七月の日中戦争勃発後の戦時経済体制のもとでの労務供給請負業の実態を究明するとともに、終戦後の労働改革の一環として労務供給請負業が廃止・解体されていく政策過程を考察する。そのうえで最後に、労務供給請負業について世界史的視野から理論的考察をおこなう。

本書の構成は以上のとおりであるが、旧著[1]と同様に、すべての章において国家の労働政策を重視し、その点も考察の対象とする。労働政策の分析を抜きにして――とくに労務供給請負業を研究対象としたばあいはなおさらのこと――労働史を純粋に考察することはできないという筆者の考えは、まったく変っていないからである。またもう一つ付言しておくと、各章のテーマについては本章で論述したおおきな研究史とは別にそれぞれ固有の研究史が存在しており、その研究史に対する筆者の見解は、各章・各節・各項などの「はじめに」、「むすび」の箇所で詳細に論ずることにしたい。

注

（1）　西成田豊『近代日本労資関係史の研究』東京大学出版会、一九八八年。

第一章　近代繊維工業女性労働者の募集方法

――女工と労務供給請負業

はじめに

本章の課題は、近代日本における繊維工業女性労働者（以下、繊維女工と記す）の募集方法について考察することにある。近代日本の繊維女工が、農村の小作農や貧農の子女の家計補充を目的とした出稼労働者であることは、よく知られた事実である。しかし、農家経営の貧しさ故の出稼労働という供給側の要因と繊維工業の高蓄積のための低賃金労働という需要側の要因は自動的にマッチングしたのではない。具体的に言えば、労働市場の需給メカニズムが自律的に機能したのではなく、需要側の供給側へのさまざまな働きかけがあった。繊維工業に関するこれまでの諸研究の多くは、この点について紹介人や募集人といった人びとについて言及してきたが、紹介人や募集人とは一体何なのか、その実態については、立ち入った深い考察がこれまでまったくなされてこなかった。そのため繊維企業と繊維女工という二項対立の枠組のなかでのみ、繊維女工の労働史がかたられてきたようにおもわれる。

また、繊維女工の離職・退職率の高さも、繊維企業の長時間労働など苛酷な労働環境や食事・住居（寄宿舎）など劣悪な生活環境などによる疾病による帰郷、あるいはそれらの環境に堪えかねた無計画な逃亡などによるものと説明されてきた。このような指摘はけっして間違いではないし、そのもつ意味もひじょうに重い。しかし、繊維女工の離職・退職率の高さは、劣悪な労働・生活環境という側面だけでは捉えることができない。繊維企業と繊維女工という二項対立の枠組のなかでは視界にはいらない紹介人・募集人の役割が欠落しているからである。その意味でも、紹介人・募集人とは一体何なのか、その実態を究明する必要があろう。

以上のことをふまえて以下、製糸業、綿紡績業、織物業についてそれぞれの女工の募集方法について検討し、次いでそれらの募集を取締るために一九〇〇年前後から一〇年代前半にかけて制定された道府県ごとの「労働者募集取締規則」と、二四年に内務省令として制定された「労働者募集取締令」は一体何を意味しているのか、その内容と性格について考察することにしたい。

なお、議論が多岐にわたる関係上、通常とは逆に、上記の諸問題それぞれについて論述したうえで、これまでの諸研究はそのことについてどのような主張をしてきたのか、その研究史を検討することにする。

一　製糸業

製糸業の女性労働者（製糸女工、以下このように記す）の募集方法について、まずこれまでの基本的文献は何をかたっているのだろうか。農商務省商工局工務課『生糸職工事情』（一九〇三年）は、この点について次のように記している。

「寄宿工女ニシテ殊《こと》ニ遠国ヨリ募集シ来ル者ニ関シテハ頗《すこぶ》ル注意ヲ要スルモノアリ、此場合ニ於テハ工場主ト工女トノ間ニ紹介人ノアルアリ、或ハ工場主カ〔ガ〕臨時ニ募集員ヲ派遣スルコトアリ、地方ニ依ツテ其方法

ヲ異ニセリト雖《いえど》モ、之要《これよう》スルニ工場主ト工女又ハ其父兄トハ間接ノ関係ヲ有スルコトニナル(1)」（傍点筆者、以下同じ）

ここでは、工場主が地方で製糸女工を募集するばあいは、「紹介人」という仲介者をとおして募集し、したがって工場主と女工（その父兄）の関係は間接的な関係になること、工場主が直接募集に乗りだすことは臨時的であることがのべられている。ただし、諏訪製糸業地帯である長野県について同書は、「各工場ハ事務員殊ニ見番ヲ以テ募集人トナスヲ常トスト雖モ、往々《おうおう》此以外ノ人ヲ使用スルコトアリ……是等《これら》募集人ト工場主トノ間ニハ一種ノ契約ヲ結ヒ、其ノ募集シタル工女ノ数ニ応シテ相当ノ手数料ヲ与フルコトトセリ(2)」と記している。長野県においては工場の「見番」などによる直接募集が一般的であるが、工場主と契約した募集人による間接募集もけっして例外的ではないことが示されている。

ただし、農商務省によるこの調査は一九〇一年時点でのものであり、一九〇〇年に設立された諏訪製糸同盟が「女工登録制度」を開始した〇三年以降も、募集人による間接募集が、一部ではあれ、なお存続したのかは、上記の調査では明らかにすることはできない。しかし後述するように、〇七年に長野県が「工女募集取締規制」を制定し、募集従事者（募集人）を公認しつつその許可制を敷いたこと、また後掲表I-2にみられるように、二二年の時点で長野県の製糸業募集従事者（募集人）は六〇〇〇人近くにおよんでおり、新潟県に次いで多いこと、こうした事実をふまえれば、「女工登録制度」導入後も、長野県においては募集人に依存した募集が少なからず存続していたとみてよいであろう。こうした製糸女工の募集方法の特徴について、後の一調査報告書も次のようにのべている。

「（日清戦争――注）戦後明治三十年頃斯業（製糸業――注）は非常に発展し、女工の募集は啻《ただ》に縁故のみを充《あ》て充員することは困難となり……女工の集団的雇傭を必要とし、先づ募集員を雇傭し、或《あるい》は営利口入業者（周旋・斡旋業者――注）に依頼し、相当なる報酬を投じて募集するに至った」(3)

以上のべた紹介人・募集人などによって募集された製糸女工の声は、『職工事情』の「附録」にもおさめられている。群馬県前橋市の製糸工場で働いている新潟県小沼郡出身の一二歳の女工は、一九〇二年一〇月次のように語っている。

「私ハ去年五月頃当市（前橋市――引用者注）へ参リマシタ、国ヲ出ルトキハ何ノ気モナク只《ただ》母ノ言ヒ付ケラルルマ、募集人トヤラ飛脚トヤラ云フモノニ連ラレ、他ノ連レ者ト一緒ニ当地ニ着キ、其日直チニ当市〇〇町〇〇サント云フ内へ連レ行カレ、何スルトナシニ一週間程世話ニナツテ居マシタ、スルト十日程経《た》ツテカラ〇〇ノ息子カ〔ガ〕私ヲ目下《もつか》勤メテ居リマス〇〇方へ連レテ行キマシテ愈々《いよいよ》同家（個人経営の製糸工場――引用者注）デ勤メルコトニナリマシタノデスガ、給金トカ小遣《こづかい》トカ其様ナコトハ一切聞キテハ居リマセナンダ……」(4)

以上のべたような製糸女工の紹介人や募集人に対しては、さきの引用文からもうかがえるように、工場主から一定の手数料が支払われた。『生糸職工事情』は次のように記している。

「手数料ハ募集シタル工女ノ技術奈何《いかん》ニ依ツテ其額ヲ異ニセリ、即チ募集人カ若干ノ工女ヲ率ヒ来ルヤ、工場主ハ是等工女ノ技術ヲ試験シ之ニ等級ヲ附シ此等級ニ応シテ紹介人ニ与フヘキノ手数料ノ額ヲ定ムルナリ、諏訪地方ニテハ此手数料ハ一等ノ工女一人ニ就キ一円乃至二円ヲ給スルト云フ」(5)

女工一人につき手数料一円から二円という金額は、当時（一九〇〇～〇三年）の製糸女工の賃金（日給二〇銭）[6]の五日から一〇日分にあたる。

以上は、一九〇〇年前後の産業革命期のことであるが、第一次世界大戦後の一九二〇年代になっても、製糸女工の募集方法は一面において、[7]基本的に変化がない。事実、一九二四年五月現在の一調査報告書は、製糸女工の募集方法の様子について「女工の閉業帰郷前後に於て行はる、最も争奪峻烈なる最後の争奪戦〔は〕工場の命運を定むるとも云はるゝ白兵戦であつて、工場主は男工事務員等を総動員し、募集員を応援する」[8]と記し、さらに「募集員は『道案内』と称する土着者の傭人を使用して、女工の家庭に入る……『道案内』と称する者は、公式に許可（この意味は後述——引用者）を受くるものではない。然《しか》し此の種の者を利用して、其の縁故に依つて、女工の家庭に入ることが有利とせられてゐる」[9]と報告している。ここでは、募集人に対する工場主側の応援、募集人による「道案内」人の雇用という、募集方法の重層性が指摘されているが、工場主から独立した募集人が募集の中核的な担い手となっている点は、前の時代と変わりはない。ただ、次の記述が示すように、二〇年代には女工募集に対する工場主側の関与が強まっていることは率直に指摘しなければならないであろう。

「前述の如き方法に依つて募集行為は行はれ、そして募集せられたる女工は、概して二月下旬から三月上旬に於て入場するのであるが、其の出発して工場に入るを『引き揚げ』と云ふのである。此の際は、募集員又は工場主より派遣せらるゝ者（主として男工）に従つて一定の場所に集合せしめ、鉄道に依つて団体輸送をなし、鉄道省は特に臨時列車を運転して其の便に供してゐる」[10]

しかし、女工募集の中核的な担い手が工場主から独立した募集人・紹介人である以上、前の時代とおなじように、

表I-1　募集従事者許可・不許可人員数（1922年，全国）

（単位：人・％）

業　種	募集従事者許可人員（A）	同不許可人員（B）	計（C）	（B）／（C）
製糸工場	27,880	861	28,741	3.0
紡績工場	16,502	531	17,033	3.1
その他繊維工場	5,515	111※	5,626	2.0
機械器具工場	24	—	24	0.0
化学工場	73	—	73	0.0
飲食物工場	100	2	102	2.0
雑　工　場	102	—	102	0.0
特別工場	7	—	7	0.0
小　計	50,203	1,505	51,708	2.9
土木工業	955	16	971	1.6
鉱　　業	393	12	405	3.0
そ の 他	926	13	939	1.4
合　計	52,477	1,546	54,023	2.9

資料：東京地方職業紹介事務局『管内製糸女工調査』1925年3月，37頁より作成。
注：※数字の誤りを訂正した。

工場主から募集人・紹介人に対して手数料が給付された。「募集員手当は募集従事員に対する報酬で、募集人員一人につき最低三円位から二十五円位迄《まで》のものである。工場より出張した現業員に対しては此の如き報酬は与へず……」[11]。募集した女工一人につき三円から二五円という報酬（手数料）は、この時期（一九二四年）の製糸女工の賃金（日給九六銭）[12]の三日分から二六日分にあたり、前の時代より増加している。

ところで、以上のべたような募集人・紹介人はしばしば「募集従事者」と呼ばれ、後述する各道府県の「労働者募集取締規則」によって募集に従事することへの届出が必要とされた。内務省社会局の調査によれば、一九二二年度において「募集従事者」を使用する工場は六〇八二工場で、そのうち繊維工場は五九九九工場と圧倒的多数を占め（全体の九八・六％）、さらにそのうち製糸工場は三一三三工場で、繊維工場全体の五二・二％を占めている[13]。また、「募集従事者」の人員をみると（表I-1）、同年現在、製糸工場の「募集従事者」（許可人員。不許可人員については後述）は二万七八八〇人で、工場で使用する「募集従事者」総数

表Ⅰ-2　道府県別募集従事者許可人員（1922年，東京地方職業紹介事務局管内）

（単位：人）

県	製糸工場	紡績工場	その他繊維工場	その他工場	合　計
新　潟	7,084	2,521	761	91	10,457
長　野	5,890	170	153	0	6,213
山　梨	2,228	111	37	0	2,376
静　岡	1,012	304	319	1	1,636
群　馬	1,230	27	15	0	1,272
宮　城	273	297	82	2	654
岩　手	442	136	48	0	626
秋　田	22	447	113	39	621
茨　城	377	103	90	2	572
福　島	109	167	114	0	390※
その他共合計	19,452	4,574	1,897	157	26,080

資料：表Ⅰ-1に同じ。38頁より作成。
注：募集従事者許可人員（工場に従事のみ）の多い管内の10県を取りだした。
※数字の誤りを訂正した。

五万二〇三人の五五・五％を占めている。製糸工場が使用するこうした「募集従事者」の数は、表Ⅰ-2にみられるように、東京地方職業紹介事務局管内に限ると、新潟（七〇〇〇人）、長野（六〇〇〇人）、山梨（二〇〇〇人）、群馬（一〇〇〇人）、静岡（一〇〇〇人）の順で多い。こうした「募集従事者」が募集する職工数は（表Ⅰ-3）、その多くは製糸女工と推定されるが、一人当り一五人から二五人ほどで、平均すれば一八人である（山梨、山形両県は一五〇人以上であるが、それは「募集従事者」が極端に少ないためで、その理由は判然としない）。

以上のべた「募集従事者」は、多数の女工を製糸工場へ送り込めば、そのぶん手数料（報酬）が多くなるため、募集の方法も悪質で、人間としての資質にも問題がある人物が多かった。事実、この点について岐阜県当局は、「募集行為ノ直接ノ衝ニ当ル募集員（募集従事員）ナルモノハ……多クハ地方ニ於ケル無職ノ徒《やから》並《ならびに》工場ニ於ケル下廻《したまわ》リ（工場に吸着する雑用人——引用者注）等ニシテ、従テ学歴少ナク常識ニ乏シキモノ多キ為メ、募集行為ハ依然トシテ悪辣《あくらつ》ナル手段ヲ弄《ろう》シ、何等《なんら》改メザル……」[14]とのべており、二〇年同県の許可をうけた「募集従事員」四五〇〇人中、同年所轄警察署によって処

表Ⅰ-3　募集従事者による募集職工数（1924年5月末）

（単位：人・%）

県	調査工場数	募集職工総数（A）	募集従事者総数（B）	1人当り平均（A）／（B）
長　野	669	168,659	10,741	15.7
埼　玉	45	19,391	1,025	18.9
山　梨	10	16,513	99	166.8
群　馬	22	13,304	859	15.5
福　島	20	12,160	405	30.0
山　形	14	9,965	66	151.0
茨　城	31	5,724	254	22.5
宮　城	14	4,596	238	19.3
新　潟	24	3,563	136	26.2
静　岡	29	2,956	206	14.3
その他共合計	938	266,074	14,481	18.4

資料：表Ⅰ-1に同じ。42-43頁より作成。
注：募集職工数が多い前記管内の上位10県を取りだした。

罰をうけた者は二八九人（拘留一五人、科料二四七人、説諭二七人）で、許可人員の六・四％にのぼったことを伝えている。[15]また、中央職業紹介事務局も、「直接募集の衝に当る募集員（募集従事員）の素質は募集上の弊害の多少を決定する要素であるのに、現在の従事員もしくは従事員たらんとする者の中には、好もしからざる者の多いことは否定しがたい事実である[16]」とのべている。「募集従事員」として許可された者ですら以上のような状態であったから、「従事員たらんとする者」（「募集従事員」許可申請者）の不許可率は、前掲表Ⅰ-1に示されているように、製糸業は紡績業と並んでほかの業種より高かった。もちろん、未許可率三％という数値それ自体はけっして高い数字ではないが、それも府県側の規制基準（後述）が緩かったのか、許可申請者がさまざまな工作や虚偽記載をすることによって、許可を得たと考えるのが妥当であろう。

さて次に、上述してきたことの関連で製糸女工の移動率（勤続年数）を検討することにしよう。諏訪製糸業の工場が女工をその年の一二月に解雇し、次の年の一、二月にあらためて募集活動をおこなっていたことはよく知られた事実であるが、一九二〇年代の一調査報告書は、こうした雇用慣行がこの時期においても、諏

表I-4　製糸女工の勤続年数（1901年）

（単位：人・％）

勤続年数	長野県					その他諸県
	須坂地方	松代地方	上諏訪地方	下諏訪地方	計	
6カ月未満	399	139	346	491	1,375(10.9)	340(11.7)
6カ月-1年	532	119	662	1,549	2,862(22.8)	342(11.8)
1年-2年	527	160	461	1,291	2,439(19.4)	484(16.6)
2年-3年	576	211	240	1,240	2,267(18.0)	478(16.4)
3年-5年	662	129	326	961	2,078(16.5)	763(26.2)
5年以上	655	116	182	605	1,558(12.4)	502(17.3)
合　計	3,351	874	2,217	6,137	12,579(100.0)	2,909(100.0)

資料：農商務省商工局工務課『生糸職工事情』1903年，187-188頁より作成。
注：長野県は205工場，その他諸県は29工場についての調査。

諏訪地方を含めた全国の主要な製糸業地帯でかなり一般的であったことを伝えている。すなわちこの報告書は、この時期の女工募集難の原因として工場の釜数が急増したことのほかに、「雇傭期間は一年を原則とし、毎年更新の必要があるから毎年の募集数は著しく多くなる」こと（「毎年の募集数が多いこと」）と、「製糸業では年末に解雇し、直《ただち》に募集に着手する工場が多数を占め……従って十二月から一、二月にかけての募集競争は酷烈を極めるに至る」こと（「募集時期が一時的なること」）の二つの構造的要因をあげている(17)。

製糸女工の移動は、この募集のさい前年に雇用されていた元の工場に戻らない「不復帰者」と、操業中における「退場者」（退職者・逃亡者）とにわけることができる。このことをふまえて表I-4をみることにしよう。ここでの勤続年数一年以上は、募集のさい元の工場に復帰した回数と考えてよいであろう。逆に、勤続六カ月未満の女工と六カ月以上一年未満の仮に半数の女工を操業中における「退場者」（退職者・逃亡者）として捉えれば、その比率は諏訪地方を中心とする長野県下の工場では二二％、その他諸県の工場では一八％となる。後にのべる紡績女工の移動率とくらべると低いものの、製糸女工の操業中の移動がかなりの数にのぼっていたことが注目される。

操業中の女工の移動について『生糸職工事情』は、「工女ニシテ他ノ工場ニ転セントスルトキハ、婚姻ヲ為ストカ養女ニ行クトカ種々ノ口実ヲ作リ、之ニ関スル証明書ヲ携ヘテ以テ解雇ヲ求ムルコトアリ、此ノ場合ニ於テ工場主ハ之ヲ奈何《いかん》トスルコト能《あた》ハズ、已《や》ムナク其《その》求メニ応スレハ該工女ハ直チニ他ノ工場ニ転スルナリ」[18]と伝えている。問題は、この「口実」が女工の主体的な意思にもとづくものかどうかということである。前述した製糸女工の募集方法（紹介人・募集人による仲介・斡旋）や後述する紡績女工の工場間移動のことを考慮すれば、この製糸女工の退職「口実」は、手数料（仲介・斡旋料）を稼ぐための紹介人・募集人によって使嗾されたものではないかと推察することができる。また、一九二〇年の代表的な一七の製糸工場についての調査によれば、同年度の工場入場者（女工）一万二〇七〇人のうち操業中の「退場者」数は二四五二人で、「退場」率は二〇・三％であった。[19]この「退場者」のなかには、もちろん、製糸工場の劣悪な労働・生活環境によって病気となり帰郷した女工も含まれているとおもわれるが、さきにのべたとおり製糸女工の募集方法（紹介人・募集人による仲介・斡旋）を考慮すると、手数料（仲介・斡旋料）稼ぎを目的とした募集人（募集従事員）によって引き抜かれた女工（他工場への斡旋）も少なからず含まれているものとおもわれる。

以上、製糸女工の募集方法についてのべてきたが、それではこれまでの研究は、この点について、どのように記述してきたのであろうか。まず、日本製糸業史研究の画期的な著作である石井寛治氏の研究は、[20]「諏訪製糸家は、毎年一月上旬から二月にかけて、各地に女工募集人を派遣し、その年に必要な女工を集めた」[21]とのべ、募集人（製糸家の従業員であろう）による女工の直接募集に言及している。すでにのべたように、諏訪地方を含む長野県においては確かに女工の直接募集が支配的であったが、工場主と契約した募集人による間接募集もけっして例外的ではなかったことを考慮すれば、石井氏の言及は不十分であると言わねばならないであろう。また石井氏は、「激烈をきわめた女工争奪の結果ともいうべき……各製糸場における女工の交替度＝残留率」（傍点は原文のママ）を検討するとし、「女工の残留率を基本的に規定するものは、女工の出稼継続期間であり、他製糸場への移動も、『逃亡』という形での女工の消極的反抗という側面をもつことが多いが、移動そのものが、製糸家側の争奪を前提としている」とのべている。[22]ここでは、女工の他工場への移動は「逃亡」というかたちをとった女工の「消極的反抗」と位置づけつつも、それを製糸家の女工争奪の一環として捉えられており、「逃亡」と「争奪」がなぜ結びつくのか、両者を結びつける仲介・斡旋者がいたのかどうかについての説明はない。

瀧澤秀樹氏の研究[23]も、女工の募集は製糸家（工場主）側の直接募集であったことを指摘している。すなわち同氏は、諏訪地方の製糸家「笠原組」の女工募集の方法（一九一二年の時点）について検討し、「製糸家＝工場は、運動員に対して『運動金』を渡して各地に派遣する[24]」とのべているが、その「運動員」とは同氏によれば、「運動金」による「工女運動」をおこなう「募集員」であり[25]、その「募集員」とはみずからの「出身地を中心に工女募集を展開[26]」する「工場の工男[27]」であった。そして同氏は、「この時期には工女募集は募集員の恣意の介入する『人買い請負』的な方法ではなく、製糸家＝工場の意志が工女募集過程に貫徹する形で行われた[28]」（傍点は原文のママ）とのべ、その理由として「募集員（工男）の自主性のなさ[29]」をあげている。しかし同氏は、同時に以下のような重要なことを指摘している。「工男が募集した工女との間に特殊な『権利』関係を保持していた……。その『権利』の具体的内容は詳らかにし得ないけれども、製糸家＝工場と工女との間に、工男がおそらく募集員たることによって得たある種の『権利』をもって存在していたことは、日本製糸業における賃労働の特質を考える場合、とりわけ注目しておくべき事実であろう[30]」。募集員である工男と女工とのあいだのある種の「権利」関係の存在が、「募集員（工男）の自立性のなさ」とどのように整合的に結びつくのかは、よくわからない。しかし、同氏のこの指摘は、募集員が「自立」し、募集活動が外部化されれば、本論でのべたような募集人（紹介人）の姿が浮かびあがることを示唆している。「工男の持っていた工女募集員としての性格[31]」を同氏は「笠原組」に限定せず、もう少し多くの事例を分析し、発展的に捉える必要があったようにおもわれる。

中村政則氏の本[32]は啓蒙書として書かれているが、製糸女工の募集方法と紡績女工のそれについて異なった記述をしており、重要なのでここで取りあげることにする。製糸女工の募集方法について、同氏もまたこれまでみてきた研究とおなじように、工場側の直接募集を指摘している。すなわち同氏は、「明治三〇年代（一八九七〜）にはいると、諏訪の製糸業界では女工不足が生じ、遠隔地募集がさかんにおこなわれるようになり、募集員は交通の不便な……へもあらわれはじめた[33]」とのべているが、その「募集員」とは以下の記述が示すように工場の従業員であった。「各工場の募集人は年末と春挽《はるびき》まえに二度ずつ、まえの年に自己の工場に働いていた女工はもちろんのこと、他の工場の女工であった者、あるいは工場勤めを希望している者を問いあわせ、その家を歴訪する[34]」。また同氏は、その本の最初の方で「検番（見番。募集員をかねた現場長）[35]」を登場させており、「各工場の募集人」とは検番（見番）とおもわれるが、両者がおなじなのか違うのかは明記されていない。ただし、製糸女工の募集が工場側による直接募集だったとしても、それはきわめて組織的・計画的になされており、同氏の以下のような記述は、そのような事例が多少あったとしても、誤解を招く表現であろう。「工場主は……和田峠から大屋にいたる沿道に募集員を派遣した。そして、岡谷へゆく女工らしき者をつかまえては、あたかも出迎えの事務員であるかのようにふるまって、手あたりしだいに自分の工場へひきいれてしまう[36]」。そして実は、このような非組織的・非計画的な女工募集は、本章で示唆したように、工場側から独立した紹介人・募集人のよくなせる業《わざ》だった。

東條由紀彦氏の研究[37]は、諏訪製糸同盟の女工登録制度を扱った研究であるが、その問題意識の一つは製糸女工の移動の問題である。そのさい同氏が重視しているのは「女工、『家』、経営、三者のとりかわす諸関係[38]」である。そのうえで同氏は、女工登録制度によって女工の「争奪」や逃亡は防止されたが、それを支えたのは「家」と「経営」とのあいだの「伝統的縁故関係」と、経営者間の「徳義」であったとし、こうのべている。「（女工の争奪・逃亡の防止は――引用者）女工を排出する『家』との伝統的縁故関係より生じた、移動を嫌視するある種無定形な『家』の意思を前提とした、経営者間のみの『徳義』であった」[39]、「移動を嫌視する無定形な道徳観、それを筆者は、『伝統的縁故関係』の内容をなす重要な一要素と考えるが、これが経営者間の『徳義』による移動の『大勢的抑制』の機構が機能する上での、不可欠の前提であった」[40]（傍点は原文のママ）。しかし同氏の研究では、この「伝統的縁故関係」も「移動を嫌視する無定形な『家』の意思」も、「経営者間の『徳義』」も、まったく実証されておらず、したがってその具体的な内容はまったく理解することができない。

同氏の研究でさらに問題なのは、上述のような女工の移動の「大勢的抑制」の機構の成立を指摘しながら、次に女工の移動の問題を取りあげていることである。そして同氏は、雇用契約中の女工の移動・逃亡は「女工本人の意思によるもの」[41]としているが、女工の移動・逃亡がどうして可能となったのか、その仲介者（紹介人・募集人など）の存在については視野から完全に消失している。また契約更新にともなう移動については、「『家』が何らかの意味で自己の判断を介在させていったことは明らかである。しかしもちろん経営がそれに何ら関わりを持たなかったわけではない。（中略）移動は『家』と経営の言わば『共謀』であり、かつ直接それにきっかけを与えたのは経営側と考えられるわけである」[42]と記している。契約更新のさいの女工の移動に紹介人・募集人などがまったく介在しなかったのかどうか疑問なしとはしないが、その点はおくとしても、女工の移動の「大勢的抑制」機構としての「家」と「経営」の「伝統的縁故関係」が、契約更新のさいの女工の移動については、「家」と他の「経営」の「共謀」関係にすり変わる氏の議論は、論理矛盾以上のものがある。他の「経営」には「家」とのあいだに「伝統的縁故関係」が存在しなかったのであろうか。

しかし、一九一二年から一七年の時期（氏の言う「第五期」）になると、契約更新のさいの女工の移動も変化するとし、氏はこうのべている。「契約更新の移動についても、基本的には『家』の意思によるもの、という性格は変わらないと考えるのが妥当だが、この時期には、①少なくともその『家』の意思を構成する重要な要素として女工の意思が捉えられるようになり、②さらに女工本人の意思が『家』の意思を決める第一の要因となる例も少なからず出現し、③『家』の意思という媒介をへず、本人の意思のみによって移動する例も生ずる、といった、注目すべき変化も生じているのである」[43]。ここでも氏は、「『家』の意思」や「女工の意思」や後者が「第一の要因」となっていることについて、ほとんど実証していないか、ほんの数例をあげているのみで、牽《けん》強付会の論法を展開している。総括的に言えば、女工の移動についての「『家』と『経営』の伝統的縁故関係」→「『家』と他の『経営』の共謀関係（『家』の意思）」→「女工の意思」という氏の議論は、観念的思弁の産物と言わねばならない。したがって、氏のここまでの議論では現実的存在としての紹介人・募集人はまったく登場しない。

しかし、「大正末期」（一九二四、五年ころ）の製糸女工労働市場について言及する段になると氏の議論は一変する。「大正末期の製糸女工労働市場は、①極小経営の通勤女工圏、②中小経営の伝統的縁故関係による閉鎖的・個別的募集圏、③大経営の広域・大規模募集圏という、言わば〝三重の構造〟を取っていたと考えられる」[44]。ここでは、「伝統的縁故関係」を結んでいた「経営」が「中小経営」であったことがはじめて明らかにされているが、そのことの説明も実証もまったくなされていない。また「通勤工女」については、一九〇一年調査による『生糸職工事情』にすでに記されており[45]、「大正末期」の労働市場に初めて参入するような存在ではない。また氏の上記の記述は、女工の募集圏が狭いか広いかを指摘したもので、労働市場の「三重の構造」として「理論的」に規定しうるものではない。

しかも同氏は、上記の③について「大経営の広域・大規模募集圏自体が、募集人による個別の縁故をつてにした募集という、旧来からの入職のあり方に依存するという限界を持っていた」[46]（傍点、引用者）とのべている。同氏の研究においてここで初めて「募集人」が登場するが、その縁故による募集は「旧来からの（「大正末期」以前からの

――引用者注）入職のあり方」だったとされ、それは「大正末期」で「限界」がきたとされている。それでは一体、上述してきた氏の言う「女工、『家』、経営、三者のとりかわす諸関係」とは何だったのかと、つよい疑問を投げかけざるをえない。

松村敏氏の研究[47]は、両大戦間期の片倉製糸を対象としたものであるが、同社の女工の募集方法は工場の「検番」による直接募集であったとしている。「二〇年代における片倉製糸の女工募集の主要な方法は、なお工場のいわゆる『検番』（同社では二二年末以降、「現業員」と呼称）による伝統的な現地直接募集であった[48]」。傍点を付した表現から明らかなように、同社の女工募集方法は一九二〇年代以前から直接募集だったようである。しかも同氏は同時に以下のような重要なことも指摘している。「しかし遅くとも二〇年代中頃には、大部分の工場では募集員と女工の関係は工場内にはそのまま持ち越さないものとなっていた。すなわち二六年末の調査によると、片倉系工場三九のうち三五までが、女工の工場内配置は出身地域別ではなく、『混合制度』であり、したがって女工の直接募集員が受持現業員ではなく、募集した女工を工場内においても監督することになっていなかった[49]」。すなわち、ここで同氏は、さきの瀧澤秀樹氏の研究とおなじように、二〇年代初頭までは直接募集とはいっても工場の募集員と募集された女工とのあいだにある種の「権利」関係（支配統制関係とでも言うべきもの）が存在したこと、そしてそれが労働力編成のなかに貫かれていたことをのべている。

中林真幸氏の研究[50]は、諏訪地方における製糸家の女工募集は募集員による直接募集であることを前提としつつ、女工が活発に工場間を移動していたことを重視している。ただし、その女工の移動は、東條由紀彦氏のように「家」と他の「経営」との「共謀」関係としてではなく、より高い賃金をもとめた女工の自立的で自由な移動として描かれている。「（一八九〇年代――引用者）の労働需給の逼迫を背景として、労働者が複数の製糸家の間を移動するという、流動性の高い労働市場が成立していた[51]」、「製糸家が、ほかの製糸家と契約した労働者を勧誘するには、より高い賃金を提示する場合と、反物《たんもの》などの景品を提示する場合とがあった」[52]。

しかし同氏の研究で問題なのは、女工の移動を促す製糸家のあいだでの女工賃金の違いがまったく実証されていないことである。それはなぜかと言えば、以下の文章が示すように氏の議論が演繹的に展開されているからである。「労働者が提示された契約を受け容れ、誘因体系に反応し、最適な働き方をするためには、労働者の移動が自由であることも必要な条件となりうる。緊張の多い労働を受け容れるには、それにふさわしい高賃金、いわゆる効率賃金を提示する必要があろう。しかし、それが有効に作用するには、その高賃金を求めて諏訪郡外から労働者が自由に移動できることが必要である。また、ひとたび契約した工場と相性が合わない、すなわち、その工場の賃金体系において賃金を最大化する労働が、その労働者の効用を最大化しない場合、その労働者はすみやかにほかの工場に移動する方がよい。移動が困難であると、その労働者自身が賃金体系に従った行動をとらず、労働を最適化しないだけでなく、やがては賃金体系の機能を損なうであろう」[53]。〝理論的にはこうあらねばならない、こうなるはずだ〟という同氏の議論は、帰納法を基本とする経済史（歴史）研究とは無縁である。したがって、女工の移動を仲介する具体的な存在としての紹介人・募集人などは、同氏の視野にはまったくはいっていない。事実、同氏の研究はこれまでみてきた諸研究とは異なり、『生糸職工事情』を比較的よく分析しているものの[54]、筆者が本章で引用したような記述は「理論」的に説明するうえで都合が悪いのか、すべて無視されている。

製糸業に関する最近の研究である榎一江氏の研究[55]は、郡是製糸（京都府）を対象としたものである。同氏は、郡是の女工募集の対象は原料取引区域の養蚕農家の子女であったとし、こうのべている。「そもそも同社では、『創立当時（一八九六年――引用者注）より養蚕家の子女を以て職工とする方針で、必ずしも全部『養蚕家』とは行かないが、大体原料取引区域内から職工は求められた』とあるように、原料取引区域と職工募集区域との合致を理想としていた[56]」。また同氏は、郡是では一九一七年の郡是女学校の設立によって企業内養成制度が確立したとし、「郡是女学校設置後の同社は、五年間の雇用契約を義務として六ケ月の養成教育を実施したが、この養成を受けた工女を社内工と呼び、社内養成を経ずに他経営から移ってきた工女を『社外工』あるいは旧工女と呼んだ」[57]。こうした郡是の雇用・養成システムのもとでは、紹介人・募集人に独自に依存することはなかったと考えてよいであろう。

なお、製糸業を対象とした研究ではないが、筆者のかつての著書『在日朝鮮人の「世界」と「帝国」国家』（一九九七年）においては、在日朝鮮人の「融和」団体である「相愛会」の一九二〇年の活動を考察し、その活動の一つとして在日朝鮮人の職業紹介を取りあげ、以下のようにのべている。「入職させた労働者に対する『統制権』を相愛会は有していた。そして、この募集と『統制権』の対象となったのは主として女工であった。具体的には、募集し入職させた朝鮮人女工の労務管理まで相愛会は請負った」[58]、「朝鮮人女工に対するこうした相愛会の労務管理請負＝『統制権』は、山梨県のばあいにも見られる。すなわち、相愛会山梨県本部は県内の製糸工場に朝鮮人女工を斡旋することをとおして朝鮮人女工に対する統制・支配をつよめ、次第に工場内に浸透していった」[59]。ここで筆者は、「相愛会」による朝鮮人女工（製糸女工）の募集・斡旋と入職後の「統制権」＝労務管理請負とが結びついていたことを記しているが、同書執筆当時はこの関係を筆者は、「相愛会」と在日朝鮮人女工とのあいだの特殊な関係であろうと認識していた。しかし、これまでみてきた諸研究の一部や本章での筆者の議論をふまえれば、労務管理請負までとはいかなくとも、製糸女工の募集をとおして紹介人・募集人（それが工場内的存在か工場外的存在かはひとまずおく）が女工に対して何らかの影響力を有していたことは間違いないであろう。

以上、製糸業に関するこれまでの諸研究を検討してきたが、その多くが諏訪製糸業を研究の対象としてきたためであろうか、本章でのべたような工場から自立した紹介人・募集人による間接募集については、まったく言及がなかった。しかしそれでも、工場の従業員であり募集人である「見番」と募集した女工とのあいだに、ある種の「権利」関係なり支配統制関係が存在していたことが、いくつかの研究で明らかにされたことは重要であろう。

注

(1) 農商務省商工局工務課『生糸職工事情』一九〇三年、一七七頁。
(2) 同上書、一七八頁。
(3) 東京地方職業紹介事務局『管内製糸女工調査』一九二五年三月、三三二頁。
(4) 農商務省商工局工務課『職工事情』一九〇三年、「附録二」三〇八頁。
(5) 前掲『生糸職工事情』一七八頁。
(6) 労働運動史料委員会『日本労働運動史料』第一〇巻、統計篇、一九五九年、二七〇頁。
(7) 「一面において」と限定を付したのは、二〇年代にはいると、従来の募集方法に対抗しこれを規制するかたちで、新たに女工供給・保護組合が結成されるからである。同組合については、第二章で詳しく論ずることにしたい。
(8) 前掲、東京地方職業紹介事務局『管内製糸女工調査』六二頁。
(9) 同上書、六二頁。
(10) 同上書、九六―九七頁。
(11) 中央職業紹介事務局『本邦製糸業労働事情』一九二八年一月、四〇頁。
(12) 前掲『日本労働運動史料』第一〇巻、統計篇、二七二頁。
(13) 前掲、東京地方職業紹介事務局『管内製糸女工調査』三六頁。
(14) 『岐阜県ニ於ケル出稼職工と《ママ》職工供給組合』編者、年次不詳、謄写刷(大原社会問題研究所所蔵)四頁。
(15) 同上史料、同頁。
(16) 前掲、中央職業紹介事務局『本邦製糸業労働事情』四七頁。
(17) 桂皐「本邦製糸業労働事情(二)」(『社会政策時報』第四一号、一九二四年二月)七八頁。
(18) 前掲『生糸職工事情』一八〇頁。
(19) 前掲、桂皐「本邦製糸業労働事情(二)」一〇三頁。
(20) 石井寛治『日本蚕糸業史分析』東京大学出版会、一九七二年。
(21) 同上書、二六九頁。

(22) 同上書、二七〇―二七一頁。
(23) 瀧澤秀樹『日本資本主義と蚕糸業』未来社、一九七八年。
(24) 同上書、四〇五頁。
(25) 同上書、四〇二―四〇三頁。
(26) 同上書、四一四頁。
(27) 同上書、四〇八頁。
(28) 同上書、同頁。
(29) 同上書、同頁。
(30) 同上書、四一三頁。
(31) 同上書、四一四頁。
(32) 中村政則『労働者と農民』小学館、一九九〇年。
(33) 同上書、九三頁。
(34) 同上書、一一二―一一三頁。
(35) 同上書、一一三頁。
(36) 同上書、一二二頁。
(37) 東條由紀彦『製糸同盟の女工登録制度――日本近代の変容と女工の「人格」』東京大学出版会、一九九〇年。
(38) 同上書、一七頁。
(39) 同上書、四三頁。
(40) 同上書、五一頁。
(41) 同上書、五四頁。
(42) 同上書、五一―五二頁。
(43) 同上書、六八頁。
(44) 同上書、一三六―一三七頁。
(45) 前掲『生糸職工事情』一七七頁。
(46) 東條、前掲書、一五〇頁。

(47) 松村敏『戦間期日本蚕糸業史研究――片倉製糸を中心に』東京大学出版会、一九九二年。
(48) 同上書、二四一頁。
(49) 同上書、同頁。
(50) 中林真幸『近代資本主義の組織――製糸業の発展における取引の統治と生産の構造』東京大学出版会、二〇〇三年。
(51) 同上書、二九二頁。
(52) 同上書、同頁。
(53) 同上書、二七七頁。
(54) 同上書、四一〇頁以下。
(55) 榎一江『近代製糸業の雇用と経営』吉川弘文館、二〇〇八年。
(56) 同上書、一四四頁。
(57) 同上書、同頁。
(58) 西成田豊『在日朝鮮人の「世界」と「帝国」国家』東京大学出版会、一九九七年、一七八頁。
(59) 同上書、一七九頁。

二　綿紡績業

綿紡績業の女性労働者（紡績女工、以下このように記す）の募集方法について、まずこれまでの基本的文献は何をかたっているのだろうか。農商務省商工局工務課『綿糸紡績職工事情』（一九〇三年）は、この点について次のように記している。

「工女募集ノ方法ニ就テハ、各工場ヨリ社員ヲ派遣シテ募集ヲナスコト紹介人ノ手ヲ経テ雇入ルルトノ二方法アリ、然レトモ社員ヲ派遣スル場合ニ於テ、募集地カ〔ガ〕社員ノ郷里ナルカ、其他該社若《もし》クハ該社員ト特別ノ関係アルニ非サレハ、派出サレタル募集人ハ其地方ノ状況ヲ詳ニセサルタメ、必ス紹介人ノ手ヲ経サル可カラス、去レハ此ノ二重ノ募集方法ニ就テ明瞭ナル区別ヲ立ツルコト甚《はなは》タ難シトス、之ヲ要スルニ紡績工場ノ職工募集ニ紹介人ノ必要アルハ疑フ可ラサルノ事実ナリ」(1)（傍点引用者以下同じ）

また、細井和喜蔵『女工哀史』（一九二五年）も、紡績女工の募集について、第一期の「無募集時代」、第二期の「自由競争時代」、第三期の「募集地保全時代」の三期に区分し、第三期の募集方法の特徴について、以下のようにのべている。

「女工募集の方法を『直接募集』と『嘱託募集』の二つに分けることが出来る。前者の直接募集とは……いわゆる『出張募集』であつて、会社の社員自から募集地へ出張《でば》り直接募集に当るのである。そして後の嘱託募集とは、一切これを『募集人』という職業者に委せてしまい、会社は彼から女工一人幾何《いくばく》で買い取るのである」(2)

（ルビは原文のママ）

細井が言う「第三期」は日露戦争後であり、『綿糸紡績職工事情』作成のための調査は一九〇一年なので、両者には多少の時期的な差異があるものの、いずれも紡績女工の募集方法には、直接募集と職業的に独立した「紹介人」・「募集人」の手による間接募集の二つの方法があることを示している。しかし、『綿糸紡績職工事情』の方は、この二つの募集方法を厳密に区分することは難しく、直接募集のばあいといえども、紹介人に多分に依存していることを指摘している。

以上のべたような紹介人のなかには、しばしば芸妓や娼妓（遊女）を紹介斡旋する桂庵《けいあん》業(3)を営んでいる者もいた。

このことについて『綿糸紡績職工事情』は、「職工紹介人ノ内ニハ桂庵業ヲ営メル者アリ、芸娼妓ノ買出シト女工ノ募集トヲ兼ネ行フモノナレハ、職工争奪ノ盛ナル時ニ当ツテ右述フルカ如キ手段（紡績女工の他工場への移動の働きかけ。この点後述——引用者）ニ訴フルモ敢テ怪ムニ足ラサルナリ」(4)とのべている。

以上のべた紹介人・募集人によって募集された紡績女工の声は、『職工事情』の「附録」にもおさめられている。もと織物工場で働いていた女工は、一九〇二年二月次のように語っている。

「私ハ（十六歳）富山県ノ生デアリマシテ、八歳ノ時親兄弟ノ膝下《ひざもと》ヲ離レ、土地ノ桂庵某ニ連レラレ東京ノ〇〇紡績会社ト云フ所ニ来マシテ其処ニ二年程勤メテオリマシタカ、其間ニ勤メマシタ給料ナドハ一厘モ私ノ手ニ入リマセン、多分中間ニ立ツタ世話人ガ誤魔化《ごまか》シタノデセウ」(5)

また、同「附録」には、「〇〇県〇〇町口入《くちいれ》業者ノ談話」として、「私ハ周旋業ハシテ居リマスガ、工女ノ外ノ種類ノモノハ余リ世話ハ致シマセン。是迄《これまで》私ガ取扱ツタ工女ノ数ハ七百人以上モアリマス」(6)という話もおさめられている。

以上のべてきたことから明らかなように、こうした紹介人・募集人に対して、紡績会社から手数料が支払われた。『綿糸紡績職工事情』は次のように記している。

「紹介人ハ職工トナルヘキ相当ノ婦女ニツキ勧誘ヲナスナリ、（中略）紹介人ハ一名ニ付キ工場ヨリ一円内外ノ手数料ヲ得ルノミナラス、場合ニ由ツテハ特別ノ賞与ヲ受クル……斯《か》クテ紹介人ハ其ノ募集シタル職工ヲ会社ヨリ派出シタル募集人ニ引渡スカ、或ハ自ラ女工ヲ率イテ会社ニ赴《おもむ》クナリ」(7)

女工一人の手数料一円という金額は、この時期（一九〇一年）の紡績女工の平均賃金（日給一九・三銭）(8)の五日分にあたり、そのほかに時によっては「賞与」が紹介人に給付された。また紹介人は、供給する紡績女工の「保証人」になることによって、紡績会社から毎月一定の「保証料」の給付をうけるばあいが多かった。

「雇傭契約ニ就イテ職工ハ保証人ヲ立ツルコトヲ要ス、此ノ保証人ニハ規則上父兄、後見人或ハ其他ノ親族ヲ以テスルコトトナセトモ、実際ハ紹介人ナル場合多シ……或ハ工場ニ依ツテハ其処在地（募集地——引用者注）ニ特ニ保証人ヲ定メ、凡《すべ》テ該会社ニ傭入ルル処ノ職工ノ身分ヲ保証セシムルノ方法ヲ採レル処アリ……此場合ニ於テ職工ハ保証人ニ対シテ毎月若干ノ保証料ヲ与フルモノトス、而《しこう》シテ此保証料ハ工場主カ月々職工ニ与フヘキ賃銀ノ中ヨリ控除シテ之ヲ保証人ニ給スルナリ」(9)

ここに示されているように、「保証人」である紹介人への「保証料」の給付は、事実上、紹介人による紡績女工の賃金の〝ピンはね〟であった。また、こうした「保証人」を兼ねた紹介人は、紡績工場の近くで「指定下宿」を営む者が多かった。

「指定下宿トハ工場ノ附近ニアル下宿屋ニシテ、会社ノ承認ヲ得テ職工ヲ寄宿セシムル処ナリ、中ニハ会社所有ノ建物ヲ貸渡シ下宿業ヲ営マシムルモノアリ、此ノ指定下宿ノ主人ハ多クハ先ニ述ヘタル処ノ職工募集人（紹介人——引用者注）ニシテ、同時ニ職工ノ身元保証人タル者トス」(10)

こうした「指定下宿」に入っている紡績女工の下宿料は、「職工自ラ主人ニ支払フニ非ラスシテ、工場主カ賃銀支払日ニ於テ其ノ払渡スヘキ賃銀ヨリ之ヲ控除シ、直チニ之レヲ主人ニ支払フヲ普通トス」(11)と記されているように、女工の賃金から差し引かれた。

以上のべたことから明らかなように、職業的に独立した周旋業者である紹介人・募集人は、女工を会社(あるいはその直轄の募集人)に直接供給するが、そのばあい「保証人」を兼ねて供給するか、あるいは「指定下宿」に収容したうえで供給するかなど、女工の供給方法にはいくつかの形態があった。

関西一六工場の紡績職工(男工を含む)の居住形態を調査した『綿糸紡績職工事情』によれば、一六工場の職工総数二万七二二九人の住居は、「寄宿舎」一万七一一人(総数の三九・三%)、「指定下宿」二〇四七人(同七・五%)、「通勤者」一万二〇八人(同三七・五%)、「社宅在住者」四二六三人(同一五・七%)であり(12)、「指定下宿」はけっして無視できない比率を占めている。こうした「指定下宿」を経営する者についての証言は、『職工事情』の「附録」にもおさめられている。ある紡績工場で働いていた女工は、一九〇一年八月次のように語っている。

「下宿屋ノ爺《じじ》カ〔ガ〕職工ヲ誘拐スルト云フ談モアリマスカ〔ガ〕、会社ノ指定下宿屋ハ大概《たいがい》若干ノ補助ヲ得テオリマスカラ、指定下宿屋ノ爺ハ誘拐スルモノ甚ダシイデス、(中略)職工ノ雇傭契約ハ十中八、九分通リハ、職工カ知ラヌ中ニ下宿屋ノ主人、紹介人、周旋人等カ〔ガ〕スルノデアリマシテ、肝心ノ契約シタ職工ハ少シモ知ラヌト云フテヨイ位ナモノテス(13)」

この証言は、「指定下宿」の主人が女工を「誘拐」(人身売買的な募集――引用者注)することが多く、その「指定下宿」の主人が女工の意思にかかわりなく、勝手に工場と雇用契約を結んでいることがかたられている。

以上のべてきたことは、一九〇〇年ころの産業革命期のことであるが、第一次世界大戦後の一九二〇年代になっても、紡績女工の募集方法は基本的に変化がない。事実、二七年七、八月現在の紡績工場三四、紡績女工二万一八五二人についての調査によれば、女工の就職経路は（不詳の一六九六人を除く二万一五六人について）、「会社指定ノ募集人」一万三七一三人（全体の六八・〇％）、「其他ノ募集人」五九八人（同三・〇％）、会社の直接募集一八〇九人（同九・〇％）、親兄弟・親類・友人・知人などによる縁故募集三六八九人（同一八・三％）、その他三四七人（同一・七％）であり(14)、会社が指定した者を中心とする募集人によって入職した女工が七一％と圧倒的多数を占め、会社の直接募集によって入職した女工は一割にも満たなかった。また、おなじく二七年時点での一調査報告書は、鹿児島県における大日本紡績株式会社の募集方法について、以下のように記している。

「大日本紡績鹿児島募集事務所には所長以下十四、五名の職員と百三十名の従業員が散在して居る。……職員が県下に出て直接募集する時は純直轄であるが、多くは募集従事者を使用して居るから、直轄、嘱託の折衷法であるといふのが適当である。募集従事者との関係は別に定給といふものはなく、周旋料と賞与を支給する事になつてなされて居る。故にこの場合の募集方法は……募集従事者の募集に大差ないのである(15)」

上述したことから明らかなように、二〇年代にはいっても紡績工場の多くは、女工募集を職業的に独立した紹介人・募集人に依存しており、前の時代とおなじように紹介人・募集人に対して手数料が支払われた。さきの調査報告書は次のようにのべている。

「最近に於ては募集人が紹介料として会社より受くる金額は、女工一人に付四円といふのが大多数であつた。尚《なお》詳細に之を見れば、募集地方に会社の出張所ある場合は、出張所渡し参円乃至五円……右出張所渡しに対し本社渡しといふ事をいつて居るが、これは女工を工場迄同伴する場合である。この場合は紹介料五円乃至七円になると称せられて居る。これは女工の旅費中から一円乃至二円浮かし、前記四円に加算する結果らしい。本社渡しの場合の募集人の旅費は、女工四名以上引率引渡したる時は、往復旅費（汽車賃及弁当実費）、四名未満の場合は片道旅費を会社から支給されるのと、四名以上は往復旅費として二拾円（九州より京阪迄を標準とす）、四名未満の場合は片道旅費拾円を支給するといふ定めと二通りある。[16]」

女工一人に付四円という金額は、当時（二六、七年）の紡績女工の賃金（日給一円一銭[17]）の四日分に相当する。ただし、「本社渡し」のばあいは、女工引率の旅費が加算されるが、引率する女工四名以上かそれ未満かで、往復か片道の旅費（実費か定額）が支給される。その旅費を節約するか過大申告するかによって、紹介人・募集人の取得する金額は手数料以上のものとなろう。また紹介人・募集人は、工場へ女工を供給したことによる手数料ばかりでなく、供給した女工に対する一種の「支配権」とでも言うべきものをもっていたようであり、女工在職中、工場主側から毎月一人につき一定の給与を受けとることができた。さきの調査報告書は、それが「人頭手当」（あるいは「人員手当」、「在場手当」、「月手当」）と呼ばれていると指摘し、次のようにのべている。

「募集人が自己の募集に依つて就職せしめたる女工の在場中、一人当り三拾銭乃至五拾銭を会社より毎月支給せらるるのである。例へば在場女工二百名を有するものは、一人当り四拾銭として月八拾円の収入あり……尚《なお》詳細に之《これ》を見れば、入社の翌月より一等工は四拾銭或は五拾銭、二等工は五銭下り或は拾銭下りといふ事や、在場二十名未満は二拾銭、上は十名を加ふる毎に拾銭を加算し、最高額は一円に止むといふが如き定めあり[18]」

ここでは、供給した女工の技能等級や女工の供給数に応じて「人頭手当」の額が異なってくることが指摘されている。また、大日本紡績のばあい「毎月募集従事者に支払ふ人頭手当は三千円余となって居る(19)」と報告されている。紹介人・募集人に支払われるこうした「人頭手当」は、前述した一九〇〇年ころの紹介人に対する「保証料」給付のより発展した形態として捉えてよいであろう。

以上のべてきたように、紹介人・募集人は女工を工場へ供給・斡旋するがゆえに、その中には供給した女工とのある種の関係を利用して、女工をほかの工場へ移動させ手数料稼ぎを繰り返す者が存在した。この点について『綿糸紡績職工事情』は、「職工（紡績女工――引用者注）ト唱フルモノノ中ニハ労働ヲ目的トセスシテ、多クハ紹介人ト共謀シ各工場ヲ転々シ、詐《いつわ》リテ旅費手数料ヲ貪《むさぼ》ルコトヲ目的トスルアリ(20)」とのべ、さらに、大規模な紹介人・募集人の行為を以下のように記している。

「紹介人ハ職工争奪ヲ機トシテ利ヲ図ラントスルコト最モ甚《はなはだ》シキモノナリ、大阪ニ此種ノ所業ヲ職トナス悪漢尠《すくな》カラス、中ニハ某組ト称スル団体アリ、詐偽的行為ヲ以テ工女ノ紹介ヲナス、此ノ団体ノ首領ハ著名ナル賭博ノ親分ナリシカ〔ガ〕工女ノ紹介ヲ其業トナシ、或ハ甲工場ニ紹介シタル工女ヲ数日ナラスシテ乙工場ニ紹介シ、又幾許《いくばく》モナクシテ更ニ之ヲ丙工場ニ紹介シ、由ツテ以テ手数料ヲ貪《むさぼ》ルナリ、或ハ当初ヨリ若干ノ工女ヲ餌トシ、此工女ヲ率イテ屢々《しばしば》工場ヲ転々シテ、以テ利ヲ図ルヲ努メタリ(21)」

そのうえで『綿糸紡績職工事情』は、右に記したことはけっして例外ではないとし、「此等ノ手段ハ紹介人ノ間ニ常ニ行ハルル処ノモノニシテ、強《しい》チ〔テ〕之ヲ以テ例外ノ場合ト見做《みな》ス能ハサルナリ(22)」と指摘している。また、この点についての声は、『職工事情』の「附録」にもおさめられている。東京のある紡績工場で働いていたもと職工係の人物は、一九〇〇年九月次のように語っている。

「大阪ニ〇〇組ト称シ職工ノ争奪ヲ仕事トスル党類アリ、其頭《かしら》ハ〇〇〇〇ト云フ者ニシテ元来賭博ノ親方ナリシモ、近来職工（紡績女工――引用者注）ノ周旋ヲナシ自家ノ利益ヲ図ランガタメ職工ノ争奪ヲナスニ至レリ、此徒《やつら》ハ〇〇教ニ属シ、宗教的動作ヲ以テ各地ニ於テ工女ヲ募集シ、大阪各工場ヘ売リ附ケ、一旦入レタ者ヲ再ビ引出シ、以テ其間ニ利ヲ占ム（以下略）[23]」

以上のような紡績女工の工場への意識的な出し入れによる紹介人・募集人の手数料稼ぎは、一九二〇年代においてもみとめることができる。実際、『女工哀史』の著者細井和喜蔵は、「募集人が……関係をつけた女を方々の工場へ転々させて果ては女郎に売り飛ばしたり銘酒屋へ私娼に追いやったりした例を私だけでも十数件知っている[24]」とのべている。さらに細井は、東京周辺の紡績工場では女工の募集方法に「市内募集」と「地方募集」の二つの方法があり、前者を「他工場から〔の〕誘拐」と規定し[25]、次のように記している。

「S社とC社の外勤係は初手のうち犬と猿のようにいがみ合っていたが、遂に自己の利益のためにいいように妥協してしまった……。世話をして入れた女工が六カ月前後、つまり一定期間さえ勤めればとにかく二十円内外の周旋料が貰《もら》える故、これをよしとして甲の工場から乙の工場へ、乙から甲へ、さらに仲間を拵《そろ》えて丁から丙へ、丙から丁へ、甲から丁へ、丁から甲へといった調子に妥協して女工の入れ替えをやり、募集人でございと済ましているのだった。そうして彼らは時ならぬ女工成金《なりきん》になったのであろう。自分で百人をもっていて六カ月ずつ《ママ》工場を転々させれば結構いい職業になるのだから。彼らはこうして盛んに私腹を肥やす[26]」

この引用文は、紡績工場の「外勤係」が工場間で女工を廻し多額の収入を得ていることを指摘している。しかし、「世話をして入れた女工」、「周旋料」、「募集人でございと済ましている」（募集人であればこうした女工の廻しが普通におこなわれていることを示唆している）といった記述からわかるように、「外勤係」は紡績工場の内部組織でもそれに属する従業員でもなかった。事実、細井は別の箇所で次のようにのべている。

「一九二三年末だ無頼漢と関係のない工場は皆無だ。紡績工場には何らかの名目でゴロツキが備ってある。（中略）無頼漢は各会社工場によって名目必ずしも一定しないが、おおむね関東では『外勤係』など〔と〕言い、関西では『督促』と称《とな》えるようである。／一例を引けば内外綿会社第一紡織工場の所在地大阪伝法には鴻池《こうのいけ》という大親分があり、その幕下《ばっか》に少数の中親分があってそれぞれ数多《あまた》の乾分《こぶん》をもち、丸場を筆頭に多数工場に入り込ませている」(27)

以上のべたような紹介人・募集人、あるいはそれと類似した者による紡績女工の出し入れ（工場間の廻し）が一つのおおきな要因となって、女工の移動率はきわめて高かった。実際、一九〇〇年度の「甲会社」（男工を含む）、「乙会社」、某紡績会社兵庫支店の女工の移動率は以下のとおりである。(28)「甲会社」――前年度末職工数一二四六人（A）、一九〇〇年度の退場職工数二一六二人（B）、職工移動率（B／A）一七三・五％。「乙会社」――前年度末女工数一三九三人、一九〇〇年度の退場女工数二〇二三人、女工移動率一四五・二％。某紡績会社兵庫支店――前年度末女工数四七六二人、一九〇〇年度の退場女工数五八二四人、女工移動率一二一・三％。

こうした退場女工数のうち、上記した紹介人・募集人などによる女工の出し入れ（工場間の廻し）とおもわれる「逃走除名」数、「無届退社」数、「事故請願」数を合計すると、「甲会社」は一二三一人、「乙会社」は一九九五人、某紡績会社兵庫支店は四八四六人であり[29]、その数は上記したそれぞれの会社の退場女工数（職工数）の五六・五%、九八・六%、八三・二%におよんでいる。一方、「病気帰休」・「病気帰国」数と死亡者数を合わせた女工数は、「甲会社」一二五人、「乙会社」二四人、某紡績会社兵庫支店二八六人で[30]、その数はそれぞれの会社の退場女工数（職工数）の五・八%、一・二%、四・九%である。このようにみると、女工の中途退場者の圧倒的多数は、紹介人・募集人などによる女工の出し入れ（工場間の廻し）によるものと推察される。このことについて、『綿糸紡績職工事情』は、前述したように紹介人が女工の保証人となり、毎月女工の賃金のなかから「保証料」を受けとっている関係を指摘したうえで、次のように記している。

「而シテ是ノ如クシテ雇傭ノ関係ヲ生シタル職工ノ異動ハ実ニ可驚《おどろくべき》モノアリ、通常何《いず》レノ紡績工場ニ於テモ、一年間ニ雇入レ又ハ退場スル職工ノ数ハ各工場ノ現在職工数ニ均《ひと》シキカ若《も》クハ其《それ》以上ナリ、換言スレハ各工場ノ職工ハ一ケ年毎ニ全数交迭《こうてつ》スルナリ[31]」

以上のべたことを紡績女工の勤続年数から確認しよう。表I-5はそれを示したものである。雇用契約の実質的な主体が多くのばあい紹介人・募集人であるとはいえ、契約には雇用期間が定められており、『綿糸紡績職工事情』はその期間を三年から五年としている[32]。このことをふまえて同表をみれば、勤続年数三年未満の女工は、全体の八〇%前後を占めており、勤続年数一年未満に限れば、全体の五〇%近くにおよんでいる。契約期間どおり、あるいは満期後さらに就労する女工はほんの僅かであり、契約期間よりずっと早く勤続一年未満で退場・移動する女工が全体の半数近くにおよんでいることがわかるであろう。

以上のべたような紡績女工の移動率の高さは、一九二〇年代においてもみとめることができる。実際、社会局職業課の調査によれば、二六年一二月末現在の紡績女工（A）は二二万三五一六人、二七年一年間に「解雇」された女工（B）は一三万八六九二人で[33]、その移動率（B／A）は六二・一％であった。こうした被「解雇」者、中途退場者の退場理由別内訳をある紡績工場についてみると（二七年）、中途退場者総数一万一六五二人のうち「家事」都合（結婚を含む）五〇七〇人（総数の四三・五％）、「制裁」三三二四人（同二八・四％）、「転勤」一七一二人（同一四・七％）、「疾病」一三九九人（同一二・〇％）、「死亡」一〇〇人（同〇・九％）、「外来未帰」五七人（同〇・五％）であった[34]。「家事」都合による中途退場者がもっとも多いが、おなじこの調査報告書によれば、紡績女工の「就職動機」は、調査人数（無記入を除く）二万八五五人のうち、「家計補充のため」が一万五一四四人（全体の七二・六％）におよんでおり[35]、家計を支えるために入職した女工が、早々の体《てい》に「家事」都合で中途退場することを額面どおりに受け取ってよいのだろうか。あるいは、「家事」都合の中途退場を、募集に応ずるさいに示された宣伝情報と入職後に体験した工場生活の実態の落差からのみ説明してよいのだろうか。前述したことを考慮すれば、「家事」都合の中途退場者のなかには、それを理由とした紹介人・募集人などによる女工の出し入れ（工場間の廻し）が少なからず含まれていると考えるのが妥当であろう。

　退場理由で次に多いのは「制裁」であるが、これは工場の就業規制に違反した懲戒処分と考えられる。各紡績工場はその就業規則で解雇（懲戒）処分の規定をもうけている。たとえば倉敷紡績は、その就業規則で「職工左ノ各号一《ひとつ》ニ該当スルトキハ解雇ス」（第八九条）とし、「無届欠勤七日ヲ超ユルトキ」と「連続欠勤三十日ヲ超ユルトキ」の二つをあげており、さ

表Ⅰ-5　紡績女工の勤続年数

（単位：人・％）

勤続年数	1897年10月	1901年
6カ月未満	26,470(47.3)	5,281(27.3)
6カ月-1年		3,960(20.5)
1年-2年	12,872(23.0)	3,507(18.1)
2年-3年	7,462(13.3)	2,294(11.9)
3年-5年	6,786(12.1)	2,643(13.7)
5年以上	2,414(4.3)	1,659(8.6)
合　計	56,004(100.0)	19,344(100.0)

資料：農商務省商工局工務課『綿糸紡績職工事情』1903年，70-71頁。

注：1897年10月は大日本紡績聯合会報告（69工場），1901年は農商務省商工局工務課の調査（関西の16工場）。

らに第九十条では「職工左ノ各号ノ一《ひとつ》ニ該当スルトキハ解雇スルコトアルヘシ」とし、真っ先に「勤続ノ見込ナキトキ」をあげている(36)。また東洋紡績も、その就業規則で「会社ハ雇傭期間中ト雖《いえども》左ノ一《ひとつ》ニ該当スルトキハ解雇ス」（第六〇条）とし、「出欠常ナラスシテ業務上ニ支障ヲ生セシメタルトキ」をその一つにあげており、また第六十一条では「職工引続キ欠勤二ケ月ニ及ヒタルトキハ雇傭契約ハ解除セラレタルモノトス……」と規定している(37)。このようにみれば、さきに記した「制裁」による中途退場者は、懲戒処分された無届・長期欠勤者をさしていると考えてよいであろう。そしてこれらの処分された女工の多くは、紹介人・募集人などによる女工の出し入れ（工場間の廻し）によるものとおもわれる。

仮に「家事」都合の半数を紹介人（募集人、募集従事者）による女工の出し入れ（工場間の廻し）と想定し、「制裁」、「転勤」（他工場への移動）、「外来未帰」（外出したまま工場へ戻らない女工）を合計すると、中途退場者の約六五％が紹介人・募集人などの工作によるものと推定される。「疾病」、「死亡」による中途退場者は（そのこと自体はたいへん深刻な問題を提起しているが）、全体の一三％である。

以上のように、二〇年代においても紡績女工の移動率は高かったが、このことはこの時期の勤続年数からも知ることができる。表I-6は、就職年数（後述）とともにそれを示したものである。この時期の紡績女工の雇用契約期間は、一九〇〇年ころの産業革命期とは異なり「二年ないし三年」とされているが(38)（その変化の理由はよくわからない）、この点をふまえて同表をみれば、勤続二年以下は全体の五八％におよんでおり、一九〇〇年ころよりは低下しているものの、契約期間の満期前に退場している女工の比率は依然高い。一方、「紡績女工になってからの年数(39)」である就職年数をみると、三年から五年が二二％、五年以上が一六％で、就職年数三年以上の女工は全体の三八％を占めており、勤続三年以上の二四％をおおきく上回っている。このことは、満期前に退場した女工の少なか

表Ⅰ-6　紡績女工の勤続年数と就職年数
(1927年7・8月)

(単位：人・%)

年月数	勤続年数	就職年数
6カ月以下	2,485(16.8)	1,658(11.2)
6カ月-1年	2,377(16.1)	1,599(10.8)
1年-2年	3,706(25.1)	3,167(21.5)
2年-3年	2,630(17.8)	2,818(19.1)
3年-5年	2,235(15.1)	3,167(21.5)
5年以上	1,321(9.0)	2,351(15.9)
合　計	14,754(100.0)	14,760(100.0)

資料：中央職業紹介事務局『紡績労働婦人調査』1929年2月，49-50頁より作成。

表Ⅰ-7　紡績女工募集従事者の年齢構成
(1927年)

(単位：人・%)

年　齢	男	女
20-30歳	303(8.9)	102(14.7)
30-40歳	776(22.7)	127(18.3)
40-50歳	919(26.8)	200(28.9)
50歳以上	1,425(41.6)	264(38.1)
合　計	3,423(100.0)	693(100.0)

資料：中央職業紹介事務局『紡績労働婦人調査』1929年2月，34頁より作成。
注：1927年7・8月調査。合計は紡績女工募集従事者男性4,558人，同女性867人のうちそれぞれ「不詳」人数を除いた数。

らぬ部分が、紡績女工として他工場で再び就労していることを示している。紡績女工のこうした再就労が、紹介人・募集人などによる女工の出し入れ（工場間の廻し）によるものであることは間違いないであろう。

それでは次に、以上のべてきた紹介人・募集人はどのような特徴をもった人びとだったのだろうか。一九二七年時点での一調査報告書によると、「紡績女工募集従事者」の人数は五四二五人で、そのうち男性は四五五八人（全体の八四・〇％）、女性は八六七人（同一六・〇％）であった[40]。女性の募集従事者が少なからぬウエイトを占めていることがわかる。募集従事者の年齢構成は表Ⅰ-7のとおりで、男女とも三〇歳以上が多数を占めているが、女性では二〇歳代の比率が比較的高い。もっとも、おなじ調査報告書によれば、「不詳」人数を除く紡績女工二万一四四〇人のうち「未婚者」は一万九二九六人（全体の九〇・〇％）で[41]、その多数が二五歳未満であると考えれば、女性の募集従事者の年齢がいかに高かったがわかる。

「紡績女工募集従事者」の学歴構成は表Ⅰ-8のとおりである。男性と女性とでは明らかな違いがあり、「無学」、「尋常小学校中途退学」の低学歴層は男性で低く（一四％）、女性で高い（三六％）。反対に「高等小学校卒業」以上の高学歴層は、男性で高く（三六％）、女性で低い（八％）。募集従事者女性の学歴構成の低さは、紡績女工のそれと比較したばあいいっそう明らかである。おなじ調査報告書によれば、「不詳」人数を除く紡績女工

表I-8　紡績女工募集従事者の学歴構成（1927年）

（単位：人・%）

学　歴	男	女
無　学	151(　4.3)	107(14.7)
尋常小学校中途退学	354(10.0)	156(21.4)
同　　卒業	1,441(40.7)	335(45.9)
高等小学校中途退学	311(　8.8)	70(　9.6)
同　　卒業	978(27.7)	55(　7.5)
中等学校中途退学	126(　3.6)	1(　0.1)
同　　卒業以上	176(　5.0)	6(　0.8)
合　計	3,537(100.0)	730(100.0)

資料：表I-7に同じ。
注：表I-7に同じく「不詳」人数を除く。

二万一三六八人のうち、「尋常小学校中途退学以下」の低学歴層は四三二七人（全体の二〇％）で、募集従事者女性のそれよりも低く、「尋常小学校卒業」の中位学歴層は一万四六九五人（全体の六九％）で募集従事者女性のそれ（四六％、表I-8参照）よりも高い[42]。募集従事者女性のこうした学歴構成の相対的低さの一因は、紡績女工の年齢構成の差異にもとづくものと考えられる（二〇年、三〇年以上前よりは進学率は高くなるであろう）。一方、募集従事者男性の学歴は、この時期の官民大企業労働者のそれと比較したばあい明らかに低いことがわかる。実際、この時期の横須賀海軍工廠、三菱長崎造船所の労働者のうち低学歴層（「尋常小学校中途退学」以下）の比率は、それぞれ五％、七％である[43]のに対し、募集従事者男性のそれは前記のように一四％である。また上記二企業の高学歴層（「高等小学校卒業」以上）の比率は、それぞれ五七％、三四％である[44]のに対し、募集従事者男性のそれは前記のように三六％である。募集従事者男性の高学歴層比は、三菱長崎造船所労働者のそれとほとんど違いはないものの、横須賀海軍工廠の労働者のそれと比べると、おおきな開きがある。

それでは次に、以上のべた「紡績女工募集従事者」はどのような職業階層から生みだされたのだろうか。さきとおなじ調査報告書によれば、「不詳」人数を除いた募集従事者四一八〇人の前職は（報告書のこの項目では男女の区別はない）、「農業」二一三八人（全体の五一・一％）、「工業」一〇一一人（同二四・二％）、「商業」四八六人（同一一・六％）、「無業者」一九七人（同四・七％）、「水産業」六二人（同一・五％）、その他の職業二八六人（同六・八％）である[45]。募集従事者の前職は「農業」がもっとも多く、その半数を占め、これに「工業」（その具体的な職業内容はわからない）、「商業」とつづくが、この三つで募集従事者の前職の八七%を占めている。また、「無業者」が少なからぬ比率を占めていることも注目される。こうした募集従事者の前職について、別の調査報告書は次のように記している。

「（募集従事者の職業――引用者）これは前職といふべき所かも知れないが、実際募集従事者を訪問して見ると何かをやつて居るから、それに就て述ぶれば、農業、漁夫、小売商人といふのが最も多い。……会社直接募集の出張員は他府県から入込んで来る募集員であつて夫れが専業であるが、此処では嘱託募集に依るものを主として掲げたい。農家、漁夫、小売商人を本業とするか、女工募集を本業とするかといふ事は個々に就て見なければ困難であるが、実査した所に依ると……農家であると称して居ても、ほんの申訳的に近所の畑を耕すのみや、漁業も荒骨を折らない程度のものといふのが多い。酒小売、たばこ、文房具、駄菓子といふ風な店をやつて居るのも可なり見受けた。就中《なかんずく》酒商といふのは比較的多かつた。是等を見て、一旦女工募集従事者となり手数料を手にする様になれば、労作に従事す気になれないのではないかと思はしめるのである[46]」

ここでは、募集従事者の職業は、外見上は兼業というかたちをとっているものの、実際は専業化しており、外見上の兼業（＝前職）では農業、漁業、小売業が多いことが指摘されている。

それでは、これら「紡績女工募集従事者」は、どのような経済的階層に属する人びとだったのだろうか。これを資産額で示したものが表I-9である。男性募集従事者の資産額が女性募集従事者のそれよりおおきいことは一見して明らかであるが、まず男性募集従事者の資産額をみると、資産がない者はほぼ四人に一人で、三人は資産があ

表Ⅰ－9　紡績女工募集従事者の資産額（1927年）

（単位：人・%）

資産額	男	女
無資産	845（26.5）	324（52.2）
500円-1,000円	1,074（33.7）	173（27.9）
1,000-2,000	621（19.5）	81（13.0）
2,000-4,000	337（10.6）	36（5.8）
4,000-10,000	206（6.5）	7（1.1）
10,000以上	103（3.2）	—（—）
人数合計	3,186（100.0）	621（100.0）

資料：表Ⅰ－7に同じ。
注：表Ⅰ－7に同じに同じく「不詳」人数を除く。資産額の区分は資料のとおり。

るが、資産額五〇〇円から一〇〇〇円の者は三四%、一〇〇〇円から二〇〇〇円の者は二〇%、二〇〇〇円以上の者も二〇%である。一方、女性募集従事者の資産額は、資産がない者はほぼ二人に一人で、資産額五〇〇円から一〇〇〇円の者は二八%、一〇〇〇円以上の者は二〇%である。

募集従事者の以上のような資産額を社会的に位置づけるために、この時期の二つの調査報告書を検討することにしよう。一つは農林省農務局『農家経済調査（大正十四年度）』、もう一つは内閣統計局『家計調査報告　自大正十五年九月至昭和二年八月』（第二巻）である。前者は二五年二月から二六年一月までの一年間の自作農六六戸、自小作農六九戸、小作農五二戸（計一八七戸）にかんする調査であるが、その「農用土地面積」（耕作面積と考えられる）はそれぞれ平均で、自作農三一・六反、自小作農二〇・四反、小作農一六・八反（全体平均二三・四反）であり、したがってこの調査は上層農家についての調査であると考えてよい。これによれば、前記一年間の「農業所得」（農業総収入から農業総経費を差し引いた額）はそれぞれ平均で、自作農一三九六円、自小作農一二三六円、小作農九六六円（全体平均一二一七円）である。[47] 一方、後者の『家計調査報告』（第二巻）は、二六年九月から二七年八月までの一年間の給料生活者・労働者四七八五世帯にかんする調査である。この調査は二六年九月の収入（月収）階級別世帯数を表示しているが、その中央値は八〇円以上一〇〇円未満である（一二六八世帯、調査世帯総数の二六・五%）。その点をふまえたうえで、六〇円未満の四六四世帯（同九・七%）と二〇〇円以上の一一七世帯（同二・四%）を除外し、二〇円刻みで表示された収入の中間の収入を採り（八〇円以上一〇〇円未満のばあいは九〇円）、それぞれの世帯数を掛けて合わせて平均化すると、二六年九月の給料生活者・労働者の平均収入は一〇三円となる。[48] これを年収に換算すれば一二三六円である。

以上の点をふまえて、さきの「紡績女工募集従事者」の資産額をふり返ると、男性募集従事者のそれは、ほぼその六〇％（「無資産」を含む）が上層農家の年間農業所得や給料生活者・労働者の平均年収におよばないものの、二〇％はそれに相当する資産、さらに二〇％はその二倍から一〇倍の額の資産を有していることがわかる。一方、女性募集従事者のそれは、ほぼその八〇％（「無資産」を含む）が上層農家の年間農業所得や給料生活者・労働者の平均年収におよばないものの、二〇％はそれに相当する、あるいはそれ以上の資産を有していることがわかる。もっとも、当時の女性の経済的地位を考えれば、女性募集従事者のほぼ半数が五〇〇円以上の資産を有していることの方が強調されなければならないであろう。このようにみると、男性・女性とも「紡績女工募集従事者」は比較的高い経済的階層に属していた。「募集従事者は或は家を作り、比較的ゼイ沢をして居る」[49]という観察は、十分首肯することができるであろう。

以上、紡績女工の募集方法についてのべてきたが、史料的には、製糸女工の募集方法の実態よりも、工場から独立した紹介人・募集人による間接募集の実態がよりいっそう明確になった。それでは、これまでの研究は紡績女工の募集方法についてどのように記述してきたのであろうか。

まず、日本紡績業史研究の画期的な著作である高村直助氏の研究[50]は、どうのべているのであろうか。同氏は、一八九七年から一九〇〇年の時期を「紡績資本の確立期」と捉え[51]、この時期に女工の遠隔地募集が一般化したとし、こうのべている。「遠隔地募集の方法としては、地元の紹介人に依頼する場合と社員を派遣する場合とがあったが、後者の場合にも地元と特別の関係がなければやはり紹介人に依存していた」[52]（傍点引用者、以下同じ）。この記述は、本章で引用した『綿糸紡績職工事情』の記述を念頭においたものとおもわれる。しかし、氏がここで言う「紹介人」とは地元にいて紡績企業の募集活動をたんに手助けするものとして捉えられており、細井和喜蔵が言う「嘱託募集」の担い手（募集人）としては捉えられていない。したがって、女工の移動についても、それは低賃金や昼夜業など苛酷な労働条件に対する女工の抵抗としてのみ捉えられており、移動（逃亡）を使嗾する紹介人・募集人の存在は、氏の研究にはまったく視野にはいっていない。氏はこうのべている。「低賃金や昼夜業に代表される苛酷な労働条件に対して、労働者は『逃亡』をもって応えた。労働者の団結・争議が厳しく規制されている条件の下では、さまざまな『拘禁』を冒して工場を脱出することが、労働者にとってほとんど唯一の現実的対抗策なのであった。退社あるいは『逃亡』した労働者は、他の紡績会社に再就職したり、他の業種に流れ込んだりした」[53]。この文章で問題なのは、みずから勤めている紡績会社の「苛酷な労働条件」に抵抗して逃亡した女工は、なぜ「他の紡績会社に再就職した」のか（本章でのべたように女工の移動・逃亡は繰り返されている）、女工は「苛酷」でない労働条件をもった夢の紡績企業を求めて何度も逃亡を繰り返したのか、この点がまったく説明されていないことである。もう一つは、上記の文章にある「他の業種」とは、注記によれば「下女・娼婦」であり[54]、逃亡した女工が、みずからの主体的な判断で「下女・娼婦」になったとは到底考えられないことである。氏の議論では、紹介人は女工出身地の地元にいるので、こうした女工の逃亡・移動に関与できなかったと想定することはある意味では当然のことであるが、「地元にいる」という前提を取り払えば、女工のこうした逃亡・移動に関与する紹介人の姿は、もっと具体的にみえてきたのではないだろうか。

中村政則氏の本も[55]、紡績女工の募集方法について記述しているが、製糸女工のそれとは一面で同じで、他面ではまったく対照的なことをのべている。同氏は、本章でも取りあげた細井和喜蔵『女工哀史』における女工募集方法の三つの時期を紹介し、それを前提として、まず「第二期」（日清戦争後から日露戦争の一九〇四、五年ころまで）について次のようにのべている。「この時期は紡績業が日本の産業革命を主導し……女工募集合戦は激烈となり、女工のなかには『色魔《しきま》男工』の誘惑にひっかかって身をもちくずす者がでるしまつであった」[56]。ここで氏は、募集に従事した企業側の「男工」の悪質さを指摘しているが、そのことは逆に言えば、「第二期」の募集方法は、企業側の直接募集であったことを氏はかたっている。また「第三期」（前記）については、こうのべている。「第二期のひたすら嘘《うそ》八百をならべたてた誘拐的募集方法がさまざまの弊害を生んだことへの反省として、大紡績などは募集方法にいくらかの改善を加え……」[57]。ここで氏は、企業側の直接募集という認識を前提としつつ、「第二期」と「第三期」との違いは、募集方法が〝悪質なもの〟から〝いくらか改善されたもの〟へと変化したことにあるとしている。しかし、本章でのべたように、細井は「第三期」以降、直接募集とは別に、「『募集人』という職業者に委せ」た「嘱託募集」が始まったとしており、意図的かどうかの判断は敢てのべないが、読めばすぐにわかる細井のこの記述を氏は完全に無視している。総じて言えば、細井『女工哀史』に依拠する部分では、氏は製糸女工の募集方法についての議論とおなじように、企業側の直接募集を指摘している。

しかし、そのすぐ後の「詐欺的な女工募集」という見出しの欄になると、氏の議論は一変する。一八九七年前後（細井の言う「第二期」の初期）に女工の遠隔地募集が一般化することを指摘したうえで、氏は次のようにのべている。「女工の募集は、主として各地に住む専業の紹介人または会社に属する募集人の手をつうじておこなわれた。その募集方法はきわめて詐欺的・誘拐的であった」[58]。ここで初めて氏は、企業側の直接募集のほかに「各地に住む専業の紹介人」による募集の存在を認めている。そして、「紹介人は自分のあつめた女工を出張社員にわたすが、直接に工場へ送りとどけると、一人につき一円内外の手数料と、ときによっては特別の賞与をもらうことができた」[59]と、正しいことを記している。しかしここで重要なことは、この「紹介人」が上記のことからすでに明らかなように、女工募集地に住む地元的存在であることである。事実、氏は、「紹介人は職工生活の楽しいことばかり説明し、苦しいことはいっさい伏せて娘たちの歓心をかおうとした」[60]ものの、実際に工場にはいった「女工たちは、話がちがうといって紹介人を責めようにも、紹介人は各地へ帰ってしまっている」[61]とのべている。しかし氏は同時に、工場間の女工の争奪が激しくなるとともに、「女工のなかにもこの工場主の争奪戦に乗じ、しばしば逃亡して他工場に偽名で雇われたり、紹介人と共謀して各工場を転々と動きまわって旅費・手数料などをせしめる者もあった[62]」と記している。地元に帰ってしまった「紹介人」が、なぜ女工をして都市部の紡績諸工場を転々とさせることができたのか、この点について氏はまったく合理的な説明をしていない。つまり、氏においては「紹介人」の実態がかならずしも十分に捉えられていないと言わざるをえない。

そしてこのことは、女工の逃亡の段になると、いっそう明瞭になる。すなわち氏は明治三〇～四〇年代の女工の退社率がきわめて高かったことを指摘したうえで、「彼女らは貯金の没収、身のまわり品の置き捨てなど、経済上の不利益と身体上の危険をおかしてまでも、工場脱出をたえずくりかえしていた[63]」とのべている。ここでは、さきにみた高村氏の議論とおなじように、女工の退社は紡績工場の苛酷な労働条件からの解放、身を挺した逃亡として捉えられている。そうであれば、中村氏にとって女工の移動は「紹介人」との「共謀」による移動と、過酷な労働条件からの解放としての逃亡という二つのパターンが存在することになる。これは歴史の実態を正しく把握したものであろうか。しかし氏が、女工の移動を後者の逃亡に力点をおいていることは確かである。事実、氏は岡実『工場法論』（一九一二年）のなかの「出稼女工の帰郷原因」の表を掲出し[64]、「女工の帰郷原因をみると……疾病などをふくめ、労働にたえられないという者が全体の二九パーセントで、家事のつごうによる者とおなじ比率をしめしている。結婚を理由に帰郷した者は六パーセントにすぎない[65]」と記している。しかし同表を正確に分析すると、帰郷原因としての「労働内容」（「労働にたえられない」）は全体の五％で「結婚」（六％）より低く、また「解雇」が全体の一五％で原因の三位に位置していることが注目される。女工不足で女工の争奪をくりかえしている紡績企業がみずからの女工を「解雇」するということは、どういうことであろうか。本章での議論をふまえれば、紹介人・募集人を介した他工場への移動の結果、「解雇」処分にしたと解するのが妥当であろう。また「家事のつごう」も確かに二九％で原因の第一位であるが、そもそも家計を補充するために出稼ぎに来た女工が、「家事のつごう」で早々の体で帰郷することを額面どおりに受けとってよいのであろうか。家計の補充の一つに結婚するための資金を稼ぐこともあげられるとおもうが、「結婚」を理由とした女工の帰郷も、何の迷いもなくそのまま理解してよいのであろうか。このように考えると、同表から苛酷な労働条件からの解放としての逃亡（「帰郷」）は僅かしかよみとることはできない。

上述のことは、ひとえに氏が紹介人の実態を十分に捉えきれていないことによる。しかし、専業の紹介人による間接募集に氏が言及したことは事実である。そうであれば、おなじ出稼女工でありながら製糸女工の募集方法と紡績女工のそれとの違いはどのような事情にもとづくのか、合理的な説明が必要だった。

岡本幸雄氏の研究[66]は、「紡績労働力調達機構」について論じている。そしてそれは遠隔地募集の「本格的開始」（氏はそれを一八九〇年恐慌後にもとめている）以降形成され確立したとし、次のようにのべている。「この募集（遠隔地募集——引用者注）は主にいわゆる募集人を先端とする紡績労働力調達機構の確立によって果されていったのである。こうした募集人による調達は明治、大正、昭和（戦前）と変わることなく行われた点に、わが国紡績労働力調達管理の特徴があろう。そして在地募集人と紡績企業との連繋あるいは特定地域に対する間断なき募集の継続は、やがて紡績労働力の募集地盤・募集圏なるものが形成されていったのである。それは時期的には明治三〇年代前半においてすでに形成され、同四十年代頃（細井の言う「第三期」——引用者注）にほぼ確立された[67]」。この文章の傍点を付したところからすでに明らかなように、「紡績労働力調達機構」の末端を担う「募集人」は募集地に居住し、紡績企業から相対的に独立した存在であった。「かくして、各紡績企業の労働力調達機構の第一線に常設紹介人（いわゆる「募集人」）を配して紡績労働市場の開拓、確保を可能ならしむるに至った[68]」。氏がこのように「募集人」の役割を強調するのは、以下のような認識があるからだとおもわれる。「家計補助的出稼労働と言っても、家父長制的家族制度のもとにある家族労働、特に婦女子が労働者として初めから労働市場に立ち現われているものではない。これら極めて潜在的な労働力を顕在化せしめて行ったのが……紡績企業と結ぶ募集人たちであった」[69]。

以上のように氏の研究においては、紡績業における女工の募集は、企業から相対的に独立した募集人に依存していたことが強調されている。この認識は正しい。しかし、その募集人を女工募集地に居住する存在（募集人の在地性）としてのみ捉えている点は、氏の研究においてはまったく実証されていない。したがって、氏の研究においては女工の「調達」の面だけが強調され、女工の移動（それとのかかわりでの募集人の存在）については、ほとんど関心が払われていない。もう一つ指摘しておきたい点は、「紡績業においては終始一貫して募集人による独自の職工募集に力を注いできたことがわが国紡績労働力調達管理における特徴と言える」[70]とのべていることから明らかなように、募集人による女工の募集は紡績業固有の募集方法だとしていることである。製糸業における女工募集方法を検討してきた筆者の立場からすれば、これは誤りと言わざるをえない。氏が、労働市場の自律的な需給メカニズムを否定して、潜在的な労働力を顕在化させる具体的な役割を担った募集人に言及したことは、十分首肯できる。しかし、「家父長的家族制度」のもとで潜在化していた労働力（農村の婦女子）は、紡績女工になるべき労働力だけではあるまい。

注

（1）農商務省商工局工務課『綿糸紡績職工事情』一九〇三年、五一頁。
（2）細井和喜蔵『女工哀史』一九二五年、改造社（岩波文庫、一九五四年）、六七頁。
（3）江戸時代に始まる雇い人の周旋業。慶庵業とも記される。
（4）前掲『綿糸紡績職工事情』五五頁。

(5) 農商務省商工局工務課『職工事情』一九〇三年、「附録二」二八四―二八五頁。
(6) 同上、二八六頁。
(7) 前掲『綿糸紡績職工事情』五四頁。
(8) 同上書、七六頁。
(9) 同上書、六六頁。
(10) 同上書、一三九―一四〇頁。
(11) 同上書、一四〇頁。
(12) 同上書、一三九頁。
(13) 前掲『職工事情』「附録二」二五三―二五四頁。
(14) 中央職業紹介事務局『紡績労働婦人調査』一九二九年二月、二九頁。
(15) 福岡地方職業紹介事務局『出稼女工に関する調査』一九二八年、四三頁。
(16) 同上書、三八―三九頁。
(17) 労働運動史料委員会『日本労働運動史料』第一〇巻、統計篇、二七二頁。
(18) 前掲、福岡地方職業紹介事務局『出稼女工に関する調査』三九頁。
(19) 同上書、四三頁。
(20) 前掲『綿糸紡績職工事情』五四頁。
(21) 同上書、五五頁。
(22) 同上書、同頁。
(23) 前掲『職工事情』「附録二」一六四―一六五頁。この引用文中の「〇〇教」の丸々は筆者の判断で消去したものである。この宗教団体は、当時の政府による取締りや新聞などによる批判・攻撃の対象となっており、宗教名の真偽のほどがわからないと判断したからである。
(24) 前掲、細井『女工哀史』六九頁。
(25) 同上書、六九頁。
(26) 同上書、二六八―二六九頁。
(27) 同上書、同頁。

(28) 前掲『綿糸紡績職工事情』六七—七〇頁。
(29) 同上書、六七—七〇頁。
(30) 同上書、同頁。
(31) 同上書、六六頁。
(32) 同上書、六五頁。
(33) 前掲、中央職業紹介事務局『紡績労働婦人調査』四八頁。
(34) 同上書、六〇頁。
(35) 同上書、二五頁。
(36) 同上書、五六頁。
(37) 同上書、五七—五八頁。
(38) 前掲、福岡地方職業紹介事務局『出稼女工に関する調査』四七頁。
(39) 前掲、中央職業紹介事務局『紡績労働婦人調査』五〇頁。
(40) 同上書、三三頁。
(41) 同上書、一五頁。
(42) 同上書、一七頁。
(43) 三菱長崎造船所『年報』一九二四年下、横須賀海軍工廠『労働統計』一九二四年一月（大原社会問題研究所所蔵）より算出。
(44) 同上史料より算出。
(45) 前掲、中央職業紹介事務局『紡績労働婦人調査』三四頁。
(46) 前掲、福岡地方職業紹介事務局『出稼女工に関する調査』三六頁。
(47) 農林省農務局『農家経済調査（大正十四年度）』一九二七年二月、三二一頁。
(48) 内閣統計局『家計調査報告　自大正十五年九月至昭和二年八月』第二巻、一九二九年六月、一四—一五頁より算出。
(49) 前掲、福岡地方職業紹介事務局『出稼女工に関する調査』五一頁。
(50) 高村直助『日本紡績業史序説』上、塙書房、一九七一年。
(51) 同上書、二四六頁。

(52) 同上書、三〇三頁。
(53) 同上書、三一〇頁。
(54) 同上書、三一三頁。
(55) 前掲、中村政則『労働者と農民』。
(56) 同上書、一九三頁。
(57) 同上書、一九四頁。
(58) 同上書、一九八頁。
(59) 同上書、一九九頁。
(60) 同上書、一九八頁。
(61) 同上書、一九九頁。
(62) 同上書、二〇三頁。
(63) 同上書、二〇七頁。
(64) 同上書、二一三頁。
(65) 同上書、同頁。
(66) 岡本幸雄『明治期紡績労働関係史――日本的雇用・労使関係形成への接近』九州大学出版会、一九九三年。
(67) 同上書、三一四頁。
(68) 同上書、二三頁。
(69) 同上書、一四頁。
(70) 同上書、七一頁。

三 織物業

織物業(絹織物業、綿織物業)の女性労働者(織物女工、以下このように記す)の募集方法について、基本的文献である農商務省商工局工務課『織物職工事情』（一九〇三年）は、これまでみてきた製糸女工・紡績女工の募集方法とおなじように、次のように記している。

「工女募集方法ニ就《つい》テハ各工場ヨリ特ニ募集員ヲ派出スル所アリ、或《あるい》ハ紹介人ヲ用ヒテ雇入ルヽ所アリ、此ノ二方法ハ他府県若《もしく》ハ県下遠隔ノ地ヨリ工女ヲ募集スル方法ナリトス」(1)、「工女トナル者ハ遠国ノ者多キヲ以テ、其《その》募集ニ就テモ彼《か》ノ紹介人ヲ用ユルカ又ハ直接人ヲ地方ニ派シテ工女ヲ募集スルナリ、然《しか》レトモ……従前ハ総《すべ》テ紹介人即チ慶（「桂」に同じ──引用者注）庵ノ手ヲ経テ職工徒弟ヲ募集セシモノナルモ、紹介人ハ工場主ト職工ノ間ニ介立スルヲ以テ、募集地ニ至リ其地ノ周旋人ニ依頼シ、或ハ相当婦女ノ出入スル駄菓子屋等ヲ利用シ（募集する──引用者）」(2)

ここでは、織物工場が遠方で女工を募集するばあい、「紹介人」を利用するばあいと、工場の職員である「募集員」を直接派遣するばあいの二通りがあること、「紹介人」とは慶（桂）庵業を営む者であり、「紹介人」は募集地でその地の周旋業者や駄菓子屋などを利用して女工を募集することが指摘されている。「紹介人」の募集に応じた女工の父兄は以下のような契約証を「紹介人」に差し出すばあいがあった。

「　身元引請《ひきうけ》依頼契約証

今般拙者《こんぱんせつしゃ》何男女何某機業伝習トシテ雇入ニ差出《さしだ》シ、身元引請ノ儀ヲ及依頼《いらいおよび》候処《ところ》確実也《なり》、然《しか》ル上ハ左ノ条項ヲ契約仕《つかまつり》候

一、傭主雇人間ノ契約ハ総《すべ》テ貴殿へ委任候事
一、本人身分ニ付他《ほか》ヨリ故障等毫《ごう》モ無之《これなき》候事
一、前雇主ヨリ解雇相成タル時ハ、他人へ住替為致候共、後日異議無之候事
一、被雇《やとわれ》中本人逃亡又ハ事故不勤致《ふきんいたし》候節ハ、前借及諸費等雇主ヨリ請求ノ金額ハ拙者ニ於テ負担スヘキハ勿《もち》論《ろん》ノ事

右依頼契約候上ハ、本人身分ニ付如何ナル事故有之哉《これありや》又ハ前数項ニ違反スルニ於《おい》テハ、拙者固《もと》ヨリ加判ノ者ニ於テ連帯責任ヲ以テ負担シ、貴殿へ対シ毫《ごう》モ損害等相掛《あいか》ケ間敷《まじく》候為、後日以連署差入置《れんしよをもつてさしいれおき》候、契約証書依テ如件《くだんのごとし》

年　月　日

何郡何町何番地
実父兄　何某　印
本人　何某　印
保証人　何某　印

紹介人又ハ口入業者何某殿」(3)

この契約証は、募集に応じた女工の身元をすべて「紹介人」（あるいは口入《くちいれ》業者）が引き受け、織物工場主との雇用契約も「紹介人」（あるいは口入業者）にすべて委任すること、雇用契約を結んだ織物工場が当該女工を「解雇」したばあい、その女工をほかの工場へ移動させても異議を申し立てないことを誓約している。これは事実上、父兄・保証人同意のもとでの「紹介人」（あるいは口入業者）への女工の「身売り」契約である。

こうした「紹介人」（口入業者）の声は、『職工事情』の「附録」にもおさめられている。一九〇二年一〇月足利町のある口入業者は、次のように語っている。

「私ノ内ハ近国近郡カラ工女ヲ募集シマス、遠国ニ募集へ出掛ケルコトハ年ニ一度位シカアリマセン、ソレモ特ニ機屋《はたや》（織物業者――引用者注）カラ富山県トカ新潟県トカ云フテ頼マレマシタ時ニハ格別デアリマス、自宅（口入業者の家――引用者注）カラ世話シテ奉公サシテ居ル工女ハ当町ニモ沢山《たくさん》アリマス」(4)

以上のべたような「紹介人」（口入業者）は、さきの「身売り」契約がものがたるように、人間的倫理性において問題がある人物が多かった。『織物職工事情』は、こうのべている。

「紹介人ノ弊害ハ桐生足利、埼玉機業地ニ於テ屢々《しばしば》聞知スル所ナリ、同地方ニハ職工周旋ヲ業トスル口入屋十数軒アルモ漸次其数ヲ減セントスルノ傾向アリ、何《いず》レノ紹介人モ皆不良ニアラサルモ、彼等ノ多クハ自己ノ利ヲノミ計リ毫《ごう》モ徳義心ナク、工女募集ニ当リテモ不正ノ手段ヲ弄《ろう》シ、工女ノ前借金モ実際工場主ヨリ受取ル所ノ幾分ヲ与フルニ過キス、其他種々ノ名目ヲ付ケ工場主及ヒ工女ヨリ手数料ヲ取リ自己ノ懐《ふところ》ヲ肥ヤシ……紹介人即チ周旋屋ノ弊風ニ就テハ此他《このほか》各機業地到ル処《ところ》ニ於テ此ヲ聞知セリ」(5)

織物女工のこうした「紹介人」の多くは、さきの「身元引請依頼契約証」がものがたるように、女工の出し入れ（工場間の廻し）によって手数料を幾度も稼いでいた。『織物職工事情』は、こうのべている。

「紹介人ハ……復《また》モ甘言ヲ以テ他ノ機屋《はたや》ノ評判善キコトヲ話シ、之《これ》（女工――引用者注）ヲ誘拐シ、一地方ノ工女ヲ他地方ノ機屋ニ移シ、其度毎《そのたびごと》ニ工女ヨリ一円以内機屋ヨリハ一円位ノ手数料ヲ取リ、以《もっ》テ自己ノ所得トスルナリ」(6)、「各機業地ニ於ケル一般紹介人ノ弊害ト認ムヘキハ、紹介人募集ノ依頼ヲ受クルヤ応募者欠乏スルトキハ、他人カ已《すで》ニ契約セル職工ハ……勿論《もちろん》、先ニ自己カ紹介セシ職工ヲシテ他ニ転セシメ、或ハ自己ノ利益ノ為メ種々ノ甘言ヲ以テ已ニ契約アル職工若クハ其父兄ヲ教唆《きょうさ》シ、契約主ニ意外ノ苦情ヲ申立テ解雇ヲ強請シテ、他ノ家（機屋――引用者注）ニ転セシムガ如キ事例、枚挙ニ遑《いとま》アラス」(7)

以上のことの具体事例として『織物職工事情』は、桐生・足利地方（絹織物業・絹綿交織物業地帯）と八王子地方（綿織物業地帯）について以下のように記している。

「雇人（女工――引用者注）証文書換《かきかえ》ノ事多キ丈《だけ》紹介人ノ利益ナルヲ以テ、工女ヲシテ可成《なるべく》長期ノ年期契約ヲ避ケシメ、或ハ父兄ノ病気ナリト詐称シ、工場主ヲシテ契約年期中ノ工女ヲ解傭セシメ、若ハ甲工場ノ前借金ヲ踏倒シテ之ヲ乙工場ニ転セシメ、以テ其間手数料ヲ貪《むさぼ》ルカ如キ不正行為尠《すくな》カラス」(8)（桐生・足利地方）、「八王子地方ニ於テハ工女雇入ノ際仮リニ五ケ年ト契約スルモ、紹介人ハ自己ノ利益ノ為メ尚《なお》二ケ年ノ契約年限存スルニ拘《かか》ハラス、甲雇主ニ対シ破約ノ申込ヲ為サシメ、乙雇主ニ向ヒ高級（給）ヲ以テ更ニ契約セシメントシ、其ノ目的ヲ達スルノ手段トシテ、甲雇主ニ向ツテハ疾病事故ノ為ト称シ不勤セシメ之ヲ乙雇主ニ転セシメ、其間不正ノ利益ヲ得ル……」(9)（八王子地方）。

以上のべたような「紹介人」の行動（手数料稼ぎ）によって、織物女工の移動も激しかった。織物女工の雇用

「契約」には「年期制度」を設けている機業地（西陣、桐生・足利、八王子など）とそうでない機業地（米沢など）とがあったが、[10]一般に「工場組織ノ工場ニ在《あり》テハ……契約年限ハ三ケ年乃至《ないし》五ケ年ヲ普通トシ、五ケ年以上ノ長期ヲ契約スルモノ少ナシ、最モ多数ヲ占ムルハ三ケ年契約ナリトス」[11]と報告されている。そのことをふまえたうえで、福井地方（絹織物業）、八王子地方、丹後地方（縮緬《ちりめん》織物業）、愛知県中島郡地方（綿織物業）の四つの機業地七八四四工場の職工（男工も一部含まれているものとおもわれる）三万四一一五人の勤続年数（一九〇一年現在）をみると、勤続「六カ月未満」六五八二人（全体の一九・三%）、「六カ月以上一年未満」九八三九人（同二八・八%）、「一年以上二年未満」九四六四人（同二七・七%）、「二年以上三年未満」四二九二人（同一二・六%）、「三年以上五年未満」二四九一人（同七・三%）、「五年以上」一四四七人（同四・二%）である。[12]契約期間どおりかそれ以上の期間勤続している職工は、全体のわずか一一・五%であり、圧倒的多数の職工は満期前に工場を退ぞいている。また、全体の職工のほぼ半数が一年以上勤続することなく、工場を退場している。『織物職工事情』が「（女工は——引用者注）皆異動ノ頻繁ナルモノニシテ、工場主ニ純然タル職工ナク皆伝習職工（見習・養成工——引用者注）ナリト嘆《なげ》カシム、蓋《けだ》シ強《あなが》チ誇大ノ言ニアラサルナリ」[13]と記していることは正鵠を得た観察と言えるであろう。そしてこうした女工移動の激しさの一つのおおきな要因が、「紹介人」の行動（女工の出し入れによる手数料稼ぎ）にあることは間違いない。

以上、一九〇〇年ころの産業革命期における織物女工の募集方法についてのべてきたが、第一次世界大戦後（一九二〇年代）における募集方法（変化したのか否か）については、管見の範囲では史料が存在せず、確かなことは言えない。しかし、製糸女工、紡績女工について前述したことを考慮すれば、この時期においても、「紹介人」とその独特の募集行為がつづいていたと推察することは十分可能であろう。

以上、織物女工の募集方法についてのべてきたが、織物女工もまたその募集は、製糸女工、紡績女工の募集方法とおなじように、経営者から独立した紹介人・募集人に依存していたことを知った。それでは、これまでの研究はこの点についてどのようにのべてきたのであろうか。結論を先取りして言えば、これまでの織物業史の研究の多くは、農村織物業を対象としており、織物女工の募集方法についてはほとんど言及する必要がなかった。たとえば、神立春樹氏の研究[14]は、福井機業発展の典型地である坂井郡春江村の「機業労働者」を分析した箇所で、明治三〇年代の手工業生産から大正期の本格的な機械制生産へと転換する過程における労働力構成の変化と、「周辺農村からの移住者[15]」について言及している。

また谷本雅之氏の研究[16]も、明治中期の「家内工業」として一つの「家」の織物生産者を取りあげた箇所で、「雇用労働力」は「織物業が集中する自村や近隣農村からは縁故関係[17]」で採用されたことを指摘している。

これに対して、産地織物業を対象にした阿部武司氏の研究[18]は、大量の力織機をもち経営規模を急激に拡大した「産地大経営」の帯谷《おびたに》商店（泉南に位置する）を分析している点で上記二者の研究とは異なる。ただ女工の募集については、以下のように簡単にふれられているにすぎない。「帯谷はすでに大正期に寄宿舎を作り、募集人を介して和歌山県箕島《みのしま》などの女工を多数雇用していたが、一九三二年頃から遠隔地募集を大々的に行うようになり、徳島、愛媛、三重、やや遅れて高知などの諸県から多数の女工を採用した[19]」。ここでは、「募集人を介して」と重要なことが記されているが、氏の研究においてはその具体的な内容が考察されていない。

注

（1）農商務省商工局工務課『織物職工事情』一九〇三年、二四四頁。
（2）同上書、二四五頁。

(3) 同上書、二四八―二四九頁。
(4) 農商務省商工局工務課『職工事情』一九〇三年、「附録二」三一五―三一六頁。
(5) 前掲『織物職工事情』二四六頁。
(6) 同上書、二四五頁。
(7) 同上書、二四八頁。
(8) 同上書、同頁。
(9) 同上書、同頁。
(10) 同上書、二六五―二六六頁。
(11) 同上書、二六六頁。
(12) 同上書、二六七頁より算出。
(13) 同上書、二六六頁。
(14) 神立春樹『明治期農村織物業の展開』東京大学出版会、一九七四年。
(15) 同上書、二六五頁。
(16) 谷本雅之『日本における在来的経済発展と織物業』名古屋大学出版会、一九九八年。
(17) 同上書、四四一頁。
(18) 阿部武司『日本における産地綿織物業の展開』東京大学出版会、一九八九年。
(19) 同上書、一七二―一七三頁。

四　道府県「労働者募集取締規則」の制定

これまでのべてきたことから明らかなように、一九〇〇年前後から二〇年代にかけて繊維工業(製糸業、紡績業、織物業)の女性労働者(女工)の募集の多くは、工場主(雇主)から独立した紹介人・募集人につよく依存していた。そうした紹介人・募集人による女工の募集は、既述のようにさまざまな弊害をもたらしたが、その弊害を取り除くために、各道府県は一九〇〇年前後から一〇年代半ばころにかけてさまざまな「労働者募集取締規則」を道府県令として制定した。それを示したものが表I-10である。以下これらの諸規則を分析し考察するが、結論の一つを先どりするかたちであらかじめのべておけば、これらの諸規則それ自体が、雇主側から独立した紹介人・募集人の全国規模での広範な存在をものがたっている。

そこでまず第一に指摘しておきたい点は、女工をはじめとする職工や労働者を募集する雇主側から独立した紹介人・募集人に対し、さまざまな名称が付されていたことである。まずは文字どおり「紹介人」である。「各種製造場ノ職工タラントスル者ノ口入《くちいれ》周旋ヲ業トスル者ヲ紹介人トス」[1]（①兵庫、一八九六年、第一〇条――表I-10の番号、制定道府県、制定年、規則の箇条、以下同じ）。「本則ハ紡績、製糸、燐寸《マッチ》、織布ノ工場主及職工並《ならび》ニ紹介人ニ適用ス」[2]（⑨奈良、九九年、第一条）。「紹介人」と並んで「紹介営業」という名称も用いられている。たとえば、「職工又ハ労働者ノ募集ハ社員、所員若クハ職工又ハ労働者紹介営業者ノ外《ほか》、之ヲ取扱ハシムルコトヲ得ス」[3]（⑧大阪、九九年、第二条ノ一、傍点引用者、以下同じ）である。

次は「職工周旋業」である。「本則ニ於テ職工周旋業ト称スルハ、手数料ヲ受ケテ工場其他工業主ニ於テ傭使《ようし》スル職工又ハ徒弟ノ周旋ヲ為ス者ヲ謂《い》フ／職工周旋業ハ雇傭口入業ノ許可ヲ受ケタルモノニ非サレハ之ヲ為スコトヲ得ス」[4]（⑲埼玉、一九〇一年、第一条）。この条文では、「職工周旋業」とは何かを規定するとともに、「雇傭口入業」の認可をうけた者でなければ「職工周旋業」をいとなむことができないとしている。おなじような条件を付した規則は、ほかにもみられる。「（労務者――引用者）募集ニ関シ周旋人ヲ使用スルトキハ、雇人口入業ノ許可ヲ受ケタル者ニ限ルヘシ」[5]（⑰香川、一九〇〇年、第四条）。以上に記されている「雇傭口入業」、「雇人口入業」とは、後述する芸娼妓や酌婦などを紹介・斡旋する職業である。そうした職業にたずさわることを許可された者のみが「職工周旋業」をいとなむことができると、上記の条文はのべている。

番号	道府県	公布年月	規　　則　　名
㉜	三　重	06.11	職工募集取締規則
㉝	神奈川	07. 1	人事周旋営業取締規則
㉞	山　形	07. 2	労役者募集取締令
㉟	秋　田	07. 3	労役者募集取締規則
㊱	新　潟	07. 6	周旋業取締規則
㊲	新　潟	07. 6	周旋業取締規則施行手続
㊳	新　潟	07. 7	工女募集取締規則
㊴	長　野	07. 7	工女募集取締規則
㊵	宮　城	07. 7	労務者募集取締規則
㊶	岡　山	07. 8	職工募集取締規則
㊷	福　島	08. 4	人事周旋営業取締規則
㊸	宮　崎	09. 6	職工其他労働者募集取締規則
㊹	滋　賀	09. 7	紹介営業取締規則
㊺	大　分	09.10	職工其他労働者募集取締規則
㊻	徳　島	09.12	職工募集取締規則
㊼	島　根	1910. 4	職工労務者募集取締規則
㊽	鹿児島	10.11	労働者募集取締規則
㊾	長　崎	11. 3	口入営業取締規則
㊿	山　梨	12.10	工女募集取締規則
(51)	鳥　取	12.12	紹介営業取締規則
(52)	福　井	13. 3	紹介営業取締規則
(53)	高　知	13.10	労働者募集取締規則
(54)	北海道	14. 4	労役者募集紹介雇傭取締規則
(55)	茨　城	14. 5	労役者募集取締規則
(56)	群　馬	14.12	工場就業者募集取締規則
(57)	熊　本	16. 2	周旋業取締規則

資料：農商務省工務局『工場及職工ニ関スル庁府県令』1910年11月，農商務省商工局『工場及職工ニ関スル庁府県令（原動機、職工ノ（募集周旋）』1917年４月より作成。

表Ⅰ－10　道府県別「労働者募集取締規則」の制定状況（公布年月順）

番号	道府県	公布年月	規則名
①	兵庫	1896年12月	職工営業主及紹介人取締規制
②	鹿児島	97. 1	他府県ニテ職工募集ニ関スル心得
③	鳥取	97. 7	職工募集取締ノ件
④	和歌山	98. 1	職工募集ニ関スル件
⑤	愛媛	98. 3	職工募集取締規則
⑥	香川	98. 7	雇人口入業取締規則
⑦	大阪	99. 4	紹介営業取締規則
⑧	大阪	99. 8	職工及労働者募集取締規則
⑨	奈良	99.10	工場及紹介人取締規則
⑩	広島	99.11	職工募集取締規則
⑪	福井	99.12	労役者募集取締ノ件
⑫	滋賀	1900. 3	職工募集取締規則
⑬	京都	00. 5	職工募集取締規則
⑭	石川	00. 6	労役者募集取締規則
⑮	愛知	00.10	職工募集取締規則
⑯	大分	00.11	紹介業取締規則
⑰	香川	00.12	労務者募集取締規則
⑱	愛知	01. 5	紹介営業取締規則
⑲	埼玉	01. 5	職工周旋業取締規則
⑳	茨城	01. 6	紹介営業取締規則
㉑	北海道	02. 5	雇人口入営業取締規則
㉒	静岡	02. 8	職工募集取締規則
㉓	東京	03. 7	雇人口入営業取締規則
㉔	富山	03. 9	職工募集取締規則
㉕	広島	04. 7	周旋業取締規則
㉖	岐阜	05. 8	口入営業及職工募集規則
㉗	栃木	06. 1	紹介営業取締規則
㉘	岩手	06. 2	男女工募集及周旋ニ関スル件
㉙	山口	06. 2	周旋営業竝職工労働者募集取締規則
㉚	群馬	06. 3	雇用周旋業取締規則
㉛	和歌山	06. 5	紹介営業者取締規則

女工をはじめとする職工や労働者を募集する雇主側から独立した紹介人・募集人はまた、「労役者取扱人」とも呼ばれている。「本則ハ他府県ニ於テ使役スル職工其他ノ労役者ヲ本県内ニ於テ募集スルモノニ適用ス／本則ニ於テ労役者取扱人ト称スルハ、傭主ト応募者トノ間ニ介立シ、募集ノ周旋ヲナス者ヲ謂フ」[6]（⑭石川、一九〇〇年、第一条）。

最後に、紹介人・募集人は「募集従事人」、「募集従事者」とも命名されている。「募集従事人ヲ雇入レ又ハ募集ヲ委託セムトスルトキハ、事務所（募集地ノ募集事務所――引用者注）ヲ管轄スル警察官署ヲ経由シ知事ニ届出認可ヲ受クヘシ」[7]（㊵宮城、〇七年、第四条）。「募集従事者ヲ解雇シ、又ハ募集ヲ中止シタルトキハ、五日以内ニ知事ニ届出《とどけいず》ヘシ」[8]（㊳新潟、〇七年、第三条）。「工女ヲ募集セントスル者ハ左ノ事項（略――引用者注）ヲ具シ、知事ノ許可ヲ受クヘシ／前項ノ許可ヲ受ケタルトキハ、募集ニ従事スル者ノ簇籍、住所、氏名、年齢及略歴ヲ具シ……工女募集証ノ交付ヲ受クヘシ、工女募集ノ許可ヲ受ケタル者自ラ従事スルトキ亦《また》同シ」[9]（㊴長野、〇七年、第一条）。ここでは「募集従事者」と工場主がみずから募集するばあいとが区別（手続はおなじだが）されているが、前者が主たる対象とされている。

表Ⅰ-10から指摘したい第二の点は、一部上述したことと関連することであるが、雇主側から独立した紹介人・募集人のなかには、芸娼妓や酌婦などの募集・斡旋の仕事の一環として職工・労働者の紹介・斡旋をおこなう者が多数存在していたことである。そうした者に対してもさまざまな名称が付されていた。

まずは、前出とおなじ「紹介営業」である。「本則ハ芸娼妓、仲居酌人、僕婢、其他ノ雇人又ハ職工、労働者ヲ募集シ若《もしく》ハ紹介スルヲ以テ営業ト為スモノニ適用ス」[10]（⑦大阪、一八九九年、第一条）。「本則ニ於テ紹介営業者ト称スルハ、手数料ヲ受ケ芸妓、娼妓、酌婦又ハ職工、僕婢其ノ他ノ雇人ヲ紹介スルヲ以テ営業ト為スモノヲ謂《い》フ」[11]（㉛和歌山、一九〇六年、第一条）。「本則ニ於テ紹介営業者ト称スルハ、名義ノ如何ヲ問ハス手数料ヲ受ケ、芸娼妓、酌婦、僕婢、其ノ他ノ雇人又ハ職工労働者ヲ募集若クハ口入《くちいれ》スルヲ以テ営業ト為ス者ヲ云フ」[12]（⑳茨城、〇一年、第一条）。「本則ニ於テ紹介営業ト称スルハ、営利ノ目的ヲ以テ芸妓・娼妓、雇人（仲居、酌婦、僕婢、乳母《うば》、職工、徒弟ノ類）若ハ養育児ノ紹介ヲ為ス業ヲ謂フ」[13]（52福井、一三年、第一条）。

つぎは、「人事周旋営業」、「周旋営業」、「周旋業」である。「本則ニ於テ人事周旋営業ト称スルハ左ノ営業ヲ為ス者ヲ謂フ／一、芸妓又ハ娼妓稼業者ノ周旋／二、雇傭者又ハ其他ノ労務者及里子《さとご》ノ周旋／三、内外船舶乗組海員ノ周旋／四、商工業上ニ使用スル多数労働者（紡績、織布、製糸にかかわる職工・労務者――引用者注）ノ周旋」[14]（㉝神奈川、〇七年、第一条、引用者注は第三十六条）。「本則ニ於テ周旋営業ト称スルハ、名義ノ如何ニ拘《かか》ハラス手数料ヲ受ケ、芸妓、娼妓、仲居、酌婦及僕婢ノ雇入、又ハ職工其他ノ労働者ヲ周旋スルヲ業トナスモノヲ云《い》フ」[15]（㉙山口、〇六年、第一条）。「本則ニ於テ周旋業ト称スルハ、手数料ヲ得テ職工、工女、徒弟、其他労務ヲ目的トスル被雇人竝《ならび》ニ芸娼妓又ハ酌婦タラントスル者ノ周旋ヲ為スモノヲ云フ」[16]（㊱新潟、〇七年、第一条）。

最後に、「口入営業」とも称されている。「本則ニ於テ口入営業ト称スルハ、左ノ行為ノ営業ヲ為ス者ヲ云フ／一、芸妓、娼妓、酌婦、仲居ノ紹介周旋／二、婢僕、乳母、子守《こもり》其他ノ雇人又ハ職工、徒弟等ノ紹介周旋募集」[17]（㉖岐阜、〇五年、第一条）。「口入営業トハ、自己ノ名ヲ以テ左ノ行為ヲ為スヲ業トスル者ヲ謂フ／一、芸妓、娼妓、酌婦及仲居ノ紹介周旋／二、職工、徒弟、海員、僕婢、其ノ他労務ニ服スル者……ノ雇傭ニ関スル紹介、周旋、募集」[18]（㊾長崎、一一年、第一条）。

表I-10から第三に指摘したい点は、女工をはじめとする職工や労働者のみを募集、斡旋する紹介人・募集人に対する規則（以下、規則Aと記す）と芸娼妓や酌婦などを募集・斡旋する一環としてそれをおこなう者に対する規則（以下、規則Bと記す）の二つが、一緒にしかし別々に制定されている府県が存在していることである。以下その府県を示せばつぎのとおりである。

大阪府――規則B（⑦一八九九年四月）、規則A（⑧一八九九年八月）、愛知県――規則A（⑮一九〇〇年）、規則B（⑱〇一年）、滋賀県――規則A（⑫一九〇〇年）、規則B（㊹〇九年）、福井県――規則A（⑪一八九九年）、規則B（52一九一三年）、鳥取県――規則A（③一八九七年）、規則B（51一九一二年）、和歌山県――規則A（④一八九八年）、規則B（㉛一九〇六年）、香川県――規則B（⑥一八九八年）、規則A（⑰一九〇〇年）、大分県――規則B（⑯一九〇〇年）、規則A（㊺〇九年）、新潟県――規則B（㊱㊲〇七年六月）、規則A（㊳〇七年七月）、群馬県――規則B（㉚〇六年）、規則A（56一四年）、山梨県――規則A（50一二年）、規則B（「雇人口入営業取締規則」、制定年月不詳）、広島県――規則A（⑩一八九九年）、規則B（㉕一九〇四年）、茨城県――規則B（⑳〇一年）、規則A（55一四年）。

以上のようなA・B二つの規則が一緒にしかし別々になぜ制定されたのか、その直接の理由は詳らかにしえないが、規則Bがその条文上の規定とは異なり、多くのばあい実質的には芸娼妓や酌婦などの紹介・斡旋の業務を取締るためだったと推定される。そのことを念頭に、規則AとBの制定された年の順序を考察すると、規則Aが制定された後に規測Bが制定された県は、愛知、滋賀、福井、鳥取、和歌山、広島の六県、規則Bが制定された後に規則Aが制定された県は、香川、大分、群馬、茨城の四県、A、B両規則がほとんど同時に制定されたのは、大阪、新潟の二府県である。このことからただちに結論めいたことは言えないが、表I-10を総合的にみると、規則Aの多くは日露戦争前に制定され、規則Bの相対的多数は日露戦争後に制定されていることがわかり、その事実と合わせ考えると、各道府県の「労働者募集取締規則」は、女工を含む職工、労働者の募集取締りから、それを前提としつつ芸娼妓や酌婦などの募集取締りへと展開していったと考えて差し支えないであろう。

そこでつぎに、道府県「労働者募集取締規則」の取締り内容を検討することにしよう。取締り内容の第一は、募集に従事するさい募集地の所轄警察署ないし募集地の県知事・県当局（多くは所轄警察署）に届け出ることを義務づけていることである。まず所轄警察署の事例。「工女ヲ募集セントスルモノハ、本県内ニ募集事務所ヲ定メ、左ノ事項（略、この点後述――引用者）ヲ具シ、予《あらかじ》メ所轄警察官署ニ届出《とどけいず》ヘシ」[19]（㊿山梨、一九一二年、第一条）。「職工周旋業者職工又ハ徒弟ヲ募集セントスルトキハ、左ノ事項（略、この点後述――引用者）ヲ具シ、主タル募集地ノ所轄警察官署ニ届出ヘシ」[20]（⑲埼玉、〇一年、第五条）。「職工ヲ募集セントスルトキハ、予メ左ノ事項（略――引用者）ヲ書面ニ記載シ、募集地ノ所轄警察官署ニ届出ツヘシ」[21]（⑫滋賀、一九〇〇年、第二条）。「婦女又ハ未成年者ノ職工ヲ募集セントスル者ハ、自己及紹介人ノ住所、氏名、募集ノ期限、人員、男女別ノ区別、年齢、紹介人ノ手数料並《ならび》ニ雇人ノ契約事項ヲ記シ、予メ募集地警察官署ニ届出……ヘシ」[22]（③鳥取、一八九七年、箇条なし）。

数は少ないが、県知事・県当局への届出を義務づけたものは、以下のとおりである。「県外ニ於テ使役スル職工、徒弟、工夫、工女、脳丁、其他労働者ヲ……募集セントスル者ハ、左ノ各号（略――引用者）ヲ具シ、契約書案ヲ添ヘ知事ノ許可ヲ受クヘシ」[23]（㊽鹿児島、一九一〇年、第一条）。「使役スル職工及労働者ヲ県内ニ募集セントスル者ハ、左ニ記載スル事項（略、この点後述――引用者）ヲ具シ、当庁へ届出ヘシ」[24]（㉔富山、〇三年、第一条）。「他管下ニ於テ使役スル職工其他ノ労役者ヲ本県下ニ於テ募集シ、若ハ他ノ依託ヲ受ケ募集ニ従事セントスルモノハ、左ノ各号（略――引用者）ヲ具シ、当庁ノ認可ヲ受クヘシ」[25]（⑪福井、一八九九年、箇条なし）。

募集に従事するさいの届出義務についていま一つ重要なことは、上述した一部の条文からすでに明らかなように、諸規則の一部は、他府県で使役する職工・労働者を当該県で募集するばあいに限定して、届出を義務づけていたことである。たとえば、以下のとおりである。「諸工場ニ使役スル職工ヲ募集セントスルトキハ、其工場管理者ヨリ予メ左ノ事項（略――引用者）ヲ具シ、募集地管轄警察官署ノ認可ヲ受クヘシ……但《ただし》府下ノ工場ニシテ其所在市郡内ニ於テ募集スル場合ハ此限ニアラス」[26]（⑬京都、一九〇〇年、第一条）。「職工ノ募集紹介ニ関スル取締規程ヲ左ノ通相《あい》定ム／他府県ニ於テ使用スヘキ職工ヲ本県内ニ於テ募集（紹介ヲ包含ス、以下同シ）セントスルモノハ、左ノ事項（略――引用者）ヲ具シ、募集所轄警察官署ニ届出認可ヲ受クヘシ」[27]（⑩広島、一八九九年、第一項）。「本県管内ニ於テ他府県ニテ使用スヘキ職工ヲ募集セントスル者ハ、左ノ事項（略――引用者）ヲ着手スヘキ地ノ所轄警察官ニ届出テ認可ヲ受クヘシ」[28]（②鹿児島、九七年、箇条なし）。

以上は、女工を含めた職工、労働者を募集するさいの届出義務に関する規則Aであるが、芸娼妓や酌婦などを中心に広く「労働者」を募集するばあいは（規則B）どうだったのであろうか。「紹介営業ヲ為サントスルモノハ、左ノ事項（略――引用者）ヲ具シ、所轄警察官署ニ届出免許ヲ受クヘシ」[29]（⑦大阪、一八九九年、第二条）。「紹介営業ヲ為サントスルモノハ族籍、氏名、年齢、営業ノ種別、営業所ヲ記シ、所轄警察官署ニ出願許可ヲ受クヘシ」[30]（⑳茨城、一九〇一年、第二条）。「人事周旋業ヲ為サントスル者ハ、本則ノ規定ニ従ヒ所轄警察官署ニ願出許可ヲ受クヘシ」[31]（㉝神奈川、〇七年、第二条）。「人事周旋営業ヲ為サントスル者ハ、本則ノ規定ニ従ヒ、所轄警察官署ニ願出許可ヲ受クヘシ」[32]（㊷福島、〇八年、第二条）。以上のように、芸娼妓や酌婦などを中心に広く「労働者」を募集するばあいは、その営業主が営業所所在地の警察署に願い出てその許可（認可）を受けることが必要とされている。この点は、女工を含めた職工、労働者のみを扱う紹介人・募集人が、募集地の警察署（一部は県知事・当局）への届出制ですんでいることと、おおきく異なる点である。

いずれにせよ、広く紹介人・募集人と称される人びとが、さまざまな名称をもちつつも、主として募集地以外に存在していた者であることは、確かであろう。

道府県「労働者募集取締規則」の取締り内容の第二は、女工を含む職工、労働者の募集を対象とした規則Aについてみると、多くのばあい、雇主側から依頼された紹介人・募集人以外の者による募集や、雇主側からの依頼のない募集が禁止されていたことである。「工場主ハ工場員又ハ紹介人ヲ除クノ外、職工募集ニ関シ他人ヲ使用スルコトヲ得ス」[33]（⑨奈良、一八九九年、第七条）。「周旋業者ニ依ラスシテ直接工女ノ募集ヲ為サントスルモノハ、左ノ各号（略――引用者）ヲ具シ知事ノ認可ヲ受クヘシ」[34]（㊳新潟、一九〇七年、第一条）。「本則ニ於テ募集者タランコトヲ得ヘキ者ハ、傭主及其ノ家族、使用人並《ならびに》傭主ノ依頼ヲ受ケタル紹介人営業者ニ限ル」[35]（㉔富山、〇三年、第一条）。「職工又ハ労働者ノ募集ハ社員、所員若クハ職工又ハ労働者紹介営業者ノ外、之ヲ取扱ハシムルコトヲ得ス」[36]（⑧大阪、一八九九年、第二条ノ一）。「職工募集ハ工場主ノ依頼ヲ受クル場合ノ外之ニ従事スルコトヲ得ス」[37]（⑨奈良、九九年、第二五条）。

取締り内容の第三は、これも規則Aについてみると、その届出項目のなかに職工・労働者保護の項目が含まれていることである。たとえば、前記「㊿山梨、一九一二年、第一条」のばあい、届出項目は次のとおりである。

「一募集事務所ノ位置／二就業工場ノ種類、名称及其所在地／三募集従事者ノ原籍、住所、氏名、年齢／四募集ノ人員、区域及期間／五労働時間、労銀、其ノ他契約事項／六賞罰及救護ノ方法」[38]

また、前記「⑲埼玉、〇一年、第五条」も届出項目を次のように記している。

「一募集者及募集ニ従事セシムル者ノ住所、職業、氏名、年齢／二募集地ノ区域／三募集期限／四職工ノ種類、人員及男女ノ別／五給料及小遣銭、其他仕着セ賞与ノ方法／六労働時間及休業日数／七雇入方法／八病傷者扶助ノ方法」[39]

以上のような職工・労働者保護の項目が明示されていないものの、応募者との雇用契約条件を届出項目に明記しているものもある。

前記「㉔富山、〇三年、第一条」がそれである。「一募集及ヒ之カ周旋ニ従事スル者ノ住所、氏名、年齢／二募集スヘキ職工及ヒ労役者ノ人員、及ヒ男女ノ別、年齢／三職役ノ種類／四募集ノ区域及期限／五募集者ト契約スヘキ条件」[40]

取締り内容の第三は（規則Aについて）、すでに雇用されている者の募集・引き抜きを禁止していることである。「工女募集ニ従事スル者ハ左ノ各号ノ一《ひとつ》ニ該当スル婦女ヲ募集シ又ハ募集セントスルコトヲ得ス／一他人ノ雇傭期限内ニシテ雇主ノ承諾ナキ者」[41]（㊴長野、一九〇七年、第四条）。「現ニ他ニ雇ハレ居ル工女又ハ未成年工男ニ対シテハ、募集ノ勧誘ヲ為スヘカラス」[42]（㉜三重、〇六年、第三条）。「職工周旋業者ハ契約期限内ノ職工又ハ徒弟ヲ雇主ノ意思ニ反シテ、他ノ職工徒弟其他雇入ニ周旋スルコトヲ得ス」[43]（⑲埼玉、〇一年、第三条）。「他ニ雇ハレ中ノ者ニ対シテハ、募集又ハ勧誘ヲ為スコトヲ得ス」[44]（⑧大阪、一八九九年、第三条）。こうした取締り規定が設けられたこと自体、就業中の職工（女工）に対する紹介人・募集人による引き抜き、他の工場への紹介・斡旋が頻繁におこなわれていたことを示している。

第四は（規則Aについて）、募集のさい虚偽の言行など不正な行為をおこなうことを禁止していることである。「営業主雇人又ハ紹介人ハ職工ノ募集ニ関シ、騙詐虚偽《へんさきょぎ》ノ言行アル可《べか》ラス」[45]（①兵庫、一八九六年、第七条）。「当業者又ハ募集取扱人ハ、募集ニ関シ詐欺ノ言行アルヘカラス」[46]（⑧大阪、九九年、第五条）。「工場主及其代理者竝ニ紹介人ハ、職工募集雇入《やといいれ》又ハ紹介ニ関シ、騙詐虚偽ノ言行アル可ラス」[47]（⑨奈良、九九年、第三条）。「工女募集ニ従事スル者ハ左ノ事項ヲ遵守スヘシ／一（略）／二不正ノ手段ニ依リ応募者ヲ誘引セサルコト／三不正ノ手段ニ依リ又ハ応募者ノ意志ニ反シタル契約ヲ為サヽルコト」[48]（㊴長野、一九〇七年、第五条）。これも、こうした規定が設けられたこと自体、紹介人・募集人による募集が、虚偽の情報提示・宣伝などさまざまな不正行為を用いて相当活発におこなわれていたことを示している。

第五は、規則Aに限らず規則Bも含めて取締規定に違反した者に対する罰則が設けられていたことである。「（第一条～第五条に――引用者）違背シタル者ハ十日以下ノ拘留又ハ一円九十五銭以下ノ科料ニ処ス」[49]（⑬京都、一九〇〇年、第七条）。これはほんの一例であるが、表Ⅰ-10のすべての規則が罰則を設けており、そしてそのなかに一様に一定期間の「拘留」を含めている。罰則としては重い規定であると言ってよいであろう。

以上、表Ⅰ-10にもとづき道府県「労働者募集取締規則」の内容を分析し検討してきた。その結果確かに言えることは、これらの諸規則は規則Aと規則Bの違いはあるものの、工場主・雇主から独立した一つの職業としての紹介業（紹介人）・募集業（募集人）を前提とし（事実上の公認）、それらの者が職工や労働者を募集するさいの弊害を取り除くための取締規則であった。もちろん、罰則が設けられていたとはいえ、これらの取締規則がどれほど効力を発揮したかを確かめる術はない。

ただ本章の課題との関連で言えば、雇主から独立した一つの職業としての紹介業（紹介人）・募集業（募集人）が事実上公認されていた意義は、あらためて強調されねばならないであろう。そして実は、この点は「工場法」（一九一一年三月、法律第四六号）、「工場法施行令」（一六年八月、勅令一九三号）の条文からも確認することができる。すなわち、「工場法」はその第一七条で「職工ノ雇入、解雇、周旋ノ取締及徒弟ニ関スル事項ハ勅令ヲ以テ之ヲ定ム」[50]と規定し、勅令の「工場法施行令」はその第二四条で「職工ノ周旋ニ付詐術ヲ用ヰタル者ハ二百円以下ノ罰金ニ処ス」[51]と、罰則規定を設けている。「詐術」を用いた職工の周旋は処罰されるが、職工（その多くは女工）に対する周旋業は事実上公認されているのである。工場法に関するこれまでの研究（筆者の研究を含めて）[52]は、上記の点を完全に無視しており、本章の課題との関連で言えば、工場法の研究において上記の点はとくに重視する必要があるようにおもわれる。

それでは、これまでの研究は道府県「労働者募集取締規則」をどのように捉えてきたのだろうか。製糸・紡績・織物業に関する上述した諸研究でこの規則を検討したものは、唯一石井寛治氏の研究のみである。[53] 石井氏の研究の視野の広さをうかがわせるが、それでは氏はこの規則についてどのような議論を展開しているのであろうか。氏は製糸業に対する労働政策として、「一八八〇年制定の刑法（とくに第二七〇条）から一九〇〇年制定の治安警察法に連なる法体系」による労働運動への弾圧政策と、「製糸労働者に対する保護立法」の二つをあげ、後者について「府県レヴェルでの職工募集取締規則の制定と、中央レヴェルでの工場法の制定」を指摘している。[54]

しかし石井氏は、「職工募集取締規則」は芸娼妓などの周旋業に対する取締規則のなかに包摂されていたもので、しだいに自立し、それと区別されるかたちで制定されるようになったとして以下のようにのべている。「職工募集に関する府県レヴェルでの取締りは、一八九〇年代前半までは『雇人受宿』または『雇人口入業』に対する取締りのなかに包摂されていたごとくである。ところが、一八九〇年代後半になると、大阪・兵庫・鹿児島・鳥取・香川・和歌山・愛媛・岡山・奈良・広島・福井など関西方面を先頭に各府県においてつぎつぎと『職工募集取締規則』が制定され、職工募集が芸妓娼妓などの周旋から区別されるようになる……」。[55] 本章でのべたように、氏が言う「職工」募集の取締規則は規則Aであり、芸娼妓を中心に広く「労働者」を募集する者に対する取締規則は規則Bである。そして、規則Aと規則Bはしばしば並存しており、制定年の順序を強いて言えば、規則Aが制定された後規則Bが制定されていることを、本節でのべた。その点を考慮すれば、芸娼妓などの募集取締規則のなかから「職工募集取締規則」が分離、独立していったとする氏の議論は誤りと言わねばならないであろう。

規則Aと規則Bを区別しないため石井氏は、雇主の委託を受けた紹介人・募集人が募集に従事するさいの申請が、許可制から届出制へと変化（規制の緩和）していったと主張している。すなわち、長野県の「工女募集取締規則」（一九〇七年、表Ⅰ-10の㊴）を分析した氏はこうのべている。「募集は『知事ノ許可』制であり、募集結果は警察へ届出るものと定められていた。しかし、この『許可』は、申請事項が形式的に整えられていれば、その内容のいかんを問わず、与えられていたのではないか、と推察される。一九〇九年規則では許可制をとっていた山梨県が、一二年規則ではこれを届出制に変更していること、および、一四年になってようやく取締規則を制定した群馬県が初めから届出制を採用していることが、その点を裏付けている」[56]。ここで指摘されている山梨県の一九〇九年規則（制定年次不詳のため表Ⅰ-10には記載せず）は、「手数料ヲ受ケ雇人ノ周旋ヲ為ス……口入人」[57]の営業を取締る「雇人口入営業取締規則」[58]（規則B）であり、同県一二年規則（表Ⅰ-10の㊿）は規則Aである。また、群馬県の一四年規則（表Ⅰ-10の㉚）という規則Bがすでに制定されている。既述のように規則Aは届出制を、規則Bは許可制をとっている。上記の山梨県規則A・Bのばあいも群馬県規則A・Bのばあいも、まったく同様である。法的規制が許可制から届出制へと緩和されることはしばしばみられる法的現象であるが、石井氏はそのことが念頭にあったためであろうか、あるいは規則AとBを峻別することができなかったためであろうか、氏の議論は正鵠を得ていないと言わざるをえない。

ただし、氏が分析した長野県の規則は規則Aでありながら確かに知事の許可制を採用している。また、氏が記した新潟県の一九〇七年規則（表Ⅰ-10の㊳）も、知事の許可制を採用している。女工を多数輩出する典型的な県では知事の許可制を敷いていると言えそうであるが、その点は留保しておきたい。

道府県「労働者募集取締規則」に関する石井氏の考察で注目すべき点は、さきの引用文[59]にひきつづいて以下のようにのべている点である。「かかる規制がまず関西方面の諸府県において制定されたことは、同方面に急激に勃興した機械制紡績業が九〇年代に入るや、遠隔地からの女工募集を活発に展開するようになった事実と照応している。これに対して、いわゆる東山地帯を中心とする製糸業地においては、遠隔地募集そのものはかなり早くからあったにもかかわらず、『職工募集取締規則』が制定されるのは意外と遅く、一九〇〇年代後半に入ってからのことであった[60]」(傍点は原文のママ)。関西地方の紡績業女工の募集取締規則から東山地方の製糸業女工の募集取締規則へという動きは、表I-10から確かに読みとれる点であり、氏のこの指摘は卓見であろう。ただし、規則A・B双方を含めると、一九〇〇年代後半には東北・北関東地方にまで募集取締規則の制定がおよぶようになった点も重視する必要があるようにおもわれる[61]。

注

(1) 農商務省工務局『工場及職工ニ関スル庁府県令』一九一〇年一一月(以下、農商務省工務局〔一九一〇年〕と記す)二一四頁。
(2) 同上書、二三〇頁。
(3) 同上書、一九八頁。
(4) 同上書、二一七頁。
(5) 同上書、二八八頁。
(6) 同上書、二六四頁。
(7) 同上書、二五一頁。
(8) 農商務省商工局『工場及職工ニ関スル庁府県令(原動機、職工ノ募集周旋)』一九一七年四月(以下、農商務省商工局〔一九一七年〕と記す)三六一頁。
(9) 同上書、四四五頁。
(10) 農商務省工務局〔一九一〇年〕、一九〇頁。

(11) 同上書、二八三頁。
(12) 農商務省商工局〔一九一七年〕、三八九―三九〇頁。
(13) 同上書、四七七―四七八頁。
(14) 農商務省工務局〔一九一〇年〕、一九九、二〇五頁。
(15) 同上書、二七四頁。
(16) 農商務省商工局〔一九一七年〕、三六二頁。
(17) 農商務省工務局〔一九一〇年〕、二四四頁。
(18) 農商務省商工局〔一九一七年〕、三五一頁。
(19) 同上書、四二一頁。
(20) 農商務省工務局〔一九一〇年〕、二一九頁。
(21) 同上書、二四二頁。
(22) 同上書、二六八頁。
(23) 同上書、二九八頁。
(24) 同上書、二六七頁。
(25) 同上書、二六三頁。
(26) 同上書、一八九頁。
(27) 農商務省商工局〔一九一七年〕、五一五頁。
(28) 農商務省工務局〔一九一〇年〕、二九八頁。
(29) 同上書、一九〇頁。
(30) 農商務省商工局〔一九一七年〕、三九〇頁。
(31) 農商務省工務局〔一九一〇年〕、一九九頁。
(32) 農商務省商工局〔一九一七年〕、四五三頁。
(33) 農商務省工務局〔一九一〇年〕、二三二頁。
(34) 農商務省商工局〔一九一七年〕、三六一頁。
(35) 同上書、四八七頁。

(36) 農商務省工務局〔一九一〇年〕、一九八頁。
(37) 同上書、二三四頁。
(38) 農商務省商工局〔一九一七年〕、四二一頁。
(39) 農商務省工務局〔一九一〇年〕、二一八頁。
(40) 同上書、二六七頁。
(41) 農商務省商工局〔一九一七年〕、四四六頁。
(42) 農商務省工務局〔一九一〇年〕、二三七頁。
(43) 同上書、二一八頁。
(44) 同上書、一九八頁。
(45) 同上書、二一四頁。
(46) 同上書、一九八頁。
(47) 同上書、二三一頁。
(48) 農商務省商工局〔一九一七年〕、四四六頁。
(49) 農商務省工務局〔一九一〇年〕、一九〇頁。
(50) 労働省『労働行政史』第一巻、労働法令協会、一九六一年、五三頁。
(51) 同上書、五九頁。
(52) 西成田豊『退職金の一四〇年』青木書店、二〇〇九年、第三章。
(53) 石井寛治『日本蚕糸業史分析』東京大学出版会、一九七二年。
(54) 同上書、三五八頁。
(55) 同上書、同頁。
(56) 同上書、三六〇頁。
(57) 農商務省商工局〔一九一七年〕、四二一頁。
(58) 同上書、同頁。
(59) 石井、前掲書、三五八頁。
(60) 同上書、三五八―三五九頁。

(61)　たとえば、一九〇六年の岩手県「男女工募集及周旋ニ関スル件」(表I-10の㉘)は、一八九六年の〝明治三陸地震・津波〟で被災した子女を摂津紡績会社が募集したこと(絹川太一『本邦綿糸紡績史』第四巻、一八四―一八六頁、前掲、岡本幸雄『明治期紡績労働関係史』一四頁の記述による)を契機に岩手県内で出稼紡績労働市場が形成されたことを背景としている。

五　「労働者募集取締令」の成立

第一次世界大戦中・後の日本経済は著しい好況的発展をしめし、工場の新設と拡張が相い次いだ。それにともない職工の需要が急増し、その供給不足が深刻な問題となった。そのなかでも職工の不足がとくに深刻化したのは製糸業であった。当時の政府の一調査報告はこう記している。「製糸職工ノ不足ハ各地殆《ほとん》ド一般ノ事実ニシテ、之ガ為府県ヲ通ジ空釜《からがま》ノ数総釜数ノ一割内外ニ達スルモノ多ク、時ニ二割ヲ超ユル府県アリ。更《さら》ニ各工場ニ付之ヲ見レバ、殆ド意ノ如ク職工ヲ収容シ順調ノ操業ヲ行フモノナキニアラズト雖《いえど》モ、亦《また》設備ノ五割余ヲ休止スルモノ已《や》ムナキモノアリ(1)」。こうした日本経済の急激な発展にともなう労働需給関係の変化にもかかわらず、職工・労働者募集の取締りはいぜんとして、上述した道府県令による「労働者募集取締規則」によっておこなわれていた。

経済の拡大による職工の大量募集はさまざまな弊害をもたらし、道府県令によるそれまでの「労働者募集取締規則」では十分に対応することができなくなった。後述するように、一九二四年一二月内務省令「労働者募集取締令」が公布されるが、その作成に携さわった木村清司(社会局事務官・工場監督官)はその著書(2)のなかで、上記の弊害発生の原因として、㈠「労働者需要の緊切」、㈡「募集従事者其の人を得難きこと」、㈢「募集費の多額」、㈣「応募者の無自覚」の四点をあげている。本章での筆者の問題意識と「労働者募集取締令」公布の背景との関連では㈠㈡が重要なので、本村がその二点についてどのようなことをのべているのかをみておくことにしたい。

まず㈠について木村は次のように記している。

「労働者募集は労働者の需要の緊切なる場合に、募集従事者といふ一種の仲介人に依つて就業を勧誘するものである。従つて事業主は極力之に力を注ぐ結果、募集従事者は功を急ぎ、徒《いたずら》に応募者数の多きを望み、勢ひ募集に不正の手段を用ふるに至らしめる」(3)（傍点引用者、以下同じ）

ここで木村は、雇主から独立した募集従事者（紹介人・募集人）の存在を当然の前提とし、労働者を大量に募集するさい、募集従事者による不正行為が生じることを指摘している。また㈡については木村はこうのべている。

「募集行為は之を募集従事者より見るときは一種の仲介行為であるから、余り高尚な業務と云ひ難いから、適当な人を得ることは困難な状況に在る」(4)、「募集の弊害の大部分は、募集従事者其の人を得ざると、応募者側の無自覚とに起因する……。労働条件を明示せずに徒らに甘言を弄《ろう》して募集を勧誘するが如き、或は応募者たる婦女子を誘惑し其の貞操を汚すが如き、或は応募者の逃亡を防ぐために監禁するが如きは、大半は募集従事者其の人を得ざるに因由する」(5)

ここで木村は、募集従事者の職業は「仲介行為」というあまり「高尚」とは言えない仕事であるため、人間的資質に問題があるさまざまな人びとがこの職業に参入しており、その結果、応募者（婦女子）の人権蹂躪《じゅうりん》や人身拘束などさまざまな弊害を生んでいるとしている。ことばを変えれば、木村は、雇主から独立した一つの職業としての

「募集従事」業を承認しつつ、その職業の問題点として、それを担う人間の資質に問題があるとしている。

木村が指摘するこうした問題状況を背景として、内務省社会局は一九二三年四月、各道府県ごとの「労働者募集取締規則」を全国的に統一するかたちで「労働者募集取締令」の社会局草案を発表し、これに対して各地方長官と関係業者に意見をもとめた。(6) 社会局はそれらの答申を斟酌して成案を作成し、二四年一二月内務省令第三六号をもって「労働者募集取締令」を公布し、翌二五年三月これを施行した。(7)「労働者募集取締令」の公布と同時に、社会局長官から各地方長官宛てに「労働者募集取締令公布ニ関スル件」が発出された。この通牒は全部で五項目で構成されているが、重要なのは第二項目である。そこでは次のように記されている。

「募集取締ノ要点ハ募集従事者其ノ人ヲ得ルヲ以テ重要トスル次第ニ付、其ノ許可ニ当リテハ素行及身元等ヲ厳重調査シ、不適当ナルモノハ之ヲ許可セサルコト、就中《なかんづく》左ノ各号ノ一《ひとつ》ニ該当スルモノハ特ニ支障ナシト認メタル場合ノ外《ほか》之ヲ許可セサルコト

㈠禁治産者又ハ準禁治産者

㈡（各種の犯罪歴のある者――引用者注）

㈢密売淫ノ客止《きやくどめ》又媒合ノ罪ヲ犯シタル者

㈣紹介、周旋ノ営業取締ニ関スル法令ニ依リ営業ノ許可ヲ取消サレタル者

㈤芸妓、娼妓又ハ酌婦等紹介周旋ヲ業トスル者

㈥料理店、貸座敷、待合、芸妓屋其ノ他之ニ類スル営業ヲ為シ、又ハ是等営業者ト同居スル者」(8)

社会局長官のこの通牒は、「労働者募集取締令」の要点をよくかたっている。すなわち、募集従事者に適任・適

材と判断した者のみに募集の許可をあたえること、そのために各種犯罪歴のある者はもちろん、芸娼妓や酌婦などの紹介斡旋業者やそれらの女性を雇用する営業者には許可をあたえないこと、これが同令の基本的な目的であった。そこで以下、「労働者募集取締令」の主要な条項についてその内容を検討することにしよう。(9)

「労働者募集取締令」の第一条は次のとおりである。

「本令ニ於テ募集主トハ募集シタル労働者ノ雇主タルヘキモノヲ謂ヒ、募集従事者トハ募集主ノ委託ヲ受ケ又ハ自ラ雇用センカ為労働者ノ募集ニ従事スル者ヲ謂フ」

ここでは、「募集従事者」とは募集主（雇主）の「委託」をうけて労働者の募集に従事する者と規定されている。雇主から独立した一つの職業としての労働者募集業（紹介人・募集人）が法認されたと言ってよい。ただし、木村のさきの著書（以下、「木村」と記す）が以下にのべるように、「募集従事者」が募集をおこなうことは募集主（雇主）が特定されていることが条件で、不特定多数の雇主のための無差別募集は許されない。「労働者募集は募集主が特定することを要する。故に、傭主の存在の可能性があるのみでは不可にして、現実に存在することを要する。故に、雇傭の仲介業者が労力の需要を見込んで、予め労働者を募集するが如きは容認させない(10)」

次に、第四条は以下のとおりである。

「労働者ノ募集ニ従事セムトスル者ハ左記事項ヲ具シ、其ノ写真二葉ヲ添ヘ、募集主ノ連署ヲ以テ其ノ所在地所轄地方長官ノ許可ヲ受クヘシ

一　募集主ノ住所、氏名、法人ニ在リテハ其ノ名称、主タル事務所ノ所在地及代表者ノ氏名

二　募集従事者ノ本籍、住所、氏名、職業及生年月日
三　募集従事者ノ履歴
四　募集従事期間
五　募集従事区域
六　応募者ノ就業場ノ名称、所在地及事業ノ種類」

この第四条では、募集従事者の住所、氏名、職業、生年月日、経歴などさまざまな事項を記した書類を本人の写真とともに、募集主の連署をもって（第一条との関連）、募集従事者の居住地の地方長官に提出し、その認可をうけることをもとめている。前述した道府県「労働者募集取締規則」（規則A）では、紹介人・募集人（募集従事者）は募集地の所轄警察署（一部は知事）へ届出れば済んでいたことと比べれば、この点はおおきな違いである。この点について木村は以下のようにのべている。「募集従事者の許可は主として其の人物の如何に依り決すべき筈のものである。然るに、募集従事者住所地と募集地とは地方長官を異にする場合が少くない。従って募集地の地方長官が之を許すに当っては、住所地の地方長官に照会し、其の身元を調査するの外《ほか》ない。労働者募集取締の中核は募集従事者其の人を得るに在りとすれば、斯くの如き不徹底の方法を棄てて、募集従事者の素行身元を最も良く知る住所地の地方長官に其の許可に就いて所轄せしむるに若《し》くはない」[11]、「募集従事者其の人を得るためには、募集従事者たるために行政官庁の許可を受けたるものを以て之に当らしめることを要する。而《しこう》して此の許可は主として身元を調査し、適当なる人物なりと認めたる場合に之を与ふることを要するものであるから、住所地所轄の地方長官をして之に当らしむるを適当とする」[12]。

それでは、居住地の地方長官の許可を受けた募集従事者は、募集地においてはどのような手続を必要としたのだ

ろうか。これを定めたのが第九条である。

「募集従事者募集ニ着手セムトスルトキハ予《あらかじ》メ第三条ノ（募集主提出の――引用者注）就業案内、雇傭契約書案其ノ他募集ニ関シ配布スヘキ文書ヲ添付シ、左記事項ヲ募集地警察署ニ届出ツヘシ

一　募集従事者ノ住所、氏名

二　募集従事中ノ居所《いどころ》及事務所ヲ設ケタルトキハ其ノ所在地

三　当該警察署管内ニ於ケル募集従事期間

四　当該警察署管内ニ於イテ募集セムトスル労働者ノ男女別予定人員

五　応募者ノ集合所ヲ定メタルトキハ其ノ所在地

（以下、略）」

木村によれば、右の第九条は前記第四条とあいまって以下のような意味をもっていた。「本令（労働者募集取締令――引用者注）は募集従事者の許可を、主として身元保証の意味に於て其の住所地所轄地方長官をして為さしめ（第四条）、募集地に於ては単に募集地所轄警察官署に届出《とどけい》づるのみにて募集に従事することを得せしめ（第九条）、募集地に於ては何等許可を受くるを必要せざることとした」(13)。既述のように、道府県「労働者募集取締規則」は、規則Aについていえば、多くは募集地を管轄する警察署への届出制をとっていたので、この記述はかならずしも正しくないが、石井寛治氏が指摘したような許可制をとっていたところもごく一部存在するので、第九条はすべて例外なしに届出制にしたと解釈するのが妥当であろう。

「労働者募集取締令」の重要な条項として、最後に指摘しておきたいのは第一二条である。

「募集従事者ハ左ニ掲クル行為ヲ為スコトヲ得ス
一　募集従事者証（第四条で許可された者に発給される――引用者注）ヲ他人ニ譲渡若《もしく》ハ貸与シ、又ハ募集ヲ他人ニ委託スルコト
二　募集ニ関シ事実ヲ隠蔽シ、誇大虚偽ノ言辞ヲ弄《ろう》シ、其ノ他不正ノ手段ヲ用《い》ヰルコト
三　応募者ヲ強要スルコト
四　応募シ又ハ応募セムトスル女子ニ対シ、風俗ヲ紊《みだ》ル虞《おそれ》アル行為ヲ為スコト
五　（略）
六　濫《みだり》ニ応募者ノ外出、通信若ハ面接ヲ妨ケ、其ノ他応募者ノ自由ヲ拘束シ苛酷ナル取扱ヲ為スコト
七　（略）
八　応募者ヲ募集従事者証記載ノ募集主以外ノ者ニ周旋スルコト
九　（略）
十　（略）」

この第一二条について木村は次のように記している。「募集それ自体は原則として自由と為すべきものであるが、之に伴ふ募集従事者の行為は、募集従事者其の人を得ることの難《かた》きため及び募集従事者の募集主より受くる報酬が多く成功報酬である関係上、募集従事者其の功を急ぐために之に伴ふ弊害が少くない。故に……各種の禁止行為を規定した」[14]。第一項は、募集従事者がさらに第三者に募集を委託することを禁止したものである。この点について木村はこうのべている。「募集主と募集従事者との関係に就いて間接的委託関係を認むる否やは立法政策問題に属するが、本令は全然之を認めずして、直接委託関係に在る者のみを募集従事者と為したる故に、其の趣旨の徹底の

ために募集従事者の複委託を禁止した」[15]。第三項は、募集に応ずることの強制を禁止したもので、木村も「募集従事者の報酬は請負制度であるために、其の功を急ぎ往々にして執拗に応募せんことを切望することがある。本号（第三項——引用者注）は斯かる行為を禁止したものである」[16]と記している。第八項は第一条と関連した禁止条項である。第四項、第六項は、募集「請負」であるが故に生じやすい行為を禁止したものである。

なお、「労働者募集取締令」においてもまた、「第四条ノ規定ニ依ル許可ヲ受ケス、又ハ募集従事者証記載事項ノ範囲外ニ亙《わた》リ労働者ノ募集ヲ為シ又ハ為サシメタル者ハ、拘留又ハ科料ニ処ス」（第二一条）とあるように、罰則規定がもうけられている。

以上、「労働者募集取締令」の主要な条項について検討してきた。同令は労働者一般の募集に従事する者（募集従事者）を法的に規定したものであるが、前掲表I-1からもうかがえるように、主として繊維工業女性労働者の募集従事者を法認しつつ、それに一定の秩序（規制）をくわえるものであった。事実、この点について東京地方職業紹介事務局は、「本令（労働者募集取締令——引用者注）の要点として判読不能監督課長（社会局工場監督課長——引用者注）の発表せる所に依れば、本令は女工の募集に限らず、男子労働者の募集に及ぼしたると雖《いえど》も、特に女子労働者の募集を主としている」[17]とのべている。

さてそれでは、これまでの研究は「労働者募集取締令」についてどのように解釈してきたのであろうか。製糸・紡績・織物業に関する前述した諸研究で同令に言及したのは、石井寛治氏の研究[18]、同令を議論の中心にすえたのは東條由紀彦氏の研究[19]である。石井氏の研究は同令に簡単に言及したのみで、その内容にはふれていない。

もっとも、同令の内容をほとんど検討していないという点では東條氏の研究も同様である。すなわち同氏は、一九二〇年代半ばに製糸女工の全国的な「統一的労働市場」が「組織化」されたとし、その構成要因として「女工供給組合」、「内務省令労働者募集取締令」、「公営職業紹介事業」の三点を指摘している。[20] しかし同氏は「労働者募集取締令」の内容を具体的に検討していないため、同令で法認された募集従事者の活動と「女工供給組合」の活動（この点について第二章で詳しく論ずる）が対立したこと、戦前において「公営職業紹介事業」の活動はかならずしも十分に機能せず、その点はとくに繊維工業女性労働者の職業紹介において顕著であったことをまったく理解していない。このように相互に対立する政策や十分に機能しなかった政策を一つにまとめ、「国家における統一的階層的労働市場の上からの組織化」[21]（傍点、東條）と「理論」づけるのは（「国家による上からの労働市場の組織化」とは一体何なのかはひとまず問わないとしても）、同氏の観念的思弁の産物であると言わねばなるまい。

注

（1）『製糸職工ニ関スル調査』一九一九年一二月（「臨時産業調査局調査資料」第四七号、労働省編『労働行政史』第一巻、労働法令協会、一九六一年、五三八頁より再引用）。
（2）木村清司『労働者募集取締令釈義』清水書店、一九二六年。
（3）同上書、三五頁。
（4）同上書、三六頁。
（5）同上書、五五―五六頁。
（6）前掲、『労働行政史』第一巻、五三九頁。
（7）同上書、五三九頁。
（8）同上書、五四四頁。
（9）同令の全文は、同上書、五三九―五四三頁。
（10）木村、前掲書、六六―六七頁。
（11）同上書、五二一―五三頁。

(12) 同上書、五六頁。
(13) 同上書、一〇五頁。
(14) 同上書、一四二頁。
(15) 同上書、一四三頁。
(16) 同上書、一四六頁。
(17) 東京地方職業紹介事務局『管内製糸女工調査』一九二五年三月、三三頁。
(18) 前掲、石井寛治『日本蚕糸業史分析』三六一頁。
(19) 前掲、東條由紀彦『製糸同盟の女工登録制度』。
(20) 東條、前掲書、一五八—一七三頁。
(21) 同上書、一七三頁。

むすび

以上、製糸業、綿紡績業、織物業の女工の募集方法と、道府県「労働者募集取締規則」、内務省令「労働者募集取締令」について考察してきた。そこで明らかになったことは、繊維女工の募集の多くは、雇主（工場主）から独立した紹介人・募集人への依託による間接募集だったことである。すなわち、繊維女工の募集・供給を担った紹介人・募集人は広い意味での労務供給請負業に従事した人びとだったと言ってよいであろう。また、道府県「労働者募集取締規則」の本質は、募集地での手続きの厳格化をもとめつつも、労務供給請負業を事実上前提としたものであった。おなじように内務省令「労働者募集取締令」も、業者居住地での人選の厳格化をもとめつつも、雇主（工場主）が特定しているばあいの労務供給請負業（ただし個人営業のそれ）を法的に承認するものであった。

それでは、これまでの諸研究は以上のべたような重要な史実・歴史的文脈をなぜ説き明かすことができなかったのであろうか。理由は二つあるようにおもわれる。一つは、繊維女工は近代日本における出稼労働者の典型とされ（そのこと自体はけっして間違いではないが）、それは地主制史・農業史研究と結びつけられ、農村史料調査や農村での聞き取り調査が研究の王道だとされたことである。その結果、石井寛治氏の研究のようなひじょうに優れた研究がいくつか生まれたことは事実であるが、逆にもっとも基本的な文献史料をきちんと読むことがおろそかになった。新史料とは、文字どおり新しく発掘・発見された史料だけではなく、基礎的文献史料を読み込み再解釈（あるいは正確に解釈）することによっても生まれてくることを忘れてはならないであろう。

もう一つの理由は、多くの研究者が、程度の差はあるものの何らかのかたちでマルクス主義の影響をうけていたため、資本と賃労働という二項対立の枠組のなかでのみ史実を解釈し、その枠組からはずれた事象はほとんど認識することができなかったか、あるいは非本質的なものとして意識的に追究しなかったことである。また経済学の理論をふまえたばあいでも、労働市場は自立した個人による労働力の売買・取引の場であり、労務供給請負業という存在は、理論的には市場の夾雑物《きょうざつ》として捨象されるべきものと判断されたことである。

以上、繊維女工募集における労務供給請負業への歴史認識がこれまでなぜほとんどなかったのか、その理由を二点にわたってのべてきた。しかし実は、この二つの理由・事情から比較的縁遠いところで研究している外国人研究者の方が、本章が設定した課題にかなり正確な解答をあたえている。近年公刊されたジャネット・ハンターの研究(1)がそれである。最後に、ハンター氏のこの研究の一部を紹介しつつ、筆者の批判的コメントをくわえることによって本章を閉じることにしたい。

ハンター氏は、一八九〇年代半ば以降繊維工業労働者の「調達」は、「半独立の仲介業者」である「募集人あるいは募集機関」によって「支配」されるようになったとのべ(2)、こうした「仲介業者」の存在は発展途上国の多くにみられるとし、こうのべている。「親類や友人関係を労働者の募集・広報活動に用いることは、工業化の初期段階における多くの労働市場の特徴である……しかし、より整った募集形式の形成と雇用仲介者の採用が、労働市場全体が機能するために不可欠となった。労働市場の不完全性、たとえば通信と情報伝達の経路が比較的乏しいことが、仲介業者を出現させるようになるのは多くの発展途上国に見られることであり、日本もそのパターンの例外ではなかった」(3)。「仲介業者」、筆者の言う労務供給請負業者が発展途上国によくみられるという見解は、序章で論述した藤本「組頭制度」論と相通ずるものがある。氏がそのような広がりのなかで「仲介業者」を捉えていることは確かである。「仲介業者」を重視しているため、氏は「一九二五年の法制化により認可された募集人の数は……」(4)と、「労働者募集取締令」(二四年一二月公布、二五年三月施行)の法令名こそでてこないものの、同令の本質を的確に捉えている。

しかし氏の議論で問題なのは、「仲介業者」による募集方法が両大戦間期において変化したのかどうかが不分明なことである。すなわち、一方では「直接募集方式が広がったのは戦間期」(5)、「一九二〇年代に多くの大工場は直接募集に戻っており、正規の従業者を派遣して労働者の雇入れから工場到着までを手配」(6)と指摘しつつも、他方では「繊維業者の多くは、戦間期においても労働供給を募集人に依存し続けた」(7)、「戦前の大半の時期において、雇用主と従業者を結びつける役目を担い続けたのは、広義の募集人だった」(8)とも記している。「労働者募集取締令」の意味に氏が言及したのであれば、後者こそが強調されなければならないであろう。

ハンター氏の議論のもう一つの問題点は以下の記述である。「募集人は、とくに第一次大戦前には多様な人々からなっていた。多くはまずもって特定の一地域の住民であり、そこが『担当区域』となった。それらの人々の一部は中農あるいは村長などの、もとからの住民で補助的な収入源として代理人を務めていた。その他は専業的な募集代理人で、募集活動による収入が大部分を占めた」(9)。この記述の前段の専業的ではない募集人の在地性(それも一部は地方名望家)について、氏はそれを証明する史料的根拠を何も示していない。専業的募集人の下で働く在地の人びとが存在した可能性はおおきいが（前記の「道案内」など）、それらの人びとを専業的募集人と同列に論ずることはできないであろう。

注

（1）ジャネット・ハンター著、阿部武司／谷本雅之監訳、中林真幸／橋野知子／榎一江訳『日本の工業化と女性労働――戦前期の繊維産業』有斐閣、二〇〇八年（原著名はWomen and the Labour Market in Japan's Industrialising Economy: The Textile Industry before the Pacific War, Routledge, 2003）。
（2）ジャネット・ハンター、同上書、七五頁。
（3）同上書、七三頁。
（4）同上書、七六頁。
（5）同上書、七三頁。
（6）同上書、七七頁。
（7）同上書、七八頁。
（8）同上書、七七頁。
（9）同上書、七五頁。

第二章　一九二〇年代の女工供給（保護）組合

――「組合」の女工供給事業

はじめに

本章の課題は、一九二〇年代の女工供給（保護）組合についてその活動の実態を究明するとともに、女工供給（保護）組合とは何か、その歴史的性格を考察することにある。これまで、この組合について言及しそれなりに検討してきた研究としては、中村政則氏と筆者（西成田）の研究がある。(1)本来、まずこの二人の研究について考察し、本章の課題設定の意義をのべるべきであるが、二人の研究は、歴史研究の方法論として、あるいは歴史認識がいかに時代的制約をうけているかを示すものとして詳細に考察する必要があるため、それは最後に検討することにしたい。ただ、本章を理解しやすくするため、あらかじめ一つだけ問題点を指摘しておけば、上記二人の研究は等しく女工供給（保護）組合の中心的な活動である女工供給事業を完全に無視しており、そのため同組合の歴史的性格がほとんど考察されていないことである。

注

（1）中村政則『労働者と農民』小学館、一九九〇年（原著は一九七六年）、西成田豊『近代日本労資関係史の研究』東京大学出版会、一九八八年、第一章第四節（初出論文は一九八三年）。

一　岐阜県の女工供給組合

㈠　出稼労働者の状況

岐阜県は、長野、愛知という二つの製糸業県に接し、この両県のほか多くの府県に出稼労働者（その多くは出稼女工）を輩出している日本有数の出稼県である。一九二一年の出稼女工数は約一万三〇〇〇人で、飛驒三郡（益田郡、大野郡、吉城郡）のみについてみると、女性人口一〇〇〇人につき出稼女工数は一〇一人におよんでおり、一七歳から二一歳の出稼製糸女工数は同じ年齢階級女性人口の三二％という高い比率を示している。(1) また、二三年現在益田郡の一三歳から四八歳までの女性人口八二七九人中、女工としての出稼経験を有する者は三一九四人で、その三八・六％を占めている。(2)

一九二四年度の岐阜県の県外出稼者（男女計）を業種別・出稼先府県別に示せば表Ⅱ-1のとおりである。県外出稼者一万九七一七人中、愛知、長野両県を中心とする製糸業への出稼者（女工）がもっとも多く（全体の四五％）、愛知県を中心とする織物業への出稼者（女工）がこれに次ぎ（一三％）、そのあと愛知県を中心とする紡績業への出稼者（女工）、愛知、三重両県を中心とする窯業への出稼者（主として男工）がつづいている。そのため、愛知県への出稼者が全体の六〇％と圧倒的比率を占め、長野、三重両県への出稼者はそれぞれ全体の一二％、一〇％を占め

表Ⅱ-1 岐阜県の県外出稼者（1924年度，男女計）

（単位：人・%）

業種 / 出稼先	製糸業	紡績業	織物業	窯 業	その他	計
愛 知	4,839	1,657	1,989	1,402	1,790	11,677(59.2)
長 野	2,158	24	21	14	194	2,411(12.2)
三 重	190	164	41	650	824	1,869(9.5)
滋 賀	646	35	107	13	82	883(4.5)
京 都	59	85	208	159	288	799(4.1)
大 阪	34	175	174	1	223	607(3.1)
埼 玉	474	6	1	0	3	484(2.5)
兵 庫	267	1	24	0	7	299(1.5)
その他諸県	245	92	32	0	319	688(3.5)
計	8,912 (45.2)	2,239 (11.4)	2,597 (13.2)	2,239 (11.4)	3,730 (18.9)	19,717(100.0)

資料：名古屋地方職業紹介事務局『管区各県下に於ける労働事情』1927年（大原社会問題研究所所蔵）105-106頁より作成。

る結果となっている。

(二) 組合設立に至る経緯

第一次世界大戦中・後の製糸業や紡績業の発達は、岐阜県内においても募集人による女工の募集を活発化させ、「応募者を料理店、劇場其他に誘引し、出発（工場への引率——引用者注）前に自己の宿所に誘引若《も》しくは宿泊せしめ(3)」るなど、募集にともなうさまざまな弊害を生みだしていた。県当局は一九一九年一〇月、それまでの「職工募集取締規則(4)」を改正し、そうした弊害の防止・取締りを強化した(5)。

一方、大野郡においては募集人による募集活動を取締るために、一九一八年七月大野郡町村長会議が開催され、「工女供給組合」に関する意見交換をおこなった(6)。そして同年一二月、同町村長会議は「同郡各町村ニ工女供給組合ヲ設置シ、従来ノ各種募集運動ヨリ生スル弊風ノ改善ハ勿論《もちろん》、内容ノ不完全ナル工場ニ出稼ノ工女保護ヲ目的トシテ活動ヲ開始スル(7)」ことを決議した。この決議をうけて翌一九年二月、「高山町工女組合」が設立された。県当局もこれに刺激されて同年二月以降、飛騨三郡と加茂郡、郡上《ぐじょう》郡の三郡に女工組合の設立を奨励した(8)。その設立状況をみたものが表Ⅱ-2である。

表Ⅱ-2　岐阜県における女工供給組合の設立状況（1927年10月現在）

設立年月	郡上郡	加茂郡	益田郡	大野郡	吉城郡	計
1919年. 1月			1	2		3
2				1		1
8				1		1
9				1		1
10				2		2
12				1		1
20 . 1	1		1	2		4
3			1			1
10	1	1				2
11			2			2
12	8	2	6		9	25
不詳	1					1
21 . 1	2	3				5
2					1	1
3		2				2
5		1				1
6		1				1
7		1				1
8		1				1
12	1	3		1		5
22 . 1		2				2
23 . 1		2				2
24 . 1		1			1	2
12		1				1
計	14	21	11	11	11	68

資料：中央職業紹介事務局『女工供給（保護）組合調査』1928年，巻末付表より作成。
注：表中の数字は組合数。

大野郡の各町村における組合の設立がまず先行し、二〇年一二月設立の組合数がもっとも多く、それ以降加茂郡の各町村に組合の設立が広がっていったことがわかる。

しかし、以上のような女工供給組合の設立は、従来の募集人やそれらと結びついたさまざまな利益集団との対立なしには成し遂げることができなかった。事実、大野郡各町村の組合は、設立当初「募集従事者（募集人——引用者注）は組合の設立により自由活動を制限される虞《おそれ》あるにより、企業主は果して組合の手によって所要の工女を募集し得るや否や危惧の念を抱きて一層激しく募集争奪を行って之に反対するに至りては、全《まった》く組合存立の余地なく、到底所期の目的を達することを得ざるの憂《うれい》があった(9)」とされている。また、ほかの郡の組合も、「設立当時は反対不尠《すくなからず》、暗に事業の遂行を妨害し、一方《ひとかた》ならず組合理事者をして悩ましめるものあり。加之《これにくわえ》募集員の根拠たる宿屋・料理屋・商家等の反感により組合員中多数の反対者を生じ、募集員と結託して事《こと》を行ひ、或《あるい》は従来多額の利益を占め居《おり》たる募集員の下請をなす輩《やから》の苦肉の策に組合の結束を紛《まぎらせ》る等、（組合の――引用者）経営の支障尠《すく》なからざりし(10)」という状況にあった。こうした事態に対処するため、岐阜県は二〇年一一月県令を発出し、女工供給組合が設立されている町村内において募集人が直接女工を募集することを禁止することにした(11)。後述するように女工供給組合への女工の加入は強制力を有していないため、募集人の自由な募集が禁止されないかぎり、組合の発達は望むべくもなかったからである。二〇年一一月の県令の発出が、組合設立のおおきな契機となったことは、前述のように同年一二月に組合が多数設立されていることに示されている。

(三)　組合の組織と組合員

組合の組織単位（組織区域）は、前記の「高山町工女組合」という名称に示されているように、町村単位であった。ただし組合の名称は、設立に向けた協議が郡レヴェルでおこなわれたためであろうか、郡によって異なっている。すなわち、大野郡の町村組合は「工女組合」、益田郡の町村組合は「職工組合」、吉城郡の町村組合は「女工組合」、加茂郡の町村組合は「女工供給組合」、郡上郡の町村組合は「職工組合」という名称になっている(12)。

町村単位のそれぞれの組合の組合員は、「高山町工女組合規約」が「本組合ハ高山町内ニ住所ヲ有シ、各地ノ工場ニ就業シ若《もし》クハ就業セントスル女工及其《その》保護者ヲ以テ組織ス(13)」（第四条、傍点引用者、以下同じ）と規定していることに示されているように、各町村在住の女工とその父兄によって構成されていた。ただし、同組合規約が「本組合

表Ⅱ-3　岐阜県における女工供給組合の組合員総数と1組合平均組合員数（1927年10月現在）

（単位：人）

	組合員総数			1組合平均組合員数		
	父　兄	女　工	計	父　兄	女　工	計
郡上郡（14組合）	1,542	2,162	3,704	110	154	264
加茂郡（21組合）	1,165	2,069	3,234	56	99	155
益田郡（11組合）	1,107	1,542	2,649	100	140	240
大野郡（11組合）	1,759	1,907	3,666	160	173	333
吉城郡（11組合）	2,265	2,672	4,937	206	243	449
計（68組合）	7,838	10,352	18,190	115	152	267

資料：表Ⅱ-2と同じ資料より算出。
注：「1組合平均組合員数」は，小数点以下は4捨5入。

ニ加盟セントスルモノハ、其住所、氏名、生年月日ヲ記載シ本組合ニ申出ツヘシ」[14]（第一七条）と規定しているように、組合に加入するかどうかは、女工とその父兄の自主的な判断に委ねられていた。

そこで次に、女工供給組合の組合員数をみることにしよう（表Ⅱ-3）。一九二七年一〇月現在、岐阜県下女工供給組合の組合員総数は一万八一九〇人であるが、一組合平均でみると、組合員数は、女工一〇〇人から二〇〇人、その父兄五〇人から二〇〇人で、その合計では一五〇人から四〇〇人である。ただし同表で注目しなければならないことは、大野郡の一一組合と吉城郡の一一組合では女工組合員数と父兄組合員数がほぼ同数であるのに対し、郡上郡の一四組合、加茂郡の二一組合、益田郡の一一組合では女工組合員数が父兄組合員数をおおきく上回っていることである。その理由は、郡上郡では二組合、加茂郡では八組合、益田郡では三組合で父兄組合員が存在しない（父兄の組合加入がゼロ）ためである。その理由は詳らかではないものの、父兄からの女工の自立度が関係しているようにおもわれる。

各町村の女工供給組合には、組合長、副組合長、評議員、幹事、理事などの役員が置かれている。「高山町工女組合規約」によれば、組合長、副組合長はそれぞれ一名、評議員は一八名、幹事は二名、理事は九名となっている（第六条）[15]。そしてそれぞれの選出方法は、「組合長、副組合長ハ評議員会ニ於テ之ヲ選挙ス」、「評議員ハ総会ニ於テ保護者タル組合員（父兄組合員――引用者注）中ヨリ之ヲ選挙ス」、「幹事理事ハ組合長ノ推薦ニヨリ評議員会ニ於テ之ヲ選定ス」[16]（以上第七条）とされている。しかし、岐阜県各町村の女工供給組合は、組合長、副組合長はそれぞれ町村長と助役が担い、役場の吏員は幹事として役場事務のかたわら組合事務を担当するというのが実態であった[17]。したがって、「高山町工女組合規約」が「本組合の事務所ヲ高山町役場内ニ置ク」（第五条）と規定していることに示されるように、県下六八組合（二七年一〇月現在）の事務所所在地はすべて町村役場内であった[18]。組合のこうした組織構造は、女工供給組合が郡の町村レヴェルの協議によって、あるいは県の奨励をうけた郡と町村の協議によって設立されたという事情と関連している。

そうした事情もあってか、各町村の女工供給組合が設立されたあと、「女工供給組合の連絡統一を図り、其共同の目的を達成し、併《あわ》せて指導啓蒙の衝に当らしむる[19]」ため、郡を区域とする女工供給組合郡聯合会が設立された。「郡上郡職工組合聯合会」（加入組合数一七組合、二四年一二月末現在、以下同じ）、「加茂郡女工供給組合聯合会」（同一二組合）、「益田郡職工組合聯合会」（同一一組合）、「大野郡工女組合聯合会」（同一二組合）、「吉城郡女工組合聯合会」（同一一組合）がそれである[20]。そして、これらの郡聯合会もまた行政組織と密接に結びついており、会長は郡長、副組合長は互選による会員中の町村組合長、監事は所轄警察署長で構成されており、事務所は郡役所内におかれた[21]。

(四)　組合の事業

女工供給組合の事業は、おおきく、①雇用主（工場主）の需要に応じて女工の供給・斡旋をおこなうこと、②就業中の女工の保護をおこなうこと、③組合員のあいだで懇談、修養、慰安、健康などに関する会合をおこなうことの三つに分けることができる。「高山町工女組合規約」の第三条[22]（「本組合ニ於テ行フ事務ノ概目左ノ如シ」）に即して言えば、①は、「組合員並募集主ノ需《もとめ》ニ応シ女工供給上ノ交渉及斡旋ヲ為スコト」（第一項）、「組合員募集主間ニ於ケル契約締結ノ承認及其ノ履行ヲ監督スルコト」（第二項）であり、②は、「組合員就業中帰郷ノ必要発生シタルトキハ、其ノ申出ニヨリ工場主ニ対シ相当交渉ヲナスコト」（第三項）、「組合員ノ就業スル工場ノ視察ヲナスコト」（第四項）である。また③は、「組合員間ノ懇談会ヲ開キ相互意志ノ疎通ヲ図ルコト」（第五項）、「組合員ノ修養、慰安及保健ニ関スル施設ヲナスコト」（第六項）に示されている。

そこでまず最初に、組合の女工供給事業について「高山町工女組合供給規定」[23]を例にして考察することにしよう。女工の供給について同規定はまず、「女工ノ供給ヲ受ケントスル募集主ハ、其供給希望ノ人員ヲ予定シ、毎年十月末日迄ニ……女工供給斡旋申込書ヲ提出スヘシ、但《ただ》シ特ニ女工ノ指定若《も》クハ選択スル等ノ申込ニ対シテハ其需《もと》メニ応セサルモノトス」（第二条）としている。女工の供給をもとめる「募集主」（雇主、工場主）は毎年一〇月末までに「女工供給斡旋申込書」を組合に提出すること、ただし特定の女工の指名・選択の要求はできないことが、規定されている。「女工供給斡旋申込書」の書式は次のとおりである。

「　女工供給斡旋申込書

住所
何々株式会社工場
募集従事者

私儀、貴町女工供給組合内組合員（女工）ヲ左記ノ条件ニ募集致度《いたしたく》候条《じょう》、供給方《かた》斡旋相成度《あいなりたく》、此段《このだん》申込候也

大正　年　月　日

右

高山町工女組合長殿

記

一、供給希望人員

一、応募者就業工場其他待遇方法（就業案内添付）

〔注意〕

一、製糸女工ハ毎年一月出稼シテ其ノ十二月帰省スルモノ大半ヲ占ムルニヨリ、本申込書ハ十月末日迄ニハ必ス組合長ニ申込ヲナスコト」(24)

この「申込書」をみるかぎり、「高山町工女組合」は、製糸女工の供給組合であった。さらに「募集主」は、「申込書」とともに以下のような「誓約書」を組合に提出しなければならなかった（第三条）。

「印紙　誓約書

今回貴組合ヨリ女工供給上ノ斡旋ヲ受クルニ付テハ、左記ノ条項竝《ならびに》本件ニ関スル貴組合規定、其他御教示ノ事項堅ク遵守可仕《つかまつるべく》候也

年　月　日　　工場主　氏名　印

空白　組合長宛

記

一、貴組合ノ斡旋ヲ経スシテ擅《ほしいまま》ニ貴組合内ノ女工ヲ募集セサルハ勿論《もちろん》、苟《いやし》クモ貴組合ノ目的ヲ妨クルノ如キ行為ヲ為ササルコト

二、雇傭女工若クハ其保護者ニ対シ契約上ノ義務ヲ誠実ニ履行スヘキハ勿論、女工ノ待遇慰安及衛生等ニ付テ

ハ特ニ最善ノ努力ヲ須《もち》ユルコト

三、前項ニ関シ貴組合ヨリ特ニ交渉ヲ受クルコトアル場合ニハ誠意ヲ以テ之ニ応シ、努メテ其要求ニ遵《したが》フコト」(25)

この「誓約書」では、工場主（「募集主」）が組合の管轄内で女工を直接募集することを禁じ（組合による女工の事実上の供給「独占」）、工場主に女工の待遇や衛生環境などの労働条件の改善を義務づけ、そのことに関する組合の「交渉権」を承認することを、誓約させている。

「募集主」（あるいはその委託をうけた「募集従事者」）から「申込書」、「誓約書」の提出をうけた組合は、女工の希望を聞いて供給を決定し、その旨を「募集主」（あるいは「募集従事者」）に伝える。「各工場ニ供給スヘキ女工ハ本人ノ希望ニ依リ之ヲ決定シ、募集主又ハ募集従事者ニ通報スルモノトス」（第四条）。この供給決定の連絡をうけた「募集主」（あるいは「募集従事者」）は、組合員である女工の保護者とただちに雇用契約を結ぶ。「前条ニ依リ女工供給決定ノ通知ヲ受ケタル時ハ、募集主又ハ募集従事者ハ直チニ当事者ト雇傭契約締結ノ上、本組合ニ所定ノ手数料ヲ納付シ、契約書ニ組合長ノ承認ヲ受クヘシ」（第五条）。供給手数料については後述することとするが、この条項で、締結された雇用契約書は組合長の承認を要するとしている点が重要である。というのも、「当時に於ては契約の内容に付ては何等の制限がなかったため、雇傭主により契約の内容も区々《まちまち》であり、非常に被傭者に不利なる内容を有するものも多かったが、通常無知なる女工の父兄は何等かかる内容を注意せずして契約を締結し、ために不利益を被《こうむ》る者多かりし」(26)という状況が存在したからである。

組合長による雇用契約書の承認をうけたうえで、「募集主」（あるいは「募集従事者」）はさらに、「女工氏名」、「出発期日及就業セシムヘキ予定期日」、「前貸金ヲ為シタル時ハ其ノ金額」などを組合に報告しなければならなかった

（第六条）。この条項では、「募集主」（あるいは「募集従業者」）による女工の父兄に対する「前貸金」の額が報告義務の対象とされていることが注目されよう。

一方、「高山町工女組合」の女工供給事業における女工側の義務として前記の「組合規約」は、「自己就業希望ノ工場決定シタル時ハ直ニ本組合ニ申告スルコト」（第一五条第二項）、「本組合ノ承認ヲ経スシテ任意ニ募集主又ハ募集従事者ト雇傭契約ヲ為サザルコト」（同第三項）、「雇傭契約期間内、他ノ募集主又ハ募集従事者ト二重ノ契約ヲ為サザルコト」（同第四項）などを定めている。第三項は組合の事実上の女工の供給「独占」を確保するものとして、第四項はそのことに加えて、それまで雇主（工場主）側を悩ませていた女工・父兄の「二重契約」を禁止するものとして、重視されるべきであろう。

最後に、組合が受けとる女工供給の手数料についてのべることにしよう。「高山町工女組合供給規定」の第八条によれば、供給手数料は、郡内（大野郡内）にある工場に供給するばあいと、郡外にある工場へ供給するばあいとではおおきく異なっており、郡内工場のばあいは女工一人につき一円五〇銭、郡外工場のばあいは女工一人につき三円となっている(27)。こうした違いは、岐阜県下の各町村女工供給組合すべてに共通している。すなわち二七年一〇月現在、各町村女工供給組合の供給手数料は、みずからの郡の外にある工場に対してはすべて女工一人につき三円であるが、郡内の工場に対しては、郡上郡の女工供給組合のばあいは一円五〇銭が一二組合、一円が二組合、加茂郡の女工供給組合のばあいはすべて二円、益田郡、大野郡、吉城郡の女工供給組合のばあいはすべて一円五〇銭となっている(28)。郡内の工場に対する供給手数料の差異がどのような事情にもとづくのか、いまのところ史料に即して詳らかにすることはできないが、いずれにせよ、岐阜県下のすべての町村女工供給組合がみずからが位置する郡内の工場に対しては、供給手数料の点で優遇していることは確かである。

「高山町工女組合」のばあい、いったん納付された供給手数料は、原則として返還しないことになっている。すなわち前記「供給規定」は、その第九条で「納付済ノ手数料ハ契約後女工入場（工場に入る――引用者注）セサルコトアルモ返還セス、但シ雇傭契約締結後止《や》ムヲ得サル事由ニ依リ入場前契約解除ニ至リタル場合ニ於《おい》テ募集主ノ請求アリタルトキハ、其ノ事情ヲ考慮シ特ニ既納ノ手数料ヲ返還スルコトアルヘシ」[29]と規定している。供給手数料は原則として返還しないとするこうした規定がほかの組合にも存在するのかどうかは、わからない。

次に、女工供給組合の事業の第二、就業中の女工の保護についてみることにしよう。各町村女工供給組合は、年に一、二回の調査のため組合の役員を工場へ派遣し、組合員女工の慰問のかたわら、女工待遇の状況を調査し、工場主から組合員女工個々人の勤務成績などの報告をもとめ、組合員女工からもさまざまな意見を聞き取り、女工の保護につとめているとされている[30]。しかし、組合によるこうした女工の保護活動には限界があったようである。名古屋地方職業紹介事務局はこの点について、「何等《なんら》基礎的智識を有せざる組合役員が短時間の視察を以てしては、到底内容を明らかにするを得ずして、自然形式の調査に陥るは遺憾なり」[31]、「帰郷中組合総会等の際、女工より工場内容を聴取する方法を実行せしも、個人的の意見にて正鵠を失する嫌あり、又再度就職するに当り、工場主に知られて後患あるべきを恐れ充分なる陳述をなさず、適《ママ》確なる資料を得ることを得ず」[32]と記している。「高山町工女組合」もその「規約」第一六条で、「組合員ハ其ノ就業工場ニ於ケル待遇及賃金ニ関シ其処置、法規又ハ契約ニ背《あざむ》キ其ノ他徳義ヲ欠クノ行為アリタルトキハ、速《すみやか》ニ本組合ニ通告スヘシ（以下略）」[33]としているが、それが実際にどこまでおこなわれたかは定かでない。

女工供給組合の事業の第三、帰郷後の修養・慰安などの会合については、関係史料にはまったく記されていない。そのことは、こうした会合がまったく開かれなかったことをただちに意味するわけではないが、特段目立った活動でなかったことだけは確かであろう。

以上、女工供給組合の三つの事業について考察してきたが、事業としては文字どおり女工供給事業がもっとも重

表Ⅱ-4　岐阜県下女工供給組合による業種別供給実績

（単位：人・%）

業　種	1921年			1922年		
	工場数（A）	人数（B）	（B）／（A）	工場数（C）	人数（D）	（D）／（C）
製糸業	197	8,217	41.7	198	9,119	46.1
紡績業	3	78	26.0	8	262	32.8
織物業	8	39	4.9	6	158	26.3
その他	1	4	4.0	1	10	10.0
計	209	8,338	39.9	213	9,549	44.8

資料：中央職業紹介事務局『本邦製糸業労働事情』1928年1月，57頁より作成。

要であることを知った。そこで次に、その供給事業の実績を考察することにしよう。

㈤　女工供給事業の実績

まず最初に、女工供給組合がどのような業種にどれだけの女工を供給しているかをみることにしよう（表Ⅱ-4）。女工供給数は一九二一年の八三三八人から二二年の九五四九人へと一五％の伸びをみせている。業種別では、さきにのべた「高山町工女組合」が製糸女工の供給組合であったことに示されているように、製糸業への女工供給数が圧倒的多数を占めている。ただし、紡績業、織物業への女工供給数もそれぞれ二一年の七八人（女工供給総数の〇・九％）、三九人（同〇・五％）から二二年の二六二人（同二・七％）、一五八人（同一・七％）へと増加している。二三年以降の業種別女工供給数はわからないが、女工供給組合が製糸業固有の組合ではないことだけは間違いないであろう。一工場当りの女工供給数は、製糸業では四〇人台、紡績業では三〇人前後である。

供給された女工の出稼先府県別構成は表Ⅱ-5のとおりである。岐阜県内の工場への女工供給数が全体の半数を占めており、前述した業種別構成を考慮すると、県内製糸工場への女工の供給に女工供給組合がおおきな役割をはたしていたことをうかがわせる。ただ、県内工場への女工供給は、二二年と比較すると二四年は人数・比率とも減少しており、そのぶん愛知県内工場への女工供給数・比率が増加している。この増加は、前述した業種別構成と前掲表Ⅱ-1を考慮すると、同県内の製糸

表Ⅱ-5　岐阜県下女工供給組合による出稼先府県別女工供給数

（単位：人・％）

出稼先府県	1922年		1924年
	工場数	女工数	女工数
岐　阜	115	5,069（53.1）	4,884（49.5）
愛　知	41	2,020（21.2）	2,375（24.1）
長　野	36	1,171（12.3）	1,104（11.2）
埼　玉	5	432（4.5）	478（4.8）
滋　賀	3	254（2.7）	320（3.2）
兵　庫	1	225（2.4）	256（2.6）
その他府県	12	378（4.0）	448（4.5）
計	213	9,549（100.0）	9,865（100.0）

資料：中央職業紹介事務局，前掲書，58頁。名古屋地方職業紹介事務局『管内各県下に於ける労働事情』1927年（大原社会問題研究所所蔵）82頁より作成。

工場のほかに紡績工場、織物工場への供給数が増加したことによるものと考えられる。一方、長野、埼玉、滋賀、兵庫諸県への女工供給数とその全体に占める比率は、二二年と二四年と比較してこれといった目立った変化はない。前述した業種別構成と表Ⅱ-1を考慮すれば、これら諸県へ供給された女工は製糸女工といってよいであろう。このようにみると、岐阜県の女工供給組合が供給する女工の圧倒的多数は製糸女工だったとはいえ、典型的な製糸業県である長野県への供給比率は一一～一二％と意外と少なく、岐阜県内と愛知、埼玉、滋賀、兵庫諸県への製糸女工の供給が多数にのぼっていることに注目する必要があろう。

上述の点は、岐阜、長野、愛知三県の製糸女工総数のうち、岐阜県下の女工供給組合によって供給された女工の占める割合をみると、いっそう明らかになる。表Ⅱ-6はそれを示したものである。岐阜県内の製糸女工総数のうち供給女工数が占める割合は三三～四一％とかなり高いのに対し、長野県のそれはわずか一％強にすぎず、愛知県のそれは長野県よりはずっと高いものの、六％強にすぎない。ただし、長野、愛知両県の製糸女工の出身地の多くは県内であり、県外女工に限定すれば、岐阜県女工供給組合が供給する女工の割合は高まる。すなわち、一九二〇年末工場法適用（職工一五人以上使用工場が対象）製糸工場の県外出身女工数は、長野県製糸工場では二万二七〇七人（A）、愛知県製糸工場では

表Ⅱ-6　工場所在地県別製糸女工総数に占める供給女工数の割合（岐阜県）

（単位：人・%）

工場所在地県	1920年末工場法適用製糸工場の女工数（A）	21年度供給女工数（B）	（B）／（A）	22年度供給女工数（C）	（C）／（A）
岐　阜	11,906	3,960	33.3	4,866	40.9
長　野	83,221	1,059	1.3	1,171	1.4
愛　知	29,582	1,792	6.1	1,830	6.2
計	124,709	6,811	5.5	7,867	6.3

資料：桂皐「本邦製糸業労働事情（二）」（『社会政策時報』第41号。1924年2月）93頁より作成。
注：「工場法適用工場」とは常時15人以上の職工を使用する工場。

一万三二五一人（B）であるが、そのうち岐阜県女工供給組合による供給女工数はそれぞれ、一〇五九人（C）、一七九二人（D）であり、供給女工の割合は長野県製糸工場では（C/A）四・七%、愛知県製糸工場では（D/B）一三・五%となる。(34)

それでは次に、岐阜県女工供給組合は県外への出稼女工をどの程度統制し組織化することができたのだろうか。一九二四年の時点をとり、表Ⅱ-1と表Ⅱ-5を比較し、この点を検討することにしたい。表Ⅱ-1により県外出稼女工を製糸業、紡績業、織物業への出稼者とすれば、県外出稼女工の出稼先県は、愛知県八四八五人、長野県二二〇三人、滋賀県七八八人、埼玉県四八一人、兵庫県二九二人、「その他共計」一万三七四八人となる。これを分母とし、表Ⅱ-5の出稼先府県別女工供給数を分子として計算すれば、組合によって供給された女工の比率は、愛知県で二八・〇%、長野県で五〇・一%、滋賀県で四〇・六%、埼玉県で九九・四%、兵庫県で八七・七%、「その他共計」で七一・八%となる。埼玉・兵庫両県への出稼女工については、組合はほぼ完全に統制・組織化しているのに対し、長野県への出稼女工については五〇%、愛知県への出稼女工については三〇%弱を統制・組織化しているにすぎず、その結果出稼女工全体に対する統制・組織化率は七二%となっている。

女工供給組合による出稼女工全体に対する統制・組織化率七二%という数値は高いと言えるが、統制・組織化率が出稼先県でばらつきがあり、また組合が出稼女工全体を完全に掌握していないのも事実である。これはどのような事情にもとづくの

表Ⅱ-7　岐阜県下女工供給組合の出稼先決定人員と申込者数
（1922年3月1日現在）

（単位：人・%）

郡	組合所属女工数（A）	出稼中又は出稼先決定人員	出稼未申込者数（B）	(B)／(A)
大　野	2,298	2,198	100	4.4
益　田	1,659	1,451	208	12.5
吉　城	2,554	2,462	92	3.6
郡　上	2,752	2,133	619	22.5
加　茂	1,673	1,631	42	2.5
計	10,936	9,875	1,061	9.7

資料：桂皋，前掲論文，93頁，高橋辨蔵「工女供給組合に関する調査」（『社会政策時報』第32号，1923年5月）69頁より作成。

であろうか。そのことを考えるうえで参考になるのが表Ⅱ-7である。女工供給組合の組合員でありながら、出稼を組合に申込まない者が全体で一〇%弱存在する。しかも、その未申込者の比率は郡によって区区《まちまち》であり、郡上郡では二二・五%、加茂郡で二・五%である。このデータは、同表に記したように二二年三月一日現在のものであるが、二四年二月末の統計データからも上述したこととおなじことを確認することができる。すなわち二四年二月末現在、女工供給組合所属の女工数は一万七〇六人であるが、供給・斡旋を組合へ申込んだ人数は九六七五人、申込まなかった人数は一〇三一人で[35]、未申込者数の割合は二二年三月一日現在とほぼおなじ九・六%におよんでいる。

このように未申込者が比較的多いということは、女工供給組合設立にさいしての募集人とその関係者による反対・抵抗運動（前述）を考えると、組合員になったものの、供給・斡旋を組合に求めず、募集人に依存している女工が少なからず存在していることを示唆しているようにおもわれる。このことは、募集人に即していえば、女工供給組合が存在している町村等での募集を禁止した二〇年一一月の県令、組合の管轄内での工場主による女工募集を禁止した「高山町工女組合」の「誓約書」に明確に違反する一種の〝脱法行為〟であった。しかし同時に、何らかの事情で募集人に依存した方が有利と考えた女工が少なからず存在したことも確かであろう。

こうした事実と、組合への加入の任意性が、七二%という高い数値であるとはいえ、女工供給組合が（県外）出稼女工を完全に統制・規制することができなかった根本的な理由であった。

表Ⅱ-8　郡別女工供給組合の1組合平均収入・支出額（1924年度）

（単位：円・銭・％）

郡（組合数）	収入（A）	支出（B）	利益（C）=（A－B）	（C）／（A）
郡　上（14）	494.39	355.46	138.93	28.1
加　茂（18）	176.90	123.87	53.03	30.0
益　田（9）	615.23	407.23	208.00	33.8
大　野（11）	687.49	437.33	250.16	36.4
吉　城（11）	1,083.11	842.29	240.82	22.2

資料：中央職業紹介事務所『女工供給（保護）組合調査』1928年1月，巻末附表より算出。
注：各郡組合の総収入と総支出を合計し，組合数で除して算出した。
加茂郡は不詳の3組合，益田郡は不詳の2組合を除外した。

㈥　組合の会計

最後に、女工供給組合の会計（収入と支出）はどのような状態であったかを検討することにしたい。組合の収入は、「高山町工女組合規約」が「本組合ノ経費ハ供給手数料ヲ以テ之ニ充ツ」（第一四条）と規定しているように、[36]供給手数料であった。ただ、組合の設立に県の奨励があったためであろうか、「組合の収入は主として斡旋手数料なり……少額の県費補助と共に経費に充つ」[37]と報告されているように、各組合へ県からの若干の助成金があったようである。一方、組合の支出については、「(組合の――引用者）多くは町村役場内に於て役場員の事務の傍ら執務しつゝあるを以て事務費としては多額を要せざるも、組合総会、部落会開催、補習教育費、慰問通信、視察出張費等に相当支出す」[38]とされている。

以上のことをふまえて表Ⅱ-8を検討することにしよう。一組合平均の収入額は飛騨三郡（益田、大野、吉城）の組合が突出して高く、そのなかでも吉城郡の組合の収入額が群を抜いている。収入額から支出額を差し引いた利益額も飛騨三郡の組合が高い。ただ、対収入利益率（(C)/(A)）は、吉城郡の組合では活動が活発だったためであろうか支出額が多いため、相対的に低いものの、益田・大野両郡の組合では高く、郡上、加茂郡の組合では低い。このようにみると、岐阜県下の女工供給組合のなかでも、飛騨三郡の組合は、会計上の点からみて内容、実績ともに優れており、郡上、加茂郡の組合はそれらと比べると比較的劣っていたと言ってよいであろう。

表Ⅱ-9　徴収手数料総額別組合数（1927年10月現在）

徴収手数料総額	郡上郡（14組合）	加茂郡（21組合）	益田郡（11組合）	大野郡（11組合）	吉城郡（11組合）
100円未満	—	6	1	2	—
100-199	4	3	1	3	—
200-299	4	5	2	—	1
300-399	2	1	1	3	—
400-499	2	4	2	1	2
500-999	2	2	4	1	6
1000円以上	—	—	—	1	2
1組合平均	320円	245円	387円	417円	709円

資料：表Ⅱ-8と同じ資料から算出。
注：数字は組合数。

このことは、徴収手数料総額の郡別組合比較からもうかがい知ることができる。表Ⅱ-9は組合設立以降二七年一〇月までの徴収手数料総額を示したものであるが、徴収手数料総額五〇〇円以上の組合数は、益田郡一一区組合中四組合、大野郡は一一組合中二組合、吉城郡は一一組合中八組合であり、これに対して郡上郡は一四組合中二組合、加茂郡は二一組合中二組合である。その結果、一組合平均の徴収手数料額は、飛驒三郡の組合と郡上・加茂両郡の組合とではおおきな開きがある。

ただし、以上のべた郡別組合の徴収手数料総額は、郡別組合員女工数と組合設立時期（女工供給事業開始時期）と関連しているとおもわれる。[39]そこでまず、郡別組合員女工数をふりかえると（表Ⅱ-3）、益田郡の組合員女工数は一五〇〇人強と比較的少なく、郡上郡、加茂郡、大野郡の組合員女工数は二〇〇〇人前後でほぼおなじ、吉城郡の組合員女工数は二七〇〇人弱で比較的多い。このことをふまえると、益田郡は組合員女工数が少ないにもかかわらず徴収手数料総額は多く、大野郡は郡上郡、加茂郡とほとんど同じ組合員女工数であるにもかかわらず、徴収手数料総額は両郡のそれよりはるかに多く、吉城郡は組合員女工数が多いぶん徴収手数料総額が多いと言えそうである。次に組合設立時期をふりかえると（表Ⅱ-2）、大野郡の組合設立時期は早く、郡上、益田、吉城三郡の組合設立時期はほぼおなじ時期（二〇年一二月）に集中しており、加茂郡の組合設立時期はそれ以降である。このことをふまえると、大野郡の組合は設立時期が早いために徴収手数料総額が多く、加茂郡の組合は設立時期が遅いために徴収手数料総額が少なく、益田、吉城両郡は郡上郡と設立時期はほとんどおなじであるにもかかわらず、徴収手数料総額は郡上郡よりずっと多いと言える。

以上のべた組合員女工数と組合設立時期を合わせて考えると、益田郡の組合は、組合員女工数が少なく設立時期が二〇年一二月に集中しているにかかわらず、徴収手数料総額は多く、大野郡の組合は、組合員女工数は中位であるが設立時期が早いため、徴収手数料総額は多く、また吉城郡の組合は組合員女工数は多いものの特段多くないにもかかわらず、徴収手数料総額がひじょうに多いと言うことができる。一方、郡上郡の組合は、組合員女工数は中位で設立時期は二〇年一二月に集中しているにもかかわらず、徴収手数料総額は少なく、また加茂郡の組合は、組合員女工数は中位であるが設立時期が遅いため、徴収手数料総額は少ないと言うことができる。

表Ⅱ-10　岐阜県の郡別小作地率と反収（1923年末）

郡　名	小作地率（%）	反収（石）
稲葉郡	48.9	1,806
羽島郡	58.3	1,641
海津郡	73.6	1,546
養老郡	68.6	1,521
不破郡	57.5	1,849
安八郡	66.7	1,934
揖斐郡	44.5	1,956
本巣郡	56.4	1,946
山懸郡	47.4	1,665
武儀郡	40.7	1,505
郡上郡	30.2	1,755
加茂郡	37.9	1,763
可児郡		1,796
土岐郡	48.3	1,869
恵那郡	40.1	1,789
益田郡	26.3	1,675
大野郡		1,579
吉城郡	21.9	1,572
県平均	47.0	1,759

資料：『岐阜県統計書』1925年より作成。
注：小作地率は耕作地総面積に対する小作地面積の割合。反収は粳《うるち》米の反収（以下同じ）。

以上のことをふまえると、徴収手数料総額の点からみても、飛驒三郡の組合の活動は活発であり、内容、実績とも優れていたと言ってよい。一方、郡上郡の組合が徴収手数料総額の点からみても活動の不活発さをうかがわせるのは、前述のように出稼未申込者数比率の突出した高さ、女工供給組合と対立する募集人への応募者数の多さと密接に関連しているようにおもわれる。

(七) 組合が存在する郡の地域的特徴

以上、岐阜県の女工供給組合について考察してきたが、言うまでもなく同県には組合が存在しない郡も多数存在する。逆に言えば、組合が存在する郡は、募集従事者(募集人)が活発に募集活動をする出稼女工が多い郡だったと言える。そして最後に、組合が存在するそうした郡は、小作地率と米の反収からみてどのような地域的特徴があったかを検討することにしたい。表Ⅱ-10はそれを示したものである。組合が存在する五つの郡の小作地率は、ほかの郡あるいは県平均と比較して明らかに低く、また反収は、郡上郡と加茂郡は県平均とほとんどおなじであるが、益田、大野、吉城の三郡は県平均と比較すれば明らかに低い。つまり組合が存在する郡は、地主制の展開がよわく、一部の郡を除けば低生産力の地帯であったと言ってよいであろう。

注

(1) 中央職業紹介事務局『本邦製糸業労働事情』一九二八年一月、五五頁。
(2) 名古屋地方職業紹介事務局『管内各県下に於ける労働事情』一九二七年(大原社会問題研究所所蔵)、六九頁。
(3) 高橋辨蔵「工女供給組合に関する調査」(『社会政策時報』第三二号、一九二三年五月)六二頁。
(4) 各県の「労働者(職工)募集取締規則」については、第一章四を参照。
(5) 中央職業紹介事務局『女工供給(保護)組合調査』一九二八年一月、三〇―三一頁。
(6) 前掲、高橋辨蔵「工女供給組合に関する調査」六二頁。
(7) 『岐阜県下ニ於ケル出稼職工ト職工供給組合』(謄写刷、編者・発行年不詳、大原社会問題研究所所蔵)五頁。
(8) 前掲、高橋辨蔵「工女供給組合に関する調査」六二頁。
(9) 同上、同頁。
(10) 前掲、名古屋地方職業紹介事務局『管内各県下に於ける労働事情』九八頁。

(11)　前掲、中央職業紹介事務局『女工供給（保護）組合調査』三一頁。
(12)　同上書、巻末の附表による。
(13)　同上書、一〇五頁。
(14)　同上書、一〇七頁。
(15)　同上書、一〇五頁。
(16)　同上書、一〇六頁。
(17)　同上書、二〇頁。
(18)　同上書、巻末の附表による。
(19)　前掲、名古屋地方職業紹介事務局『管内各県下に於ける労働事情』一〇一頁。
(20)　同上書、一〇四―一〇五頁。
(21)　同上書、一〇一頁。
(22)　前掲、中央職業紹介事務局『女工供給（保護）組合調査』一〇五頁。
(23)　同上書、一〇八―一〇九頁。
(24)　同上書、一〇九―一一〇頁。
(25)　同上書、一一〇頁。
(26)　同上書、三七頁。
(27)　同上書、一〇九頁。
(28)　同上書、巻末の附表による。
(29)　同上書、一〇九頁。
(30)　前掲、中央職業紹介事務局『本邦製糸業労働事情』五七頁。
(31)　前掲、名古屋地方職業紹介事務局『管内各県下に於ける労働事情』九五―九六頁。
(32)　同上書、九七頁。
(33)　前掲、中央職業紹介事務局『女工供給（保護）組合調査』一〇七頁。
(34)　桂皋「本邦製糸業労働事情(二)」（『社会政策時報』第四一号、一九二四年二月）、九四頁。
(35)　前掲、中央職業紹介事務局『女工供給（保護）組合調査』三一頁。

(36) 同上書、一〇七頁。
(37) 前掲、名古屋地方職業紹介事務局『管内各県下に於ける労働事情』九九頁。
(38) 同上書、九九頁。
(39) 厳密に言えば、郡外工場への供給手数料の差違も関係しているが、それはネグリジブルであると考え、ここではそれを考慮しないことにする。

二　山梨県の女工供給組合

出稼女工を多数輩出している山梨県も、県当局は女工を保護するため、一九二一年一〇月、山梨善誘協会という社会事業団体を設立し、同協会を本部とし、各郡に支部を置き、さらに各町村に女工供給組合を組織した[1]。このとき設立された女工供給組合数は、北巨摩郡三七組合、南巨摩郡一二組合、西八代郡三組合、中巨摩郡二組合、計五四組合であった[2]。

県当局は、山梨善誘協会をとおして上記の郡に女工供給組合を組織するとともに、前述した岐阜県と同様に組合が存在する地域内での募集人による募集を禁止した[3]。しかし、県当局はその後、組合の活動が不活発だった北巨摩郡の七組合、南巨摩郡の五組合、中巨摩郡の全部二組合について、その地域内での募集人による募集禁止の方針を解除した[4]。おそらく、県の方針にもかかわらず、当該地域内での募集人の勢力がつよかったため、組合が機能せず、そのことを県当局が追認したというのが実情であろう。その他の組合は「相当の成績」をあげていたとされている[5]。

そこで表Ⅱ-11より、郡別女工供給組合の活動実績を検討することにしよう。出稼女工に対する組合の供給率(c)/(f)は郡によって異なっており、南巨摩郡では八六％であるのに対し、北巨摩郡では六六％、西八代郡では四四％で、全体では六五％である。北巨摩郡の組合による供給女工数（一五九九人）は供給女工総数（二〇九七人）の

表Ⅱ-11　山梨県郡別女工供給組合の活動実績（1924年末現在）

（単位：人・％）

郡	組合数	組合ノ紹介シタル女工数			組合以外ニ於テ契約シタル女工数			合　計			(a)/(d)	(b)/(e)	(c)/(f)
		県内(a)	県外(b)	計(c)	県内	県外	計	県内(d)	県外(e)	計(f)			
北巨摩	29	68	1,531	1,599	85	724	809	153	2,255	2,408	44.4	67.9	66.4
南巨摩	7	4	289	293	1	48	49	5	337	342	80.0	85.8	85.7
西八代	3	26	179	205	170	91	261	196	270	466	13.3	66.3	44.0
合　計	39	98	1,999	2,097	256	863	1,119	354	2,862	3,216	27.7	69.8	65.2

資料：中央職業紹介事務局『女工供給（保護）組合調査』1928年1月，69頁より作成。
注：県内，県外とは，それぞれ工場の所在地をさす。

表Ⅱ-12　山梨県の郡別小作地率と反収（1919年末）

郡　名	小作地率（％）	反収（石）
東山梨郡	50.0	2,427
西山梨郡	70.3	2,014
東八代郡	59.1	1,798
西八代郡	41.5	1,924
南巨摩郡	47.3	2,085
中巨摩郡	74.1	2,039
北巨摩郡	57.0	2,113
南都留郡	44.0	1,456
北都留郡	42.5	1,769
県平均	55.0	2,046

資料：『山梨県統計書』1921年より作成。

七六％を占めており、それが前記した全組合による供給率六五％という数値を規定している。ただし県内・県外の工場への全組合による供給率(a)/(d)、(b)/(e)は二八％、七〇％とおおきく異なっている。組合は県外の工場への出稼女工に対してはつよい影響力をもっていたが、県内の工場への出稼女工に対するそれは弱く、その領域では募集人による募集活動に侵食されていたと考えられる。

山梨県の女工供給組合の活動実績は以上のとおりである。しかし一九二五年一月、内務省令「労働募集取締令」の施行にともない「募集従事者」の活動が法的に承認されたこと[6]により（それは後述するように、ただちに女工供給組合の存在を否認するものではなかったが）、それを、組合が存

在する地域内での募集人による募集禁止措置を「違法」とうけとった県当局がその措置を解除したため、組合は急速に衰退し全滅することになった(7)。

その後、山梨県下の女工供給組合としては、一九二六、七年ころ東八代郡錦村二之宮の「二之宮労働保護組合」が確認されるが、同組合も「全出稼女工に及ぼす組合の力は全く微々たるものにして殆《ほとん》ど云ふに足らざるもの(8)」という状態であった。

以上のように、山梨県の女工供給組合は二五年を境に急速に衰退していったが、その点を確認したうえで、組合が設立された前記の郡には何か地域的特徴があったのかを検討しておきたい。表Ⅱ-12は郡別の小作地率・反収を示したものである。明らかなように、組合が設立された郡（西八代、南巨摩、中巨摩、北巨摩の四郡）には、岐阜県でみられたような特段の地域的特徴はみとめられない。組合が設立された郡について、当時の一調査報告書は「此等の組合は地理上より見て何《いず》れも長野県に接し、然《しか》も同県諏訪郡の主要製糸地と隣接してゐることを見るに至り、従来女工の募集上、此の種組合を必要とする所以《ゆえん》がうかがい知らるゝ(9)」と記しているが、地図をみるかぎりその点は十分首肯することができるであろう。

注

(1) 中央職業紹介事務局『女工供給（保護）組合調査』一九二八年一月、二頁。
(2) 東京地方職業紹介事務局『管内製糸女工調査』一九二五年三月、一〇二頁。
(3) 前掲、中央職業紹介事務局『女工供給（保護）組合調査』二頁、六九頁。
(4) 木村清司『労働者募集取締令釈義』清水書店、一九二六年、「附録」四〇頁。
(5) 前掲、中央職業紹介事務局『女工供給（保護）組合調査』六九頁。
(6) この点については、第一章五を参照。
(7) 前掲、中央職業紹介事務局『女工供給（保護）組合調査』二頁、六九頁。
(8) 同上書、七一頁。
(9) 前掲、東京地方職業紹介事務局『管内製糸女工調査』一〇二頁。

三　新潟県の女工保護組合

(一)　組合設立に至る経緯

新潟県における女工供給組合は、すべて女工保護組合という名称をとっている。同県の女工保護組合の嚆矢は、刈羽郡南鯖石村《さばいし》を中心とする三カ村の有志で構成された「自治研究会」という団体が新聞紙上で岐阜県高山町工女組合（前記）の活動を知り、それに倣い、出稼女工を保護するために一九二〇年一月「南鯖石村女工保護組合」を設立したことに始まる。(1) しかし同組合は、募集人による募集競争の波にのまれてしばらくして没してしまったとされている。(2)

しかしその後、一九二一年一〇月には北魚沼郡女工保護組合、翌二二年四月には中魚沼郡女工保護組合、さらに二三年一二月には西頸城郡女工保護組合がそれぞれ設立された(3)。北魚沼郡女工保護組合は、二〇年八月同郡の堀之内町に組合が設立されたのを契機に、同郡の諸村全体に組合が設立され、それらが一つにまとまるかたちで上記の年月に創立総会が開かれた(4)。総会では、女工とその父兄を組合員とし、町村ごとに部長を置き、部長は町村長とすることなどが決議された(5)。

しかし、上記三郡の組合のうち西頸城郡の組合を除けば、その活動は不活発であった。実際、北魚沼郡女工保護組合の一九二二年度の活動実績は、同郡出稼女工総数二八一四人のうち組合取扱い女工数は二七二人で、総数の九・七%にすぎず、翌二三年度の組合取扱い女工数はわずか一二人にすぎなかった(6)。中魚沼郡女工保護組合もおなじように活動実績は不振であった(7)。これに対して、西頸城郡女工保護組合の二四年度の活動実績は、同郡出稼女工総数二九〇四人のうち組合取扱い女工数は総数の三七・五%にあたる一〇九〇人であり(8)、活動は比較的活発であった。

西頸城郡の組合のような事例はあったものの、新潟県全体としての女工保護組合の活動不振を打開し、さらにほかの郡にも組合設立をうながす契機となったのは、二五年県当局が女工保護組合奨励策を打ちだし、多額の補助金交付を始めたことにあった。当時の一調査報告書はこの点について次のようにのべている。

「県（新潟県――引用者注）当局に於ても、夙《つと》に出稼女工保護の緊要たるを認め居たるを以《もっ》て大いに組合の設立を奨励し、多額の補助金を交付し、益々《ますます》之が設置を慫慂したので、最近に至りて之を設置する町村漸次多きを加へ、殆《ほとん》ど全県下に亘るに至った(9)」、「大正七、八年欧州大戦による財界の好況はますます女工の需要を激増し〔させ〕、従って女工争奪の弊を醸生《ママ》した。かかる気運に刺激せられて、保護組合は早くより発生し、争奪による弊害防止に努力し多少その効はあらはしてゐたが、近時県当局の保護組合奨励政策により保護組合は全県下に及ばんとし……」[10]

そこで次に、新潟県における女工保護組合の設立状況をみることにしよう（表II-13）。同表から明らかなように、各郡の組合設立数は二五年一二月をピークにしてその前後二五年九月から二六年七月までのほぼ一年間に集中している。その多くは各郡の町村単位で設立されているが、東蒲原郡、古志郡では郡単位で一つの組合が設立されている（東蒲原郡女工保護組合、古志郡女工保護組合）。その理由は詳らかでない。また、前記した中魚沼郡女工保護組合、西頸城郡女工保護組合も郡単位の構成をとったままである。また、組合の設立数は郡によってかなり異なっており、組合数の多い（一四～一八組合）三島郡、北魚沼郡、東頸城郡、南魚沼郡がある一方、組合数の少ない（二～五組合）北蒲原郡、中頸城郡も存在する。

(二) 組合の組織と組合員

組合の組織単位（組織区域）は、既述のように一部を除けば、町村単位であった。組合員は、女工とその父兄それに組合の趣旨に賛同する者によって構成されていた。県当局が女工保護組合の設立を支援（補助金の交付）するようになったときに作成されたとおもわれる「新潟県女工保護組合規約準則」（以下「規約準則」と記す）によれば、「本組合ハ各地ノ工場ニ就業シ若《もしく》ハ就業セムトスル女工及父兄並《ならびに》本組合ノ趣旨目的ヲ翼賛スル者ヲ以テ組織ス」[11]（第二条、傍点引用者、以下同じ）とされている。組合の趣旨に賛同する者も組合に加入できるとした点は、岐阜県女工供給組合の組合員規定とおおきく異なる点である。ただし「規約準則」が「本組合ニ加入セントスル者ハ、其ノ住所、氏名、生年月日ヲ記載シ本組合ニ申出ツヘシ」[12]（第一六条）と規定し、組合に加入するかどうかを女工とその父兄の自主的な判断に委ねていた点は、岐阜県の女工供給組合とおなじである。

表Ⅱ-13　新潟県における女工保護組合の設立状況（1927年現在）

設立年月	北蒲原郡	三島郡	北魚沼郡	刈羽郡	東頸城郡	中頸城郡	西頸城郡	南魚沼郡	中魚沼郡	東蒲原郡	古志郡	計
1920年.8月			1									1
22.4									1			1
23.12							1					1
24.12		1										1
25.1		1		1								2
2												—
3												—
4					1							1
5												—
6												—
7												—
8												—
9				3	3							6
10		1			1							2
11		3	3	1								7
12		4	6		5			1				16
26.1					1			1				2
2								1				1
3												—
4	1					1						2
5		1		1								2
6	2	2									1	5
7	1							1				2
8												—
9												—
10								1				1
11								1				1
12								4				4
27.1								1				1
6	1											1
不詳	—	5	4	1	3	1	—	5	—	1	—	20
計	5	18	14	7	14	2	1	16	1	1	1	80

資料：表Ⅱ-2と同じ資料より作成。
注：数字は組合数。

表Ⅱ-14 新潟県における女工保護組合の組合員総数と1組合平均組合員数（1927年現在）

（単位：人）

郡（組合数）	組合員総数				1組合平均組合員数			
	父 兄	女 工	その他	計	父 兄	女 工	その他	計
北蒲原郡（4組合）	332	79	222	633	83	20	55	158
三島郡（13組合）	1,477	843	496	2,816	114	65	38	217
北魚沼郡（12組合）	1,774	2,156	2,095	6,025	148	180	174	502
刈羽郡（6組合）	942	1,170	89	2,201	157	195	15	367
東頸城郡（12組合）	3,887	678	2,912	7,477	324	56	243	623
中頸城郡（2組合）	240	259	—	499	120	130	—	250
西頸城郡（1組合）	1,866	2,340	—	4,206	1,866	2,340	—	4,206
南魚沼郡（11組合）	1,214	1,698	148	3,060	110	154	13	278
中魚沼郡（1組合）	655	—	34	689	655	—	34	689
古志郡（1組合）	188	237	89	514	188	237	89	514
計（64組合）	12,575	9,460	6,085	28,120	196	148	95	439

資料：表Ⅱ-2と同じ資料より作成。
注：組合員数，組合員数の内訳が判明しない組合は除外した。除外した組合数は北蒲原郡1，三島郡5，北魚沼郡2，刈羽郡1，東頸城郡2，南魚沼郡5，東蒲原郡1である。「1組合平均組合員数」は小数点以下は四捨五入。

そこで次に、女工保護組合の組合員数をみることにしよう（表Ⅱ-14）。一九二七年現在、新潟県下女工保護組合の組合員総数は二万八一二〇人であるが、一組合平均でみると郡単位の組合を除けば、一五〇人から六〇〇人ほどであり、これも岐阜県の女工供給組合のそれとほとんどおなじである。しかし、組合員総数の内訳は父兄四四・七％、女工三三・六％、「その他」二一・六％であり、「その他」の比率が高く、女工の比率は相対的に低い。「その他」の人びとが「組合ノ趣旨目的ヲ翼賛スル者」であることは間違いないが、具体的にどのような職業の人びとだったのかは不明である。ただ、その町村の広い意味での有力者だったと推定することは可能であろう。

ただし、「その他」の人びとを含めた組合員の内部構成を仔細にみると、女工保護組合はその組合員の構成に応じて三つのタイプに分けることができる。第一のタイプは、「その他」の人びとの比率が高く、女工の比率が低いかほぼおなじ比率の組合である。北蒲原郡の組合（「その他」三五％、「女工」一三％）、東頸城郡の組合（「その他」三九％、「女工」九％）、北魚沼郡の組合（「その他」三五％、「女工」三六%）がそれである。第二のタイプは、第一のタイプとは反対に女工の比率が高く、「その他」の人びとの比率が低い組合である。刈羽郡の組合（「女工」五三%、「その他」四%）、中頸城郡の組合（「女工」五二%、「その他」〇%）、西頸城郡の郡組合（「女工」五六%、「その他」〇%）、南魚沼郡の組合（「女工」五六%、「その他」五%）、古志郡の郡組合（「女工」四六%、「その他」一七%）がそれである。第三のタイプは、父兄の比率が高く、「その他」の人びとの比率が低い組合である。三島郡の組合（「父兄」五三%、「その他」一八%）、中魚沼郡の郡組合（「父兄」九五%、「その他」五%）がそれである。

郡別組合のこうした組合員構成の差異がどのような事情にもとづくのか、いまのところ確定的なことは言えない。ただ、以下の点は注目されよう。すなわち二五年、県当局が女工保護組合奨励策を打ちだす前に設立されていた組合（前述）のばあいは、組合員に占める「その他」の人びとの割合はひじょうに低いことである。西頸城郡の郡組合のばあいは、〇%、中魚沼郡の郡組合では五%であり、また北魚沼郡の堀之内町女工保護組合の組合員構成は、組合員総数一二二五人（二七年現在）のうち、父兄五七二人（総数の四六・七%）、女工六一〇人（同四九・八%）、「その他」四三人（同三・五%）であり[13]、「その他」の人びとの割合はひじょうに低い（北魚沼郡の組合全体としては第一のタイプ）。このようにみれば、二五年の県当局の女工保護組合奨励策と「規約準則」の制定とによって、同年以降設立された組合の多くはその構成員のなかに「その他」の人びとが加入することになったものと推定される（「多くは」と限定を付したのは刈羽郡・南魚沼郡・中頸城郡の諸組合のような、これに当てはまらない組合が存在するからである）。

各町村の女工保護組合には、役員として組合長一名、副組合長一名、理事若干名、顧問若干名、委員若干名、専任事務員一名が置かれている（「規約準則」第五条）。これらの役員は第五条によれば、「組合長ハ町村長タル人ヲ以テ之ニ充ツ／副組合長ハ理事会ニ於テ之ヲ選挙ス／理事ハ組合員中ヨリ組合長之ヲ嘱託ス／委員ハ女工ノ父兄其ノ他組合員中ヨリ組合長之ヲ嘱託ス／顧問ハ組合総会ニ於テ之ヲ推薦ス[14]」とされている。このように、町村長をもって組合長とし、その組合長に理事や委員に対する任命権を付与しているのは、女工保護組合の活動を町村の公共団体としての機能の一環に位置づけようとする県当局の意向が働いていたからであった。この点について、当時の一調査報告書はこうのべている。

「本県（新潟県――引用者注）に於ては女工保護組合を町村の公共団体と密接に関係せしめ、その副事業たらしめんとするが如き意嚮を有してゐるもの、如く、役員は殆んど組合員の選挙制を採らず、その任免は町村長を以て充てたる組合長の権限内に置かれてゐる」(15)

ただし、新潟県のばあい既述のように郡単一の組合も存在するので、上述のような組合長の役割は郡長が担っていたものと考えられる。

組合の事務所は、岐阜県の女工供給組合とおなじように、町村の役場内に置かれていた(16)。しかし、郡単一の組合のばあいはさまざまで、西頸城郡女工保護組合は郡役所内に、中魚沼郡女工保護組合は同郡農会内に、古志郡女工保護組合は長岡市観光院町内に事務所が置かれていた(17)（東蒲原郡女工保護組合の事務所は不詳）。

組合の活動経費は、「規約準則」が「本組合ノ経費ハ組合員ノ拠金、手数料、補助金其ノ他ノ収入ヲ以テ之ニ充ツ」(18)（第十四条）と規定しているように、主として組合員の会費、女工の供給・斡旋による手数料、県からの補助金とによって賄われた。しかし、個々の組合の経費や、それぞれがどの程度の比率を占めていたかがわかる史料は存在しない。

三　組合の事業

女工保護組合の事業は、岐阜県の女工供給組合とおなじように、①女工の供給・斡旋、②就業中の女工の保護、③女工の修養、慰安、保健活動の三つに分けることができる。

まず女工の供給・斡旋について、「規約準則」はその第四条で組合の事業を規定し、「組合員タル女工（以下単ニ女工ト称ス）ノ就職ニ関スル斡旋ヲ為スコト」（第一項）、「女工ト工業主間ニ於ケル契約ノ締結及其ノ履行ノ徹底ヲ期スルコト」（第二項）と定めている。[19] この女工供給・斡旋事業については、県当局が「規約準則」と同時に制定した「新潟県女工紹介斡旋規程準則」（以下「規程準則」と記す）がその細部を定めている。「規程準則」はまず女工の供給について、「女工ノ紹介斡旋ヲ求ムル工業主ハ本組合ニ申込ムヘシ、但《ただ》シ製糸工業ニ於ケル希望人員ノ申込ハ毎年十月迄トス、工業主ニ於テ特ニ女工ヲ指定シ若《もし》ハ優良工女ヲ選択スルトキハ、其ノ需《もと》メニ応セサルコトアルヘシ」[20]（第二条）としている。この条文は、女工の供給がかならずしも製糸女工に限定されていないことを示している。また、工業主が組合に申込むさい特定の女工を指定することができないことを規定している。申込みをうけた組合は供給・斡旋する女工を決定し、一定の様式にもとづいて直ちに工業主に通知するものとされている（第三条）。供給・斡旋する女工を組合が速やかに決定することができたのは、以下に示すように、組合長を代理人とする女工の委任状が存在したからである。

「　委任状

自分儀、何々女工保護組合長何某ヲ以テ代理人トシ、左ノ行為ヲ為スコトヲ委任ス

一、何々工業主何某ト雇傭契約締結ニ関スル行為ヲナスコト

右委任状依《よっ》テ如件《くだんのごとし》

年　月　日

郡
町村大字《おおあざ》　番地
組合員　何某
親権者　何某　印[21]」

組合から通知をうけた工業主は、組合が指定した時期と場所において組合長と雇用契約を結ぶ（第五条）。雇用契約を結ぶばあい、多くは組合所定の雇用契約書が使用されている。[22] 一例をあげれば以下のとおりである。

「　雇傭契約証

今般《こんぱん》貴工場へ職工トシテ別紙委任状ノ者就業セシムヘクニ付テハ、新潟県西頸城郡女工保護組合ヲ承認シ、裏面記載ノ条件ニ依リ雇傭契約ヲ締結シ、双方各一通宛保有ス

昭和弐年　月　日

新潟県西頸城郡糸魚川町（元西頸城郡役所内）
被傭代理者　新潟県西頸城郡　女工保護組合
組合長　高島順作

府　郡　町
県　市　村

契約条件

一、雇傭期間ハ昭相弐年　月　日　ヨリ昭和弐　年　月　日　迄トス

二、雇用期間中ハ病気又ハ身分上ノ変更其他已《や》ムヲ得サル場合ノ外《ほか》、他ノ工場ニ転業セサルモノトス

三、雇傭主ハ毎月就業中ノ成績ヲ鑑査《ママ》シ、其ノ等級ニ応シ一日金　銭以上毎月　日被傭者ニ支払フモノトス

四、雇主ハ組合員タル女工ノ貯金ヲ管理シタルトキハ、毎年六月、十一月ノ二回ニ其結果ヲ本組合長ニ報告スルモノトス

五、六、七、（略）

八、事故ノ発生ニ依リ契約代理者ヨリ解雇又ハ帰宅ノ要求アリタルトキハ、雇主ハ之ヲ拒ムコトヲ得ス

九、（略）

十、雇主ハ本契約ニ違背シ又ハ組合区域内ニ於テ其ノ組合員及女工ト直接雇傭契約ヲナシタルトキハ、契約代理者ハ何時《いつ》ニテモ本契約ヲ解除スルコトヲ得ルモノトス、此ノ場合ニ於テ雇主ヨリ既ニ支出シタル賃金及手数料其ノ他ノ費用ハ之ヲ還付セサルモノトス

十一、（略）(23)」

ここに示されているように、雇用契約書では、組合を介さない雇主による組合員・女工との直接雇用契約締結の禁止（第一〇項、組合による事実上の女工の供給「独占」）、雇主（あるいは募集人）による女工の他工場への紹介・斡旋（女工の出し入れ）(24)の禁止（第二項）、事実上組合による工場からの女工引き上げの自由（第八項）などが定められている。

以上のべたような組合の女工供給・斡旋事業をおこなうため、組合による女工の統制も必要であった。この点について、「規約準則」はその第一二条で「女工ハ左ノ事項ヲ遵守スヘシ」とし、第二項、第三項でそれぞれ次のよ

うに規定している。(25)「本組合ノ承認ヲ経スシテ任意ニ工業主ト雇傭契約ヲ為サ、ルコト」、「雇傭契約期間内、他ノ工業主ニ対シ二重契約ヲ為サ、ルコト」。

以上のような仕組のもとでおこなわれる組合の供給・斡旋に対して雇主が支払う手数料は、「規程準則」第七条によれば、「県内工場ニ紹介斡旋スル」ばあい女工一人に付き一円、「県外工場ニ紹介斡旋スル」ばあいは女工一人に付き二円であった。(26) 岐阜県の女工供給組合の手数料と同様に、県内（郡内）工場の雇主を優遇する措置がとられていた。

組合の事業の第二は、就業中の女工の保護である。この点について、組合の事業を規定した「規約準則」第四条は、「工業主ニシテ女工ニ対スル賃金ノ支払遅滞シタル場合ニハ、女工ノ申出《もうしで》ニ依リ女工ニ代リテ之カ請求ヲナシ又ハ必要ナル措置ヲ為スコト」（第三項）、「女工中自己又ハ尊族《そんぞく》親ノ病気其他ノ已ムコトヲ得サル事由ノ為帰郷ノ必要アルトキハ、其ノ申出ニ依リ工業主ニ交渉ヲ為スコト」（第四項）、「女工ノ就業スル工場ノ視察ヲナスコト」（第七項）などを定めている。また、「規約準則」第一三条は、「組合員ハ女工ノ就業工場ニ於ケル待遇並《ならびに》賃金ノ支払等ニ関シ、工業主ノ処置ニシテ不法不当ナルトキ又ハ契約ニ背《あさむ》キ其ノ他不義ノ行為アリタルトキハ、速《すみやか》ニ本組合ニ通報スヘシ」と規定している。第四条第二項と第一三条は、女工に対する雇主側の賃金支払いや良好な労働条件の確保を確実ならしめるための規定である。第四条第四項は、既述のように事実上組合による工場からの女工引き上げの自由がある以上、当然そこから導き出される規定であるが、共に雇主側の女工の人身拘束を禁止する規定である。第四条第七項は、岐阜県の女工供給組合の活動規定とおなじであるが、やはりそれがどこまで実施されたかは定かではない。

組合事業の第三は、女工の修養、慰安、保健活動である。組合の事業を規定した「規約準則」第四条は、この点について、「女工ノ修養、矯風《きょうふう》（悪い風俗を改めることの意――引用者注）、慰安、保健ニ関スル施設ヲ為スコト」（第

表Ⅱ-15　新潟県女工保護組合による業種別供給実績

（単位：人・%）

郡（組合数）	1926年 製糸業	1926年 紡績業	1926年 その他	1926年 計	1927年 製糸業	1927年 紡績業	1927年 その他	1927年 計(A)	1927年組合設置区域における出稼女工数(B)	(A)／(B)
北蒲原郡（5組合）	—	—	—	—	4	—	—	4	424	0.9
三島郡（15組合）	699	45	22	766	601	40	24	665	1,166	57.0
北魚沼郡（13組合）	479	66	26	571	283	75	29	387	2,541	15.2
刈羽郡（7組合）	453	152	—	605	152	—	2	154	1,311	11.7
東頸城郡（12組合）	484	16	—	500	350	13	—	363	1,269	28.6
中頸城郡（2組合）	118	—	—	118	—	—	—	—	257	0.0
西頸城郡（1組合）	1,178	3	34	1,215	1,194	23	45	1,262	?	?
南魚沼郡（13組合）	?	?	?	1,052	?	?	?	715	1,934	37.0
中魚沼郡（1組合）	—	—	—	—	—	—	—	—	1,096	0.0
古志郡（1組合）	—	—	—	—	39	—	1	40	?	?
計（70組合）	3,411	282	82	4,827	2,623	151	101	3,590	?	?

資料：表Ⅱ-2と同じ資料より作成。
注：供給女工数が判明しない組合は除外した。除外した組合数は，三島郡3，北魚沼郡1，東頸城郡2，南魚沼郡3，東蒲原郡1である。(A)は供給女工数が不明の地域を除く数値。

五項）と定めている。しかし、これらの活動の実績を示す史料は、いまのところ存在しない。

以上、女工保護組合の事業内容について考察してきたが、女工供給事業がその中心的な活動であることがわかった。そこで次に、組合の女工供給事業が実際にどの程度の実績をあげていたかを検討することにしよう。

(四)　女工供給事業の実績

表Ⅱ-15は女工保護組合による業種別女工供給実績を示したものである。まず供給女工の業種別構成をみると、南魚沼郡の一三組合のそれが不明のため数値で示すことはできないが、製糸業が圧倒的な比重を占めていることがわかる。ただ、紡績業、その他の業種への供給女工も少なからず存在しており、女工保護組合が製糸業固有の女工供給組織ではないことは明らかである。

そうした紡績業やその他の業種を含めた女工の供給実績をみると（一九二七年）、郡によって相当な差異があることがわかる。比較的良好な供給実績をあげているのは三島郡の一五組合（組合設置区域における出稼女工数に占める供給女工数の割合

表Ⅱ-16　新潟県女工保護組合による供給女工の主要な出稼府県（1926, 27年）

出稼先	北蒲原郡	三島郡	北魚沼郡	刈羽郡	東頸城郡	中頸城郡	南魚沼郡	古志郡
新潟	○	○	○	○	○	○	○	○
長野		○	○	○	○	○	○	○
岐阜		○	○	○			○	
群馬		○	○	○	○	○	○	○
福島		○	○	○			○	
埼玉		○	○	○	○	○	○	○
東京		○		○			○	
神奈川		○	○			○	○	
千葉		○			○			
静岡		○	○				○	
愛知		○	○	○	○		○	
三重		○	○		○		○	
京都		○	○	○			○	
大阪		○	○					
兵庫		○		○	○			
岡山					○			

資料：表Ⅱ-2と同じ資料より作成。
注：西頸城郡，中魚沼郡，東蒲原郡の組合については記載がない。「主要な」という表記は原史料のママで，表に掲出した府県の序列は出稼女工数の多寡を示すものではない。

は五七・〇％）、南魚沼郡の一三組合（同三七・〇％）、東頸城郡の一二組合（同二八・六％）である。また表Ⅱ-15からは判明しないが、西頸城郡の郡組合も比較的良好な供給実績をあげている。同郡組合は二六年一〇月現在、同郡の出稼女工三一五三人（A）のうち一三一八人（B）を供給しており[27]、その割合（B/A）は四一・八％である。また北魚沼郡の諸組合も、別の記述によれば二六年度の実績は、同郡の出稼女工二六三八人（C）のうち一一六六人（D）を供給しており[28]、その割合（D/C）は四四・二％である。

以上のように、積極的な活動をとおして比較的良好な供給実績をあげている組合がある一方、ほとんど供給実績がない組合も存在する。北蒲原郡の五組合、中頸城郡の二組合、中魚沼郡の郡組合、古志郡の郡組合がそれである。この点は、組合がどれだけ広い地域に女工を供給しているかを示した表Ⅱ-16からもうかがい知ることができる。比較的良好な供給実績をあげている三島郡、北魚沼郡、東頸城郡、南魚沼郡の諸組合による供給女工の主要な出稼府県は、県内はもちろんのこと隣接する長野県、岐阜県をはじめ、関東・東海・近畿地方の諸府県にまで広がっている。これに対し、供給実績が少ない北蒲原郡、中頸城郡、古志郡の諸組合のそれは、県内のみか、これに長野・群馬、埼玉の三県を加えた地域にとどまっている。

おなじ女工保護組合といっても、供給実績のこうした郡別の差異はどのような事情にもとづくのであろうか。いま史料に即してその事情を具体的にのべることはできない。しかし、筆者がこれまで考察してきたことをふまえれば、それは一重に、組合が募集人による募集活動をどこまで規制することができたかどうかによるものと考えられる。実際、比較的良好な供給実績をあげている組合といっても、出稼女工に占める供給女工の割合は三〇％弱から六〇％弱にとどまっており、それ以外は募集人による募集活動によって出稼に出た者と考えられる。

以上のことは、別の側面からも言うことができる。たとえば、前述のように二六年一〇月一〇日現在、西頸城郡の郡組合の供給女工数は一三一八人であるが、それは同日現在の組合員女工数二一二〇人の六二・二％を占めているにすぎない(29)。また、これも前述したように、二六年度の北魚沼郡の諸組合による供給女工数は一一六六人であるが、それは同年度の組合員女工数二六三八人の四四・二％にすぎない(30)。注目すべきは、この組合員女工数は同年度の北魚沼郡の出稼女工数二六三八人とまったく同数であることである。すなわち、北魚沼郡の諸組合は同郡の出稼女工をすべて組合員として組織していたものの、半数以上は組合を介さずに出稼に出ているのである。以上のべたことは、組合員の内部にまで募集人による募集活動がおよんでいたことを示唆している。

組合の存在にもかかわらず、募集人による募集活動が活発だったことは、前掲表II-15からもよみとることができる。まず女工保護組合全体の女工供給数は、二六年の四八二七人から二七年の三五九〇人へと二六％減少している。郡別でみても、西頸城郡の郡組合を除けば、多くの郡の諸組合で供給女工数が減少している。また北魚沼郡の諸組合のばあい、出稼女工に占める供給女工の比率は、二六年度の四四・二％（前記）から二七年度の一五・二％へとおおきく減少している。表Ⅱ-15からよみとることができる以上の点からも、新潟県においては女工保護組合の結成にもかかわらず、募集人による募集活動が相当活発に展開しており、それは組合の供給事業を侵食するまでに至っていたことを、うかがい知ることができるであろう。

ではなぜ、以上のような状態が生じたのかと言えば、新潟県の女工保護組合奨励策が補助金の支給にとどまり、岐阜県とは異なり、組合設置地域内における募集人の募集活動を禁止する措置をとらなかったためと考えられる。

(五)　組合が存在する郡の地域的特徴

以上、新潟県の女工保護組合について考察してきたが、最後に組合が存在する郡は小作地率と米の反収からみてどのような地域的特徴があったかを検討することにする。表Ⅱ-17は、それを示したものである。まず反収からみると、組合が存在する郡と存在しない郡（中蒲原郡、西蒲原郡、南蒲原郡、岩船郡、佐渡郡）とのあいだに、とくに目立った差異はない。組合が存在する郡のなかでも、県平均より明らかに高い郡（東蒲原郡、古志郡、刈羽郡、中頸城郡、西頸城郡）もあれば、それより明らかに低い郡（北魚沼郡、南魚沼郡、中魚沼郡、東頸城郡）も存在する。組合の有無と反収がほとんど関係ないことは明らかである。しかし小作地率をみると、組合が存在する郡の内、北蒲原郡、三島郡、中頸城郡を除く郡の小作地率は県平均と比較すると

表Ⅱ-17　新潟県の郡別小作地率と反収（1912年）

郡　名	小作地率（%）	反収（石）
北蒲原郡	67.3	1,418
中蒲原郡	59.7	1,249
西蒲原郡	52.1	1,557
南蒲原郡	54.9	1,103
東蒲原郡	32.7	1,520
三 島 郡	63.4	1,489
古 志 郡	45.1	1,506
北魚沼郡	48.3	1,385
南魚沼郡	49.4	1,332
中魚沼郡	34.7	1,365
刈 羽 郡	50.1	1,600
東頸城郡	41.9	1,307
中頸城郡	64.0	1,641
西頸城郡	41.7	1,587
岩 船 郡	47.0	1,377
佐 渡 郡	32.6	1,600
県 平 均	53.3	1,433

資料：『新潟県統計書』1912年より作成。

明らかに低いことがわかる。既述のように、北蒲原郡と中頸城郡は組合設立数がひじょうに少ないことを考慮すれば、三島郡のような例外は存在するものの、組合が存在する郡は、地主制の展開が比較的よわい地域であったといって差し支えないであろう。

注

(1) 中央職業紹介事務局『女工供給(保護)組合調査』一九二八年一月、一頁。しかし、同女工保護組合の設立の経緯については、同村の小学校長が岐阜県を視察したさいに女工供給組合の活動報告をうけたことがきっかけであるとの記述(木村清司『労働者募集取締令釈義』清水書店、一九二六年、四一頁)もある。
(2) 前掲、木村清司『労働者募集取締令釈義』四一頁。
(3) 前掲、中央職業紹介事務局『女工供給(保護)組合調査』一頁。
(4) 前掲、木村清司『労働者募集取締令釈義』四二頁。
(5) 同上書、同頁。
(6) 同上書、同頁。
(7) 同上書、同頁。
(8) 同上書、同頁。
(9) 前掲、中央職業紹介事務局『女工供給(保護)組合調査』一頁。
(10) 同上書、二頁。
(11) 同上書、一一〇頁。
(12) 同上書、一一三頁。
(13) 同上書、巻末附表による。
(14) 同上書、一一一頁。
(15) 同上書、二二頁。

(16) 同上書、巻末附表による。
(17) 同上。
(18) 同上書、一一三頁。
(19) 同上書、一一一頁。
(20) 同上書、一一三頁。
(21) 同上書、五五頁。
(22) 同上書、五九頁。
(23) 同上書、五九―六〇頁。
(24) この点については、第一章を参照。
(25) 前掲、中央職業紹介事務局『女工供給（保護）組合調査』一一三頁。
(26) 同上書、一一四―一一五頁。
(27) 同上書、六五頁。
(28) 同上書、六六頁。
(29) 同上書、六五頁。
(30) 同上書、六六頁。

四　富山県の女工保護組合

(一)　出稼労働者の状況

富山県も当時、出稼労働者を多数輩出する日本有数の出稼県だった。繊維工業関係の女工はもちろん、流材(1)、土工、漁業などへの男性の季節的出稼労働者も多数輩出していた。表Ⅱ-18はその出稼労働者の状況を示したものである。一九二五年現在、同県の県外出稼者数は二万四二〇人、そのうち業種別では、製糸・紡績・織物業への出稼

表Ⅱ-18　富山県における県外出稼者の業種別・出稼先道府県別人数（1925年，男女計）

（単位：人・％）

<table>
<tr><th>出稼先＼業種</th><th>製　糸</th><th>紡　績</th><th>織　物</th><th>漁　業</th><th>流　材</th><th>土工・日稼</th><th>その他</th><th>計</th></tr>
<tr><td>北海道</td><td>—</td><td>—</td><td>—</td><td>4,851</td><td>185</td><td>89</td><td>153</td><td>5,278(25.8)</td></tr>
<tr><td>愛　知</td><td colspan="3">2,297</td><td>—</td><td>13</td><td>95</td><td>—</td><td>2,405(11.8)</td></tr>
<tr><td>京　都</td><td colspan="3">1,241</td><td>6</td><td>—</td><td>61</td><td>383</td><td>1,691(8.3)</td></tr>
<tr><td>長　野</td><td>805</td><td>95</td><td>—</td><td>—</td><td>36</td><td>589</td><td>83</td><td>1,608(7.9)</td></tr>
<tr><td>東　京</td><td>—</td><td>383</td><td>—</td><td>—</td><td>—</td><td>402</td><td>676</td><td>1,461(7.2)</td></tr>
<tr><td>大　阪</td><td>159</td><td>736</td><td>—</td><td>—</td><td>—</td><td>470</td><td>54</td><td>1,419(6.9)</td></tr>
<tr><td>群　馬</td><td colspan="3">607</td><td>—</td><td>—</td><td>414</td><td>51</td><td>1,072(5.2)</td></tr>
<tr><td>樺　太</td><td>—</td><td>—</td><td>—</td><td>785</td><td>124</td><td>29</td><td>8</td><td>946(4.6)</td></tr>
<tr><td>埼　玉</td><td>722</td><td>27</td><td>—</td><td>—</td><td>—</td><td>—</td><td>171</td><td>920(4.5)</td></tr>
<tr><td>兵　庫</td><td colspan="3">537</td><td>21</td><td>—</td><td>25</td><td>22</td><td>605(3.0)</td></tr>
<tr><td>その他諸県</td><td>483</td><td>418</td><td>52</td><td>300</td><td>—</td><td>746</td><td>1,016</td><td>3,015(14.8)</td></tr>
<tr><td rowspan="2">合　計</td><td colspan="3">8,562</td><td>5,963</td><td>358</td><td>2,920</td><td>2,617</td><td>20,420(100.0)</td></tr>
<tr><td colspan="3">(41.9)</td><td>(29.2)</td><td>(1.8)</td><td>(14.3)</td><td>(12.8)</td><td>(100.0)</td></tr>
</table>

資料：名古屋地方職業紹介事務局『管内各県下に於ける労働事情』1927年（大原社会問題研究所所蔵）230-238頁より作成。

注：「その他諸県」の内訳は石川（516人），滋賀（438人），神奈川（359人），新潟（306人），静岡（276人），三重（255人），栃木（216人），岐阜（181人），福井（131人），福島（98人），奈良（90人），朝鮮（62人），山梨（39人），茨城（35人）などである。

者は八五六二人（全体の四一・九％）、漁業（漁師）は五九六三人（同二九・二％）、土工・日稼は二九二〇人（同一四・三％）、流材は三五八人（同一・八％）である。漁業、土工・日稼、流材の出稼者のほとんどは男性であるため、出稼者全体の性別内訳は、女性一万二〇三七人（五八・九％）であるのに対し、男性は八三八三人（四一・一％）にのぼっている。[2] 出稼者の出稼先府県別では、製糸・紡績・織物業では愛知、京都、大阪、長野、埼玉、群馬、兵庫への出稼者が多く、漁業では北海道と樺太《カラフト》への出稼者が圧倒的多数を占めている。また土工・日稼では、大阪・東京という大都市府と長野・群馬両県に集中している。流材では漁業とおなじように出稼者のほとんどは北海道と樺太である。

さて、本章の課題の関係で出稼女工に絞ってみると表Ⅱ-19のとおりである。下新川郡と婦負郡出身の出稼女工が突出して多く、両郡の出稼女工数（六五〇二人）だけで全体の五一・九

表Ⅱ-19　富山県出稼女工の郡別・業種別人数（1925年12月末）

（単位：人・%）

郡名＼業種	製　糸	紡　績	その他	計
下新川郡	2,634(71.4)	631(17.1)	422(11.4)	3,687(100.0)
婦 負 郡	2,020(71.8)	377(13.4)	418(14.8)	2,815(100.0)
東砺波郡	886(57.8)	438(28.6)	209(13.6)	1,533(100.0)
西砺波郡	520(43.1)	319(26.5)	367(30.4)	1,206(100.0)
中新川郡	382(33.7)	375(33.1)	377(33.2)	1,134(100.0)
射 水 郡	603(56.1)	353(32.9)	118(11.0)	1,074(100.0)
その他郡	676(62.8)	266(24.7)	135(12.5)	1,077(100.0)
合　計	7,721(61.6)	2,759(22.0)	2,046(16.3)	12,526(100.0)

資料：表Ⅱ-18に同じ。239-240頁より作成。
注：資料では「機織」となっているのを「紡績」に改めた。
出稼女工数の多い上位6郡を摘記した。

%を占めている。ただ東砺波《となみ》郡以下、出稼女工数が少なくなるにしたがって、出稼女工中に占める紡績女工の比率が高くなっている。織物業を中心とする「その他」の業種への出稼女工についても、ほぼ同じような傾向がみとめられる。しかし、その理由はかならずしも明らかでない。

(二)　組合設立に至る経緯

本県において最初に設立された女工保護組合は、出稼女工を突出してもっとも多数輩出している下新川郡の組合である。一九二五年九月、下新川郡女工保護組合が設立された(3)。同組合の設立には、郡当局の積極的な指導があった。当時の一調査報告書は次のように記している。

「富山県は全国的に知られたる女工出身地にて……県下に於ても下新川郡は三千二百五人の多数の女工が出稼して居る。依つて旧来の弊害を矯正する目的にて郡当局は大正十四年十月下新川郡女工保護組合を設置した(4)」

下新川郡当局のこうした動きをうけて県当局は一九二六年末、女工保護組合設置奨励政策を打ちだし、警察署管内を一単位とする組合の設立を各町村に慫慂《しょうよう》した。(5) その結果、翌二七年一月に四組合(井波区域女工保護組合、小杉警察署管内女工保護組合、八尾警察署管内女工保護組合、中田女工保護組合)、二月に一組合(石動警察署管内女工保護組合)、三月に二組合(大久保区域女工保護組合、東砺波郡蓑谷村女工保護組合)、六月に一組合(東砺波郡大鋸谷村女工保護組合)、七月に一組合(高岡女工保護組合)が設立された。(6) 県の奨励策にもかかわらず、実際に設立された女工保護組合の数は意外と少なかったが、問題は県はなぜ警察署管内単位での組合の設立を奨励したのかということにある。その理由は、「労働者募集取締令」(二四年一二月公布)によって、一定の条件のもとでの「募集従事者」(募集人)の活動が法的に承認されたことに対する同県の対応にある。(7) すなわち、県当局は「労働者募集取締令」の公布にともない、各道府県の判断に委ねられていた同令の「施行細則」の改正をおこない、女工保護組合と「募集従業者」との協働・協調の体制をとった。このことについて当時の一調査報告書は次のようにのべている。

「県当局は組合保護の方針を採り、労働者募集取締令(施行細則——引用者注)を改正し、『募集従業者募集ニ着手セムトスルトキハ、募集地警察署長ニ就キ労働者募集取締ニ関スル指示ヲ受クヘシ』なる一項を加へて、警察署長をして募集従業者は組合に就きて募集をなすことを指示せしめ、女工供給を組合の手にて取扱はしめんとするが如き方法を講じてゐるから、組合は大いに発達の傾向にある」(8)

「労働者募集取締令」に対する同県のこうした対応は、前述した山梨県のばあいとはまったく対照的であり、この点についてはあらためて論述することにする。

表Ⅱ-20　富山県女工保護組合の組合員数（1927年現在）

（単位：人・%）

組合名	父兄	女工	計
下新川郡女工保護組合	2,695(46.2)	3,143(53.8)	5,838(100.0)
井波区域女工保護組合	530(59.6)	360(40.4)	890(100.0)
小杉警察署管内女工保護組合	800(56.1)	625(43.9)	1,425(100.0)
八尾警察署管内女工保護組合	1,300(46.4)	1,500(53.6)	2,800(100.0)
中田女工保護組合	?	?	?
石動警察署管内女工保護組合	—(0.0)	35(100.0)	35(100.0)
大久保区域女工保護組合	340(50.0)	340(50.0)	680(100.0)
東砺波郡蓑谷村女工保護組合	59(47.6)	65(52.4)	124(100.0)
同　大鋸谷村女工保護組合	—	—	58
高岡女工保護組合	?	?	?
合計	5,724(48.5)	6,068(51.5)	11,792※(100.0)

資料：表Ⅱ-2と同じ資料より作成。
注：※には大鋸谷村女工保護組合の人数は含まない。

(三)　組合の組織と組合員

組合の組織単位（組織区域）は、上述のように警察署管内単位であった。ただ、県の女工保護組合設置奨励策が打ちだされる前に設立されていた下新川郡女工保護組合は、その名が示すとおり郡（六つの町と三七の村）単位であった。組合員は、県の設置奨励策が打ちだされたときに作成されたとおもわれる「富山県女工保護組合規約準則」（以下、「規約準則」と記す）によれば、「本組合ハ何警察署管内出身ノ女工並《ならびに》女工ト為ラムトスル者ヲ以テ正組合員トシ、其父兄及本組合ノ趣旨目的ヲ翼賛スル者ヲ以テ賛助組合員トス」(9)（第三条）とされている。新潟県の女工保護組合と比べたばあい、組合員構成上の女工組合員の地位は、形式上本県の女工保護組合の方が高かった。ただし、組合に加入するかどうかを各自の自主的な判断に委ねている点は新潟県や岐阜県の組合と同様である（「本組合ニ加入セムトスル者ハ其ノ住所、氏名、年齢及組合員ノ種別ヲ記シ申出《もうしい》ツヘシ」(10)「規約準則」第一四条）。

そこで次に、女工保護組合の組合員数をみることにしよう（表Ⅱ-20）。一組合の組合員数は少なくとも半数は六〇〇人を超えており、岐阜県や新潟県の組合と比較したばあい、その大規模さをうかがい知ることができる。とくに、下新川郡女工保護組合の組合員数は五八〇〇人を超えており、これまでみてきた各県の組合のなかで最大規模をほこる組合であった。組合員の内部構成をみると、女工を正組合員としその父兄を賛助組合員としたためであろうか、全体として女工の比率が五一・五％と半数以上を占めており、この点でも新潟県の組合とは際立った違いがみとめられる。

女工保護組合には、役員として組合長一名、副組合長一名、委員若干名、顧問若干名、事務員若干名、世話人若干名が置かれ、委員は町村長がこれに当り、顧問は警察署長有志が就任するとされている。また組合長、副組合長は委員会で選出され（したがっていずれかの町村長）、世話人は組合員のなかから組合長が「嘱託」し、顧問は組合の総会で推薦するとされている（以上、「規約準則」第五条）(11)。

これに対して、県の組合設置奨励策が打ちだされる前に設立されていた下新川郡女工保護組合のばあいは、役員構成は少し異にしている。すなわち同組合は、郡内の各町村に支部を置き、役員は組合長一名、副組合長二名、評議員八名、部長四三名で構成されている(12)。その選出方法は、組合長、副組合長は組合の総会で選出され、部長は郡内の各町村長をもってこれに充て、評議員は部長の互選によるとされている(13)。部長四三名という数字は、前記のように同組合の組織区域が六つの町と三七の村で構成されているためである。

同組合には以上の役員のほかに、組合長が「嘱託」した世話人一四九名が存在している（一七年現在）。その世話人は二種に分かれ、「一《ひとつ》ハ募集世話人（一〇六人）デ募集従事者之ニ当リ、他ハ事務世話人（四三人）デ各町村役場書記之ニ当ル」(14)とされている。このような区別はあるものの、両世話人はともに「各部内の就職斡旋事務に当つてゐる」(15)と報告されている。しかしその点はともかく、下新川郡女工保護組合は、「同郡内に於ける各会社の募集人」(16)と協調をはかるべく、彼（彼女）らを組合の世話人に吸収・統合していた。こうした事実をふまえると、「募集従事者」との協働・協調を前提に打ちだされた県の組合設置奨励策によって設立された組合の前記「世話人」の多くは、下新川郡女工保護組合とおなじように「募集従事者」（募集人）だったと考えてよいであろう。もっとも、各組合がそれぞれの地域で活動している、あるいは活動しようとしている「募集従事者」（募集人）を世話人としてどこまで吸収・統合することができたかは、定かでない。

組合の事務所は、上述したことから明らかなように、下新川郡女工保護組合（事務所は同郡魚津村）などいくつかの組合を除けば、警察署内に置かれていた。たとえば、井波区域女工組合は井波警察署内に、小杉警察署管内女工保護組合は小杉警察署内に、八尾警察署管内女工保護組合は八尾警察署内に、それぞれ組合事務所が設けられていた。[17]

組合の活動経費は、「規約準則」が「本組合ノ経費ハ左ノ収入ヨリ支弁ス／一組合費及保護負担金／二補助金／三寄附金及雑収入[18]」（第一二条）と規定しているように、組合費（正会員年二〇銭[19]――同第一三条）と「保護負担金」（女工供給手数料――この点後述）、県からの補助金、寄付金（おそらく賛助組合員からのものであろう）などから成っていた。しかし、経費中それぞれがどの程度の比率を占めていたかがわかる史料は存在しない。

(四)　組合の事業

本県の女工保護組合の事業は、「規約準則」第四条によれば、「女工ノ修養、矯風、慰安、保健ニ関スル事項」（第一項）、「優良工場ノ選定、女工ノ就職条件ニ関スル事項」（第二項）、「女工及工業主間ニ於ケル諸種ノ交渉ニ関スル事項」（第三項）、「女工ノ工場生活視察ニ関スル事項」（第四項）、「女工ノ表彰、共済ニ関スル事項」（第五項）、「其ノ他本組合ノ目的ヲ達スル為必要ナル事項」（第六項）の六事業であった。[20]ここに示されているとおり、組合の事業にはこれまでみてきたような女工供給事業が含まれていない。それはなぜなのだろうか。その理由は、一二五年一二月内務省令第三〇号として「営利職業紹介事業取締規則」が制定され[21]、営利職業紹介事業をおこなうことが地方長官（府県知事）の許可制となり、その事業内容も厳しく規制されることになったためと推定される。同規則制定のほぼ一年後、女工保護組合設置奨励策を打ちだした県当局は、紹介・斡旋の手数料を取って女工供給事業をおこなうことは、「営利職業紹介事業取締規則」の規制をうけると判断し、「規約準則」第四条の事業内容に敢て女工供給事業を記さなかったものとおもわれる。

事実、「規約準則」第四条には記されなかったものの、県当局が「規約準則」とともに作成した「富山県女工保護組合利用規程準則」（以下「利用規程準則」と記す）では、事実上の女工供給事業の手続きが定められている。

そこで次に、この「利用規程準則」を検討することにしよう。まず女工の供給について、「本組合員ヲ女工トシテ雇傭セントスル者ハ、製糸工場ニ在リテハ毎年九月中、其ノ他ノ工場ニ在リテハ四月中ニ……申込書ニ就業案内及雇傭契約書案ヲ添付シ、所要人員ノ申込ヲナスヘシ[22]」（第二条）としている。この条文は新潟県の規定と同様に、女工の供給がかならずしも製糸女工に限定されていないことを示している。一方、組合は組合員に対しては、「本組合員ニシテ女工ニ就職セムトスルトキハ、製糸工場ニ在リテハ毎年一月七日、其ノ他ノ工場ニ在リテハ其ノ都度《つど》……就職希望申告書ヲ組合長ニ提出スヘシ[23]」（第三条）と定めている。組合長は「就職希望申告書」を提出した組合員の代理として雇主と雇用契約を結んだ。「組合長ハ組合員ニ代リ工業主其ノ他ノ者（募集主又ハ募集従事者）ト契約ヲ締結ス／契約成立シタルトキハ組合長ヨリ其ノ要項、出発日時、其ノ他ノ必要ナル事項ヲ組合員ニ通知ス[24]」（第四条）。以上のような女工の供給・斡旋事業をおこなうため、組合による女工の統制も必要であった。しかし実は、女工の統制事項は「利用規程準則」には記載がなく、「規約準則」の方に記されている。その第一〇条第一項は以下のように規定している。「組合長ノ承認ヲ得スシテ任意ニ工業主又ハ募集従事者ト雇傭契約ヲナササルコト[25]」。

さて、本県の女工保護組合も、女工の供給事業がその活動の中心であったが、「営利職業紹介事業取締規則」の適用を避けるため、「利用規程準則」にはいくつかの工夫がなされている。まず一つは、女工供給事業が一見無料であるかのように規定されている。「組合員タル女工ノ就職、優良工場ノ選定、工業主其ノ他ノ者ニ対スル交渉ハ凡《すべ》テ無料ニテ取扱フモノトス」[26]（第五条）。そのうえで女工供給手数料は、女工の検診や保護に要する実費として「保護負担金」という名称となり、次のように定められている（第六条）。

「本組合員ヲ女工トシテ雇傭シタル者ハ、女工ノ検診並《ならびに》保護ニ要スル実費トシテ、雇傭契約成立ト同時ニ左ノ標準ニ基キ其ノ負担金ヲ納入スヘシ、但《ただ》シ就職三月（三カ月――引用者注）以内ニシテ退場シ其ノ契約期間中再ヒ就職ノ見込ナキ場合ニ限リ、当該女工ノ保護負担金ヲ返戻スルコトアルヘシ

県内女工一人ニ付	一年契約	二円
	二年契約	二円五十銭
	三年契約	三円
	四年契約	三円五十銭
県外女工一人ニ付	一年契約	三円
	二年契約	三円五十銭
	三年契約	四円
	四年契約以上	四円五十銭[27]」

「保護負担金」（女工供給手数料）は、既述の新潟県の組合とおなじように、県内の工場に供給するばあいと県外の工場に供給するばあいとでは異なっているが、岐阜県、新潟県の組合と比べると、女工供給手数料は、「保護負担金」という名称にもかかわらず、割高であった。また、契約年数に応じて「保護負担金」が高くなっていることは、女工保護組合が製糸女工固有の供給組合ではなかったことをあらためて示している。

以上、「利用規程準則」について検討してきたが、そこで示された女工供給の手続や「保護負担金」の県内・県外別の金額、契約年数別の金額は同準則が作成される前に設立され活動していた下新川郡女工保護組合の慣行・規則とほとんどおなじであり[28]、「利用規程準則」が同組合に見倣って作成された可能性が高い。したがって、「利用規程準則」が定める女工保護規定も同組合とまったく同様である[29]。供給女工の保護について、「利用規程準則」はその第七条で次のように定めている[30]。

「一、契約期間中事業ノ縮少《ママ》又ハ休止ノ為契約解除ヲ為サムトスルトキハ予《あらかじ》メ組合長ニ通知スルコト」、「二、被傭者ノ一身上已《や》ムヲ得サル事由ニヨリ父兄又ハ本組合ヨリ帰宅ノ要求アル場合ハ、之ヲ拒ムヘカラサルコト」、「三、本組合ノ規程ヲ背《あざむ》キ又ハ虚偽ノ申告ヲ為シタルトキ若《もしく》ハ組合ノ目的ヲ妨クル行為アリタルトキハ、契約ヲ解除スルモ異議ナキコト」、「四、本組合員タル女工ニ疾病、負傷、其ノ他ノ事故発生シタルトキハ、直《ただち》ニ組合長ニ通知スルコト」

右のうち、第二項は、事実上雇主側の女工の人身拘束を禁止し、組合による工場からの女工引き上げの自由をみとめたものであり、それが供給女工に対する組合の保護の要となっている。

(五) 女工供給事業の実績

表Ⅱ-21は女工保護組合による業種別女工供給実績を示したものである。既述のように、下新川郡女工保護組合を除けば組合は一九二七年に設立されているので、それらの組合の二六年度の供給実績はない。同年度の下新川郡女工保護組合の女工供給数は一七四三人、その内訳は製糸女工一一八九人（全体の七四％）、紡績女工四五四人（同

表Ⅱ-21　富山県女工保護組合による業種別供給実績

（単位：人・%）

組合名	1926年度				1927年度（上半期）			
	製糸業	紡績業	その他	計	製糸業	紡績業	その他	計
下新川郡女工保護組合	1,289	454	—	1,743	—	234	—	234
井波区域女工保護組合	—	—	—	—	313	7	—	320
小杉警察署管内女工保護組合	—	—	—	—	2	69	3	74
八尾警察署管内女工保護組合	—	—	—	—	1,473	150	—	1,623
石動警察署管内女工保護組合	—	—	—	—	3	32	—	35
東砺波郡蓑谷村女工保護組合	—	—	—	—	—	4	1	5
合　計	1,289 (74.0)	454 (26.0)	—	1,743 (100.0)	1,791 (78.2)	496 (21.6)	4 (0.2)	2,291 (100.0)

資料：表Ⅱ-2と同じ資料より作成。
注：残りの4組合は不詳か，中央職業紹介事務局への報告なし。「その他」は織物業などと推定される。

二六%）である。しかし二七年度（上半期）になると、同組合の供給女工は紡績女工のみとなり、製糸女工の供給は新しく設立された八尾警察署管内女工保護組合と井波区域女工保護組合が担うようになる。また新しく設立されたそのほかの女工保護組合は女工供給数こそ少ないものの、そのほとんどが紡績女工であった。さらに言えば、下新川郡女工保護組合のばあい、表出されていない二五年四月一日現在の女工供給数は三三四二人で、その業種別内訳は、紡績女工一八六二人（総数の五五・七%）、製糸女工七二二人（同二一・六%）、織物女工四九二人（同一四・七%）、「その他・業種不詳」二六六人（同八・〇%）であり[31]、同組合の主要な供給女工は紡績女工（二五年）→製糸女工（二六年度）→紡績女工（二七年度上半期）と変遷している。

以上のような下新川郡女工保護組合の女工供給先業種の転変、新しく設立された組合間における女工供給先業種の明確な差異、こうした事実がどのような理由にもとづくのか確定的なことは言えないが、前述したことを考慮すれば、「世話人」として組合に組織された「募集従事者」がどのような業種・企業に属する人々だったのか[32]、そのことと深くかかわっていたと考えてよいであろう[33]。

それでは次に、女工保護組合の女工供給事業は当該地域の出稼女工に対してどの程度の影響力をもっていたのだろうか。それを網羅的に示す

表Ⅱ-22　下新川郡女工保護組合による業種別供給実績（1926年度）

（単位：人・%）

出稼府県	保護組合斡旋女工数			下新川郡出稼女工数				(A)／(D)	(B)／(E)	(C)／(F)
	製糸業(A)	紡績業(B)	計(C)	製糸業(D)	紡績業(E)	その他	計(F)			
愛知	11	178	189	524	223	84	831	2.1	79.8	22.7
大阪	—	96	96	313	169	145	627	0.0	56.8	15.3
岐阜	291	20	311	371	26	23	420	82.7	76.9	74.0
長野	337	—	337	352	4	8	364	95.7	—	92.6
埼玉	269	12	281	269	3	3	275	100.0	?	?
群馬	171	—	171	206	9	10	225	83.0	0.0	76.0
京都	56	21	77	153	31	29	213	36.6	67.7	36.2
三重	—	37	37	59	45	30	134	0.0	82.2	27.6
その他	154	90	244	387	121	90	598	39.8	74.4	40.8
合計	1,289	454	1,743	2,634	631	422	3,687	48.9	71.9	47.3

資料：名古屋地方職業紹介事務局『富山県下新川郡女工保護組合』（発行年不詳，謄写刷，大原社会問題研究所所蔵）より作成。

注：「斡旋」という言葉は原資料のママ。出稼府県の掲出順は出稼女工数の多い順。

史料は存在しないが、下新川郡女工保護組合の二六年度分についてはよくわかる。それを示したものが表Ⅱ-22である。下新川郡の出稼女工のうち、組合による供給女工の占める割合は全体として四七・三%で、ほぼその半数を占めている。この比率は、これまでみてきた諸組合のそれと比較すると高い方に属する。業種別でその比率をみると、製糸業では四八・九%、紡績業では七一・九%で、供給女工数は少ないものの、紡績業への供給比率の方が製糸業へのそれよりも高い。しかし、出稼府県別でみると、典型的な製糸業県である長野県や製糸業が発達している岐阜、埼玉、群馬県への出稼製糸女工に対する供給比率は八三%から一〇〇%におよんでおり、その点で組合がはたした役割はひじょうにおおきかった。おなじことは、紡績業が発達している愛知県や三重県についても言えることで、同県への出稼紡績女工に対する組合の供給比率は八〇%前後におよんでいる。

また、同郡の出稼女工数で二番めに多い出稼先は大阪府であるが、大阪府は紡績業と並んで織物業（泉南綿織物業）の盛んな地域であり、織物業を中心とする「その他」業種への出稼女工数が多いため、大阪府への出稼女工全体に対する組合の供給比率は一五・三%と低い数字となっている。

以上のようにみると、下新川郡女工保護組合は、同郡の出稼女工のうち、主要な製糸業県、紡績業県への出稼女工に対する供給比率は八〇％以上という相当高い比率をほこっていたものの、織物業を中心とする「その他」業種への供給活動は不活発だったため、全体としての供給比率は前記の四七・三％にとどまった。換言すれば、同組合は主要な製糸業県、紡績業県の「募集従事者」を世話人として組織したことにより、高い供給実績をあげる一方、おそらく織物業など「その他」業種の「募集従事者」が存在しなかったためであろう、それらを世話人としてもともと組織することができなかったため、結果として出稼女工全体を掌握することができなかった。

（六）　組合が存在する郡の地域的特徴

以上、富山県の女工保護組合について考察してきたが、これまでの論述と同様、最後に組合が存在する郡は小作地率と米の反収からみてどのような地域的特徴があったかを検討することにしたい。ただし、小杉警察署管内（射水郡）、八尾警察署管内（婦負郡）、石動警察署管内（西砺波郡）、大久保区域（上新川郡）、大鋸谷村・蓑谷村（東砺波郡）などの女工保護組合は、それぞれ郡内の特定の小さな所で設立されているので、郡の地域的特徴をみてもあまり意味がないため、ここでは同県内で最大の組合を擁した下新川郡についてみることにしたい。そこで表Ⅱ-23をみると、下新川郡は小作地率の面でも反収の面でも、県平均と比較すると明らかに低い。しかし、ほかの郡と比較すると下新川郡の小作地率・反収がとくに際立って低いとも言えない。このことをふまえると、下新川郡は県内では比較的地主制の

表Ⅱ-23　富山県の郡別小作地率と反収（1933年）

郡　名	小作地率（％）	反収（石）
上新川郡	59.0	2,393
中新川郡	54.5	2,279
下新川郡	53.5	2,245
婦負郡	52.3	2,381
射水郡	70.6	2,513
氷見郡	53.8	2,155
東砺波郡	54.4	2,491
西砺波郡	56.4	2,578
県平均	56.0	2,394

資料：『富山県統計書』，1933年より作成。

展開がよわく、相対的に低生産力の地帯であったと結論づけてよいであろう。

注

(1) 山で切り出した材木を急流の川で流し運搬する業。この業を担う労働者を「流材人夫」と言い、それは熟練した技能をもった船頭、流材人夫、運搬人夫の三種に分かれる。
(2) こうした漁業、流材への男性出稼者を保護するために、一九二〇年一一月には「下新川郡出漁団」が、二二年六月には「東砺波郡中野出稼組合」(流材人夫の出稼組合)が設立された。これらの団体・組合の設立の経緯や活動内容については、名古屋地方職業紹介事務局『管内各県下に於ける労働事情』一九二七年(大原社会問題研究所所蔵)二四二―二六六頁参照。なお「東砺波郡中野出稼組合」についてより詳しくは、名古屋地方職業紹介事務局『富山県東砺波郡中野出稼組合』一九二七年(謄写刷、同研究所所蔵)を参照されたい。
(3) 中央職業紹介事務局『女工供給(保護)組合調査』一九二八年一月、三八頁。
(4) 名古屋地方職業紹介事務局『富山県下新川郡女工保護組合』発行年不詳、謄写刷(大原社会問題研究所所蔵)一頁。
(5) 前掲、中央職業紹介事務局『女工供給(保護)組合調査』二頁、三八頁。
(6) 同上書、巻末附表による。
(7) 第一章五を参照。
(8) 前掲、中央職業紹介事務局『女工供給(保護)組合調査』三九頁。
(9) 同上書、一一八頁。
(10) 同上書、一二〇頁。
(11) 同上書、一一八頁。
(12) 同上書、二三―二四頁。
(13) 同上書、二四頁。
(14) 同上書、巻末附表、備考欄。
(15) 同上書、二四頁。

(16) 同上書、二四頁。
(17) 同上書、巻末附表による。
(18) 同上書、一二〇頁。
(19) 同上書、同頁。
(20) 同上書、一一八頁。
(21) 労働省『労働行政史』第一巻、労働法令協会、一九六一年、五四七—五五〇頁。
(22) 前掲、中央職業紹介事務局『女工供給（保護）組合調査』一二〇頁。
(23) 同上書、一二〇頁。
(24) 同上書、一二一頁。
(25) 同上書、一一九頁。
(26) 同上書、一二一頁。
(27) 同上書、同頁。
(28) 同上書、四〇—四四頁。
(29) 同上書、四三頁。
(30) 同上書、一二一頁。
(31) 前掲、名古屋地方職業紹介事務局『富山県下新川郡女工保護組合』五—六頁より算出。
(32) 一九二四年一二月公布（二五年三月施行）の「労働者募集取締令」は、「募集従業者」を法的に承認しつつ、「募集従事者」の募集活動は募集主（雇主）が特定されていることを条件としている（この点については、第一章五を参照）。
(33) したがって、下新川郡女工保護組合のばあいは、組合長が「嘱託」する世話人（募集従事者）が募集するばあいの企業・業種が毎年変わったのか、あるいは世話人（募集従事者）自体が毎年交替させられたのかの、いずれかであろう。

五　女工供給（保護）組合と国家の労働政策

以上、岐阜、山梨、新潟、富山の四県の女工供給（保護）組合について考察してきた。そのなかですでに部分的にふれたように、これらの諸組合が活動するうえで、この時期に公布・施行された国家の労働政策（職業政策）、すなわち「労働者募集取締令」（一九二四年一二月公布、二五年三月施行）と「営利職業紹介事業取締規則」（二五年一二月公布、二七年一月施行）との関係が問題となった。「労働者募集取締令」は第一章㈤で詳しく論じたように、人物を精査したうえで、依頼主（雇主）が特定されているばあいの「募集従事者」の活動（労務供給請負業）を法的に承認するものであった。一方、「営利職業紹介事業取締規則」は、「営利ヲ目的トスル職業紹介事業」（第一条）にさまざまな規制基準を設けたものであった。[1]

本節では、これまでの考察と一部重複するところがあるが、これらの労働政策（職業政策）に対して女工供給（保護）組合を支えてきた県がどのような対応をとったかを、あらためて論ずることにしたい。

まず岐阜県の女工供給組合のばあい、そのすべてが「労働者募集取締令」が施行される前に設立されていたが、同令施行にともない、組合が設立されている町村内において募集人が直接女工を募集することを禁止した県令が効力を失ない、「募集人の跋扈《ばっこ》に委するの昔日に還元せんとする」[2]状況が生まれた。そこで県当局は、「労働者募集取締令施行細則」を改正し[3]、その第一五条に「募集従事者ニシテ本則ノ規定又ハ募集地所轄警察署ニ於テ取締上必要アリト認メ為シタル命令ニ違反シタル者ハ、募集ノ停止ヲ命シ又ハ其許可ヲ取消スコトアルヘシ」という一項を付けくわえた。[4]そしてこの追加条項は、実際には、「女工供給組合設置の区域に於て、募集従事者より警察署に対し募集著《ママ》主届の提出あるや、直に警察署長より之に対して直接募集の禁止の命令を発する方法を採る」ことを可能とし、「故に……組合設置区域内に於ては事実上募集員の直接募集は殆《ほとん》ど禁止せられてゐる状態」(5)をつくりだした。

一方、富山県のばあいは、「労働者募集取締令」の施行にともない、岐阜県と同様にその「施行細則」を改正しつつも、改正の内容は同県とは異なり、女工保護組合と「募集従業者」との協働・協調の体制をとった。

これに対して山梨県のばあいは、「労働者募集取締令」の施行にともない、女工供給組合を保護するために組合設置地域内での募集人による募集禁止の措置を「違法」と受けとった県当局は、その措置を解除したため組合は急速に衰退することになった。ただ、同県においては、募集人による募集活動が相当活発だったために組合が機能せず、上記の県の措置がすでに解除されていた地域もあったため、「労働者募集取締令」の施行を奇貨として県当局が組合保護の措置を意識的に撤回した可能性も否定できない。

新潟県のばあい、「労働者募集取締令」に対する対応は詳らかではない。しかし、以上の考察から明らかなように、同令に対する岐阜県・富山県の対応（その内容については両県の間に重要な相違があるが）と山梨県の対応は、まったく異なっていた。その相異を生みだした重要な一因は、「労働者募集取締令」と女工供給（保護）組合の関係をどう捉えるかについての各県の認識の差異にあった。しかし、「労働者募集取締令」の作成に携わった社会局事務官・木村清司によれば、女工供給（保護）組合に対する県の支援と同令はけっして抵触しないとし、その著書のなかで次のように記している。

「労働者募集取締令は、労働者募集取締に関する排他的規定にあらずして原則的規定に過ぎない故に、本令の規定に抵触せざる各地方特殊の事情に応ずる特殊の取締規定を設くることは、毫《ごう》も之を禁止する趣旨で無い。夫《そ》れ故に、女工供給保護の規定は、庁府県の命令を以て定むるは毫も差支無い」(6)

次に、「営利職業紹介事業取締規則」の公布・施行に対して各県はどのように対応したのだろうか。まず新潟県のばあい、県当局が女工保護組合奨励策を打ちだした同じ年の一九二五年、政府（内務省）が「営利職業紹介事業取締規則」を公布したため、それ以前に設立されていた組合もそれ以降新設された組合も、同規則第二四条にいう「有料職業紹介事業」として認定し、それを受け入れ、女工供給手数料も同規則施行細則に規定された最高限度額以内に改定した。この間の事情について当時の一調査報告書は次のようにのべている。

「従来手数料は県内一円五拾銭、県外参円になつてゐる所が多かつたが……本県下に於ては有料にて供給斡旋をなす保護組合は、営利職業紹介事業取締規則第二十四条に云ふ有料職業紹介事業に包含せられ、同規則の準用を受くるに至つた為め、同規則施行細則の手数料最高制限の規定により最高弐円と規定さるゝに至つた」(7)

すなわち、一九二五年県当局が女工保護組合奨励策を打ちだす前に設立されていた組合（その活動は全体として不活発だったことは前述したが）の女工供給手数料は、女工一人に付き県内工場一円五〇銭、県外工場三円であったが、「営利職業紹介事業取締規則」の適用を受け入れたことにより、その後新設された組合も含めて女工供給手数料は一人に付き二円以内（実際には既述のように県内工場一円、県外工場二円）とすることになった。

これに対して富山県のばあいは、「営利職業紹介事業取締規則」の適用を避けるために女工保護組合についての「規約準則」のなかでは女工供給事業についてはふれず、「利用規定準則」のなかでは事実上の女工供給手数料を女工の「検診」と「保護」を目的とした「保護負担金」という名称を用いることで対応した。その結果、新潟県の組合の女工供給手数料と比較したばあい、富山県の組合の「保護負担金」は著しく高いものとなった。

以上のように、国家の労働政策（職業政策）に対して、女工供給（保護）組合を支援してきた四県は、さまざまな、しかしそれぞれかなり異なる対応と施策をとったが、その原因は一重に女工供給（保護）組合が国家の労働政策のなかに明確に位置づけられていないことにあった。しかしそのことは、国家が女工供給（保護）組合についての認識を欠いていたことを意味するわけではない。そこで以下、国家が同組合に対してどのような考え方をもっていたのかを考察することにしたい。

まず、「労働者募集取締令」の作成にかかわった社会局事務官・木村清司の考えをみることにしよう。木村はまず現状の女工供給組合（木村は女工保護組合という用語を用いていない）について次のようにのべていた。

「女工供給組合は、定款には募集に応ずる女工をも其の組合員とするも、此等女工は組合事業の対象であるが、実質上組合員ではない。又此等は年少の婦女子を主とし性質上団結し得ない故に、労働組合として成立発達する可能性は全然之を有しないものと見るべきである……。而《しこう》して現在の供給組合は出稼職工帰郷後の健康状態より目覚めた町村自治体幹部の発意に基いて設けられ、之が事務は自治体の保護事務の一部として施行せられ……其の作用は地域的強制職業紹介所……たるの作用を為して居る」[8]

ここで木村は、労働組合の成立・発展は望ましいという考えを前提として、女工供給組合はそれには成り得ないとし、組合は町村自治体の幹部が関与している「地域的強制職業紹介所」として捉えている。このように町村自治体幹部が関与している結果、木村は組合が女工の保護者の意向も反映していないとし、組合を「女工保護者組合」に転換すべきだと主張する。

「（女工供給組合の問題点は――引用者）組合が応募者及其の保護者と離れて夫《そ》の事業が運用されている点にある。斯《か》くの如きは甚《はなはだ》しく弊害を伴ひ易《やす》きものである。夫《そ》れ故に余《よ》は、女工供給組合が女工保護者組合に転化すべきものたるを提唱して、其の発達を希ひ度く思ふ(9)」

女工の保護者による組合とすべき理由としては木村はまず第一に、農村の未成年女性に、出稼先企業の労働条件の善し悪しを判断する能力がないことをあげている。

「今日の実情より見るに、農村の民は個人的に見るときは、概して真に労働条件の優劣を判断する能力と智識とを有しない。徒《いたずら》に募集従事者の甘言に惑はさるるか、又は眼前の利益に依り決するは免れ難い所であろう。応募者は又殆《ほと》んど未成年の女子であつて判断能力発達せず、単に其の父兄の決する儘《まま》である。故に適当なる機関を設け、之に或る程度迄《まで》工場の選択を為さしむるならば、遥《はるか》に応募者の利益なるのみならず、延《ひ》いては工場をして真に労働条件の改善に努めしむるの機運を醸成するであらう(10)」

「女工保護者組合」となるべき理由の第二は、町村の吏員などが関与する女工供給組合はさまざまな弊害（その具体的な内容は記されてないが）を生みだすからである。

「女工供給組合の弊害は、応募者及び其の父兄と供給組合との関係が密接ならざるに起因する。供給組合は恰《あたか》も労働組合の如く全然応募者及び其の父兄と一心同体であらねばならぬ。之と其の休戚《きゆうせき》（喜びと悲しみの意――引用者注）を共にし其の利益を代表する者を以て其の幹部とせねばならぬ。単に町村吏員又は町村の有力

者を充つるが如きは誠に百弊の源であらう」(11)

ここで木村は、町村の吏員などを排除し、女工供給組合を可能なかぎり労働組合に近い存在にすることを提言している。「女工保護者組合」となるべき第二の理由は、そうなれば「労働者募集取締令」第一三条の精神と一致するようになるからである。

「供給組合の組織が発達し真に応募者の父兄其の他応募者を保護する者の団体となるならば、其の団体の同意なくして其の組合員の女工を募集し得ざることは、労働者募集取締令第十三条の（募集従事者は――引用者）未成年者、禁治産者、準禁治産者及妻に就ては親権者、後見人、保佐《ママ》人、其の他本人の保護する者の同意なくんば募集し得ざる旨の精神の拡充と見るべきである。何《なん》とならば、今日募集せらるる女工は殆《ほと》んど未成年であって、供給組合は其の保護者の団体であるが故に、正に之が承認の必要は右の規定の趣旨に毫《ごう》も反しない」(12)

ただし木村が、現存の女工供給組合であっても「労働者募集取締令」とは抵触しないとしていることは、前述したとおりである。

第四の理由は、「女工保護者組合」に純化した方が女工供給事業をとおして女工の「利益」と「権利」が増大するからである。

「女工供給組合は供給を受けたる工業主より一定の手数料を徴して居る……此の手数料の収入を最も良く利用せしむるに就いては、当局の指導監督を最も必要とする処であるが、運用宜《よろ》しきを得ば労働者の福利の増進に資することは少くあるまい。又女工供給組合は其の供給したる女工の利益を代表して、賃銀の支払、貯蓄金の返還、手荷物の引渡等に就て交渉の任に当り、良く女工の権利を伸長し得るであらう。而して女工供給組合発達し、其の事務の執行に就いて改善が加へられるときは……工業主側の受くる利益も少なからざるに至るであらう[13]」

木村は、以上四つの理由をあげて女工供給組合を町村行政の関与を排した「女工保護者組合」とし、その本来の女工供給機能を発揮すべきだとしている。ただ木村は、女工供給組合について最後に次のようにのべている。

「依之観之《これによってこれをみるに》、女工供給組合は排斥すべきに非ずして大いに之を指導し監督し保護すべきものである。……唯《ただ》弊害の極めて起り易い性質を有するものであるから、当局に於て極力監視し、実績の挙がらず（女工供給事業の不活発——引用者注）又は組合幹部其の人を得ざるが如き場合には、保護規定適用の特権の剝奪を為すべきであらう[14]」

ここで木村は、「女工保護者組合」に再編されなくとも、現存の女工供給組合を監督しつつ保護し、事業（供給）実績があがらないばあいや、組合の幹部にいかがわしい人物がいるばあいは、「保護規定適用の特権」を剝奪するとしている。つまり木村は、「女工保護者組合」という望ましい姿を示しつつも、現存の女工供給組合の事業を肯定しつつ、木村が所属する社会局として女工供給組合を政策的保護（「保護規定適用の特権」の付与）の対象としていることを、かたっている。

一方、中央職業紹介事務局[15]は、女工供給（保護）組合に対してどのような認識をもっていたのだろうか。結論を先取りするかたちで言えば、同局も木村（社会局）とほぼおなじような認識を示しつつも、後者よりも一歩進んだ高い評価をあたえている。ただし、その評価に関する記述は資料によって、あるいは資料のなかで多少異なっている。

中央職業紹介事務局（以下、「事務局」と記す）は、女工供給（保護）組合についてまず、それが労働組合的性格を有していることを記している。

「供給組合は、被傭者の共通利益の擁護及其地位の向上を目的とする被傭者の団体たる点に於て、労働組合の性質を有するものと謂ふを得よう(16)」、「（供給組合は――引用者）何《いず》れも出稼工女及其父兄を以て組合員とし、役員は組合員の選挙によつて就任する組織となつてゐる自主的組合であり、団結の力によって雇傭契約上に於ける女工の不利なる地位を高めて雇傭主と対等の地位に於て契約をなし得る様になさんとする点に於て、労働組合的色彩を有してはゐる(17)」

しかし、女工供給（保護）組合の問題点は木村の指摘と同様に、それに地方自治体が強く関与していることにあると、「事務局」は捉えている。

「其発生が工女側の発意に出《い》づるもので無く、寧《むし》ろ自治体の当局者と工女の父兄との共同努力に依るものであり、其運用は全然幹部たる人士に委せられ、工女は其庇護の下に在るに過ぎず、且被傭者として団結の方法によつて其共同利益の伸長を図らむとするの自覚に乏しい(18)」、「大体その組織の中心が地方公共団体と密接なる関係にあ（る）(19)」、「各組合等しくその組織上に於て、その事業の遂行上に各組合員の意思が発現せられる自主的なる団体よりは、寧《むし》ろ小数《ママ》役員の意思により事業が運用せられる一《ひとつ》の事業団体と見られる[20]」

以上のように「事務局」は、女工供給（保護）組合を労働組合的性格を有していることを指摘しつつも、他方自治体の関与という問題点を重視し、その結果、同組合に対してそれぞれ少しずつ異なる以下のような規定と評価をあたえている。

「現在の供給組合は、地域的強制職業紹介所たるの性質を可なりに持つて居るものと云ふべく……将来は漸次此性質を脱却して真の労働組合に近づいて行くと思はれる[21]」、「（供給組合は——引用者）実際上に於てその（地方公共団体の——引用者）力によつて運用されて居る状態であり、寧《むし》ろ労働保護を目的とする社会事業団体と見るのが当を得たものであらう[22]」、「組合はその中心を町村役場に置きその事務が町村吏員によつてとられてゐる事は、ます〳〵該事業の町村たる公共団体の附随事業の如き感あらしめてゐる[23]」

このように「事務局」は、その刊行資料の違いによって、あるいはおなじ刊行資料のなかでも、女工供給（保護）組合について異なった規定をあたえている。しかし、女工供給（保護）組合を結論として総括的に論じた箇所では、「事務局」は同組合に対して以下のような高い評価をあたえている。

「女工保護組合なるものを純粋なる労働組合と見るべきや否やは之を別論とするが、少くとも組合員がこの組織によつて団結協力して募集の弊害から利益を擁護し、併《あわ》せて労働条件の改善を計るを目的として発生した事は、我国婦人労働運動史上に一新紀元を画したものであると共に、労働需給上における労働者自身による労働供給事業の管理を実施することによつて労働保護の完《まった》からめんとした事は、又従来の労働需給過程に新機軸を現はしたものなり」(24)

このように「事務局」は、女工供給（保護）組合に対する総括的な規定としては、日本の女性労働運動史上の「新紀元」、「労働者自身による労働者供給事業」という「新機軸」という認識を示している。

以上、木村（社会局）、中央職業紹介事務局の議論をとおして、女工供給（保護）組合に対する国家の認識を考察してきた。同組合を中程度に評価するか高く評価するかの程度の差はあるものの、国家としては問題点を把握しつつも同組合を保護・奨励する政策的スタンスをとっていたことが明らかとなった。そして、女工供給（保護）組合に対するこうした国家の政策的スタンスは、視野を広げてみれば、労働組合を法的に承認（労働組合法案の立案）しようとする一九二〇年代の国家の労働政策(25)と密接に関連していた。

注

（1）労働省『労働行政史』第一巻、労働法令協会、一九六一年、五四七―五五〇頁。
（2）名古屋地方職業紹介事務局『管内各県下に於ける労働事情』一九二七年（大原社会問題研究所所蔵）一〇二頁。
（3）同上書、一〇三頁。
（4）中央職業紹介事務局『女工供給（保護）組合調査』一九二八年一月、三二頁。
（5）同上書、三二頁。
（6）木村清司『労働者募集取締令釈義』清水書店、一九二六年、五二頁。
（7）前掲、中央職業紹介事務局『女工供給（保護）組合調査』五六頁。
（8）木村、前掲書、四九頁。

(9) 同上書、四九頁。
(10) 同上書、五〇頁。
(11) 同上書、同頁。
(12) 同上書、五一頁。
(13) 同上書、五二—五三頁。
(14) 同上書、五三頁。
(15) 一九二一年四月職業紹介法が公布され（同年七月施行）、職業紹介事業を国の事務として市町村長が管掌する（同法第一条）とともに、内務大臣のもとに中央・地方の職業紹介事務局を置くこととした（同法第七条）。その点で、中央職業紹介事務局の考えは、国家の労働政策（職業政策）を反映していると判断した。
(16) 中央職業紹介事務局『本邦製糸業労働事情』一九二八年一月、六一頁。
(17) 前掲、中央職業紹介事務局『女工供給（保護）組合調査』五頁。
(18) 前掲、中央職業紹介事務局『本邦製糸業労働事情』六一頁。
(19) 前掲、中央職業紹介事務局『女工供給（保護）組合調査』五頁。
(20) 同上書、二五頁。
(21) 前掲、中央職業紹介事務局『本邦製糸業労働事情』六一頁。
(22) 前掲、中央職業紹介事務局『女工供給（保護）組合調査』五頁。
(23) 同上書、二五頁。
(24) 同上書、九八頁。
(25) この点については、西成田豊『近代日本労資関係史の研究』東京大学出版会、一九八八年、第四章を参照。

六　総括と研究史の検討——むすびに代えて

最後に、これまでの考察を総括するとともに、そこから導きだされた結論を敷衍しつつ、若干の問題を提起したい。そのうえで、女工供給（保護）組合に関するこれまでの研究にはどのような問題点が含まれていたかを考察することにする。

まず組合の名称であるが、「女工供給組合」と称するばあいと、「女工保護組合」と称するばあいとがあり、また岐阜県のように「女工供給組合」、「工女組合」、「女工組合」、「職工組合」などいくつかの名称をもつ県も存在した。そうした名称の付け方の違いがどのような事情にもとづくのかは、いまのところわからない。

組合設立の経緯は、大づかみに言えば、郡ないし郡単位下の町村が設立を主導し、その後県が補助金給付などをともなった組合設置奨励策を打ちだすことによって普及することになった。すなわち、岐阜県においては大野郡町村長会議の決議とその後の県令の発出が、また富山県においては、下新川郡当局による同郡女工保護組合の設立とその影響をうけた県の組合設置奨励策の発出が、組合を普及させることになった。新潟県においては、これらとは多少異なるものの、村の有志の見聞にもとづいて、南鯖石村に組合が設立されたあと、郡単位の組合が設立され、その後県の組合設置奨励策が発出されることによって組合が普及した。また山梨県のばあいは、山梨善誘協会の設立というかたちで県が主導し、同協会の郡支部を介して町村に組合が設立された。

女工供給（保護）組合の組織単位（組織区域）の圧倒的多数は町村単位（ごく一部は警察署管内）であるが、組合設立の経緯からもわかるように、郡単位の組合も存在した。組合の事務所は町村の役場内に置かれ、組合長は町村長が務め、組合の事務は町村吏員が担うことが一般的であった。その点で、女工供給（保護）組合の活動は町村行政の一環として推進されたと言ってよい。組合員は女工とその父兄（保護者）によって構成されていたが、組合員や女工の比率が高いか父兄の比率が高いかは、主として女工の自立度に規定されていたと推定される。ただし、新潟県の組合は「その他」の人びとが組合員として加入していた。それらの人びとがどのような職業・階層の者であったのかは判然としないが、規約上は、「組合ノ趣旨目的ヲ翼賛スル者」であった。

女工供給（保護）組合の活動は、規約・規則上はさまざまな面におよんでいたが、その中心的な活動は女工供給事業であった。組合の女工供給事業は、募集従事者（募集人）の募集活動に対応して女工の出稼労働市場を規制し、女工の供給「独占」をはかるという性格を有していた。組合の事業をとおして供給される女工は製糸女工が圧倒的に多かったが、紡績女工や織物業などそのほかの業種の女工も少なからず存在した。また、ごく少数であるが紡績女工のみを供給する組合も存在した。その点で、女工供給（保護）組合は製糸業固有の組合ではなかった。

組合設置区域内の出稼女工に占める供給女工の割合（以下、「供給実績」と記す）は、出稼先が県内か県外かで、出稼先業種が製糸業か紡績業かで、あるいは組合の所在地の郡がどこかによって、異なっていた。岐阜県の組合は、県内への供給実績は三〇—四〇％であるのに対し、県外への供給実績は七二％であり、山梨県の組合も県内への供給実績は二八％、県外への供給実績は七〇％であった。また富山県の組合のばあい、供給実績が判明する下新川郡女工保護組合についてみると、製糸業に対する供給実績は四九％であるのに対し、紡績業への供給実績は七二％であった。一方、新潟県の組合のばあいは、組合所在地の郡によって供給実績は区々《まちまち》であり、高いところで五七％を示す組合がある一方、まったく供給実績がない組合も存在した。

組合の供給実績は四県全体をとおしてみたばあいは高い方であったが、地域によって多様な差異があったことも事実である。その多様な差異は、組合がその設置区域内での出稼女工の供給「独占」をめざしていたものの、当該地域内での募集従事者（募集人）の募集活動を完全に規制することができなかったこと（組合に加入せず、あるいは組合員であっても女工が募集従事者と直接雇用契約を結んだこと）に根本的な原因があった。

このことは、日本最大の製糸業県である長野県において、なぜ女工供給（保護）組合が設立されなかったのかという問題と密接に関連している。(1) 同県においては実は、女工の供給に限定されたものではないが、日本で最初の供給組合が設立されている。一九一六年三月に設立された平根村工男女組合（同県佐久郡）がそれである。(2) 同組合は、組合員が「二重雇傭契約を締結することを避け、全員一致の歩調を採って、一団となって一定の工場へ入場するの方針を採り、工業主に対しては賃銀、貯蓄金の支払及び工男女の帰郷に関し交渉に当ること」[3]を目的とし、組合設立当初は、工業主と組合員の雇用契約の締結に組合の幹事が積極的にかかわった。しかし、その後も平根村地域内での募集従事者（募集人）の活動が相当活発だったため、組合はこれを規制することができず、「各組合員全く自由に募集従事者と契約を締結し、組合設立の趣旨が没却せらるるに至った」[4]とされている。その後、同組合が消滅（解散）したのかどうかは判然としないが、日本で最初の供給組合の活動が募集従事者（募集人）の活動によっておおきく制約されたことは、その後長野県において女工供給（保護）組合が設立されなかった有力な要因だったようにおもわれる。逆に言えば長野県においては、女工供給（保護）組合の設立を許さないほど募集従事者（募集人）の勢力がつよかったと推察される。

さて、女工供給（保護）組合が設立されたところ（郡）の地域的特徴は、当該県のなかでは地主制の展開がよわくかつ低生産力地帯か（岐阜県、富山県）、かならずしも低生産力地帯ではないが地主制の展開がよわい地域（新潟県）、あるいは出稼先に近い地域（山梨県）であった。女工供給（保護）組合が設立された地域が出稼女工を多数輩出している県であり[5]、またその県内でも地主制の展開がよわい地域であったこと、また小作料の現物性とともにその高率性が地主制の特徴であったことを考慮すれば、山田盛太郎『日本資本主義分析』（一九三四年）以来、日本地主制史研究において主張され続けてきた「高率小作料と低賃金の相互規定関係」という構造規定は[6]、根本的に再検討される必要があるようにおもわれる。

最後に、女工供給（保護）組合に対する国家の政策的認識は、木村（社会局）と中央職業紹介事務局とでは多少異なっていたものの、いずれもそれを労働組合に近い存在とみとめつつも、町村行政当局がそれに関与していることが問題であると捉えていた。組合に対するそうした国家の認識は、おおきくみれば、労働組合を法的に承認しようとする二〇年代の国家の労働政策と政策的基調をおなじくするものであった。ただ筆者は、女工供給（保護）組合の問題点とされた町村行政当局の関与を、近代日本の地方自治体、とくに一九二〇年代の地方自治体がその重要な機能の一部として有していた公共的機能の実現として捉えたい[7]。女工供給の手数料を県（郡）内の工場へは安く、県（郡）外の工場へは高くするという組合の方針は、そのことを端的に示している。このようにみれば、女工供給（保護）組合に対する国家の認識のなかには、二〇年代の「大正デモクラシー」・大衆民主主義的状況のもとで、女性労働者の募集の保護を国家が担うのか、それとも地方自治体の公共機能が担うのかという「対立」的契機が含まれていたと言ってよい。しかし、女性労働者の募集の保護という政策的目標は一致していたため、その「対立」の幅は小さく、女工供給（保護）組合の活動は、国家によって事実上積極的に容認されていた。

以上、本章での結論を若干敷衍しつつ総括するかたちでのべてきたが、最後に、女工供給（保護）組合に関するこれまでの研究に対する批判的検討をおこなうことにする。

中村政則氏の研究[8]の問題点の第一は、女工供給（保護）組合を「下から設立された組合」、「上から設立された組合」、その「中間形態」の三つのタイプに分けていることである。中村氏は「下から設立された組合」として二〇年八月、北魚沼郡の堀之内町を中心に設立された「北魚沼郡中部女工保護組合（のち堀之内女工保護組合と改称）」をあげている。同氏は、当時田川入村《たがわいり》（同郡堀之内町）役場の書記をしていた森山政吉《まさきち》への聞き取りを中心に、組合設立へ向けた森山の広範囲にわたる活動・交渉とその熱意を紹介して[9]、同組合を「下から設立された組合」の典型としている。しかし、組合の設立にかかわった特定の人物に焦点を定めた聞き取りであれば、聞き取る方にとってそれは当然「下から」の動きとして認識されよう。氏は、森山への聞き取りのなかでさりげなく「堀之内役場とも相談して[10]」と記しているが、本章でのべたように、組合の設立は、町村や郡が深くかかわっている。森山の活動をけっして貶《おとし》めるつもりはないが、町村や郡の役場のなかには森山のような人物がいた可能性は否定できない。事実、氏は「中間形態」とされる岐阜県の組合について「おそらく飛騨の女工供給組合設立の背景には、新潟の森山政吉のような熱意のある人の活動があったと想像される[11]」と記している。したがって、森山の行動と熱意を紹介することによって前記の組合を「下から設立された組合」と規定することはできないであろう。

中村氏が前記の組合を「下から設立された組合」と規定するもう一つの理由は、森山が組合の常任幹事になったばかりでなく、組合員は女工とその父兄のほかに、「組合の趣旨に賛成する者ならばだれでもなれた[12]」ことをあげている。そして、そのことをもって上記の組合を「民間の有志が下からつくった、典型的な組合であった[13]」と評している。しかし本章でのべたように、新潟県の女工保護組合の特徴は、組合員のなかに「その他」の人びとが多数含まれていたことにある。そして組合員中の「その他」の人びと（「民間の有志」）の割合が高い組合は、同県が組合設置奨励策を打ち出した（二五年）あとに設立された組合に多いのである。氏は、「腰の重い新潟県庁も、このような女工供給組合や保護組合が各村でつぎつぎとつくられてゆくのをみて、傍観視することもできなくなり[14]」と記しているが、組合設立に消極的であった（既述のようにそれは誤りである）とされる県が急に組合設置奨励方針に「転換」（「上から」の動き）することによってなぜ「その他」の人びと（「民間の有志」）が組合員に加入するようになったのか（氏の議論に即して言えば、それは組合の「下から」のタイプ）、この相矛盾する事実を、中村氏はどのように説明するのであろうか。

中村氏が主張する「上から設立された組合」の典型は、山梨県の山梨善誘協会である。それは「県工場課が上から組織した官製的性格の濃厚なもの[15]」とされている。そう規定したうえで氏は、山梨善誘協会の中心的な活動は「労働運動対策や募集競争対策に重点があったため、大正十四年に内務省募集取締令がだされると、まったく無力な存在と化してしまった[16]」と記している。本章でのべたように、山梨県の女工供給組合（町村単位）は、確かに山梨善誘協会とその郡支部をとおして県が主導するかたちで設立されたが、山梨善誘協会自体は女工供給組合ではない。したがって、労働者募集取締令の発出によって「無力な存在と化し」たのは山梨善誘協会ではなく、県の政策判断による女工供給組合である。また女工供給（保護）組合は、繰り返しになるが、町村や郡の主導のもとに設立されたが、最終的には県の支援・助成政策（それはこの時期の地方自治体が有していた公共的機能として捉えることができよう）によって拡充・強化されており、山梨県の当局（工場課）が前面に出たことをもって、組合（氏においてはその実態が誤認されているが）の「官製的性格」と規定するのは、「階級国家」論に捕らわれた誤りであろう。

　このようにみると、中村氏が「下から設立された組合」、「上から設立された組合」とタイプ分けすることは、史実に即してみれば完全な誤りであり、その「中間形態」として岐阜県の女工供給組合をあげるのも間違いである。[17]そもそも女工供給（保護）組合の設立は岐阜県から始まっており、「中間形態」が女工供給（保護）組合の嚆矢という類型認識自体、到底受けいれがたいであろう。

　中村氏の研究の第二の問題点は、女工供給（保護）組合が設立された経緯（契機）や、その活動目的を誤認し、まったく理解していないことである。同氏は、前述のように森山政吉への聞き取りにもとづき、北魚沼郡中部女工保護組合（のち堀之内女工保護組合）の設立に向けた森山の活動の意図を、一九一八―一九年ころから激しくなった女工募集の結果、「村の娘のあいだに風紀上、健康上、憂うべき事態が発生するにいた」り、「私生児と結核という二つの問題がこの村をおそった[18]」ことを解決するためだったとしている。そして、設立にこぎつけた組合の目的は「いうまでもなく女工の風紀と健康の保全をはかることにあった[19]」とし、組合の主要な活動は「(1)帰郷中の女工に裁縫その他必要な科目をえらんで講習をおこなう『特別教養』、(2)『健康診断』、(3)『慰安会』、(4)『慰問』、(5)女工の疾病・死亡にたいし見舞金または弔意金を贈る『弔意』、(6)女工各種の状態を調査する『各種調査』、(7)『視察』などであった[20]」とのべている。森山の活動の善意も、設立された組合の目的も、氏の言うとおりであろう。しかし、中村氏が森山への聞き取りに引きずられ、それを一般化し、「女工保護組合は、よわい立場の女工や女工の父兄にかわって、女工の労働者としての権利を守るために、さまざまな功績をのこした……骨ぬき工場法しかだせない日本政府の社会政策の貧困・欠落を、必死になって埋めようとしていたのは、じつにこのような地元の人の郷土愛に発する人道主義的善意だった」[21]と主張するとき、本章での考察をふまえれば、それは誤りと言わねばならない。女工供給（保護）組合の活動の中心は、全体としてみれば女工供給事業にあり、保護活動は規約上は確かに明文化されていたものの、その活動実態はきわめて乏しかったというのが本章での結論である。女工供給（保護）組合の活動は、工場法の系列で捉えられるべきではなく、募集従事者（募集人）の活動への対抗という視点で捉える必要がある。

そして実は、中村氏は女工供給（保護）組合の中心的な活動であるこの女工供給事業の意義をまったく理解していないため、間違った議論を展開している。氏は次のように言う。「県（岐阜県――引用者注）当局が、女工募集にさいして募集人と直接交渉してはならず、女工供給組合をつうじて募集せよと命じたため、かえって組合は不振におちいってしまった。というのは、女工の父兄のなかには募集人との直接交渉＝取引によって、うまくゆけば前賃金をたくさんとれることもあったから、町村役場をつうじての契約はめんどうで、うまみがないと考えたためである。そのため、飛騨の女工供給組合はあまりふるわなかったようである」[22]。氏のこの指摘は、募集人の活動に対する岐阜県の規制が女工供給組合発展の条件であったこと、逆に県や組合の規制を破る一種の〝脱法〟行為が組合の組織力を弱めたこと、飛騨三郡下の組合はけっして不振ではなかったことの三点で、誤りである。

以上のように中村氏は、女工保護組合も女工供給組合もその中心的な活動が女工供給事業にあったことを理解できなかったため、以下のような的外れな結論を導きだしている。「女工保護組合が女工の供給よりも保護のほうを重視していたのにたいし、女工保護より供給のほうに重点をおいてスタートしたというちがいがあって、そのことが供給組合の早期衰退の原因となっていたのかもしれない」[23]。

次に筆者のかつての論考を批判的に検討することにしよう。[24] 拙稿は、「産業資本確立期」の繊維女工の前借金に縛られた「『債務奴隷』的雇用関係」[25]が「独占成立期」には「後退」し、紡績業とともに製糸業においても「雇用関係の近代的再編が進んだ」[26]としている。そして、製糸女工のこうした雇用関係の実質的な改善をすすめた有力な要因として女工供給(保護)組合の設立をあげている。この点について拙稿は以下のように記している。「女工保護(供給)組合は、雇用契約への積極的な介入を行ない(工場主の組合長への誓約書提出、組合長による雇用契約の承認、組合長を契約代理者とする委任契約など)、雇主側の遵守すべき義務や、女工側の権利を示す事項を契約書に明記せしめ、女工側と雇主側の対等な近代的雇用関係を実現した。女工保護(供給)組合の一部はまた、雇用契約への介入の過程で前借金に対する規制を行ない、この面からも『債務奴隷』的な雇用関係を後退させた」[27]。女工供給(保護)組合が、組合員の女工やその父兄の雇用契約締結に上記のような点での介入をおこない、また時には前借金に対する規制もおこなったことは、本章でのべたとおりである。しかし、第一章で詳しく論じたように、募集人・紹介人による女工の移動・「逃亡」(工場への出し入れ・工場間廻し)を考慮すれば、前借金による女工の人身拘束性(「債務奴隷」性)を過度に強調するのは誤りであり、そのことだけを念頭に置いて、組合の介入による雇用関係の改善＝近代化(そのこと自体は間違いではないとおもうが、「近代化」というよりは「現代化」と言うべきであった)を主張するのは一面的であるという誇りを免れがたいであろう。拙稿においては組合の女工供給事業が完全に無視されており、その事業との関連において雇用契約締結への組合の規制・介入があったという重要な論点の分析が抜け落ちているからである。拙稿執筆のさいは、本章で用いたものとおなじ重要資料を参照しているが[28]、労働者供給事業や労務供給請負業など想像しがたい時代(その後労働者供給事業に繋る労働者派遣法の公布と二度にわたる同法改正がおこなわれた)に制約されて、その資料の重要な箇所への関心がいかず、上述のような分析の限界を露呈することになった。そしてそのような分析の限界から、女工供給(保護)組合を製糸業固有の組織と認識していたことも誤りであった。また拙稿では、女工供給（保護）組合について「製糸労働市場の全体を統轄することができず、その組織的影響力は意外と小さかった」[29]とのべ、その限界的側面を強調している。しかし本章での考察のような組合の供給実績を具体的に分析すれば、組合の積極的側面が強調されるべきであった。新しい制度なり組織が生まれたものの、当初の目標（本章に即して言えば女工の供給「独占」）が達成されなかったとき、その限界的側面を強調するか、何割かでも目標を達成した新しい制度・組織の積極的側面や、それらが切り拓いた新しい地平を強調するかは、その人の思想や思考の在りようと深く関係しているようにおもわれる。当時の筆者の思想・思考の在りようは前者にあった。

注

（1）諏訪製糸業地帯の女工の出身地は、「あ、野麦峠」、「峠を越える女」、「飛騨の工女」などの標語から生まれるイメージから岐阜県出身者が多いようにおもわれるが、実際には長野県出身の女工が圧倒的に多かった。事実、諏訪製糸業地帯の女工の出身地比率は、一九〇四年は長野県が六七・六％と圧倒的に高く、岐阜県は一二・八％にすぎず、一〇年は長野県は五五・二％に下がるものの、岐阜県も一〇・二％に下がっている（石井寛治『日本蚕糸業史分析』東京大学出版会、一九七二年、第五八表による）。また、一九二二年末現在、長野県の工場法適用工場（職工一五人以上使用工場）の職工一〇万三四人の出身地別内訳は、長野県七万六五九二人（全体の七六・六％）、新潟県九二〇五人（同九・二％）、山梨県八七八二人（同八・八％）、岐阜県二二一二人（同二・二％）、富山県一四四八人（同一・四％）、その他府県一七九四人（同一・八％）であった（桂皐「本邦製糸業労働事情(二)」『社会政策時報』第四一号、一九二四年二月、七八―七九頁より算出）。長野県の工場の圧倒的多数が製糸工場であることを考慮すれば、二〇年代においても、長野県製糸女工の圧倒的多数は同県出身者であり、岐阜県出身者は少数であった。

（2）平根村工男女組合は、一九一六年三月、平根村の村長土屋六郎が同村駐在の巡査や同村の小学校長などと協議して設立された（前掲、木村清司『労働者募集取締令釈義』附録、三六頁）。

（3）同上書、三六―三七頁。

（4）同上書、三七頁。

（5）たとえば、製糸業への一九二八年中の出稼女工八万七〇七三人の出身地上位五県は、新潟県二万三五五人（全体の二三・四%）、山梨県一万七六八八人（同二〇・三%）、岐阜県九二〇三人（同一〇・六%）、富山県五五一〇人（同六・三%）、静岡県三〇五七人（同三・五%）であり（中央職業紹介事務局『昭和三年中に於ける道府県外出稼者に関する調査概要』一九三〇年三月より算出）、上位四位（出稼女工の六〇・六%）までが女工供給（保護）組合が設立された県であった。

（6）山田盛太郎は、「日本資本主義存立の地盤を規定してゐる所の法則。かくの如き法則として、日本における比類なき高さの半隷農的小作料と印度《インド》以下的な低い半隷奴的労働賃銀との相互規定」関係を指摘し、これを「賃銀の補充によって高き小作料が可能にせられ又逆に補充の意味で賃銀が低められる様な関係の成立、即ち、半隷農的小作料支払後の僅少な残余部分と低い賃銀との合計でミゼラブルな一家を支へる様な関係の成立」と規定している（山田『日本資本主義分析』岩波書店、一九三四年、六二頁）。ただし山田は、日本資本主義と地主制の相互規定関係を、別の箇所では、「現物年貢（地代――引用者）の資本転化」という視点で説いている。山田はこう記している。「日本資本主義の場合における構造的特質は、一方においては、耕作規模の零細性……と現物年貢の高額……とをもつ世界に類似なき迄に劣悪至酷な、厖大なる半農奴制的零細耕作の、半隷農主寄生地主による隷役土壌と、他方においては……半隷農的現物年貢よりの資本転化を基調とする所の、強力的に設定せられた軍事的財閥的資本主義……双方の、相互規定的に組み合されてゐる関係。これである」（同上書、一七四頁）。「現物年貢の資本転化」について山田はさらに、「半隷農的現物年貢の徴収とそれの農業部面外での資本転化との意義を検するに、それは、半隷農主的寄生地主的関係の廃絶の要因ではなくして逆にその永絶の要因」（同上書、一七四―一七五頁）であるとまで議論を展開している。山田の以上の言説にみられる賃金、労働、地主制などに対する概念規定には異論がある。ただ山田が日本資本主義と地主制の関係を、「高率小作料と低賃金」の相互規定関係、「現物小作料（地代）の資本転化」という二つの視点で捉えていることは明らかである。本章の課題との関連で言えば前者が問題となる。ただ後者の点についてひと言だけのべておけば、一九七〇年前後、近代日本経済史研究の分野で一つのおおきな研究潮流を形成した地主制研究は、「地代の資本転化」という新しい画期的な視点を取りいれたと高く評価されたが、当事者がおなじマルクス主義の立場に立ちながら、山田のこの言説にまったくふれていないのは、不可解と言うほかはない。研究において言説（視点）の提示とその実証を分けて考えることはできない。

（7）近代日本の、とくに二〇年代の地方自治体の公共的機能については、大石嘉一郎・金澤史男編著『近代日本都市史研究』日本経済評論社、二〇〇三年、序章を参照されたい。
（8）中村政則『労働者と農民』小学館、一九九〇年。
（9）同上書、二七二―二七三頁。
（10）同上書、二七二頁。
（11）同上書、二七六頁。
（12）同上書、二七三頁。
（13）同上書、同頁。
（14）同上書、二七五頁。
（15）同上書、同頁。
（16）同上書、同頁。
（17）同上書、同頁。
（18）同上書、二七二頁。
（19）同上書、二七三頁。
（20）同上書、二七三―二七四頁。
（21）同上書、二七四頁。
（22）同上書、二七六頁。
（23）同上書、二七六―二七七頁。
（24）西成田豊『近代日本労資関係史の研究』東京大学出版会、一九八八年、第一章第四節（初出論文は、「労働力編成と労賃関係」一九二〇年代史研究会編『一九二〇年代の日本資本主義』東京大学出版会、一九八三年、所収）。
（25）同上書、五七頁。
（26）同上書、五八頁。
（27）同上書、五九頁。
（28）前掲、中央職業紹介事務局『女工供給（保護）組合調査』。
（29）西成田、前掲書、七一頁。

第三章　三菱財閥傘下重工業企業・事業所の臨時職工・人夫と労務供給請負業

はじめに

本章の課題は、一九〇〇年前後から三〇年代後半までの三菱財閥傘下の重工業企業・事業所を対象に、その臨時職工・人夫と労務供給請負業について考察することにある。次の第四章が臨時工と労務供給請負業についてのいわば全国レヴェルのマクロ的な考察（ただし両大戦間期のそれ）であるのに対し、本章は三菱財閥傘下の個別企業・事業所に即したミクロ的な考察を目的としている。

そこで次に、従来の財閥史・三菱財閥史の研究とのかかわりで本章がもつ課題設定の意義について、簡単にのべておくことにしたい。まず柴垣和夫氏の研究[1]は、財閥（三井、三菱）コンツェルンと綿工業独占体を日本金融資本の二類型として設定し、その動態と構造を分析したものである。しかし、そこではもっぱら独占の組織形態が問題とされ、「金融資本」下の労働問題はまったく考察の対象とされていない。さらに同氏の「財閥金融資本〔は〕……製造工業部門とりわけ重化学工業部門が劣弱で、鉱礦業のごとき原始産業が生産部門の中核をなし、他方で商事会社や銀行に代表される流通・金融部門の比重が高かった」[2]（傍点引用者）という財閥に対する史的認識がその労働史分析への関心の欠如にいっそう拍車をかけることになった[3]。しかし、詳述は避けるが、財閥に対する同氏のこの史的認識は、三井財閥に対する認識（三井鉱山、三井物産、三井銀行）にかなり引きずられた規定であって、重工業部門を一つの重要な事業基盤としていた三菱財閥と三井との無視しがたい差異にまっとうな注意を払っていない。

ただ、柴垣氏のようなそれなりの「理論的」根拠を見い出すことはできないものの、その後の旗手勲氏、三島康雄氏らの三菱財閥に関する研究[4]でも、同財閥における重工業部門の重要性は強調されておらず、したがって労働史に関する分析はまったくなされていない。一方、中西洋氏の研究[5]は、幕営時代、工部省時代、三菱時代の長崎造船所の経営・労働史を一次史料を用いて克明に分析した大作であるが、考察の時期は同所において臨時職工が重要な存在となる前の一九〇〇年で終っている。これに対して筆者のかつての研究[6]は、一九〇〇年代初頭から二〇年代半ばまでの三菱長崎造船所の経営・労働史を一次史料を用いて分析したものであり、臨時工制度や人夫供給請負制度についても考察しているが、それらの制度が序章でのべたような意味で重要な考察対象であるという自覚がなかったため、よりいっそう深い分析をするまでに至らなかった。また筆者の研究は、三菱財閥それ自体の研究を目的としたものではないが、長崎造船所以外の三菱財閥傘下の重工業企業・事業所の労働史にまったく言及していないのも、一つの残された課題であろう。

以上のような研究史の状況をふまえて本章は、まず一（節）では、一九〇〇年前後から二〇年代半ばまでの三菱長崎造船所を対象とし、二（節）では、同造船所を含めて二〇年代半ばから三〇年代後半までの重工業企業・事業所を対象として、そこの臨時職工・人夫と労務供給請負業について考察することにする。

注

（1）柴垣和夫『日本金融資本分析』東京大学出版会、一九六五年。
（2）同上書、一六頁。
（3）財閥に対する柴垣氏のこうした史的認識は、「わが国における重工業的基盤の脆弱性と、官営企業によるその基幹的部分の占取」（二五七頁）、「ほんらいの重化学工業の基幹部門は鉄鋼業である。それが段階論的意味においては金融資本の、ひいては帝国主義の物質的基礎である」（二八四頁、傍点は柴垣）という記述に示されているように、近代日本の重工業は「国家資本」が担い、重工業の基軸は鉄鋼業であるという、かなり抽象化された認識と深く結びついている。
（4）旗手勲『日本の財閥と三菱——財閥企業の日本的風土』楽游書房、一九七八年、三島康雄編『三菱財閥』日本経済新聞社、一九八一年。
（5）中西洋『日本近代化の基礎過程——長崎造船所とその労資関係：一八五五～一九〇〇年』（上）、（中）、（下）、東京大学出版会、一九八二年、一九八三年、二〇〇三年。
（6）西成田豊『近代日本労資関係史の研究』東京大学出版会、一九八八年、第二章。

一　三菱長崎造船所の臨時職工・人夫と労務供給請負業——一九〇〇年前後～一九二五年

はじめに、本章が考察の対象とする三菱長崎造船所の沿革について簡単にのべておきたい。同所は一八五七（安政四）年一〇月、徳川幕府が直営する長崎製鉄所として起工された。明治維新後は新政府によって官収され、七一年四月工部省長崎造船所と改称された。その後八四年七月、三菱社の岩崎弥太郎に貸与され、八七年六月同人に払い下げられた。さらにその後九三年、三菱社が三菱合資会社に改組されるとともに、同所は三菱長崎造船所と称されるようになった。

㈠　臨時職工

三菱長崎造船所における臨時職工の存在は、史料上は一八九四年までさかのぼることができる。すなわち、九〇年七月に制定された同所の「工場規則」のうち、就業中の負傷者への手当給付を定めた第二三条が九四年に改正され、「臨時雇職工工事ノ為負傷シタルトモハ、治療費ヲ給シ別ニ手当ヲ給セサルモノトス」(1)（傍点引用者、以下同じ）という条項が追加された。また、九八年の時点で「当時臨時人夫―外《ほか》ニアリタル臨時職工」(2)という記述も確認することができる。しかし、同所において臨時職工が規則上明確に規定されるようになるのは、一九一六年一二月に制定された「職工規則」においてである。すなわち同規則第五条は、「職工ノ資格ヲ分チテ定傭ト臨時傭ノ二種トス」(3)と規定し、初めて臨時職工の存在が規則上明文化された。

ただし、臨時職工の人数が同所の統計資料（三菱長崎造船所『年報』(4)）上、初めて掲出されるようになるのは一九一三年度からであり、当該年度の『年報』は〇三年にまでさかのぼって臨時職工数を記載している。しかし、そこでは〇二年までは臨時職工はまったく存在しなかったかのごとくであり、それは前述した記述と明らかに食い違っている。臨時職工に対する同所の位置づけが、〇三年以前とそれ以降では異なっていたのかなど、その違いの理由はかならずしも明らかではない。

このことはひとまずおき、表Ⅲ-1より臨時職工の人数と労働者全体に占めるその比率をみることにしよう。臨時職工数は〇三年の五〇人から始まり、日露戦争後（〇六年）から第一次世界大戦前（一三年）までは、若干の増減変動はあるものの、六〇〇人―九〇〇人へと増加している。第一次世界大戦期にはいると（一四―一八年）、臨時職工数は二〇〇〇人―三〇〇〇人とさらに増加し、大戦後（一九年）もほぼ二〇〇〇人の数にのぼっている。ただし、第一次世界大戦期にはいった直後の一五年に急減しているのは、船舶の修繕工事が減少したためである。このことについて長崎造船所は、「欧州動乱ノ結果……海運界ハ常ニ船復不足ノ為修繕工事閑散ヲ告ゲ、遂ニ職工ニ過剰ヲ

表Ⅲ-1　労働者数の推移（1902―24年）

（単位：人・％）

年	定傭職工 (A)	臨時職工 (B)	人　夫 (C)	計 (D)	(B)/(A)+(B)	(C)/(D)
1902	3,797	—	1,261	5,058	—	24.9
03	4,093	50	1,412	5,555	1.2	25.4
04	3,765	110	1,366	5,241	2.8	26.1
05	5,018	394	1,562	6,974	7.3	22.4
06	6,915	576	1,767	9,258	7.7	19.1
07	7,693	686	1,793	10,172	8.2	17.6
08	7,375	679	1,456	9,510	8.4	15.3
09	4,841	144	727	5,712	2.9	12.7
1910	4,592	440	665	5,697	8.7	11.7
11	5,511	847	777	7,135	13.3	10.9
12	6,299	694	892	7,885	9.9	11.3
13	7,451	959	1,078	9,488	11.4	11.4
14	7,214	2,242	989	10,445	23.7	9.5
15	8,134	506	1,148	9,788	5.9	11.7
16	8,848	2,416	1,421	12,685	21.4	11.2
17	9,825	3,260	1,458	14,543	24.9	10.0
18	10,385	2,085	1,330（282）	13,800	16.7	9.6
19	12,820	1,937	1,385（377）	16,142	13.1	8.6
1920	14,085	1,203	1,088（139）	16,376	7.9	6.6
21	17,995	—	399（399）	18,394	—	2.2
22	12,606	—	214（214）	12,820	—	1.7
23	9,671	30※	112（112）	9,813	0.3	1.1
24	8,640	10※	88（ 88）	8,738	0.1	1.0

資料：三菱長崎造船所『年報』各年度（三菱重工業株式会社長崎造船所所蔵）。
注：※は「期限付臨時傭職工」，カッコ内は「女夫」で人夫数の内数。
上記史料所蔵場所は，筆者自身が1977年１月マイクロフィルムで撮影したときの場所，以下同じ。

生ズルニ至リタルヲ以テ、臨時傭職工ノ一部ヲ解傭シ[5]」と記している。また大戦後の「反動恐慌」期の二〇年とその後の造船不況期にはいると、臨時職工数はおおきく減少し、二一、二二年はまったく存在しなくなる。臨時職工は二三年以降少数ではあるが再び登場するが、それは「期限付臨時傭職工」と称されるようになり、特別の限定された意味合いをもつようになるが、この点については後にあらためてのべることにする。

一方、労働者全体に占める臨時職工の比率は、日露戦争後から第一次世界大戦前までは六―一二％（〇九年は除く）、第一次世界大戦期は一五―二二％（一五年は除く）を占めるに至っている。このようにみると、臨時職工比は第一次世界大戦期におおきく増大するものの、一〇年までを通観すれば、常に労働者全体の一割弱を占めていたと言ってよいであろう。

それでは、以上のような臨時職工はどのような特徴を有していたのであろうか。長崎造船所はこのことについて、「職工中定傭ノ他ニ臨時雇職工ナルモノアリ、元来臨時雇職工ハ事業ノ繁閑ニ依リ随時傭罷ノ自由ニ便ナラシムル為設ケタルモノナルモ、後（一九一五年ころ——引用者注）ニ於テハ寧《むし》ロ定傭ニ採用スベキ一階級トシテ採用セラル、モノアルニ至レリ(6)」と記している。また同所は一九一二年五月、職工を採用するときの身体検査に関し、次のような基準を設けている。

「従来飽之浦《あくのうら》（機関部の諸工場——引用者注）ハ（職工を——引用者）臨時トシテ採用ノトキ身体検査ヲナシ、更ニ定傭ニ採用ノトキ身体検査ヲナシタルモ、今後ハ臨時トシテ採用ノトキ定傭或ハ臨時トシテ合格ノ区分ヲ附シ、定傭トシテ合格ノ者ハ定傭ニ採用ノトキ再ビ身体検査ヲセザルコト、ス／立神《たてがみ》（造船部の諸工場——引用者注）ハ従来ヨリ臨時トシテ採用ノトキハ身体検査ヲナサズ、定傭ヲ採用ノトキ始《ママ》メテ身体検査ヲナシ来リタルニ付従来ノ儘《まま》トス(7)」

ここでは、臨時職工を採用するとき、臨時職工のままとする者と、いずれ技能など何らかの基準にもとづき定傭工とする者とに区分して採用することが、身体検査の問題をとおして示されている。一方、三菱合資会社本社は、一九一四年に刊行した「報告書」のなかで、三菱造船所（長崎造船所）の「在籍者ニ定傭ノ者ト臨時雇ノ者トアリ、両者間実質上ノ区別アルニアラズ、臨時雇トハ定傭ニ到ル一箇ノ階段タルノミ(8)」と記している。また、前記した一六年の「職工規則」はその第六条で、「新ニ傭入ルル職工ハ臨時傭トシ、六箇月経過ノ後必要ニ応シ其ノ性行技能ヲ詮衡ノ上定傭ニ採用ス／新ニ傭入ルル職工ト雖《いえども》、相当ノ技能経歴アル者ハ初ヨリ定傭ニ採用スルコトアルヘシ」[9]と定めている。

このようにみると、長崎造船所の臨時職工は、当初は景気変動に対応し雇用を調整するための存在として位置づけられていたが、その後、職工を採用するときはまず臨時職工として採用し、そのさい臨時職工のままとする者と、いずれ（後、六カ月と規定される）定傭工とする者とに区分して採用されるようになり、第一次世界大戦期にはいると後者の試傭工的性格がつよくなったと言ってよいであろう。

それでは、一九二三年以降登場するようになった「期限付臨時傭職工」とはどのような存在だったのだろうか。この点について長崎造船所は、二二年九月以降「定傭職工ノ雇入ハ之ヲ中止、業務ノ繁閑ニ応ジ期限付職工ヲ雇入レ得ルコトトセル」[10]、「従来ハ一ケ年以上ニ亘リ期限付トシテ雇傭サル、モノアリシモ……期限付職工ノ雇傭期間ノMaximum ハ之ヲ六十日トシ、且《か》ツ引続キ雇傭スル場合ニハ数日ノ中断ノコト、セリ」[11]とのべている。長崎造船所は二〇年代の造船不況の影響をうけ、二二年二月には三七二九人、翌二三年一〇月には一四九九人の職工を解雇しており[12]、定傭工を新規に採用する方針にひとまず終止符を打った。したがって、それ以降新規に採用する職工は、六〇日と雇用期間を限定した（雇用を事実上継続するばあいは一旦解雇し、数日後に再雇用する）期限付の臨時職工とすることになった。第一次世界大戦期の臨時職工の雇用期間が六カ月であり、それも定傭工に至る前段としての試傭工的な性格（雇用継続が前提）がつよかったのに対し、六〇日という短い雇用期間を付し、雇用契約更新のばあいの基準を明確化したものが「期限付臨時傭職工」であった。

さて、この「期限付臨時傭職工」は別として、それまでの臨時職工はどのような方法で雇い入れられ、造船所内でどのような関係のもとで就労していたのであろうか。この点について、三菱合資会社本社のさきの「報告書」はまず次のように記している。

「造船所ニ於テ職工雇入ノ必要アルトキハ工場支配人ノ承認ヲ経テ各工場主任技士ニ於テ其配下ノ組長、小頭ニ命ジ、其心当リヲ探サシメ、造船所トシテハ直接ニ広告ヲ為シ若《も》シクハ口入《くちいれ》業者ニ申込ム等ノコトナシ、而《しこう》シテ命ヲ受ケタル小頭、組長ハ其平素ノ交遊ニ依リ夫々《それぞれ》手蔓ヲ辿《たど》リ照会シ、遠キハ阪神地方ニモ及ブコトアリ(13)」

ここでは、長崎造船所が新規に職工を雇い入れようとするときは、広い交遊関係（人的ネットワーク）をもっている小頭や組長などの役付職工（親方職工）に依頼することが明記されている。そして、こうした小頭や組長によって募集された職工こそが臨時職工であり、入職後はそれら小頭・組長配下の職工として編成された(14)。上記「報告書」はこうのべている。

「其募集シ得タル人員ハ之ヲ造船所ニ紹介シ、臨時職工若クハ臨時人夫ノ資格ヲ得セシム、造船所ニ於テモ亦此雇人ヲ其紹介人タル小頭若クハ組長ノ組下トシテ配属セシメ、以テ紹介人ノ労ニ酬エル所アルナリ(15)」

ここでは、小頭や組長による臨時職工の募集活動は、繊維工業における女工の募集活動と同様に、「紹介人」による「紹介」活動、労務供給請負業務として位置づけられている(16)。以上のような小頭・組長と臨時職工の関係は、一種の親方制度の関係（親方・子方関係）であり、このことは三菱彦島造船所（一九一四年一一月開設、山口県豊浦郡彦島村(17)）で一七年二月に発生した労働争議のなかにも、はっきりみて取ることができる(18)。こうした小頭・組長と臨時職工をはじめとする職工の関係は、人間的・人格的結びつきがつよく、小頭・組長への登用の条件は、職工に対するそうした人間的掌握力が一つの有力な条件であった。さきの「報告書」はこう記している。

「直接ニ職工ヲ統御シ其《その》受持仕事ヲ割当ツルハ組長若クハ小頭ノ職務トスル所ニテ、組長小頭ハ公私共ニ絶エス職工ニ接触シ、従テ技士ヨリモ能《よ》ク職工ノ気質材能《ママ》ヲ知悉スルヲ以テ、職工ノ薫育ニ関シテモ組長小頭ノ材能如何ハ影響スル所尠少《せんしょう》ニアラサルカ如シ、蓋《けだし》造船所ニ於テハ組長小頭ニ抜擢スルノ条件ハ単純ニ職工ノ技能ノ優秀ナルコトノミニ止メスシテ、同時ニ多数ノ職工ヲ統御スルニ足ルヘキ材能アル者ナルコトヲ要件トシ……[19]」

「報告書」の以上の記述は一九一三、四年時点のものであり、大戦期にはいったその後についても、おなじようなことが言えるのかどうか。既述のように、この「報告書」は臨時職工の試傭工的性格を強調しており、臨時職工のそうした性格がつよまるのは大戦期であることを考慮すれば、上述したことはこの時期についても当てはまると考えてよいであろう。事実、大戦期の重工業労働市場の拡大は、企業による既経験工に対する活発な「引抜き」合戦を引きおこした。長崎造船所も浅野、播磨、内田造船所など新興の造船所や、地元長崎市の松尾鉄工所による職工「引抜き」の恰好の対象とされた[20]。逆にまた長崎造船所も、小頭や組長などによる他工場からの職工の「引抜き」によってそれに対抗したものとおもわれる。ただし、長崎造船所の大戦期における臨時職工数の増加は既述のようにきわめておおきく、それらすべてが小頭や組長による募集活動（「引抜き」）に依存したと考えることはできない。優良な造船企業として名を馳せていた長崎造船所へみずから入職を申し込んだ職工を臨時職工として採用した者も、少なからず存在したものと推定される。

それでは次に、以上のべた臨時職工の賃金（日給）は、定傭工のそれと比べてどれ程のものだったのだろうか。そのことを具体的に示す史料は存在しない。ただ、職工の昇給に関する史料の記述から、そのことを推定することは可能である。その史料は、一九〇八年以降一九年（「昇給内規」の制定[21]）までの職工の昇給について、次のように記している。

「不文律トシテ工場係技士毎半月前、前回昇給後凡《おおよ》ソ六ケ月以上経過スル者ニ就キ、作業成績並《ならびに》性行勤惰《きんだ》状態ヲ考査シテ昇給セシムベキ者ヲ決定シ、当該工場支配人ハ之ヲ毎月二回即チ十日及二十五日迄ニ勤怠係（「人事労務係」のような部署――引用者注）ニ報告シ、通例各人一回ノ昇給額ハ次ノ如キ範囲内ニ於テ之ヲ定ムルモノトセリ[22]」

そこに記されている昇給額は、「並職」（役付職工を除く定傭工）一〇銭〜一五銭、「臨時傭」（臨時職工）五銭〜一〇銭となっている[23]。すなわち、臨時職工の昇給額は定傭工のそれの五〇％から六七％である。このパーセンテージが定傭工の賃金（日給）と臨時職工のそれとの賃金格差とみてよいであろう。そこで一九一一年と一七年の二つの年をとり、定傭工（六職種）の平均賃金（日給）をみると、それぞれ八〇・六銭、七七・八銭であり[24]、ひとまず平均七九銭とすると、この時期の臨時職工の賃金（日給）は、概ね四〇銭から五三銭と推定される。長崎造船所の人夫の平均賃金（日給）は、一一年五四・二銭、一七年五六・〇銭であり[25]、後述するような臨時人夫供給請負人による〝ピンはね〟を考慮すれば臨時職工の賃金（日給）は、人夫の賃金（日給）とほぼ同水準だったと推定される。

なお、昇給に関する前記の史料は、昇給（したがって一般に賃金）に関して実質的に決定権を有する者は、各工場の「技士」であることを明示しており、小頭・組長と臨時職工の親方制度的関係は、賃金（昇給）の領域にまではおよんでいないことをものがたっている。

臨時職工の賃金・昇給などに関する造船所側のこうした直接的管理は、同所の福利厚生政策を、定傭工とは明確な差別を設けつつも、臨時職工に対しても適用することとなった。長崎造船所の中心的な福利厚生政策として一八九七年一二月に制定（九八年一月施行）された「職工救護法」は、(イ)公傷治療費の造船所負担、(ロ)公傷・病気療養中の「日当手当金」の支給、(ハ)公療による死亡・不具癈疾者に対する手当金の支給、(ニ)退職年齢に達したばあいと、死亡・不具退職・造船所都合解雇のばあいにおける「退隠手当」の支給、の四点をおもな扶助内容とし、(イ)を除く原資（救護基金）は職工の拠出金と造船所側の同額出資金によった。[26] 一九〇三年一〇月、この「職工救護法」に臨時職工を扶助救済するための以下のような附則が新たに追加された。

「臨時傭入職工、職務上ニ依リ負傷シタル𪜈《とき》ハ、三菱造船所病院ニ於テ造船所ノ費用ヲ以テ療養セシメ、仝原因ニ依リ死去若《も》クハ傭使《ようし》ニ堪ヘサルモノト認ムルトキハ左ノ手当ヲ給ス／此ノ救護ニ対スル基金トシテ臨時職工ハ毎半ケ月入場日数ニ対シ左ノ割合ヲ以テ醵金スヘシ、造船所モ亦同額ヲ醵出スルモノトス」[27]

左に記されている手当金と拠出金は以下のとおりである。「業務上ノ負傷ニ基キ死去セルトキ其遺族ニ、又ハ仝原因ニテ造船所ノ傭使ニ堪ヘサルトキ其人ニ手当金」金一〇〇円、「職務上ノ負傷療養中日当手当金」金四〇銭、「毎一月醵出金」金三厘。[28] 以上の一〇〇円、四〇銭という金額は、それぞれ当時の重工業労働者の平均賃金（日給）五二銭[29]の一九二日分、七七％に相当する。このように〇三年一〇月の附則追加によって、「職工救護法」の前記(ニ)以外のすべてが、臨時職工に対しても適用されることになった。

一九〇九年一月、この「職工救護法」は改正され、新たに「職工救護規則」（以下、「救護規則」と記す）として実施されることになった。その詳細は拙著に譲るが、[30] 改正の重要な柱の一つは「業務上の負傷・死亡・不具退職に対する手当を全額造船所負担としたこと」[31]にある。同時に、この改正によって臨時職工に対する扶助救済規定が本則のなかに組み入れられた。すなわち、「救護規則」は、その第一条で「職工職務上ノ負傷ハ三菱造船所病院ニ於テ三菱造船所ノ費用ヲ以テ療養セシメ、引入《ひきいり》療養中ハ各人月給額ノ七割ニ当ル手当ヲ給シ、臨時雇ノモノニハ五割ヲ給ス」[32]としている。また第二条では、「職務上ノ負傷ニ基キ死亡、又ハ全原因ニテ三菱造船所ノ傭使ニ堪ヘズシテ退隠セシメタルトキハ、本人勤務中ノ功労ヲ詮衡シ左ノ手当金ヲ本人又ハ其遺族ニ給ス」とし、その手当金を以下のように等級区分している。一等一五〇〇円以上三〇〇〇円以下、二等一〇〇〇円以上一八〇〇円以下、三等五〇〇円以上一二〇〇円以下、四等三七五円以上七〇〇円以下、五等一五〇円以上五〇〇円以下、六等五〇円以上二〇〇円以下、「臨時雇ノモノ」二〇〇円以下。[33]この等級区分は「救護規則」の前文によれば、一等「職工人夫小頭及ビ小頭心得」、二等「職工人夫組長」、三等「日給六拾銭以上ノ職工人夫」、四等「日給参拾五銭以上ノ職工人夫」、五等「日給参拾五銭未満ノ職工人夫」、六等「職工修業生及ビ見習」となっている。[34]したがって、臨時職工の業務上の死亡・不具退職に対する手当金の給付額は、見習職工の水準であった。

一九一六年九月の工場法施行にともない、長崎造船所は「救護規則」を改正し、新たに「職工救済規則」(以下、「救済規則」と記す)を制定した。[35]この「救済規則」によって、臨時職工は初めて「七等」に位置づけられ(第三条)、業務上の死亡に対する手当金の額も三五〇円以下に引き上げられた(第六条)。また、それまで定傭工には給付されていた私的原因による傷病・死亡に対する手当(「業務上ニ因ラサル傷病及死亡ノ場合ニ於ケル手当」)も、臨時職工に給付されることになった。「救済規則」はこの点について以下のように規定している。

「定傭職工及六箇月以上ノ臨時傭ノ者、傷病ニ罹《かか》リ一週間以上休業ヲ要スルトキハ、当所病院又ハ官公立病院ノ診断書ヲ証《あかし》トシ、八日目ヨリ四箇月ヲ限リ一日定傭ニハ其ノ賃金ノ七分ノ五、臨時傭ニハ其ノ賃金ノ七分ノ三ニ相当スル傷病手当ヲ給与ス(以下略)」(第一三条)、「定傭職工死亡シタルトキハ十円以上百円以下ノ弔慰金及左ノ金額(略——引用者)ヲ当所ノ認ムル遺族ニ給与ス(中略)臨時傭ノモノニ対シテハ特ニ詮衡ノ上幾分ノ給与ヲナスコトアルヘシ」（第一五条）。

以上縷《る》縷《る》のべてきたように、臨時職工は小頭・組長などの役付職工と親方制度的な関係のもとに置かれていた（第一次世界大戦期の臨時職工の一部は除く）が、賃金や福利厚生政策の適用などは造船所側の直接的管理下にあり、後者の適用内容はしだいに拡大していった。親方制度的関係と福利厚生政策の並存(36)、この二点が雇用期間の問題とともに、この時期の臨時職工が、一九二三年以降の「期限付臨時傭職工」とおおきく異なる点であった。

(二)　臨時人夫

長崎造船所は、岩崎弥太郎に貸与（一八八四年）、払い下げ（八七年）られる前の官営（工部省長崎造船所）時代から、人夫を多数使用していた。実際、一八七七年七月〜七八年六月、七九年七月〜八〇年六月、八一年七月〜八二年六月の三つの年度における「作業延人員」に対する「人足延人員」の割合は、それぞれ二六・八％、四〇・一％、三〇・九％であり(37)、人夫が相当多数使用されていた。こうした人夫が直接雇用された者か、請負人によって供給された者かはわからない。しかし、少なくとも、長崎造船所が三菱に払い下げられた後の同所の人夫が請負人によって供給された人夫（臨時人夫）であることは資料から明らかである。それは次のように記している。

「明治二十五年（一八九二年――引用者注）ノ勤怠係請負人足入場報告ニ徴スレバ、鍛冶、造罐、轆轤《ろくろ》、鑢子《やすり》、銅工、大工、鉄工等ノ各職ニ亘《わた》リ相当広ク人夫供給請負人ノ供給スル人夫ヲ使用セシモノ、如ク、又其ノ入場ハ明治三十年七月一日ヨリ赤札（木札ニ赤字証入ノモノ）ヲ使用シテ直傭職工ト区別セリ(38)」

そして、この「赤札」が使用されることになった一八九七年一〇月現在、同所の職工数三七三七人に対し、臨時人夫は少ないときで三〇〇人、多いときで一〇〇〇余人で、その供給は四人の請負人に依存していたとされている。(39)この四人は、以下にみる「臨時人夫雇入受負人」片岡茂八、田中治三郎、村田藤次郎、森川市太郎の四人と考えられる。

すなわち九八年二月、造船所は「臨時人夫雇入受負人心得内規」を制定し、「従来ノ供給契約(40)」とは別に、これら四人に「一札ヲ入レ実行セシムル(41)」こととなった。そのさい、造船所はこれら四人に多額の「保証金」を提供させた。この「保証金」については後述することとし、上記「雇入受負人心得内規」についてみると、次の二点が注目される。(42)第一は、それまでの供給請負人は臨時人夫を供給することだけが業務だったためであろうか、この「内規」では供給請負人とその「代人」に臨時人夫に対する労務の管理まで義務づけている。

「一、臨時人夫雇入受負人ハ毎日飽ノ浦及立神ニ各一名ヅツ詰切リ、受負人総代トシテ人夫ノ勤惰ヲ監督シ及諸般ノ事務ヲ執ルベシ」、「毎日午前七時迄代人出頭ノ有無ヲ取調べ、万一不勤ノモノアルトキハ直ニ勤怠係ニ届出予備代理者ヲ差出シ代人仝様ノ資格ニテ就業セシムヘシ」、「一、代人ノ予備者トシテ平素臨時人夫ヲ指揮シ得ル者ヲ撰定シ、仕事先（臨時人夫配置先の造船所内工場――引用者注）主任者ノ認印ヲ受ケ予《あらかじ》メ勤怠係ニ届出置クヘシ」、「一、前二項ノ手数ヲ怠リ代人ノ定数ニ充タサル𪜈《とき》ハ、十人分以内ノ人夫賃ヲ引去ルコトアルヘシ」、「一、臨時人夫ハ始業時間十分前ニ一定ノ場所ニ整列セシメ、勤怠係ノ点検ヲ請フヘシ」、「一、毎朝勤怠係ヨリ交代スル臨時人夫供給簿ニ使役者主任ノ認印ヲ受ケ勤怠係ニ返付シテ、供給セル人夫ノ就業ヲ報シ兼テ着到照合ノ用ニ供スヘシ」

第二は、供給請負人が供給する臨時人夫に年齢の基準を設けたことである。「一、臨時人夫ハ身体強壮ナルモノヲ精撰シテ差出スヘキハ勿論ナレハ、如何ナル事情アルモ五十歳以上十六歳以下ノモノヲ一等夫トシテ入場（工場への出勤――引用者注）セシムヘカラス」。人夫の等級区分が早い時期からなされていたのかどうかはわからないが、ここで「一等夫」という言葉が用いられていることに注目したい。

造船所は、以上のべた「臨時人夫雇入受負人心得内規」と同時に、「臨時人足取扱内規」を制定した(43)。「雇入受負人」とその「代人」の臨時人夫に対する労務管理の義務づけなど重複する事項もあるが、それを別とすればこの「取扱内規」では以下の三点が注目される。第一は、供給請負人による臨時人夫の供給数を「一等夫」五〇〇人と定量化したことである。

「一、臨時人足ハ休業日ノ外《ほか》毎日始業時間七分前ニ一定ノ場所ニ整列セシメ勤怠掛ノ点検ヲ受ケ、一等夫五百人ヲ限リ入場セシメ適宜各所ニ配付使役ノ事」、「平常五百人宛ヲ入場セシムルハ臨時多数ノ需用《ママ》ニ応ゼシムル為ナレバ、注文数ニ充タサル𪜈《とき》ハ厳重督責シテ其数ニ充タシムヘシ（以下略）」、「五百人以上ノ需用《ママ》アル𪜈ノ外二等夫ヲ入場セシムベカラズ」

五〇〇人を超えたときに供給される人夫が「二等夫」であることが、ここからわかる。

第二は、供給請負人が供給する臨時人夫の数を五〇〇人以上造船所が必要とする（二等夫の供給を求める）ばあい、その人数に応じた臨時人夫一人についての供給手数料が明示されたことである。

「一、一日入場五百人以上七百人マテハ一人ニ付弐銭、七百人以上八百人迄一人ニ付参銭、八百人以上一人ニ付四銭ヲ手数料トシテ（供給請負人に――引用者）別途支給ス」

第三は、「一等夫」の賃金（日給）、そして史料上初めて登場する「小供人夫」、「女人夫」の賃金（日給）が明記されていることである。すなわち、「一等夫」は三二銭、「小供人夫」、「女人夫」はそれぞれ一六銭、二〇銭とされている。「一等夫」三二銭、「女人夫」二〇銭という賃金（日給）額は、この時期の日傭人夫賃金（日給）三三銭、製糸女工賃金（日給）二〇銭とほぼ同額である(44)。これらの賃金は供給請負人に供給手数料とともに一括して給付されたものとおもわれる。そして、供給請負人から臨時人夫への賃金支払いの過程で〝ピンはね〟され、上記の金額はさらに少額になったものと推定される。その点で供給請負人は手数料以上の収入を得たと考えられる。

造船所はさらに、一九〇〇年六月「臨時人夫雇入手続」を制定し(45)、上記「臨時人足取扱内規」を改正するとともに、さらに詳細な規定を設けた。第一に、人夫の賃金の増減をはかった。すなわち、「一等人夫」、「女人夫」の賃金はそれぞれ三〇銭、一八銭と減額される一方、「小供人夫」の賃金は二五銭に増額され、「二等人夫」の賃金は二五銭と新たに明示された。この時期の日傭人夫賃金、製糸女工賃金はそれぞれ三七銭、二〇銭であるので(46)、「一等人夫」、「二等人夫」の賃金は、日傭人夫のそれの八一％、六八％の水準になり、「女人夫」の賃金も製糸女工のそれを一〇％ほど下回ることになった。供給請負人による〝ピンはね〟のことを考慮すれば、これら諸人夫に実際に給与される賃金はさらに劣悪な水準だったとおもわれる。

第二に、臨時人夫の「定員」を前述の五〇〇人から三〇〇人に減員するとともに、造船所がその「定員」三〇〇人以上の臨時人夫を必要とするばあいの人数に応じた追加手数料を引き上げた。すなわち、三〇〇人以上五〇〇人までは二銭、五〇〇人以上七〇〇人までは三銭、七〇〇人以上八〇〇人までは四銭、八〇〇人以上九〇〇人までは五銭、九〇〇人以上一〇〇〇人までは六銭、一〇〇〇人以上は八銭である。上述した諸人夫の賃金の引き下げと合せ考えると、「臨時人夫雇入手続」の制定は供給請負人にとって有利になるような改正であったと言えよう。

しかし第三に、供給請負人の有利性を保障する代わりに、臨時人夫の供給数に不足が生じたばあいに供給請負人に課す「過怠金」（罰金）の規定が盛り込まれた。

「人夫ノ供給不足ノ場合ニ於テハ不足人員ニ対シ左ノ割合ヲ以テ過怠金ヲ徴収ス／百人迄ハ（不足人夫一人に付き――引用者）五銭／以上弐百人迄ハ四銭五厘／以上百人ヲ増ス毎ニ此ノ割合ヲ以テ五厘ヲ逓減ス[47]」

そればかりでなく、臨時人夫の供給不足数が一年間で累計一万人を超えたばあいは、契約時に造船所に収めた「保証金」の利子は給付しないとされた。

以上のようにみると、「臨時人夫雇入手続」は、供給請負人の有利性（供給される臨時人夫との比較で）を担保するとともに、供給請負人に対する造船所側の管理を強化するという二つの側面をもっていたと言ってよい。

供給請負人に対する造船所側の管理強化という政策的延長線上で、「雇入手続」が制定された四〇日後の一九〇〇年一〇月、造船所は新たに「勤怠人夫」（定傭人夫）の制度を設けた。それは、「従来ノ臨時人夫ノ規定ヲ変更シ、凡《おおよ》ソ三百人ノ出勤者ヲ保ツヲ度トシ、勤怠掛所属定傭人夫ヲ設ケ、工事ノ繁閑ニ依リ之ヲ増減[48]」するというものであった。「勤怠人夫」制度の導入とともに制定された「臨時人夫ヲ勤怠掛直轄ト為スニ付テノ定《さだめ》[49]」に記されたなかで注目される点は以下のとおりである。

第一に、定傭人夫（「勤怠人夫」）の定員を三〇〇人とし、その賃金は三〇銭以上四〇銭までとされた。定傭人夫の賃金は、前記臨時「一等人夫」のそれより引き上げられ、この時期の日傭人夫賃金とほぼ同額になった。第二に、造船所内の各工場で使用される人夫は、勤怠掛が直轄するこの定傭人夫のなかからできるだけ同一人物が選抜されるとともに、配置先工場では三〇人を一組とする組長のもとに編成された。

「一、各工場人夫ノ雇入ハ重ニ此人夫ヨリ撰択採用スル〻《こと》」、「一、各工場ニ送ル人夫ハ予メ所属ヲ定メ置キ、可成《なるべく》同一ノ人夫ヲ供給スル〻」、「三十人ヲ壱組トシ、組長一人（当分世話方ト称ス）、予備組長一人ヲ置キ、各組長ノ上ニ小頭一人……ヲ置ク」

第三に、定員三〇〇人以上の人夫を必要とするばあいは、田中寛一郎という人物との契約（この点後述）にもとづき、同人からの供給をうけることになった。また、「小供人夫」の供給も田中に依存する一方、「女夫《めふ》」（従来の女人夫）は勤怠掛が直接雇用することとされた。

第四に、定員三〇〇人を維持し確保することが困難になったばあい、各組長自身が直接人夫を募集し雇入れるものとし、そのときは雇入れた人夫一人に付き一定額の「手数料」を組長に支払うこととされた。

「一、勤怠掛直轄人夫常ニ定員ヲ保ツ〻ハ至ツテ困難ニ付其欠ヲ補フ為左ニ法方《ママ》ヲ設クル〻、一、各組欠員アル場合組長ニ於テ補欠雇入ノ推薦ヲ為ス時ハ一人ニ付（不明《ママ》）ノ手数料ヲ与フル〻（以下略）」

ここでは、前述のような組長の親方的な募集活動（労務供給請負業務、「紹介人」活動）が許容されている。

以上のべた定傭人夫（「勤怠人夫」）制度の発足によって、造船所はそれまで臨時人夫供給の契約を取り交わしていた四人の請負人に保証金を返還するとともに、「人夫供給ニ付何《いず》レモ尽力シ居リタル」(50)ことを慰労するための「贈金」を給与した。四人の供給請負人に対する「保証金元利返付高」と「贈金」は、それぞれ以下のとおりである。(51) 片岡茂八―二五六円六六銭、一〇〇円、田中治三郎―二五六円六六銭、一〇〇円、森川市太郎―二五六円六〇銭、七五円、村田藤次郎―二五六円七四銭、七五円。この「贈金」額は、当時の日傭人夫賃金（三七銭）の二〇〇日から二七〇日分に相当する金額であった。

こうして造船所は、四人の供給請負人との契約を解除し、定傭人夫（「勤怠人夫」）制度を導入するとともに同月、前にふれたように田中寛一郎（長崎市在住）と新たに「人夫供給約束書」を締結した。(52) この「約束書」の前文には次のように記されている。

「明治三十三年十月一日ヨリ貴所臨時人夫供給方御申付相成《あいなり》候ニ付テハ、臨時御入用ノ節ハ何時モ差支《さしつかえ》ナク差《さし》出可申《だしもうすべく》、仍《よつ》テ此人夫供給ニ関シ御誓約スルヿ《こと》左ノ通リ」

ここでは、既述のように定傭人夫の定員二〇〇人以上の人夫が必要とされるばあい、造船所の求めに応じて田中寛一郎が臨時人夫を供給することがうたわれている。「約束書」のおもな内容は以下のとおりである。

第一に、供給する人夫の賃金は一人に付き大人四五銭、「小供」二五銭とし、それは一日ごとに造船所から田中へ支給され、それ以外の手数料は支給されないとされた。

「一、人夫ノ賃銭ハ当分ノ間一日一人ニ付大人四拾五銭、子供弐拾五銭ト定メ、此外手数料等申受ケザルコト」、

「一、人夫ノ賃銭ハ一日毎ニ申受クル事」

したがって田中は、造船所から支給された臨時人夫の賃金のなかから「手数料」の名目でなにがしかの金額を

〝ピンはね〟したものとおもわれる。

第二に、田中は他所への人夫供給も請負っていたためであろうか。造船所への人夫供給を優先することが義務づけられた。

「一、人夫ノ御注文ノ多寡ニ拘ラス総《すべ》テ不足ナク差出候ハ勿論ナレ𪜈《ども》、万一他ノ得意先ト御注文勝合《かちあい》候場合ハ造船所ヲ主トシ御差支《おんさしつかえ》無之《これなく》様差出可申《もうすべき》事（以下略）」

第三に、片岡茂八ら四人と取り交した前述の「臨時人夫雇入受負人心得内規」とおなじように、供給した臨時人夫に対する労務管理（第四に述べることを考慮すればそのすべてではないが）が求められた。

「一、人夫ヲ差出候場合ハ拙者若《もし》クハ代理人差出、諸事差支《さしつかえ》ナキ様差配可致《いたすべき》候事」

第四に、供給する臨時人夫が造船所内の秩序や指揮命令を遵守することが確約された。

「一、事業場所ニ付テハ人夫共ヲシテ決シテ異議申出サセ間敷《まじく》、如何ナル場合ト雖《いえども》御指図《さしず》次第直ニ従業為致《いたし》候事」、「一、工場御規則ハ勿論、役員ノ御指図ハ違背為致間敷《いたしまじき》事」

以上のようにみると、造船所が田中寛一郎と取り交した「人夫供給約束書」は、請負人が供給する臨時人夫が形式上定傭人夫を補完するという内容であった。「形式上」と言うのは、後述するように人夫の圧倒的多数は請負人が供給する臨時人夫だったからである。

造船所はさらに一九〇六年二月、田中との「約束書」とはやや内容を異にする「人夫供給請書」を「人夫供給受負人」である川副綱隆（佐世保市在住）と締結した(53)。その「人夫供給請書」の前文にはこう記されている。

「明治三十九年弐月弐拾参日ヨリ貴所臨時人夫供給方法ノ条件ヲ以テ御申付相成候ニ付テハ、臨時御入用ノ節ハ何時モ差支《さしつかえ》無ク御注文人員差出シ、些少《さしょう》モ御用弁《ようべん》相欠キ申間敷《まじく》候、万一御注文通リ差出兼《かね》候乎《か》又ハ中途退場者等有之《これある》為其ノ御用弁ヲ欠キ候節ハ、之ヨリ生ズル貴所ノ御損害ヲ弁償スルカ又ハ御差止《さしとめ》相成候乎《か》其ノ他如《い》何様《かよう》ノ御処分相成候共御異議申上間敷候」

この前文をみるかぎり、造船所と川副との契約は、田中との契約より造船所に対する川副の従属的立場がより鮮明になっている。そこで「人夫供給請書」の内容をみると、以下のとおりである。

第一に、供給する人夫の賃金は一人に付き、大人四二銭、「小供」二五銭、「女夫」二二銭とし、それは造船所の給料支払日の月二回、川副ないしその代人に支給するものとされた。ただし手数料の規定はない（「女夫」は再び請負人の供給に依存することになった）。

「一、人夫ノ賃銭ハ壱日（午前七時ヨリ至午後五時半）壱人ニ付大人ハ金四拾弐銭、小供ハ金弐拾五銭、女夫ハ金弐拾弐銭ト定メ（以下略）」、「一、人夫ノ賃銭ハ毎月二回造船所職工賃料支払日ニ受負人若クハ兼テ届出テアル其代表者ニ支払フモノトス／但シ将来供給人員著《いちじるしく》敷増加スルトキハ双方協議ノ上一ケ月三回支払ヒトナスコトヲ得」

第二に、さきの田中との「約束書」とおなじように、供給した臨時人夫に対する労務の管理が求められた。

「一、人夫ハ毎朝七時前ニ指定ノ場所ニ参集セシムルヿ」、「一、受負人ハ毎日代表者一名及人夫ノ使役ニ要スルボースン（棒心《ぼうしん》・現場監督者——引用者注）若干名（此人員ハ造船所ヨリ指定ス）ヲ現場ニ差出スヿ」、「一、受負人ハボースンニ一定ノ徽章ヲ附シタル帽子ヲ被《かぶ》ラシムルヿ」

第三に、これも田中との「約束書」とおなじように、供給する臨時人夫が造船所内の秩序や指揮命令を遵守することが確約された。

「一、事業場所ニ就キ人夫ヲシテ異議ヲ称ヘシメズ、居残リ早出《はやで》（残業・早朝出勤——引用者注）等総テ差図通リ従業セシムルモノトス」、「一、工場諸規則ハ勿論諸役員ノ指図ハ堅ク守ラシムベシ、万一規則若シクハ指図ニ違背スルカ其ノ他何等ノ条件ニ拘《かか》ハラズ人夫ノ為シタル行為ハ、受負人ニ於テ其ノ責ヲ負フベキモノトス」

第四に、田中との「約束書」とは異なり、臨時人夫の供給体制を確立するために、川副に人夫を収容する「バラック」の建設を要求した。

「一、受負人ハ人夫ノ供給ヲ便ナラシムル為メ、造船所ハ近傍ニ受負人ノ費用ヲ以テバラックヲ設ケ常ニ弐百名以上ノ人夫ヲ収容シ置ク可キモノトス（中略）、但シ此収容人員ハ造船所ノ注文高ニ応シ造船所ノ差図ニ依リ増減スルモノトス、又此ノ収容人夫ハ他地方ノモノニ限ルベシ」、「一、バラックノ設備ニ付テハ予メ造船所ノ承認ヲ受クベキモノトス」、「一、バラック内ニ収容セル人夫ノ取締ハ受負人ニ於テ充分ノ注意ヲナシ、特ニ衛生上ニ意ヲ用ヒ、其取扱ヲ懇篤ニシ無故《ゆえなく》之ヲ拘束スベカラズ」

以上の記述からわかるように、この「バラック」は、造船所の近辺に建てられ、「地方」（おそらく長崎市とその付近以外の地方と推定される）出身の人夫を原則として二〇〇人以上収容する「人夫部屋」であり、供給請負人の川副が経営するものの、造船所側の指示・監督のもとに置かれていた[54]。

以上、造船所と川副が取り交した「人夫供給請書」の内容を考察してきたが、これによって人夫供給請負人に対する造船所の管理はいっそう強化された。しかし、この「請書」をもって田中との「約束書」が直ちに破棄されたわけではない。「請書」の次の条文が示すように、供給する臨時人夫数は当面川副と田中が折半するものとされたからである。

「一、当分ノ間毎月所要人夫ノ高ヲ折半シ、従来ノ人夫請負人ト半数宛供給セシムルモ、場合ニ依リ其ノ数ヲ増減シ又ハ全部ノ供給ヲナサシムルヿアルベシ」

しかし同年一二月末、造船所は右の条文の後半の規定にもとづき、臨時人夫の供給を川副一人に請負わせることになった[55]。翌一九〇七年八月、造船所は、川副が供給する臨時人夫の数に応じた賃金増の額と、供給不足数に応じた「過怠金」の額をそれぞれ表Ⅲ-2・3のとおり決定した。

表Ⅲ-2　臨時人夫の賃金（1907年）

（単位：銭）

供給人員	賃　格	増　賃	増賃ヲ込メタル賃金
300人まで	42	3	45
350　〃	42	3.5	45.5
400　〃	42	4	46
450　〃	42	4.5	46.5
500　〃	42	5	47
550　〃	42	5.5	47.5
600　〃	42	6	48
601　以上	42	7	49

資料：長崎造船所職工課『長崎造船所労務史』1930年（謄写刷），第二編，115頁。

表Ⅲ-3　供給請負人に対する「過怠金」（1907年）

（単位：銭）

供給不足人員	人夫注文高				
	300人まで	400人まで	500人まで	600人まで	601人以上
50人まで	2	1.5	1	0.5	0.5
75　〃	2.5	2	1.5	1	0.5
100　〃	3	2.5	2	1.5	1
101　以上	3.5	3	2.5	2	1.5

資料：表Ⅲ-2に同じ。
注：「注文高」という表現は原資料のママ。

「増賃」の額も「過怠金」の額も、造船所の人夫「注文」数に応じて〇・五銭刻みで増減する仕組になっていることがわかる。また、賃格四二銭、「増賃」を含めた賃金が最低で四五銭、最高で四九銭という額は、同年の日傭人夫賃金四九銭[56]と比較すると相当低い。供給請負人はこの賃金のなかから供給手数料として〝ピンはね〟をしたことは間違いないので、臨時人夫に実際に支給される賃金は、当時の平均的な日傭人夫の賃金と比べてもかなり劣悪な水準であったことが推定される。

一九一〇年九月、造船所は川副に建設を命じた「バラック」とは別に、供給請負人が直轄する「下宿屋」に対する取締方法を制定した。「請負人直轄下宿屋人夫取締方法[57]」がそれである。それは以下の四項から成る。

「一、直轄下宿屋ハ一団トナリ相互ノ利益ハ申ニ下及《およばず》、三菱造船所及受負人ノ利益ヲ計ルヿ
一、下宿屋ハ人夫ヲ募集宿泊セシムルニ当リテハ、本人ノ住所氏名及素行ヲ取調べ不都合ナシト認メタルモノヲ投宿セシムルヿ、但シ出来得ル限リ本人ノ戸籍謄本ヲ徴スルヿ
一、下宿屋ニ在ル人夫ニシテ工場内ハ勿論常ニ下宿屋ニ在ル際、不都合ノ所為アル時ハ直チニ下宿屋ヲ退宿セシメ、該人夫ニ付テハ下宿ヨリ其ノ理由ヲ付シ口頭又ハ書面ヲ以テ人夫供給受負人ニ届出ルモノトス、若シ其届出ヲ怠リタル時ハ下宿屋ヲ停止スルモノトス

一、前項ノ届出ヲナシタル時ハ、受負人ハ各下宿屋ニ通知シ其人夫ハ何レニテモ一切使用セザルモノトス

以上」

以上のような供給請負人が直轄する「下宿屋」と、造船所が建設を要求した「バラック」（「人夫部屋」）とがどのように関係しているのかはわからない。ただ、以下の三点は指摘することができるであろう。第一に、一項、四項から明らかなように供給請負人が直轄する「下宿屋」は複数存在し、それらは供給請負人を介して造船所のもとに従属的に編成されている。第二に、二項から明らかなように人夫の募集を実際に担ったのは供給請負人ではなく、その配下の「下宿屋」であった。第三に、二項、三項から明らかなように「下宿屋」に収容すべき人夫の質、収容したあとの人夫の生活・行動についても、造船所側のつよい管理・規制が働いていた。とくに、「下宿屋」に収容する人夫本人に可能なかぎり、戸籍謄本の提出をもとめたことは、当時たとえば農村から都市へ流出し、独立世帯を形成したばあいでも戸籍を移すことが少なかった[58]ことを考えれば、ほとんど不可能な要求であった。造船所による「下宿屋」に対する管理はそれだけつよかったといってよい。

さて、では以上のべたような、供給請負人と臨時人夫について三菱財閥本社（三菱合資会社）は、どのような性格のものとして捉え、どのように位置づけていたのであろうか。三菱合資会社の当時の調査報告書はまず造船所と供給請負人との関係について次のように記している。

「請負人ニ対スル報酬ヲ見ルニ、単純ニ請負人ノ労務ノ結果即媒介行為直接ノ結果ニ対シテ支払フモノニアラス、其主要ナル部分ハ人夫其者《そのもの》ノ労務ノ対価即人夫ノ賃銀ニシテ請負人ハ自己ノ報酬ト併セテ之ヲ受領シ、之ヲ各人夫ニ配分スルナリ、此人夫賃格ニ関シテハ造船所ト請負人トノ間ニ予メ大体ノ標準ヲ規定シアルモ、人

夫各個人ノ賃格ニ就テハ造船所ハ何等規定スルコトナク全然請負人ノ考慮ニ一任セリ、即《すなわち》前記報酬ノ支払ニ関シテモ造船所ト請負人トノ間ニハ委任関係アリテ、請負人ハ各人夫ノ賃格決定ト其支払ヲ委託セラレタルモノナリ」(59)

ここでは、造船所と供給請負人とは「委託関係」にあり、したがって配下の臨時人夫の「賃格」決定もその支払いも、造船所からする供給請負人への「委託」として捉えられている。また、供給請負人と臨時人夫の関係については次のようにのべている。

「請負人ハ人夫ニ対シテハ雇傭周旋者若クハ仲立《なかだち》業者ノ地位ニアリ、只《ただ》造船所ヨリ受クル賃銀ハ請負人ニ於テ一括受領シ、請負人ト人夫間ノ当初ノ協定賃格ニ依リテ之ヲ人夫ニ支給スルモノニシテ、此点ヨリスレハ請負人ト人夫間ニハ雇傭関係ノ存スルアリテ協定賃格ニ依ル賃料ノ支払ハ其証左トシテ見得ヘキカ如シト雖《いえども》、賃格ノ協定ハ単ニ請負人ノ仲立行為ノ一《ひとつ》ニ過キスシテ、両者間ニ雇傭契約関係アリトスル証憑（証拠――引用者注）トナスニ足ラス」(60)

ここでは、臨時人夫に対する供給請負人の賃金（「協定賃格」）支払いは、供給請負人の仲介行為の一つにすぎず、それをもって供給請負人と臨時人夫の関係が直接雇用関係にあると断定することはできないとしている。したがってこの報告書は、造船所と臨時人夫の関係を日々雇用の直接雇用関係にあると捉えている。

「前ニ項所論ノ結果、人夫ハ造船所ノ直接被傭者ナリト謂《い》フコトニ帰着ス、而シテ此帰着ハ誤ナキモノニシテ、只此種臨時人夫ハ僅《わずか》ニ一日間ノ契約関係ニ立ツモノナルコト、従テ契約ハ指定ノ相手方ヲ強要スルニアラスシテ労働ヲ提供シ得ル者ナラハ其何人《なんびと》ナルカ論セス、単ニ請負人ノ人選ニ与リ《ママ》造船所ニ入場スルコトニ依リテ雇傭契約成立シ（以下略）[61]」

したがって、次のような結論が導き出される。

「由是観之《これによってこれをみるに》此種臨時人夫ト雖造船所ノ直接被傭者ニシテ此点ニ関シテハ何等《なんら》特別例外ヲ為スモノニアラス、即造船所ノ労働者ハ全部造船所ニ対シ直接雇傭関係ニ立ツモノト謂フコトヲ得ヘシ、思フニ使傭主ノ労働者ニ対スル関係ガ直接雇傭関係ナリヤ否ヤハ、労働者ニ対スル使傭主ノ権義及労働者ノ行為ニ関シ第三者ニ対シ使傭主ノ負担スヘキ責任ニ重大ナル関係ヲ有スルモノナリ[62]」

前述した供給請負人や「下宿屋」に対する造船所側の管理とその強化は、すべてこうした認識にもとづくものであった。同時に、造船所と臨時人夫の関係が日々雇用の直接雇用関係にあると捉えていた三菱合資会社は、次にのべるように、早い時期から臨時人夫に対しても造船所の福利厚生政策の一部を適用していた。

一八九七年一〇月、勤怠掛の中泉半弥は造船所の「支配人」（最高責任者）に対し、以下の「御伺」を立てた。

「臨時人足負傷治療費、是迄受負人ノ自弁ニ相成居《あいなりおり》候処、今度《このたび》別紙（少略《ママ》）之通リ社費ノ特典ヲ蒙リ度《たき》旨願出候ニ付御詮議被成下度《なしくだされたく》、実際負傷者治療之如キハ受負人任セ置候テハ充分ニ治療行為行届兼《いきとどかね》不信《ママ》切ニ渡リ候哉ノ嫌モ有之《これあり》候間、当所病院ニテ一切治療セシメ候ヘハ夫等《それら》ノ憂《うれい》モ無之《これなく》、受負人ノ仕合《しわわせ》ハ下及申《もうすにおよばず》、我社ノ特典一般ニ行渡リ人足雇ニ付テモ便利ヲ得候次第ト奉存《ぞんじたてまつり》候間御許容被成下度、此段及御伺候也[63]」

この史料は、供給請負人が供給する臨時人夫が就労中負傷したばあい、それまでは供給請負人がその治療費を負担していたが、これからは造船所側がそれを負担し、その付属病院（三菱造船所病院）で治療するようもとめた上申書である。これが受け入れられたかどうかは明示されていないが、造船所みずからが作成した資料にこの上申書が収録されたこと自体、上申書の内容が受け入れられたと考えることができよう。

また、既述のように一八九七年一二月「職工救護法」が制定（翌九八年一月施行）されたが、臨時人夫に対してはその第一七条で次のような保護が規定されている。

「臨時雇人夫職務上ノ負傷ニ依リ死亡スルトキハ、其遺族ニ金弐拾円ノ祭粢《そうさん》料ヲ給ス、此救護ニ対シ人夫受負人ハ、毎半月其差出シタル人夫ノ壱日平均人員ニ対シ百人ニ付毎半ケ月金拾銭ノ拠出金ヲ為スベシ[64]」

前述のように「職工救護法」による保護・救済の原資は、職工の拠出金とそれと同額の造船所側の拠出金によって成り立っていたが、上記第一七条は供給請負人に一定額の資金の拠出をもとめ、それを前提に臨時人夫が労災で死亡したばあい、その遺族に二〇円の死亡見舞金を給付することを定めている。二〇円の死亡見舞金は、当時の日雇人夫賃金三七銭の五四月分に相当する。

臨時人夫に対する「職工救護法」第一七条の適用は、さきにみた田中寛一郎との「人夫供給約束書」のなかにも、「一、此約束ニ依リ差出候人夫ハ総テ職工救護法ノ恩恵ニ浴セシメ度候ニ付、私ヨリ御規定ノ拠出金可致《いたすべき》事[65]」と定められている。おなじように、川副綱隆との「人夫供給請書」のなかにも、労災扶助も含めて、「一、此約束ニ依リ差出ス人夫ハ総テ職工救護法第十七条ノ恩恵ニ浴セシムルヲ以テ、受負人ハ毎勘定職工救護法ニ定ムル拠出金ヲ為スベキモノトス」、「一、人夫カ事業ノ為メ負傷シタルトキハ、三菱造船所病院ニ於テ造船所ノ費用ヲ以テ療養セシムルモノトス」と記されている。[66]

一九〇九年一月、既述のように「職工救護法」は「職工救護規則」に改正された。これにともない、供給請負人の拠出金は廃止され[67]、臨時人夫の死亡見舞金は全額造船所側の負担となり、その額も大幅に引き上げられた。「救護規則」第四条は次のように規定している。

「人夫供給請負人ヨリ供給スル臨時人夫ノ職務上ニ基ク負傷ハ、三菱造船病院ニ於テ三菱造船所ノ費用ヲ以テ療養セシメ、仝原因ニテ死亡若クハ労働ニ堪ヘザルモノト認ムルトキハ、金百円以下ノ手当ヲ本人又ハ其遺族ニ給ス／但療養中別ニ手当ヲ給セズ」[68]

最高一〇〇円という金額は、当時の日傭人夫賃金五二銭[69]の一九二日分にあたる。さらに一六年九月に新たに制定された「職工救済規則」もその第三四条で以下のように規定している。

「人夫供給請負人ヨリ供給スル日傭人夫（臨時人夫――引用者注）ノ業務上ノ負傷疾病ハ当所ノ費用ヲ以テ治療ヲ加フヘシ、因テ死亡又ハ労働ニ堪エサルニ至リタルトキハ特ニ百五拾円以下ノ扶助料ヲ請負人ヲ経テ恵与ス」[70]

扶助の対象が就労による疾病にまで拡大していること、また見舞金の給付が供給請負人を介してなされること

（そのことの明記）、この二つは「職工救済規則」の新しい内容である。

以上のべたように、臨時人夫に対する造船所の福利厚生政策の適用は、臨時人夫が日々雇用の直接雇用者であるという認識にもとづくものであり、就労中の負傷・疾病、不具癈疾、死亡に対する治療費、見舞金の給付がそのおもな内容であった。ただ、前述の臨時職工に対する福利厚生政策の適用内容と比較すると、その給付金額の多寡を別とすれば、臨時職工に支給されていた負傷療養中の「日当手当金」は臨時人夫には給付されないとしている点が異なっていた。

その点はともかく、造船所の福利厚生政策（その一部）と請負人による労務供給請負業が矛盾することなく並存していたことに注目する必要があろう。

さて、以上のべたような臨時人夫の供給を請負人に依存する体制は、一九二〇年の反動恐慌とその後の造船不況（長崎造船所の数回におよぶ人員整理）によって急速に縮小し、二一年以降はごく少数の「女夫」のみを供給請負人に依存するまでに後退することになった。この点は、人夫数の推移に即して後にあらためてふれることにしよう。

㈢　人夫の特徴

本項では、これまで検討してきた人夫（定傭の「勤怠人夫」を含む）が、造船所全体の労働者のなかでどれくらいの比率を占め、造船所内のどのような工場で就労し、また年齢・家族構成上どのような特徴をもち、どのような地域出身の人びとだったかを考察することにする。

まず、前掲表Ⅲ-1より人夫数と労働者全体に占めるその比率をみると、人夫の数は一九〇二年の一二六一人から日露戦争後（〇七年）の一八〇〇人弱にまで増加し、その後減少に転じるものの、第一次世界大戦の勃発（一四年）とともに再び増加しはじめ、大戦末・後には一四〇〇人前後におよんでいる。しかし、二〇年の反動恐慌以降その数は急速に減少し、二一年以降は「女夫」のみとなり、その数も次第に減少している。既述のように、一九〇年一〇月、定員三〇〇人の定傭人夫（「勤怠人夫」）制度が設けられたが、前記の人夫数はその定員数を大幅に超えており、したがってその圧倒的多数は臨時人夫だったと考えられる。しかし、これもすでにのべたように、三菱合資会社は、請負人が供給する臨時人夫であっても、それを日々雇用の直接雇用者と捉えており、その結果造船所の公式な資料（『年報』）にもその数がカウントされることになったものとおもわれる。

次に、造船所の労働者全体に占める人夫の比率は、〇二年二五％、〇七年一八％、一二年一一％と次第に低下しているものの、その後は下げ止まり、第一次世界大戦中（一四―一八年）はほぼ一〇～一一％の水準をキープしている。減少傾向にはあるものの、造船所にとって人夫労働への依存度はかなり高かったと言ってよいであろう。しかし大戦後、同比率は急速に減少し、とくに「女夫」のみになってからは、一～二％の水準にまで激減している。

表Ⅲ-4は、以上のような人夫が造船所のどのような部所・工場で就労しているかを示したものである。まず一九〇二年をみると「事務所人夫」数の多さ、その比率の高さが注目されるが、それは前述の「勤怠人夫」の多さを示している。したがって、その実質的な所属工場はわからないので一概に言うことはできないが、機関（造機）部諸工場の人夫と造船部諸工場の人夫とでは、人数・比率ともにおおきな差異はない。しかし、一八年になると、造船部人夫は〇二年と比べて

表Ⅲ-4　部所・工場別人夫数

（単位：人・％）

	1902年	1918年
機関（造機）部人夫	279(22.1)	754(53.7)
起重機人夫	106(8.4)	
造船部人夫	356(28.2)	348(24.8)
船築部人夫	101(8.0)	—(—)
総務部人夫	—(—)	264(18.8)
電気課人夫	—(—)	39(2.8)
事務所人夫	419(33.2)	—(—)
計	1,261(100.0)	1,405(100.0)

資料：三菱長崎造船所『年報』明治35年度，大正７年度より作成。

注：(1)「総務部」は建築，倉庫，船夫，交通職など。
(2) 機関（造機）部人夫は1902年は機関部人夫，1918年は造機部人夫。
(3) 1918年は「女夫」を含む。
(4) 1918年の人夫数は表Ⅲ-1のそれと若干異なるが理由はわからない。

表Ⅲ-5　人夫の年齢構成

（単位：人・％）

年　齢	1902年			1917年		
	職　工	人　夫	計	職　工	人　夫	計
15歳未満	46(1.2)	—	46(0.9)	581(4.5)	—	581(4.0)
15—19歳	421(11.1)	66(5.2)	487(9.6)	3,101(24.0)	116(8.0)	3,217(22.3)
20—29歳	1,947(51.3)	550(43.6)	2,497(49.4)	5,473(42.3)	562(38.5)	6,035(41.9)
30—39歳	876(23.1)	351(27.8)	1,227(24.3)	2,679(20.7)	556(38.1)	3,235(22.5)
40—49歳	383(10.1)	220(17.4)	603(11.9)	867(6.7)	184(12.6)	1,051(7.3)
50歳以上	124(3.3)	74(5.9)	198(3.9)	235(1.8)	40(2.7)	275(1.9)
計	3,797(100.0)	1,261(100.0)	5,058(100.0)	12,936(100.0)	1,458(100.0)	14,394(100.0)

資料：三菱長崎造船所『年報』明治35年度，大正６年度より作成。
注：上記史料の大正７（1918）年度の当該部分が不鮮明のため，大正６（1917）年度の年齢構成を掲出した。

人数・比率ともにこれといった変化はないのに対し、機関（造機）部人夫は人数・比率ともにおおきく増加し、人夫全体の過半を占めるようになる。人夫がこの間全体として減少基調にあるなかで、機関（造機）部人夫はその構成的比率を高める傾向にあったといってよい。

こうした機関（造機）部人夫の増加は、どのような事情にもとづいているのであろうか。造船業には関する当時の一調査報告書は、[71]「造船所ニ於ケル特種労働者—人夫」について、「各造船所ニハ普通職工以外ニ雑夫、雑役夫、傭夫、定夫、運搬職、人夫等ノ名称ノ下ニ多少ノ雑用労働者ヲ使傭ス。彼等ハ一般ニ人夫ト称セラレ、諸物ノ運搬、掃除、屑金ノ選択等ヲナシ」と記している。これは長崎造船所にかぎった記述ではないが、造船業の技術的発展の要の一つが、機関の馬力数の向上など船舶諸機関の発達であることを考えれば、[72]それら諸機械の運搬労働の重要性が高まることは容易に想像されよう。こうした機関（造機）を中心とした造船業の技術的発展が、当該部門・工場の人夫労働の比重を高めたと考えられる。二〇年代以降の人夫数の減少は、この時期の造船不況の影響で船舶の新造とくに船舶諸機関の製造が縮小したことが一つの有力な要因だったと考えられる。

次に、人夫はどのような年齢層の人びとだったのか、職工のそれと比較しつつ検討することにしよう。表Ⅲ-5はそれを示したものである。

表Ⅲ-6　人夫の家族構成

（単位：人・％）

	1902年			1918年		
	職　工	人　夫	計	職　工	人　夫	計
妻子同居	1,452（38.2）	448（35.5）	1,900（37.6）	4,785（38.6）	862（61.4）	5,647（40.9）
父兄その他家族同居	1,132（29.8）	143（11.3）	1,275（25.2）	4,212（34.0）	290（20.6）	4,502（32.6）
独身者	1,213（31.9）	670（53.1）	1,883（37.2）	3,398（27.4）	253（18.0）	3,651（26.5）
計	3,797（100.0）	1,261（100.0）	5,058（100.0）	12,395（100.0）	1,405（100.0）	13,800（100.0）

資料：表Ⅲ-4に同じ。

まず、一九〇二年の時点でも一七年の時点でも人夫は職工より年齢が高い。しかし、この間に注目すべき変化がみとめられる。すなわち〇二年の人夫の年齢構成は、一九歳未満五％（職工は一一％）、二〇―二九歳四四％（職工は五一％）、三〇―三九歳二八％（職工は二三％）、四〇歳以上二三％（職工は一三％）と、二〇―二九歳層の比率がもっとも高かった。しかし一七年の人夫の年齢構成は、二〇―二九歳の比率が三九％（職工は四二％）と〇二年より五ポイント低下しているのに対し、三〇―三九歳は同年より一〇ポイント増加して、二〇―二九歳とほぼ同率の三八％（職工は二一％）となっている。四〇歳以上の比率は低下（二五％）していることを考慮すれば、人夫年齢の高齢化とは言えないが、〇二年と比較して一七年には、三〇―三九歳層が人夫の中核的年齢層の一つになったことだけは確かであろう。

そこで次に、人夫の家族構成をこれも職工のそれと比較しつつ検討することにしよう。表Ⅲ-6はそれを示したものである。〇二年の時点では、人夫の家族構成は「妻子同居」（妻帯者）三六％（職工は三八％）、「父兄その他家族同居」一一％（職工は三〇％）、「独身者」五三％（職工は三二％）であり、人夫の独身者の比率はもっとも高く、全体の半数を超え、妻帯者の比率は職工のそれとほとんど差違はない。しかし一八年になると、人夫の家族構成はおおきく変化する。すなわち、「妻子同居」は六一％（職工は三九％）に急増し、「独身者」は一八％（職工は二七％）に激減している。また「父兄その他家族同居」の比率も二一％（職工は三四％）と一〇ポイントほど増加している。この間、職工の家族構成に際立った変化がみられないのに対

表Ⅲ-7　人夫の出身地

（単位：人・％）

	1902年			1918年		
	職　工	人　夫	計	職　工	人　夫	計
工場付近	1,846（48.6）	311（24.7）	2,157（42.6）	4,764（38.4）	381（27.1）	5,145（37.3）
長崎県	451（11.9）	230（18.2）	681（13.5）	4,139（33.4）	649（46.2）	4,788（34.7）
熊本県	278（7.3）	247（19.6）	525（10.4）	835（6.7）	134（9.5）	969（7.0）
佐賀県	326（8.6）	81（6.4）	407（8.0）	1,174（9.5）	83（5.9）	1,257（9.1）
福岡県	198（5.2）	74（5.9）	272（5.4）	362（2.9）	27（1.9）	389（2.8）
鹿児島県	103（2.7）	64（5.1）	167（3.3）	542（4.4）	77（5.5）	619（4.5）
大分県	71（1.9）	41（3.3）	112（2.2）	104（0.8）	11（0.8）	115（0.8）
その他諸県	524（13.8）	213（16.9）	737（14.6）	475（3.8）	43（3.1）	518（3.8）
計	3,797（100.0）	1,261（100.0）	5,058（100.0）	12,395（100.0）	1,405（100.0）	13,800（100.0）

資料：表Ⅲ-4に同じ。

し、人夫のばあい、妻帯者や家族と同居する者が圧倒的多数を占め、独身者は少数になっている。人夫の家族構成のこうした変化は、人夫の年齢構成で三〇―三九歳層の比率が増加したことと深く関連していると考えられる。

それでは、以上のような諸特徴をもつ人夫は、どのような地域出身の人びとだったのだろうか。表Ⅲ-7はそれを示したものである。〇二年、一八年とも人夫の出身地は――職工も同様であるが――「工場付近」（長崎市内と考えられる）、長崎県内、宮崎県を除く九州諸県、その他諸県の順で広がっている。しかし仔細にみると、〇二年の人夫の出身地は「工場付近」二五％（職工は四九％）、長崎県内一八％（職工は一二％）、九州諸県四〇％（職工は二六％）、その他諸県一七％（職工は一四％）であり、職工と比較して人夫の出身地は、「工場付近」は相対的に低く、九州諸県は高い。しかし一八年になると、人夫の出身地は、「工場付近」は二七％で〇二年とほとんど変わらないのに対し、長崎県内は四六％（職工は三三％）とおおきく増加し、逆に九州諸県は二四％と低下し（職工は二四％とほとんど変化なし）、その他諸県も三％（職工も四％）とおおきく低下している。

前述の年齢、家族構成と合わせて考えると、〇二年時点での人夫は、九州諸県やその他諸県など地方出身の二〇歳代の独身者が比較的多数を占めていたのに対し、一八年になると長崎県内から長崎市内に流入した二〇歳代、三〇歳代の妻帯者・家族持ちの人夫が多数を占めるようになったと言ってよいであろう。

最後に、人夫中の「女夫」の特徴について考察することにしよう。前掲表Ⅲ-1によれば、人夫全体に占める「女夫」の比率は、一九一八年一二・二%、一九年二七・二%、二〇年一二・八%、二一年以降一〇〇%となっている。この「女夫」という名称は三菱造船所（長崎、神戸）特有の言葉のようであり、当時の一調査報告所は、「造船所ニ於ケル女工ハ殆ンド全部単ナル人夫ニ過ギザルモノナリ、故ニ女工ト云ハンヨリハ寧《むし》ロ女夫（三菱造船所ノ用語）ト称スル事実ニ近キモノト云フベシ(73)」と記している。(74)この「女夫」が担う仕事について、上記の調査報告書は――長崎造船所に限定した記述ではないが――以下のようにのべている。

「其従事スル仕事ハ……大ナル部分ガ軽重品ノ運搬及屑金《くずがね》ノ整理ニ従事ス。屑金ノ整理トハ造船所内ノ諸工場又ハ構内通路等ニ於テ遺棄シタル屑金属ヲ拾得シ一定ノ場所ニ集中シ、其中ヨリ rivet, nut 等ノ如キ其儘《そのまま》使用シウルモノヲ撰出ス。同時ニ屑金属ハ鉄片、銅線、真鍮《しんちゅう》ト云フガ如クニ分類シ、之レヲ或ハ鋳物ノ原料中ニ混ジ或ハ屑金屋ニ払下グル等、ソレゾレ廃物利用ノ途ヲ講ズルナリ」、「現今ニテハ各造船所何レモ屑金ノ撰択整理ヲナサヾル所殆ドナシ。併《しか》シ此ノ仕事ハ全ク不熟練的ノモノニシテ技術ヲ要セズ。故ニ多クハ女子又ハ何《いず》レカト云ヘバ年齢高キ男子ヲシテ之ニ当ラシメ、女夫ヨリ見レバ各工場ヲ通シテ最モ需要大ナル仕事ナリ(75)」

それでは、こうした仕事に就いている長崎造船所の「女夫」はどのような特徴をもった女性だったのか、さきの人夫（全体）の特徴と比較しつつ検討することにしよう。

まず、「女夫」の年齢構成（一九年）は、「二〇歳未満」一一〇人（「女夫」総数三七七人の二九・二%）、「二〇―二九歳」一七五人（同四六・四％）、「三〇―三九歳」七九人（同二二・〇％）、「四〇歳以上」一三人（同三・四％）であり[76]、人夫全体の年齢構成（一七年）と比較すると、「二〇歳未満」、「二〇―二九歳」の比率がいちじるしく高く、「三〇―三九歳」、「四〇歳以上」の比率は明らかに低い。「女夫」は二九歳以下の若い女性が多かったと言ってよい。

一方、「女夫」の家族構成（一八年）は、「妻子（夫子――引用者注）同居」二一二人（「女夫」総数三四九人の六〇・七％）、「父兄その他家族同居」一二〇人（同三四・四％）、「独身者」一七人（同四・九％）であり[77]、人夫全体の家族構成（一八年）と比較すると、「妻子（夫子）同居」の比率はほとんど変わらないのに対し、「父兄その他家族同居」の比率はいちじるしく高く、「独身者」の比率はひじょうに低い。〇二年の時点と比較したばあい、一八年時点で人夫全体の家族構成は、妻帯者や家族と同居する者が圧倒的多数を占めるようになったことは前述したが、そうした特徴（ただし「女夫」のばあいは既婚者）は、「女夫」のばあいいっそう際立っている。総じて「女夫」は、二九歳以下の既婚・家族との同居者が圧倒的多数を占めていた。

次に、「女夫」の出身地（一八年）をみると、「工場付近」一〇八人（「女夫」総数三四九人の三〇・九％）、長崎県内一五六人（同四四・七％）、九州諸県八一人（同二三・二％）、その他諸県四人（同一・一％）であり[78]、人夫全体の出身地（一八年）と比較すると、その他諸県出身の比率が低いことを除けば、とくに際立った差違はない。

このようにみると、「女夫」は第一次世界大戦期（ここでは一八年）に長崎県内から長崎市内に流入した造船所人夫・職工あるいは他就業者の妻ないしその家族構成員と考えることができよう。とくに造船所人夫・職工の妻ないしその家族構成員だった可能性は高い。事実、さきの調査報告書はこの点について、「女工（女夫――引用者注）ノ多クハ中年者ニシテ同一工場ニ在ル男工ノ妻其ノ他ノ家族ナリ[79]」と記している。「多クハ中年者」という規定は、この調査報告書に即してみても誤りであるが[80]、造船諸工場の「女工」（「女夫」）の多くは当該工場で就労している「男工」（職工・人夫）の妻ないしその家族であることを、この報告書は示している[81]。

注

(1) 長崎造船所職工課『長崎造船所労務史』一九三〇年(謄写刷)、第一編、五四頁。
(2) 同上書、第二編、一〇五頁。
(3) 『三菱社誌』第二三巻、大正五年、三三八二頁。なお、一九〇五年七月に開設された三菱神戸造船所も、一六年一一月に制定された「職工規則」のなかでおなじように「職工ノ資格ヲ分チテ定傭及臨時傭ノ二種トス」(第五条)としている(同上書、三三四一頁)。
(4) 三菱重工業株式会社長崎造船所所蔵。ただしこの史料の所蔵場所は、一九七七年一月、筆者がマイクロフィルムで撮影したときの場所。
(5) 前掲『長崎造船所労務史』第二編、一八頁。
(6) 同上書、第二編、一〇〇頁。
(7) 同上書、第二編、二九頁。
(8) 三菱合資会社庶務部調査課『労働者取扱方ニ関スル調査報告書』第一部第一巻〔三菱造船所〕一九一四年、一頁。
(9) 『三菱社誌』第二三巻、大正五年、三三八二頁。
(10) 長崎造船所職工課『賃金及手当編』(稿本)一九二八年、五頁。
(11) 同上書、同頁。
(12) 西成田豊『近代日本労資関係史の研究』東京大学出版会、一九八八年、表56、参照。
(13) 前掲、三菱合資会社『労働者取扱方ニ関スル調査報告書』二頁。
(14) この点は、製糸業の分野で、女工募集に従事した「見番」が募集に応じ入職した女工を自分の配下の女工として編成したこと(瀧澤秀樹『日本資本主義と製糸業』未来社、一九七八年、四一三頁)ときわめて類似している。
(15) 前掲、三菱合資会社『労働者取扱方ニ関スル調査報告書』二頁。
(16) 繊維工業の女工募集のさいの募集人(紹介人)による「紹介」活動の実態については、第一章を参照。
(17) 『三菱社誌』第二三巻、大正三年、二二四四頁。
(18) この争議は、一九一七年二月鉄工職の一人の小頭が賃金値上げを要求したのに対し、彦島造船所側がこれを拒否し、小頭が辞職を表明したことに始まる。小頭の辞職表明に対し、配下の「鉄工等ハ親分辞職セバ一緒ニ辞職スル」と申出たため、造船所側はやむなく「職工ノ大部分ニ約一割ノ増給ヲ為スコトヲ発表」する一方、小頭の辞職を認めた（事実上の解雇）。しかし小頭の辞職（解雇）後、「同人ヨリ内内誘拐シタルモノカ其部下ノ内ニテ辞職願出ヅルモノ多数アル」状況が生じ、「同人見送トシテ鉄工ノ大部分休業」する一方、小頭と「同行スルト申居ル者定傭及直轄臨時傭ヲ合セ（在籍者総数五十七人）約二十人許《ばかり》有リシ」という状況になった（『三菱社誌』第二四巻、大正六年一月―八月、二六四三―二六四四頁）。

(19) 前掲、三菱合資会社『労働者取扱方ニ関スル調査報告書』五九頁。

(20) 前掲、西成田『近代日本労資関係史の研究』一四五頁、参照。

(21) 「昇給内規規程」は、三菱重工業株式会社『社史史料　大正八年』（三菱重工業株式会社本社所蔵、ただし上記所蔵場所は一九七七年一月筆者がマイクロフィルムで撮影したときの場所）に収録されている。

(22) 前掲、長崎造船職工課『賃金及手当編』（稿本）八頁。

(23) なお、昇給する人員については「固《もと》ヨリ事業ノ繁閑、職工ノ数、物価ノ騰貴及理事者ノ意向等ニ依リテ一定スルコトナシ」（同上書、同頁）とされている。

(24) 前掲、西成田『近代日本労資関係史の研究』表33、表49による。なお、六職種とは鑢《やすり》子職、轆轤《ろくろ》職、造罐職、鋳物職、鉄工職、大工職である。

(25) 同上書、同表による。

(26) 同上書、一一九頁。

(27) 前掲『長崎造船所労務史』第二編、一七九―一八〇頁。

(28) 同上書、一八〇頁。

(29) 労働運動史料委員会『日本労働運動史料』第一〇巻、統計編、一九五九年。

(30) 前掲、西成田『近代日本労資関係史の研究』一一九頁。

(31) 同上書、同頁。

(32) 前掲『長崎造船所労務史』第二編、一八七頁。

(33) 同上書、一八八頁。

(34) 同上書、一八七頁。

(35)「職工救済規則」の全文は、『三菱社誌』第二三巻、大正五年、三三七三～三三八〇頁。以下各条の条文はこれによる。
(36)近代日本の重工業労資関係の展開については、「間接的管理」体制（親方的支配）から「直接的管理」体制（企業直轄支配）への段階的移行がしばしば強調されてきたが、後者を基調としつつも、前者がそのなかに深く組み込まれているという関係、いわば両者の同時並存という関係構造にも注目する必要があろう。
(37)『長崎造船局報告書』各回（三菱重工業長崎造船所史料館所蔵）による。
(38)前掲『長崎造船所労務史』第一編、一二三頁。
(39)同上書、第一編、三〇頁。
(40)同上書、第二編、一〇〇頁。
(41)同上書、第二編、同頁。
(42)「臨時人夫雇入受負人心得内規」の全文は、同上書、第二編、一〇〇―一〇二頁。
(43)「臨時人足取扱内規」の全文は、同上書、第二編、一〇二―一〇四頁。
(44)労働運動史料委員会『日本労働運動史料』第一〇巻、統計篇、一九五九年、二七〇―二七一頁。
(45)前掲『長崎造船所労務史』第二編、一〇六―一〇八頁。
(46)前掲『日本労働運動史料』第一〇巻、統計篇、二七〇―二七一頁。
(47)前掲『長崎造船所労務史』第二編、一〇七頁。
(48)同上書、第二編、八八頁。
(49)その全文は、同上書、第二編、八九―九〇頁。
(50)同上書、第二編、一〇八頁。
(51)同上書、第二編、一〇八―一〇九頁。
(52)「人夫供給約束書」の全文は、同上書、第二編、一〇九―一一一頁。
(53)「人夫供給請書」の全文は、同上書、第二編、一一一―一一四頁。
(54)こうした「人夫部屋」は従来、近代日本の「封建遺制」、あるいは日本資本主義の「半封建制」を示すものとして位置づけられてきたが、造船所が臨時人夫の供給を請負人に依存するようになった当初は「人夫部屋」は存在せず、造船所がさらに発展するようになってから（別の広い言い方をすれば工業化・近代化がいっそう進展するようになってから）造船所側の指示で「人夫部屋」が設けられるようになったという事実に注目する必要があろう。

(55) 前掲『長崎造船所労務史』第二編、一一四―一一五頁。
(56) 前掲『日本労働運動史料』第一〇巻、統計篇、二七一頁。
(57) 前掲『長崎造船所労務史』第二編、一一六頁。
(58) この点について詳しくは、川島武宜『日本社会の家族的構成』日本評論社、一九五〇年、六四―六六頁を参照。
(59) 前掲、三菱合資会社庶務部調査課『労働者取扱方ニ関スル調査報告書』第一部第一巻、七頁。
(60) 同上書、同頁。
(61) 同上書、同頁。
(62) 同上書、八頁。
(63) 前掲『長崎造船所労務史』第二編、四三頁。
(64) 同上書、第一編、四二頁。
(65) 同上書、第二編、一一〇頁。
(66) 同上書、第二編、一一三頁。
(67) 同上書、第二編、一一六頁。
(68) 同上書、第二編、一八八頁。
(69) 前掲『日本労働運動史料』第一〇巻、統計篇、二七一頁。
(70) 『三菱社誌』第二三巻、大正五年、三三八〇頁。
(71) 平木泰治『造船所労働状態調査報告書』東京高等商業学校、大正八年修学旅行報告（一橋大学附属図書館所蔵）。この調査対象企業・工場（所在地、労働者数）は以下のとおりである。浦賀船渠会社（神奈川県浦賀町、四九四四人）、三菱神戸造船所（神戸市、一万四三七人）、三菱長崎造船所（長崎市、約一万六二〇〇人）、川崎造船所本工場（神戸市、一万四八三六人）、同兵庫工場（神戸市、三三三七人）、同葺合《ふきあい》工場（神戸市、八二一人）、大阪鉄工所桜島工場（大阪市、五四一七人）、同因島《いんのしま》工場（広島県因島、四四一一人）、同備後工場（広島市、約一二〇〇人）、東京石川島造船所石川島工場（東京市、約三五〇〇人）、呉海軍工廠（呉市、二万七九三三人）、佐世保海軍工廠（佐世保市、九〇七〇人）。
(72) 船体建造の技術的発展は、鋲鋲法（一炉《ほど》編成→機械鋲鋲法）→電気熔接法→ブロック建造法という段階をふむが、この時期はまだ鋲鋲法の段階にあった。三菱造船株式会社が電気熔接工を養成するための規則を制定するのは一九二〇年四月のことである（三菱合資会社資料課『社内労働者ニ関スル規則集』一〈造船、電機、内燃機〉一九二二年、八五―八七頁を参照）。

(73) 前掲、平木泰治『造船所労働状態調査報告書』。

(74) ただし正確に言えば、三菱長崎造船所のばあい、「女夫」とは別に一九一八年に初めて「電工職」の「女工」（八六人）が登場している（三菱長崎造船所『年報』大正七年）。

(75) 前掲、平木泰治『造船所労働状態調査報告書』。

(76) 三菱長崎造船所『年報』大正八年。

(77) 同『年報』大正七年。

(78) 同上。

(79) 前掲、平木泰治『造船所労働状態調査報告書』。

(80) 「多クハ中年者」とする根拠として、この調査報告書は、大阪鉄工所因島工場、海軍直轄全工場、三菱長崎造船所の三造船所の「女工」（女夫）の年齢構成を記している。しかし、大阪鉄工所因島工場については「女子六十四人中二十才未満ハ僅カ五人ナリ」とのべており、ここから「多クハ中年者」と結論づけることはできない。また海軍全直轄工場の「女工」の年齢構成（一八年三月）は、「一五才未満」四人、「一五歳以上二〇才未満」八二人、「二〇才以上五五才未満」一一四九人、「五五才以上」一人であり、ここからも「多クハ中年者」という結論を導き出すことはできない。また三菱長崎造船所の「女工」の年齢構成（一九一七年）は、「一五才以上」七三人、「二〇才以上」一六九人、「三〇才以上」四七人「四〇才以上」と「五〇才以上」は合わせて一〇人であり、「二〇才以上」、「一五才以上」はそれぞれ全体（二九九人）の五六・五%、二四・四%を占めており、これをふまえれば「多クハ中年者」という結論は誤りである。

(81) この報告書では調査対象にはいっていない横須賀海軍工廠でも、一八年九月、「横須賀海軍工廠女工就業心得」が制定され、その第一条で、「女工ハ可成《なるべく》海軍軍人軍属及海軍工作庁（海軍工廠――引用者注）職工ノ家族ニシテ、年齢十六年以上五十年未満身体強健品行方正ノ者ヨリ試験ノ上採用スルモノトス」と規定されている（横須賀海軍工廠『横須賀海軍工廠史』第六巻、一九三五年、五三頁）。夫婦あるいは父と娘が同一の現場で共に働く家族的就業形態は、「残柱式採炭法」をとる石炭産業では一般的であった（西成田豊『近代日本労働史――労働力編成の論理と実証』有斐閣、二〇〇七年、第六章参照）。ただここでは、「残柱式採炭法」などの技術的条件をともなわずとも、他産業の同一の工場・職場で夫婦あるいは父と娘が共に働くという家族的就業形態は、近代日本においてかなり広くみられた現象だったのではないかという「仮説」的な問題を提示しておきたい。

二　三菱財閥傘下重工業企業・事業所の「期限付臨時雇職工」——一九二四年〜一九三八年

(一)　重工業企業・事業所の設立状況と「中央労務会」

まず最初に、第一次世界大戦末から一九二〇年代にかけて三菱財閥のもとで設立された重工業企業・事業所の設立状況についてのべることにしよう。そのおもなものは、長崎兵器製作所、三菱造船株式会社、三菱内燃機製造株式会社、三菱航空機株式会社、三菱電機株式会社、三菱重工業株式会社である。

長崎兵器製作所は、一九一七年三月、三菱合資会社造船部の所属として新設され、同月より操業を開始した。[1] さらに同年八月、三菱造船株式会社が設立され、三菱合資会社造船部のすべての事業（長崎造船所、神戸造船所、彦島造船所、長崎兵器製作所）が同合資会社から分離され、それらを継受するかたちで、同年一一月より開業した。[2] また一九年五月、神戸造船所内燃機部の事業を受け継ぐかたちで神戸内燃機製作所が設立され、翌二〇年五月、三菱内燃機製造株式会社が設立された。ただこのとき、名古屋にすでに事業所が存在したためであろうか、本店は名古屋市に置かれた。[3] さらに翌二一年一〇月、三菱内燃機製造株式会社は臨時株主総会の決議にもとづき、社名を三菱内燃機株式会社に変更するとともに、工場名を三菱内燃機株式会社名古屋製作所、同神戸製作所とすることにした。[4] さらに二八年五月、三菱内燃機株式会社は、社名を三菱航空機株式会社に変更した。[5] 翌二九年一二月、同社は東京府下（大井町）にさらに東京製作所を新設した。[6]

一方、三菱造船株式会社は一九年一一月、電機製作所を設立し、それまで神戸造船所電機部がおこなってきたすべての事業を同所に継承させた。さらに、二一年一月末をもって三菱造船株式会社電機製作所は廃止され、翌二月一日よりそのすべての事業が新設の三菱電機株式会社に移管されることになった(7)。

以上のように、第一次世界大戦末から一九二〇年代にかけて三菱財閥傘下のもとで多くの重工業企業・事業所が設立されたが、三〇年代にはいると、それらを統合するかたちで巨大重工業企業が誕生した。すなわち三四年三月、三菱造船株式会社と三菱航空機株式会社とのあいだで合併契約が締結され、三菱重工業株式会社が設立された(8)。この合併に三菱電機株式会社が加わらなかったのは、上記二社が重機械の製造が中心であったのに対し、三菱電機は軽機械の製造が中心であったという業務内容の差異があったためと推定される。

以上のべたような重工業企業・事業所を中心とする三菱財閥の経営多角化の進展と、この時期の重工業労働者を中心とする労働運動・争議の高揚(9)、労働組合法案(10)などを中心とする政府の新しい労働政策の展開をうけて、三菱合資会社は二五年六月「労務審議会」の設立とその規則を決定した(11)。審議会設立の趣旨は次のようにのべている。

「晩近《ばんきん》本邦労動問題ハ愈《いよいよ》多岐多端トナリ、政治上経済上ノ変化ニ伴ヒ益《ますます》複雑ヲ極ムルニ至レリ、我社ニ於テハ資料課ニ於テ常ニ本問題ニ関シ内外ノ事情ヲ審《つまびらか》ニシ、分系各会社亦夫《そ》レ夫《ぞ》レ労務機関ヲ備ヘ諸般ノ施設ヲ怠ラズト雖《いえども》吾経営スル事業広汎ニシテ各種ノ産業ニ及ベルノ結果ハ自《おのずか》ラ各社相互ノ連絡ヲ欠キ未ダ完壁ト称スル能ハザル点アルト、吾国ノ現況及労働問題ノ帰趨ニ鑑ミ本問題ニ対スル根本主義方針ノ確立ノ為、統一的審議機関ヲ完備スルノ急務ナルヲ認メ、茲《ここ》ニ本審議会ノ設立ヲ見ルニ至レリ(12)」

そのうえで、この趣旨文は最後に、「本審議会ハ諮問機関ニシテ、会員ハ各社ノ重役ナリト雖其社ノ代表ノ趣意ニアラズ、三菱全体ノ立場ヨリ審議セラルベキモノトセリ(13)」と記している。

「労務審議会規則(14)」は、上記の設立趣旨を具体的に定めたもので、まず審議会の目的を「労務審議会ハ労務ニ関シ重要事項ヲ審議シ、併《あわ》セテ当会社及分系各会社間ノ連絡ヲ計ルヲ以テ目的トス」（第一条）と規定している。また、審議会の構成員については「労務審議会ハ左ノ諸員ヲ以テ組織ス／一、（三菱合資会社の――引用者）常務理事並《ならびに》参与中ヨリ特ニ任命セラレタル者／二、分系会社取締役会長及常務取締役中ヨリ特ニ任命セラレタル者」（第二条）と定めている。さらに審議内容は、第一条からすでに明らかなように、「各会社ハ其会社ニ於ケル労務ニ関シ重要ト認メ又ハ他会社ニ関係アリト認ムル事項ハ、之ヲ審議会ニ提出シ其審議ヲ経ルコトヲ要ス」（第七条）とし、審議会の開催については「労務審議会ハ毎月一回定日ニ之ヲ開ク、但緊急ノ必要アルトキハ臨時開会スルコトヲ得《う》」（第九条）としている。

「労務審議会」は発足して間もなく第一回の会議が開催され、その後の会議を含めて二五年中に審議された案件は、㈠「労働組合法案ニ関スル件」、㈡「労働者選挙権行使並立候補ニ関スル件」、㈢「労働問題ニ関シ他ノ企業者トノ連絡提携ノ件」、㈣「八時間労働ニ関スル件」、㈤「我社ノ労働問題ニ対スル主義方針ヲ徹底セシムル為メ、労働者ニ接シ又ハ労務ノ局ニ当ル人ノ教養及労務機関ノ整備ニ関スル件」の五件にのぼった(15)。

ただし、以上のべた「労務審議会」について不思議なことは、二六年以降の『三菱社誌』にその後の「労務審議会」に関する記述はいっさい出てこないことである。逆に、『三菱社誌』には記載されていないものの、二六年二月に三菱造船（後三菱重工業）株式会社「本店」のもとで、傘下重工業企業・事業所の幹部が出席した第一回「中央労務会」が開催され、その後年二回のペースで各重工業企業・事業所のさまざまな「労働問題」が協議され、またそれを示す「中央労務会」の議事録が残されている(16)。何らかの事情で三菱合資会社の「労務審議会」は三菱造船（三菱重工）下の「中央労務会」に組織的に変更され、その内容は『三菱社誌』に記されなくなったものと考えられる。そのことをふまえれば、「中央労務会」は前述した「労務審議会」の設立趣旨と基調をおなじくするものであった。ただ、「中央労務会」の開催が原則年二回であることを考えれば、「労務審議会規則」がそのまま踏襲されたとは考えにくい。

㈡　企業・事業所別の「期限付臨時雇職工」数

前項でのべたように、三菱長崎造船所は一九二〇年の反動恐慌とその後の造船不況の影響をうけてそれまでの臨時職工を含む職工を大量に解雇する一方、二三年以降、新たに「期限付臨時雇職工」を採用するようになった。その雇用の形態と内容はすでにのべたとおりであるが、それはつづめて言えば、人件費の圧縮（雇用期間の短縮化と低賃金労働の拡大）を目的としたものであった。上述した三菱財閥傘下の重工業企業・事業所は、いずれも二〇年代から三〇年代にかけてこの「期限付臨時雇職工」を採用した。

その各重工業企業・事業所の「期限付臨時雇職工」数とその全職工中に占める比率を示したものが、表Ⅲ-8である。まず大恐慌が日本を襲う前の二九年までの動向をみると、長崎造船所（二八年、二九年）、彦島造船所（二四年、二五年、二六年）、長崎兵器製作所（二四年、二五年）、三菱電機（二五年、二六年）で「期限付臨時雇職工」数が比較的多く、全職工に占めるその比率も、おおむね五％から一四％におよんでいる。そのほかの神戸造船所や航空機（名古屋）では、同職工はほとんど存在しないか、ごく少数である。神戸造船所では二三年六月に「原価低減研究委員会」を、翌七月には「間接費低減研究委員会」を設置し、経営の徹底的な合理化を図っており[17]、そのことが「期限付臨時雇職工」への依存志向をきわめて小さくしたものとおもわれる。

しかし、大恐慌の影響で日本も深刻な恐慌（昭和恐慌）に陥るようになった一九三〇、三一年になると、航空機（名古屋、東京）を除く各事業所・企業は「期限付臨時雇職工」を含めて職工の大幅な整理にはいった。「中央労務会」の議事録は、その冒頭で「各場所最近労働事情報告」を掲載しているが、それによれば、上述の点は以下のように記されている。

企業・事業所の本工と臨時工の推移

（単位：人・%）

1930	31	32	33	34	35	36	37	38
7,327	5,275	5,306	5,277	7,559	8,214	9,819	12,167	15,954
705	—	—	375	820	980	634	61	25
8,032	5,275	5,306	5,652	8,379	9,194	10,453	12,228	15,979
8.8	0.0	0.0	6.6	9.8	10.7	6.1	0.5	0.2
4,946	4,105	4,166	4,186	4,867	5,199	5,944	6,899	9,680
—	—	2	90	6	8	1	—	—
4,946	4,105	4,168	4,276	4,873	5,207	5,945	6,899	9,680
0.0	0.0	0.0	2.1	0.1	0.2	0.0	0.0	0.0
804	708	682	665	730	715	711	730	735
18	—	2	7	33	14	1	—	—
822	708	684	672	763	729	712	730	735
2.2	0.0	0.3	1.0	4.3	1.9	0.1	0.0	0.0
1,072	669	669	660	760	823	864	1,196	1,814
—	—	73	164	22	45	37	14	—
1,072	669	742	824	782	868	901	1,210	1,814
0.0	0.0	9.8	19.9	2.8	5.2	4.1	1.2	0.0
1,808	2,264	2,247	2,685	4,996	5,150	6,145	8,597	17,858
—	—	—	—	655	1,126	443	10	—
1,808	2,264	2,247	2,685	5,651	6,276	6,588	8,607	17,858
0.0	0.0	0.0	0.0	11.6	17.9	6.7	0.1	0.0
137	222	407	485	695	909	1,005	1,320	1,728
17	135	266	592	291	136	50	—	—
154	357	673	1,077	1,086	1,045	1,055	1,320	1,728
11.0	37.8	39.5	55.0	26.8	13.0	4.7	0.0	0.0
2,043	1,530	1,191	1,405	2,403	2,886	3,420	4,621	9,290
1	—	—	305	5	9	9	—	—
2,044	1,530	1,191	1,710	2,408	2,895	3,429	4,621	9,290
0.0	0.0	0.0	17.8	0.2	0.3	0.3	0.0	0.0

表Ⅲ-8 三菱財閥傘下重工業

年	1924	25	26	27	28	29
長崎造船所						
定傭(A)	8,585	6,751	6,877	7,062	7,517	7,440
期限付臨時傭(B)	10	17	58	69	438	1,079
計(C)	8,595	6,768	6,935	7,131	7,955	8,519
(B)／(C)	0.1	0.3	0.8	1.0	5.5	12.7
神戸造船所						
定傭(A)	4,902	4,873	4,250	4,529	5,135	5,090
期限付臨時傭(B)	33	17	61	3	16	—
計(C)	4,935	4,890	4,311	4,532	5,151	5,090
(B)／(C)	0.7	0.3	1.4	0.1	0.3	0.0
彦島造船所						
定傭(A)	644	674	691	728	707	772
期限付臨時傭(B)	90	114	41	—	2	1
計(C)	734	788	732	728	709	773
(B)／(C)	12.3	14.5	5.6	0.0	0.3	0.1
長崎兵器製作所						
定傭(A)	2,238	2,214	2,119	1,096	1,106	1,111
期限付臨時傭(B)	127	69	14	—	1	—
計(C)	2,365	2,283	2,133	1,096	1,107	1,111
(B)／(C)	5.4	3.0	0.7	0.0	0.1	0.0
航空機（名古屋）						
定傭(A)	—	—	—	—	1,697	1,768
期限付臨時傭(B)	—	—	—	—	8	—
計(C)	—	—	—	1,577	1,705	1,768
(B)／(C)	—	—	—	?	0.5	0.0
航空機（東京）						
定傭(A)	—	—	—	—	—	—
期限付臨時傭(B)	—	—	—	—	—	—
計(C)	—	—	—	—	—	—
(B)／(C)	—	—	—	—	—	—
電　機						
定傭(A)	—	1,757	1,907	1,904	1,927	2,048
期限付臨時傭(B)	—	114	95	—	12	16
計(C)	—	1,871	2,002	1,904	1,939	2,064
(B)／(C)	—	6.1	4.7	0.0	0.6	0.8

資料：三菱造船（三菱重工業）株式会社『職工統計』各年毎月より作成。
注：人数は各年6月現在。ただし1924年は11月現在。

「長崎造船所ニ於テハ最近ニ至リ事業頓《とみ》ニ閑散トナリ、前期以来約千余名ノ期限付臨時雇職工ヲ整理シタル」(18)（三〇年一〇月）、「航空機名古屋及東京両場所ハ引続キ工事繁忙ヲ極メ……職工収入モ増加シ居リ、一般事業不況ノ折柄ニ不拘《かかわらず》、職工一般ハ孰《いず》レモ緊張シテ業務ニ従事シ居レリ」(19)（三〇年一〇月）、「航空機名古屋、東京両製作所ヲ除キテハ深刻ナル事業界不況ノ影響ヲ蒙リ、受註高激減ノ結果、余剰職工ノ処理ニ付各場所共不尠《すくなからず》苦心シ居レリ」(20)（三一年四月）、「航空機会社両場所ヲ除キテハ、孰《いず》レモ深刻ナル業界不況ノ影響ヲ受ケ依然工事閑散」(21)（三一年一〇月）

昭和恐慌のなかで低迷していた日本経済は、三一年九月に勃発した満州事変による対満投資の急増などが要因になって、三二年にはいると重工業部門を中心に一転して好況的発展を示すようになった。表Ⅲ-8からわかるように、三菱財閥傘下の重工業企業・事業所も、三二、三三年以降職工数は増勢に転じ、それとともに、長崎造船所、長崎兵器製作所、三菱電機では再び「期限付臨時雇職工」が増加し、全職工に占めるその比率も七％（三三年、長崎造船所）、一〇～二〇％（三二、三三年、長崎兵器製作所）、一八％（三三年、三菱電機）と高い比率を占めるに至った。また航空機（東京）では、同職工の比率は一一％（三〇年）から三八％（三一年）、四〇％（三二年）、五五％（三三年）と急速に増加した。以上のことについて、「各場所最近労働事情報告」は以下のように記している。

「兵器製作所ニ於ケル最近ノ在籍職工数ハ約八百名（内、期限付百四十名）ニシテ、目下其ノ過半数ハ日々二時間及至四時間ノ残業ニ従事シツヽアリ、同所モ亦多忙ナリト称シ得ベキモ（中略）魚雷本工事ハ目下常態ニアリテ夫レ程多忙ナラズ、尤《もつと》モ近ク工事ノ受註ヲ見ル見込モアリ明年三月迄ハ再ビ全般的ニ繁忙トナルベキニ付、現在ノ期限付臨時雇ハ大部分十月末ヲ以テ期限満了トナルモ、尚《なお》引続キ傭継《やといつぎ》ヲ必要トスル現状ナリ」(22)（三三年一〇月)、「電機神戸製作所ノ業況ハ目下極メテ多忙ニシテ、試ミニ現在ノ手持工事高ヲ最近一、二年前ノ閑散期ニ比スレバ実ニ五倍ノ多キニ達シ居レリ、依テ同所ハ之等工事ノ激増ニ応ジ其後期限付臨時雇ヲ採用シ来リ、目下全在籍数千六十余名（内、期限付二百六十名）トナレルガ……尚相当多数ノ増員ヲ必要トスベシ」[23]（三三年一〇月)、「電機長崎製作所ニ於ケル業況亦頗《すこぶ》ル多忙ニシテ、其後期限付臨時雇ヲ三百名ニ増員シ、其ノ在籍総数ハ五百四十余名トナレルガ、尚多少ノ増員ヲ必要トスル現状ナリ」[24]（三三年一〇月)、「航空機会社ハ時局柄兵器関係工事ノ注文輻輳シ、名古屋製作所ニアリテハ発動機関係作業殊ニ多忙トナリ、又東京製作所モ同様繁忙ニシテ殆《ほと》ンド全従業員ニ残業ヲ課シ居レル業況ナリ」[25]（三三年二月）

三菱財閥傘下の重工業企業・事業所は、三四、三五年になると、「期限付臨時雇職工」数とその比率は増加する事業所と、逆に減少する事業所・企業とに分かれるようになる（表Ⅲ-8)。すなわち、同職工の比率は、長崎造船所では一〇～一一％へとさらに増大し、航空機（名古屋、このとき以降は三菱重工業下の事業所）は初めて同職工を採用するようになり、その比率は一二～一八％を占めるようになった。一方、長崎兵器製作所の同職工比率は三～五％へ、航空機（東京、注記同前）のそれも一三～二七％へと低下し、三菱電機のそれは〇・二、〇・三％に激減している。ただし、同職工比率が減少したとはいえ、長崎兵器製作所、航空機（東京）では、依然比較的高い比率を保っている。以上のことについて、「各場所最近労働事情報告」は次のようにのべている。

「長崎造船所ハ依然作業繁忙ニシテ遂次職工数ハ増加シ……在籍職工数九六一一名（内、期限付臨時雇一六四二名）ニ達シ、又定時間外勤務モ相当多ク、目下出勤者ノ半数（五五％）ハ月ニ平均四時間ノ残業ヲ為シ、アル景況ナリ」[26]（三五年四月)、「名古屋航空機製作所ニテハ……本年度モ略《ほぼ》昨年同様ノ註文量アリ、引続キ繁忙ヲ呈スル見込ナリ、三月末職工数ハ六二〇二名（内、期限付一三〇八名）ナルガ、昨秋以来極力職工ノ新規採用ヲ見合セ人員ノ増加ヲ防ギツ、アリ、而シテ右期限付中継続使用一年以上ノ者五一一名、六ヶ月以上六一二名、六ヶ月未満一八五名ナル」[27]（三五年四月）、「兵器製作所ハ在籍数八七八名（内、期限付臨時雇九七名）アリ、官給材料ノ供給ニ円滑ナラザルモノアリ、之ガ為ニ工事二ヶ月遅レ近時其ノ挽回ニ努メ居ルヲ以テ作業殊ニ忙ナリ、出勤者ノ過半ハ日々四時間ノ残業ヲ為シ休日出勤者モ多シ」[28]（三五年四月）、「電機神戸製作所ハ目下作業依然繁忙ナルモ、職工ノ増加ハ出来ル丈ケ之ヲ避ケ居レリ、現在職工数ハ一三〇三名（内、期限付四名、但シ今月期限付満了ト同時ニ打切ル予定）アリ」[29]（三五年四月）、「電機会社ニアリテハ原則トシテ期限付ヲ採用セザル方針」[30]（三五年四月）、「電機各場所ニ在リテハ、会社ノ方針トシテ期限付ハ之ヲ置カザル方針ヲ採用シ居ル」[31]（三五年一〇月）

三菱財閥傘下の重工業企業・事業所における「期限付臨時雇職工」の比率は、三七年以降になると急速に減少しはじめる（表Ⅲ-8）。すなわち、長崎造船所（三六年六・一%→三七年〇・五%→三八年〇・二%）、彦島造船所（〇・一%→〇・〇%→〇・〇%）、長崎兵器製作所（四・一%→一・二%→〇・〇%）、航空機・名古屋（六・七%→〇・一%→〇・〇%）、航空機・東京（四・七%→〇・〇%→〇・〇%）、三菱電機（〇・三%→〇・〇%、〇・〇%）である。

このような同職工比率の急速な低下は、事業・作業量の減少によるものではなく、後に論ずるが、国家のさまざまな労働政策との関連で、同職工の取り扱い方が問題となり、その雇用方針が次第に動揺してきたからである。

ただし三菱電機は、「電機会社ニ在リテ〔ハ〕実際運用上期限付ヲ使用セザル方針ヲ採用シ居ル」[32]（三六年一〇月）という立場を堅持しており、同職工比率がゼロ%という事実は、上記のこととはかならずしも関係していない。翻って考えてみると、一九二五年から三八年までの一四年間で三菱電機が「期限付臨時雇職工」を採用し、その比率が比較的高かったのは、二五年、二六年、三三年の三年間のみであり、神戸造船所を除けば三菱財閥傘下のほかの企業・事業所と比較すると、同職工への依存度は明らかに低い。その基本的な理由は、造船業や兵器産業、航空機産業が〝臨時工〟を構造的に必要とする注文生産であるのに対し、電機産業は基本的に〝臨時工〟を必要としない見込生産である(33)という、両者の産業的特質の差異にあった。

ただそのほかに、三菱合資会社自身が、電機産業における労働について、すでに一九二〇年代から「技術職工」の優遇と「時間研究」による賃金の決定など、いわゆる「科学的管理法」を重視していたことをあげることができる。前者について三菱合資会社は、電機産業を発展させるための条件の一つとして次のようにのべている。

「技術職工ヲ優遇シ勤続熟練ノ途ヲ講ズルコト、英国ノバブコック、ウイルコツクス（ボイラー製作所）ニ於テ見ル如キ熟練職工ノ世襲的採用制ノ如キモ其ノ一方法タラン、尚従業員ノ教育法ヲ講ズルコト(34)」

すなわち三菱合資会社は、電機産業の発展のためには職工を長い間勤続させて熟練工を養成し、そうして生まれた「技術職工」はばあいによっては「世襲制」にしてもよいという認識を、ここでは披瀝している。こうした認識のもとでは、期限付で熟練度の低い(35)〝臨時工〟を都合よく採用するという雇用方針は生まれにくいであろう。また「時間研究」の点については三菱合資会社は、三菱電機神戸製作所において職工の労働時間の研究をおこない、「作業の標準時間の設定方法」を決定したとし、その「標準時間」に応じた賃金（賃率）を決定するためには、㈠標準生活費如何、㈡各職に必要なる技能の程度に依る報酬上の差異如何等の諸問題(36)」を研究する必要があるとし、次のように記している。

「電機会社に於ける時間研究並に之に基く賃率設定の状況は……我社に於ける最初の試みとして多大の注意を払ふ価値がある。……その成績の佳良であることは慶賀に堪へざる所である。然《しか》し乍《なが》ら同工場に於ける方法、制度は完全なものであるかといふに、我社に於ける最初の建設的改新である点に顧ても、尚相当残されたる問題を有する」(37)

以上要するに、「標準生活費」や技能水準に見合った賃金決定という三菱電機の政策指向は、雇用の調接弁としての期限付の〝臨時工〟という存在に馴染まなかったと言ってよいであろう。

㈢　企業・事業所別「期限付臨時雇職工」の賃金

次に、三菱財閥傘下の重工業企業・事業所の「期限付臨時雇職工」の賃金（日給）を定傭工（「並職」）のそれと比較しつつ検討することにしよう。表Ⅲ-9はそれを示したものである。

同表よりまず「並職」の賃金をみると、長崎兵器製作所を除いて企業・事業所の賃金は、昭和恐慌期まで上昇傾向にあったものの、恐慌脱出後（三二年以降）は減少傾向に転じている。しかし、そうした賃金動向のなかにあっても一貫してみられる特徴は、神戸造船所と航空機（名古屋）、航空機（東京）の賃金が、ほかの事業所・企業のそれと比較して明らかに高いことである。航空機産業が新産業として新しいあるいは高い熟練工を必要とし、それが相対的高賃金を規定した有力な要因であると考えられる。ただし、神戸造船所の相対的高賃金についてはそれとは別のさまざまな要因が考えられるが、史料に即してそれを断定することはできない。

ただ、神戸造船所、航空機（名古屋）、航空機（東京）の相対的高賃金も、この時期の重工業企業の全国平均賃金である「機械器具工業」の賃金（表Ⅲ-10）と比較すると、一時期を除いて明らかに低い。逆に言えば、上記の事業

表Ⅲ-9　三菱財閥系重工業企業・事業所の本工と臨時工の日給比較

（単位：円・%）

年	1924年	26	28	1930	32	34	36
長崎造船所							
並職(A)	1.68	1.69	1.70	1.72	1.86	1.55	1.51
期限付臨時傭(B)	1.19	1.63	1.58	1.57	—	1.34	1.32
(B)／(A)	70.8	96.4	92.9	91.3	—	86.5	87.4
神戸造船所							
並職(A)	2.00	1.97	2.02	2.04	1.93	1.90	1.85
期限付臨時傭(B)	1.76	1.97	1.75	—	2.50	2.31	2.50
(B)／(A)	88.0	100.0	86.6	—	129.5	121.6	135.1
彦島造船所							
並職(A)	1.69	1.67	1.68	1.70	1.68	1.66	1.72
期限付臨時傭(B)	1.58	1.56	1.98	1.65	2.00	1.54	2.45
(B)／(A)	93.5	93.4	117.9	97.1	119.0	92.8	142.4
長崎兵器製作所							
並職(A)	1.61	1.63	1.66	1.67	1.67	1.71	1.74
期限付臨時傭(B)	1.51	1.29	2.65	—	1.51	1.64	1.52
(B)／(A)	93.8	79.1	159.0	—	90.4	95.9	87.4
航空機（名古屋）							
並職(A)	—	2.19	2.18	2.20	2.15	1.96	1.87
期限付臨時傭(B)	—	2.04	2.61	—	—	1.45	1.48
(B)／(A)	—	93.2	119.7	—	—	74.0	79.1
航空機（東京）							
並職(A)	—	—	—	2.10	1.86	1.83	1.76
期限付臨時傭(B)	—	—	—	1.92	1.73	1.69	1.51
(B)／(A)	—	—	—	91.4	93.0	92.3	85.8
電　機							
並職(A)	—	1.79	1.77	1.78	1.76	1.63	1.60
期限付臨時傭(B)	—	1.51	1.42	1.57	—	1.52	1.02
(B)／(A)	—	84.4	80.2	88.2	—	93.3	63.8

資料：表Ⅲ-8に同じ。

所以外のほかの事業所、企業の賃金は、この時期の重工業の平均賃金よりかなり低いと言ってよい。
しかしこのことをもって、三菱財閥系重工業企業・事業所の低賃金労働への依存と速断することはできない。というのも、三菱財閥系重工業企業においては職工に対して中元・年末賞与やそれなりに充実した福利厚生策などさまざまなフリンジ・ヴェネフィットがあり、かならずし

表Ⅲ-10　労働者の賃金（日給）

（単位：円・銭）

年	機械器具工業	日傭人夫（男）
1924	2.18	2.16
26	2.25	2.05
28	2.30	1.98
30	2.15	1.63
32	2.08	1.30
34	2.45	1.31
36	2.41	1.33

資料：『日本労働運動史料』第10巻〈統計篇〉1959年，272-273頁。

も明確な数字で示すことはできないが、職工への総体的給付は、そうした施策が少ないほかの重工業企業のそれと比較してかならずしも低いと断定することはできないからである。

さて、以上のべたような「並職」の賃金と比較して、「期限付臨時雇職工」の賃金はどうだったのだろうか。まず同職工数・比率が比較的多く高い長崎造船所、彦島造船所、長崎兵器製作所、航空機（名古屋）、航空機（東京）の五つの事業所・企業についてみると、全体として同職工の賃金の「並職」のそれに対する割合は、八〇%前後から九三〜九四%であることがわかる。ただ、彦島造船所、長崎兵器製作所、航空機（名古屋）の二八年の同比率は、それぞれ一一八%、一五九%、一二〇%と「期限付臨時雇職工」の賃金が「並職」の賃金をおおきく上回っている。また、彦島造船所の三二年、三六年の同比率も、一一九%、一四二%と「期限付臨時雇職工」の賃金が「並職」のそれをやはりおおきく上回っている。ただし、これらの年の三事業所・企業の「期限付臨雇職工」数は、彦島造船所は二人（二八年）、二人（三二年）、一人（三六年）、長崎兵器製作所は一人（二八年）、航空機（名古屋）は八人（二八年）であり（前掲表Ⅲ-8参照）、同職工が多いときは賃金は「並職」より低く、ごく少数のときは「並職」の賃金よりかなり高いという傾向をよみとることができる。

このことは、「期限付臨時雇職工」数・比率が低い神戸造船所の賃金動向からもうかがい知ることができる。すなわち、全体として同職工数・比率が少なく低いとはいっても、それなりに存在した二四年（三三人）、二六年（六一人）、二八年（一六人）の前記比率は、それぞれ八八%、一〇〇%、八七%であり、同職工がごく少数の三二年（二人）、三四年（六八人）、三六年（一人）の前記比率は、それぞれ一三〇%、一二二%、一三五%で、「期限付臨時雇職工」の賃金がやはり「並職」の賃金を大幅に上回っている。

以上のべたことは、「期限付臨時雇職工」とは言っても、そのすべてが低賃金職工ではなく、ごく少数ではあるが、高い専門的な熟練を身につけ比較的高い賃金の給付をうけた職工が存在したのではないかと推定される。事実、そのことを裏付けるような報告が「中央労務会」でなされている。すなわち、三〇年一〇月に開かれた「中央労務会」において、長崎兵器製作所の代表が「職工雇入ニ関スル件」として次のような質問を提示した。

「就業規則第七条第二項但書ニ『特殊ノ技倆又ハ経歴ヲ有スル者ハ試傭ヲ経ス直ニ採用スルコトアルヘシ』ト規定シアレ共、兵器製作所ニ於テハ最近右但書ヲ適用シタル実例ナク、一律ニ一応試傭トシテ雇入レ、人物照会ノ上本採用ヲ為シ居レルガ、他場所ニ但書適用ノ実例アラハ参考ノ為承知シ置キ度」(38)

右の「就業規則」は三菱系重工業企業・事業所に共通した規則のように考えられるが、特殊な技能や経歴を有する職工は試傭を経ずに直ちに採用することができるとした例外規定を実際に適用した例があるかどうかを、長崎兵器製作所は質している。この質問に対して、「場所（事業所——引用者注）ノ実例トシテ」まっ先に、「日雇人夫又ハ職工或ハ期限付臨時雇トシテ勤務シ、既ニ技倆及人物等カ判断シ居ル者ヲ採用ノ場合ハ、別ニツレード（trade、職種——引用者注）ニモ制限ナク但書ヲ適用シ居ル場所アリ」(39)（傍線は原文のママ）という報告がなされている。ここでは、「但書」に記されているような特殊な技能や経歴を有した者が、「期限付臨時傭職工」のなかにすでに存在していることが明らかにされている。

以上のように、「期限付臨時雇職工」のなかには特殊な熟練を有した高賃金の職工が存在した。しかし全体としては、その圧倒的多数は低賃金の職工であった。その賃金水準は、表Ⅲ-10の日傭人夫（男）賃金と比較してみると、二〇年代（二四年、二六年、二八年）は、同人夫賃金より低く、その七〇％前後から八〇％程度にすぎない。「期限付臨時雇職工」にはさきにのべたようにフリンジ・ヴェネフィットの給付がないことを考慮すれば、その劣悪な賃金水準は明らかである。しかし、三〇年代にはいると（三〇年、三二年、三四年、三六年）、日傭人夫（男）賃金は大幅に下落したのに対し、「期限付臨時雇職工」の賃金はほぼ維持されたため、両者の賃金は逆転し、同職工の賃金は日傭人夫（男）賃金を一〇％から二〇％以上上回るようになった。

㈣　「期限付臨時雇職工」の問題と「中央労務会」

以上のべてきた「期限付臨時雇職工」については、国家の労働政策や労働争議などとの関連で、その問題が「中央労務会」でたびたび議論されてきた。同職工の問題が取りあげられ議論されたのは、第五回（一九二九年四月）、第七回（三〇年四月）、第一四回（三三年一〇月）、第一七回（三五年四月）、第一八回（三五年一〇月）、第二〇回（三六年一〇月）の「中央労務会」においてである。以下、「中央労務会」での議論を紹介することによって、「期限付臨時雇職工」の何が問題とされ、それに対してどのような対処方針が決定されたのか考察することにする。

「期限付臨時雇職工」の問題が初めて取りあげられたのは、一九年四月に開かれた第五回「中央労務会」においてである。同会において、三菱造船（後、三菱重工業）の本店（以下「本店」と記す）は議題として「期限付臨時雇取扱方ニ係ル件」を提出し、(イ)同職工増加の問題、(ロ)長期雇用同職工の諸問題（契約更改、長期間の使用、同職工の定傭工への期待、中元年末賞与・退職手当給付の可否）、(ハ)同職工と「外部」労働運動活動家との連繋の可能性への対処の仕方を議題として提起した。「議事録」は次のように記している。

「期限付臨時雇ニ付テハ㈠最近著シク人数ガ増加セルコト、㈡更改ノ手続ハ取ルモ一年二年ト相当長期ニ亘リ引続キ使用ノ者アルコト、㈢工事ノ都合上期限付制ハ尚相当ニ継続ノ見込ナルモ実際上期限付トナシ置クコトガ無理トナラサルカ、㈣相当時日カ経テハ定傭ニ採用セラル、モノト期待ヲ抱キ居ラサルカ、㈤或ハ中元年末賞与其ノ他ノ給与ニ付定傭並ノ取扱ヲ希望セサルカ、㈥解雇ノ場合退職手当等ニ関シテハ如何、㈦外部労働運動者トノ策謀アラサルカ等、之ガ取扱方ニ関シテハ余程《よほど》慎重ノ考慮ヲ要スルモノアル様思ハル」(40)

「本店」のこうした問題提示には、確かに「長崎造船所ハ現今約千二百人ノ期限付臨時雇ヲ擁シ中ニハ弐年以上モ勤続ノ者アリ、是等ハ少クトモ来年夏頃迄ハ引続キ使用セサルヘカラサル事情アリ、俄《にわか》ニ整理シ得ヘキモノニ非サル(41)」という現実が背景としてあった。またさらにその根底には、「今回ノ横浜船渠会社ニ於ケル労働争議等ニ鑑ミ此ノ感（上記問題提示に対する思い――引用者注）一層深キモノアリ(42)」と記されているように、横浜船渠における二九年三月の労働争議(43)に対する「本店」の危機意識があった。

「本店」のこうした問題提起をうけ、会員（各企業・事業所の代表者）が協議した結果は、以下のとおりであった。まず第一の「期限付臨時雇職工」の増加問題については、可能なかぎりその人員の抑制に努めることとした。

「職工不足ノ場合ハ仮令《たとえ》期限付ナリト雖《いえど》モ、可成《なるべく》人員ノ増加ハ之ヲ避ケ、設備ノ完成或ハ工事請負ニ力ヲ注ク等ニ依リ其ノ不足ヲ補フニ努ムヘキコト(44)」

第二、同職工の契約更改については、その都度あらためて再募集のかたちをとり、なるべく同一の職工を長期にわたり使用しないよう努力することとした。

「雇用ノ更改ハ結局形式ニ止マリ実質上ハ引続キ雇傭スルト異ラサルヘキヲ以テ之ヲ避ケ、今後ハ多少手続上繁雑ナルモ改メテ一般ヨリ募集スル形式ヲ採リ、同時ニ出来ル丈《だけ》人ノ取換ニ努メ可成《なるべく》同一人ヲ長期ニ亘リ使用セサル様努ムルコト(45)」

第三、作業の都合上同職工を事実上長期に雇用せざるをえないばあいについては、定傭工にするなどの対策をあらかじめ準備しておくこととした。

「工事ノ都合上実際期限付トナシ置クコトニ無理アル様ナラハ、定傭ニスル等予メ之ガ対策ヲ講シ置ク(46)」

第四、同職工の定傭工への期待については、「今ノ所相当ノ時日ヲ経過スレハ当然定傭ニナリ得ルモノトノ期待ハ持チ居ラサル様ナル(47)」との現状報告がなされたうえで、以下のことが確認された。

「期限付ト定傭トハ根本的ニ其ノ性質ノ異リ居ル事ヲ常々明ニナシ置クコト、之ガ為期限付ハ何処《どこ》迄モ期限付ニテ終始セシメ、定傭ノ必要アル場合ハ最初ヨリ定傭トシテ一般的ニ募集採用シ、期限付ヲ直ニ定傭ニ引直スコトハ絶対ニ之ヲ避クルコト(48)」

第五、第六、同職工への中元年末賞与・退職手当(49)の給付については、これを支給しないこととした。

「中元年末賞与其ノ他特殊給与ヲ勤続年数或ハ日給額等ニ依リ支給スルコトハ、暗ニ期限付ヲ定傭並ニ取扱フ事トナルヲ以テ之ヲ避クルコト、若《も》シ諸種ノ給与ニ関シ考慮ノ必要アラハ賃金ノ方ニテ調節スルコト」[50]、「雇用ノ更改等ニ依リ事実上長期ニ亘リ使用シタル場合ト雖《いえども》、之ガ解雇ノ際退職手当ハ一切《いっさい》支給セサルコト」[51]

第七、同職工と「外部」労働運動活動家との連繋の可能性への対処については、次の二点が確認された。

「現在ハ幸ヒ問題ナキ様ナルモ、外部労働運動者（無産政党関係亦同シ）トノ策動ニ付テハ特ニ細心ノ注意ヲ払フコト」[52]、「集団解雇ハ兎角《とかく》問題ヲ惹起シ易キ以テ、解雇ノ場合ハ可成《なるべく》個人的ニ取扱フ様注意スルコト」[53]

「期限付臨時雇職工」の問題が二度めに取りあげられたのは、三〇年四月に開かれた第七回「中央労務会」においてである。同会において「本店」は、議題として「期限付臨時雇制度ニ係ル件」を提出した。議題提出の背景には、二六年六月に公布（同年七月施行）された「工場法施行令」の改正があった。同令改正の一つの要点は、工業主に対し職工を解雇するばあい原則として少なくとも一四日前に予告するか、賃金一四日分以上の手当（解雇予告手当）を支給することを義務づけた点（第二七条ノ二）にあった[54]。折しも各種の諸工場では期限付の臨時工が増加しつつあった[55]。「工場法施行令」改正後、内務省社会局は、当初この臨時工に対しては「予告」規定、「予告手当」支給規定を適用しない方針だったようであるが、雇用契約が一回以上二回、三回と更改された臨時工に対しては「予告」、「予告手当」支給を義務づけるように変化してきていた。この点について「議事録」は以下のように記している。

「期限付臨時雇ヲ期限満了ト同時ニ解雇スル場合（仮令《たとえ》屢々《しばしば》契約ヲ変更シ来ルモノト雖《いえども》）ハ従来社会局ニ於テモ

使用主側ニハ予告又ハ予告手当支給ノ義務ナキモノト解釈シ居リタリシカ、今回之ニ多少ノ変更加ヘラレ／一、雇傭一回限ニテ期限満了ト同時ニ解雇スル場合、若《もしく》ハ雇傭期限迄ニ工事終了セサリシ為更ニ幾日カ雇継キ其ノ工事終了ト共ニ解雇スル場合ノ如キハ、期限其ノモノカ解雇ノ予告トナリ……従来通別ニ解雇ノ予告又ハ予告手当支給ノ必要ハナキモ／二、二回、三回ト雇継キガ行ハレ又工事モ将来ニ期待セラルルガ如キ場合ニハ、期限ハ単ニ一応ノ予定期間ト見ラレ且職工側ニ於テモ斯カル場合ハ自然雇継キヲ期待シ居ル事トナルヘキヲ以テ、仮令《たとえ》最後ノ期限満了ト同時ニ解雇スル場合ト雖、使用主ニ於テ予告ヲナスカ……又ハ予告手当ヲ支給スル義務アルモノト解釈セラルルニ至レリ／三、尚一回限ニテ解雇スル場合ト雖、其ノ期眼カ三年、四年ト云フ如ク相当長期ニ亘ル場合ハ……観念上普通無制限ノ雇傭ト余リ変リナキ事トナルノミナラス、期限其ノモノヲ解雇予告ト見ルニハ之ニ対スル感余程《よほど》薄ラキ居リテ職工ニ酷トナルヘク、且《かつ》ハ社会政策的ニモ斯ク生活状態ヲ長期ニ亘リ不安ノ儘《まま》ニ置ク事ハ不面白《おもしろからず》トテ、斯カル場合ニモ使用主ニ予告ノ義務アルモノト解スルニ至レリ[56]」

以上のような社会局の方針転換の状況報告をうけて、会員が協議した結果、それに対応するための三つの選択肢が示された。第一は、「期限付臨時雇職工」制が導入される前とおなじように「人夫供給請負人」に職工の供給をもとめるというものである（「人夫供給請負人ヨリ日雇人夫又ハ職工ノ供給ヲ受クルコト」[57]）。後に論じるように[58]、「人夫供給請負人」から職工の供給を受ければ、一種の〝脱法行為〟ではあるが、職工は「人夫」名義となり、改正「工場法施行令」の「予告」・「予告手当」支給規定は適用されないことになる。第二の選択肢は、「所外ノ者ニ工事請負ヲ為サシムル[59]」とあるように、外部の事業者に作業を請負わせ、「期限付臨時雇職工」をできるだけ少なくするというものである。第三は、これまでどおり「期限付臨時雇職工」を使用するというものである（「臨時ニ職工ヲ雇傭スルコト」[60]）。

以上の三つの選択肢を確認したうえでさらに協議した結果、「中央労務会」が下した方針は、作業の外部請負と「人夫供給請負人」への依存を基本とし、「期限付臨時雇職工」制はそれを補完するというものであった。「議事録」はこう記している。

「種々協議ノ結果、今後職工ニ手不足ヲ生シタル場合ハ、先《ま》ツ出来ル丈《だけ》工事請負若《もしく》ハ供給請負人ヨリ職工又ハ人夫ノ供給ニ依リ調節ヲ行フ事トシ、若《も》シ夫《そ》レニテモ尚不足ナル場合ニ限リ直接臨時雇ヲ雇傭スル事トセリ、此ノ場合ハ必ス期限付トシ無期限ノ者ハ絶対ニ雇傭セサル事トス(61)」

以上の方針を決定したうえで、「中央労務会」は「期限付臨時雇職工」の雇用期間について議論を交した。協議の結果決定されたことは次の二点である。第一は、同職工の雇用期間は最短で二カ月とし、それまで日時を要しない作業については「人夫供給請負人」による「日雇職工」の供給をうける（あるいは外部請負とする）というものである。

「雇傭期間ハ最短二ケ月トシ、夫レ迄掛ラサル工事等ハ努メテ日雇又工事請負ニ依ル事トス(62)」

第二は、同職工の最長雇用期間は一年未満とし、できるだけ契約の更改は避けつつも、契約の更改をせざるをえないばあいでも、雇用期間は一年未満とするというものである。

「雇傭期間ノ最長限ハ雇継《やといつ》キヲナストキハ勿論然ラサルモ長期ニ亘レバ普通ノ雇傭ト看做《みな》サル、傾向ニアルヲ以テ、退職手当抔《など》トノ関係ヲ生スル虞《おそれ》モアリ、今後ハ最初ヨリ工事ノ予定ヲ見計リ出来ル限リ雇継ヲナササル様期限ヲ定メ、且ツ雇継キシタルト否トニ不拘《かかわらず》、一年未満（可成《なるべく》ハ六ケ月位）ニ止ル事トス」(63)

以上のべたように、一回以上雇用契約を更改した期限付臨時工を解雇するばあい、「予告」、「予告手当金」給付の法的規定を適用するとした社会局の方針転換に対して、「中央労務会」は「人夫供給請負人」による供給職工（「人夫」名儀）への依存（復活）、「期限付臨時雇職工」の最長雇用期間一年未満への限定、可能なかぎりの契約更改の回避などの方針を決定した。

事実、「人夫供給請負人」供給の日雇職工は、この会議以降増加していったようであり、このことについて「議事録」は次のように伝えている。

「神戸造船所ニ於テハ……造船造機ノ両部ハ共ニ活況ヲ呈シ居リ、殊ニ造機部ニアリテハ目下相当多数ノ期限付臨時雇及日傭職工ヲ使用シツヽアル現状ニシテ（中略）目下在籍職工数ハ四千二百七十余名（内、期限付百三十余名）ニシテ、目下日傭職工ハ二百二十余名アリ」(64)（三三年一〇月）、「彦島造船所ニ於テモ其後引続キ工事繁忙目下在籍総数六百六十名（内、期限付三名）ニシテ、外《ほか》ニ約二百名ノ日傭職工人夫ヲ使用シツヽアリ」(65)（三三年一〇月）、「彦島造船所モ爾来《じらい》作業繁忙ニシテ……事業ノ性質上職工ハ定傭ノ増加ハ可成《なるべく》之ヲ避ケ、日傭等ヲ以テ補ヒ居レルガ、現在在籍数ハ七五九名（内、期限付臨時雇三六名）、外《ほか》ニ日々使用ノ日傭職工人夫二〇〇乃至三五〇名アリ」(66)（三五年一〇月）

またすぐ後で述べるように、航空機名古屋製作所も日雇職工を多数使用していた。このように、三〇年代にはいっていくつかの事業所では「人夫供給請負人」が供給する日雇職工（「人夫」名義）の採用が増加したが、企業・事業所全体としてみれば、上記「中央労務会」決定のように、「人夫供給請負人」供給の日雇職工が主で、「期限付臨時雇職工」が従という関係にはならなかった。後者の職工の問題が「中央労務会」でその後も繰り返し議論されたからである。「期限付臨時雇職工」の問題が三度めに取りあげられたのは、三三年一〇月に開かれた第一四回「中央労務会」においてである。同会において「本店」は、三度《たび》「期限付臨時雇ノ取扱方ニ係ル件」を議題として提出した。議題提出の背景には、同年八月二九日に発生し九月六日に終結した三菱航空機名古屋製作所の争議があった。上記議題についての「中央労務会」における議論を検討する前に、この争議の内容をごくかいつまんでのべておくことにしよう[67]。

航空機名古屋製作所は、前述した三〇年四月の「中央労務会」の方針決定もあったためであろうか、満洲事変（三一年九月）以降作業の急速な拡大に対応するため、「人夫供給請負人」大西惣吉という人物の手をとおして多数の日雇職工を使用していた[68]。しかし三三年八月二六日、大西は製作所側の命をうけて一二三名の日雇職工に対して何の手当も給付することなく（「無手当ニテ」）解雇することを言い渡した[69]。これを契機に争議が発生し、争議団（「三菱不当馘首反対闘争同盟」）が結成された。その後の経緯については省略するが、九月六日、愛知県の労働争議調停官[70]のもとで解雇者に対する「予告手当」（一四日分の給付）、争議団への金一封の支給などの解決条件が示され、調停が成立した[71]。

この争議の過程で製作所側は、「従来大西惣吉経由日傭職工ハ来ル十六日ヨリ当所直接傭入レノ臨時職工トス[72]」と、日雇職工制度を廃止する声明を出した（九月四日）。また争議終結後の同月一六日には製作所側は職工に対して次のような「臨時職工取扱ニ関スル通告」を出した。

「臨時職工ハ遂次詮衡ノ上従来ノ振合ヨリモ多数定傭職工ニ引直スコト、シ、差当リ之ヲ六ケ月期限附臨時雇職工トス／右期限満了スルモ作業ノ都合ニヨリテハ更ニ期限ヲ定メテ引続キ雇傭スベシ（本期限内ト雖《いえど》モ定傭職工ニ引直スコトアルベシ）、期限満了シ解雇スル場合ハ予告手当金十四日分ヲ支給ス[73]」

以上のことは、これまでのべてきたような「中央労務会」の決定と明らかに異なるものであった。第一四回「中央労務会」における「本店」の前記議題提出には以上のような背景があった。

「本店」は、航空機名古屋製作所が「日傭ヲ期限付臨時雇ニ傭替《やといがえ》スルニ当リ[74]」上述のような方針をとったことを明らかにし、「之ニ依レバ期限付雇傭ノ本質ニ関スル解釈並《ならびに》従来ノ取極《とりきめ》ハ全ク変改サレタルモノト云フベシ、就テハ関係各場所ハ従来ノ取極ニテ不都合ノ事無キヤ、今後ノ取扱ニ付更《あらた》メテ対策研究ノコト、シ度[75]」と提案した。「期限付臨時雇職工」をどのように取り扱うかがあらためて議論されることになった。「本店」が提示した案は以下の五つの案であった。

第一は、これまでの方針通りとする案である。「期限付ナル制度ノ性質ニ付テハ勿論、平素ノ待遇、解雇ノ場合ノ取扱等凡《すべ》テ従来通リトスルコト[76]」。

第二は、基本的にはこれまでの方針通りとするものの、人物や技能の面で優れていると判断した者については必要に応じて定傭工に引き上げるという案である。「期限付ノ性質及待遇ニ付テハ従来通リトスルモ、期限付中人物技能優秀ナル者ハ必要ニ応ジ幾分宛ヲ定傭ニ引直シ得ルコトヲ認ムルコト[77]」。

第三は、「期限付臨時雇職工」と定傭工との区別は明確にするが、前者の労働条件などの待遇については後者のそれに準ずるものにするという案である。「期限付ト定傭トノ関係ハ之ヲ並列的関係ニ置クモ、期限付ノ待遇ニ付テハ大体定傭ニ準ジ取扱フコト[78]」。

第四は、「期限付臨時雇職工」制度を廃止するという案である。「定傭ノミト為シ期限付制度ヲ廃スルコト」(79)。

第五は、雇用期間が一定の限度に達し、定傭工としての資格・条件（技能、健康、年齢など）を有する者についてのみ定傭工に引き上げるという案である。「期限付トシテノ事実上ノ使用期間ガ或一定限度ニ達シ又ハ達セントスルコト明トナリタル場合ハ、定傭タルノ資格要件（技倆、健康、年齢等）ヲ具備スル限リ凡《すべ》テ之ヲ定傭ニ傭替《やといがえ》スルコト」(80)。この第五案が第二案と異なる点は、「必要ニ応ジテ」ではなく、「使用期間ガ或一定限度ニ達シ」たばあいに定傭工に引き上げるとしたこと、またそのさいの資格・条件をいっそう明確にしたことの二点にある。

以上の五つの案について会員が協議した結果は以下のとおりである。まず第一案については、これを「現状維持説」としたうえで、これでは現実と合致しないことが指摘された。「議事録」は次のように記している。

「期限付採用当初ハ真ノ期限付トシテ採用シタルモノナルガ、右期限ガ見込違ナリシ為……期限到来スルモ尚引続キ使用ノ必要ヲ生ジ、場合ニ依リテハ雇継ニ雇継ヲ以テシ、事実上長期ニ亘リ使用スルノ余儀ナキニ至ル場合アル……現ニ各場所中ニモ既ニ右ノ如キ事態ヲ生ジ……使用期間長期トナルニ連レ待遇上何等カノ考慮ヲ為サントスル意見モ生ズベク（現ニ中元年末賞与、福利施設関係等ニ於テ考慮シヤリタシトノ見解ヲ有スル場所アリ）斯クテハ期限付ナル制度ハ単ニノミナル（nominal、名目上――引用者注）ノモノニ堕シ、本来ノ期限付制度トハ相距《へだた》ルコト遠ク、実質上定傭ト殆《ほとん》ド選ブ所無キニ至ル虞《おそれ》アリ(81)」（傍線は原文のママ）

右の現状指摘は、「期限付臨時雇職工」に関する第七回「中央労務会」（三〇年四月）の決定（前述）を遵守することがきわめて困難だったことを示している。会議ではこの現実を受け入れ、第一の案を否定し、従来の方針を変更することで一致した。「議事録」はこう記している。

「斯ク観ジ来レバ、従来ノ期限付取扱方ニテハ万全ヲ期シ難キヲ以テ、将来雇傭スルコトアルベキ期限付ニ付テハ此ニ何等カノ修正ヲ要スベク、又……現ニ雇傭ノ期限付ニシテ既ニ期限付タルノ実ヲ失ヒ或ハ失フニ至ルコト明トナル者ノ雇傭ヲ、右取扱ニ相応シ是正スルノ要アルベシトスル点ニ付テハ各場所（企業・事業所――引用者注）共意見一致セリ[82]」

次に第二の案については、おなじ「期限付臨時雇職工」とはいっても、定傭工になり得る者となり得ない者との区別（差別）が生じ、職場に弊害をもたらすとして、航空機（名古屋、東京）以外の企業・事業所の代表はこの案に反対した。

「人物技倆等判明シ居レハ期限付ヨリ定傭ニ引直スコトハ一見不可ナク、寧《むし》ロ（作業――引用者）奨励ノ一助トモナリ策ヲ得タルモノ、様ニモ考ヘラル、ガ、期限付ノ全部ガ遂次……定傭ニ引直サル、ナラバ格別、然ラザルニ於テハ愈々《いよいよ》定傭トナリ得ザルコトニ決定セラレタル者即チ期間付トシテ残サレタル者ニ対スル心配ハ依然トシテ解消セザルベシ[83]」、「（第二案は――引用者）定傭ヘノ引直シヲ作業奨励ノ一助トスル丈ニ愈々定傭トナリ得ザル者ニ対シテハ好影響ヲ与ヘザルハ勿論、却ツテ弊害ヲ醸《かも》スノ憂《うれい》ナシトセズ、航空機以外ノ場所ハ何《いず》レモ本取扱ハ採用シ難シトノ意見ナリ[84]」

次に第三案については、「期限付臨時雇職工」と定傭工とを事実上均等待遇とし、人員整理の必要性が生じたばあいの雇用調節弁として前者の存在を位置づける案と解釈したうえで、そのような位置づけは困難であるとし、この案も斥けられた。「議事録」は以下のように記している。

「本取扱ハ名ハ期限付ナルモ実ハ定傭ト殆《ほとん》ド選ブ所無ク、唯《ただ》剰員ヲ淘汰スル場合ハ先《ま》ヅ之《ママ》等期限付ヨリ整理セントスルモノニシテ、斯クスルコト依リ定傭ヲ整理スルトキヨリモ容易且《かつ》円滑ニ整理シ得ベシトスル点ガ唯一ノ根拠ナリ。然《しか》レ共《ども》果シテ其ノ予期スル如クナルヤ否ヤ、容易ナリト思惟セラル、コトハ単ニ事前ニ於ケル気持上ノ問題ニ過ザルナキカ（中略）労働組合関係ヨリ見テ不面白《おもしろからざ》ル様考ヘラル。而《しか》シテ本取扱ニ付テハ各場所共何《いず》レモ之ヲ採用セントスルモノナシ」(85)

次に第四案については、会員にとって到底問題となりえず簡単に斥けられた。

「（第四案は――引用者）期限付制度ヲ全廃セントスルモノナルガ、斯クテハ作業ノ性質極《ごく》短期間ノモノニ対シテモ尚且《なおかつ》定傭ヲ採用セザルベカラザル結果トナリテ不面白《おもしろからず》、期限付ノ全廃ハ実際上アリ得ズトナシ、本取扱方ニ付テハ勿論各場所共全然問題トナラズ(86)」

最後に第五案については、「最モ合理的ナル様考ヘラル(87)」とし、「期限付臨時雇職工」の雇用期間は最長で一年とし、一年以上同職工を使用せざるえないばあいは定傭工に雇い替えするという結論で一致した。「議事録」は次のように記している。

「今後期限付ノ採用ニ当リテハ仮令《たとえ》雇傭期間ヲ更改スルコトアルモ事実上ノ使用期間ノ最大限ハ之ヲ一年トシ（中略）雇傭ノ当初真ニ臨時的性質ヲ有スルモノト思惟シテ期限付ニ採用シタルモノナルガ、万一見込違又ハ其ノ後ノ客観的事情ノ変化ニ依リ一年ヲ超エ引続キ使用ノ見込アルコト明トナリタルトキ、換言スレバ期限付トシテ使用スルコトニ無理アルコト明トナリタルトキハ、之ヲ定傭ニ傭替……スルコトニ打合ス[88]」

また会議は、すでに雇用している「期限付臨時傭職工」についても、雇用期間が一年を超えている者は定傭工に雇い替えすることを決定した[89]。ただ以上の一連の決定には、航空機の代表は、前述したように、名古屋製作所の争議をとおしてすでに新しい方針を出していたため賛同することができず、「中央労務会」としては「期限付ニ関スル航空機会社トシテノ取扱方ニ付テハ……全社ニ於テ更《あらた》メテ考究ノコト[90]」とした。

「期限付臨時雇職工」の問題が四度めに取りあげられたのは、三五年四月に開かれた第一七回「中央労務会」においてである。この会議において航空機名古屋製作所は、「期限付臨時雇職工ノ取扱ニ係ル件」を議題として提出した。議題提出の背景には、中央・地方行政当局による臨時工の保護、その使用に対する規制の強化があった。「議事録」は次のように記している。

「近時臨時工ノ待遇問題ニ関シテハ世論特ニ喧《やかま》シク、之ガ監督取締ノ任ニ在ル中央地方当局ハ挙《こぞ》ツテ之ガ待遇ノ向上ニ付考究ヲ重ネ居レルガ如ク、既ニ四月九日ヨリ三日間ニ亘《わた》リ開催セラレタル工場監督主任官事務打合会議ニ於テモ臨時工ノ保護尚未ダ不備ノ点少カラザルヲ認メ、法規ノ解釈、実際ノ取扱及将来ノ立法及立法外ノ施策ニ亘リ、臨時工ノ正当ナル保護ノ為採ルベキ方途如何《いかん》ニ付協議スル所アリ、(中略)主任官中ニハ、元来臨時工ハ日常ノ作業状態ニ於テ定傭ト何等異ル無キヲ常例トスルノミナラズ多忙時ニ於テノミ使用セラル、モノナルヲ以テ、之ガ解雇ノ場合ハ寧ロ定傭以上ニ優遇スベキモノ……ナルベシト……解スル者モアリ[91]」

「議事録」の以上の指摘は、監督官庁などの公式の文献資料からも確認することができる。たとえば社会局労働部は三五年の「報告書」で以下のように記している。

「職工解雇に際して起る事あるべき手続、手当支給等の問題を考慮して、短期間の雇傭契約又は人夫名義にて雇入らるる所謂《いわゆる》臨時工に付ては特に留意し、殊に之が解雇に当り労資間に紛議を惹起せしむるが如きこと無からしむる様工場主と懇談する等種々問題防止上遺憾なきを期したる結果相当の成果を期したり(92)」、「期限付職工は単に期限を更新するのみで他は実質的何等《なんら》常傭工と差異は無く、稍《やや》もすれば之等職工の法規に通暁せざるに乗じ工場法上の諸手当の支給を怠り其の他法令の違反を誘致し易いので、昨年（一九三四年――引用者注）以来此の種期限付臨時工制度の廃止に付き事業主と懇談し之が廃止の慫慂に努め腐心を重ねた結果、就業規則の改正其の他の方法に依り本年五月迄に大体其の制度を改廃せしめることに成功した(93)」

また警視庁についても以下のような活動実績の報告がなされている。

「年度ニ於テハ之等ノ事象（臨時工・人夫名義の職工の雇用――引用者注）ニ就キ細心ノ注意ヲ払ヒ、前年度（一九三五年度――引用者注）来引続キ種々之ガ対策ヲ考究中ナルガ……特別調査ヲ行ヒ其ノ他一斉臨検、講演、座談会等、機会アル毎ニ職工ノ雇傭問題ニ対シ労働条件ノ平衡化（定傭工と臨時工の格差解消――引用者注）及其ノ維持改善方ノ指導ニ努メ、以テ労資間ノ紛争ノ未然防止ニ努メタリ(94)」

また道府県のなかでは、航空機名古屋製作所がある愛知県の取り組みが際立っていることが報告されている。

「愛知県当局に於ては、県下の代表的機械工場に於て臨時工の使用夥《おびただ》しき実状に鑑み、之が廃止に就き事業主と種々懇談して苦心を重ねた結果、就業規則の改正其の他の方法に依って一〇年（一九三五年――引用者注）五月頃迄に期限付臨時工を廃止せしむること得た(95)」

航空機名古屋製作所が前記の議題を「中央労務会」に提出したことには以上のような背景があった。

航空機名古屋製作所の提案内容は三点あった（第三の「期限付臨時雇職工に雇用期限を知らせる方法」は紙幅の関係上省略する）。その第一は、同所の定傭工の定員数を引き上げなければ、「中央労務会」の基本方針（「期限付臨時雇職工」の雇用期間は一年まで、それ以上使用する必要性があるばあいは定傭工へ雇い替えする）に準拠することはできないとするものである。

「現下ノ社会情勢ヨリシテ期限付ヲ長期ニ亘リ使用スルコトハ事情ノ許ス限リ避ケ度《たく》モ、定傭職工ノ定員制（現在五〇〇〇人）トノ関係上右取扱ニ依ルコト困難ナル状態ニ在リ、就テハ此ノ際定傭職工ノ定員数ヲ六〇〇〇人ニ増加シ、実質的ニ……会社（三菱重工業株式会社――引用者注）ノ取扱ニ準拠シ得ル様対策ヲ講ジ度(96)」

第二は、長期間使用してきた「期限付臨時雇職工」を解雇するばあいは、「予告手当」以上の何らかの手当の給付が必要であり、その基準を明確にしてほしいという提案である。

「期限付臨時雇職工解雇ノ場合ノ手当ニ付テハ一回以上雇継ギタル者ニ対シテハ一律ニ十四日分ノ予告手当ヲ支給スルコト……トナリ居ルモ、長期ニ亘リ雇継ギタル場合ニ於テハ之ノミニテ律スルコト能ハザルベシ、就テハ予《あらかじ》メ其ノ基準ヲ定メ置キ度[97]」

航空機名古屋製作所の以上のような二つの提案の背景には、三五年四月現在、定傭工四八九四人に対し、「期限付臨時雇職工」が一三〇八人存在し、そのうち使用期間一年以上の者五一一人、六カ月以上一年未満の者六一二人、六カ月未満の者一八五人が存在すること、また同所の作業状況がきわめて多忙であることをふまえれば、「右程度ノ労働力ハ少ク共今後一年間即チ昭和十年度中ハ所要ノ見込……従ツテ現状ヲ以テスレバ十年度末ニハ期限付ニシテ長キハ二年半ニ達シ、短キモ一年ヲ超ユルコト、ナル」という現実があった[98]。

上記の提案について協議した結果、まず定員数の引き上げについては、定員制がもつ制度的硬直性と問題点が指摘され、「名古屋航空機ノ定員ヲ幾何《いくばく》増加スベキヤ否ヤノ数量的問題ニ付テハ本会議ニ於テ論疑《ママ》スルノ限《かぎり》ニ非ザルガ、或程度ノ増員ハ不得已《やむをえざ》ルベキガ如シ[99]」とされた。そのうえで航空機名古屋製作所に対し、「期限付臨時雇職工」に関するこれまでの基本方針に可能なかぎり近づける努力をするよう要請した。「議事録」は次のように記している。

「提案場所トシテハ今後ノ問題トシテ可成《なるべく》従来ノ打合ニ準備シ得ル様（実際ノ運用ニ於テハ勿論能《あた》フベクンバ制度ノ上ニ於テモ）努力ノコトトシ、現在ノ期限付ニ付テハ場所ノ実情ニ応ジ定傭ト為スコトヲ得ル部分ニ付テハ之ヲ定傭ト為シ、然ラザル者ハ解雇スル等善処ノコトトシ、事実上ノ使用期間長期ニ亘ル者ノ如キハ世態ノ趣向ニ顧ミ可及的ニ之ヲ避ケ、又提案場所以外ノ場所トシテハ従来ノ取極通実行ノコト[100]」

一方、長期間使用の「期限付臨時雇職工」を解雇するばあいの手当の給付については、統一した基準を定めず、ている。

航空機名古屋製作所に限定して、「本店」と相談しつつ「特別手当」を支給することとした。「議事録」はこう記している。

「期限付解雇ノ場合ノ手当ニ付テハ提案場所ノ実情モアリ、事実上ノ使用期間一年ヲ超ユル者ニ付テハ提案場所ニ限リ何分ノ特別手当ヲ支給シ得ルコトトシ、其ノ額ハ必要ノ都度本店ニ伺出デノ上決定ノコト(101)」

「期限付臨時雇職工」の問題が五度めに取りあげられたのは、第一七回に引き続き三五年一〇月に開かれた第一八回「中央労務会」においてである。本会議において長崎造船所と長崎兵器製作所はそれぞれ、「期限付臨時雇ニ係ル件」、「期限付臨時雇職工ノ取扱ニ係ル件」を議題として提出した。この二つの議題は基本的におなじ問題を提起しているので、以下前者に絞って考察することにする。長崎造船所の議題提出の理由を「議事録」はこう記している。

「期限付臨時雇職工ノ取扱方ニ関シテハ従来屡々《しばしば》研究ノ結果方針決定シ居レル所ナルガ、最近社会情勢ノ変化ハ著シク、官憲ノ対臨時工対策ノ強化、退職積立金法案、戸畑鋳物会社ノ敗訴事件等相当世間ノ視聴ヲ惹ク問題□《不明》発セルニ鑑ミ、此ノ際更《あらた》メテ同制度ノ再検討ヲ行フコト、シ度ト云フ(102)」

右に指摘されている状況について具体的にのべると、まず「官憲ノ対臨時工対策ノ強化」については、前述した警視庁の活動のほかに、地方の道府県当局による期限付臨時職工制に対する規制介入の強化があった。政府の「報告書」は以下のように記している。

「地方庁に在りては臨検、講演、座談会等機会ある毎に所謂《いわゆる》臨時工の取扱に関し事業主の留意を喚起すると共に、労働不安に発端する労資紛議の防止に善処せしむべく、所謂期限付職工に付ては可及的短期間に於て之を常傭化し、労働保護法令に基く保護の徹底は固《もと》より事業主の恩恵的福利施設の均霑に関しても宜《よろ》しく指導を加へ、労働者保護上遺憾なきを期したり(103)」

また「退職積立金法案」については、この時期社会局は、解雇のみならず退職を含めて広く労働者が退職するばあい一定の基準によって手当を支給するという退職手当制度の法制化を目指しており、三五年六月には「退職積立金法案要綱」を決定するという状況があった(104)。また、「戸畑鋳物会社ノ敗訴事件」とは、戸畑鋳物株式会社（資本金一五〇〇万円、職工六〇〇〇人、その他臨時工二五〇〇人）が三四年一一月臨時工一人を解雇し、そのときの一人が解雇手当を請求した訴訟事件である。同人の弁護士による訴訟内容は、同人が三三年四月に採用されて以来一年七カ月就労していたにもかかわらず、会社側が「予告手当」の支給のみで済ますのは不当で、「解雇手当」として日給六〇日分、一三八円を請求するというものであった。三五年七月、大阪区裁判所はこれを認め、原告勝訴の判決を下した(105)。

以上のような状勢をふまえて、議題を提出した長崎造船所の代表は「期限付制度其ノモノハ作業ノ性質上必要ニシテ全廃スルコトハ出来ズ、従来ノ取極タル事実上ノ使用期間ヲ原則トシテ一年以内ニ限ル方針ハ今後ト雖《いえども》維持シ度《たく》(106)」としつつ「期限付ノ待遇ヲ現在ノ儘貫クコトハ蓋《けだ》シ至難ナルヤウ思惟セラル、就テハ期限付ノ待遇ニ付大体左ノ通改善シ度(107)」と提案した。左に記されている待遇改善の第一は、「例外的ニ余儀ナク一年以上使用ノ者ヲ解雇スルトキハ、其ノ事実上ノ使用期間ニ応ジ定傭職工解雇ノ場合ト同等ノ退職手当ヲ支給(108)」したいという提案である。その第二は、中元年末賞与について「定傭職工ト同程度ノ賞与ハ必要ナカルベキモ何程カノ賞与ヲ支給シ度、又其ノ受給資格モ退職手当ノ場合ト異リ、使用期間一年未満ノ者……ニモ支給シ度[109]」という提案である。第三は、福利厚生施策関係の給付・利用についても、「期限付臨時雇職工」に適用したいという提案であった。

会議では以上の提案について協議した結果、まず退職手当の支給について、「期限付臨時雇職工」をめぐる「社会情勢」が厳しいことを認めつつも、同職工に退職手当を支給することは、これまでの基本方針が破綻しかねないという意見が出された。

「根本問題トシテ期限付タルノ地位ヲ喪失スル場合之ニ対シ退職手当ヲ支給スルノ可否又ハ要否ニ付テハ……大体各場所共積極的見解ヲ有シ、其ノ主タル理由ヲ近来ノ社会情勢特ニ社会局立法ニ係ル退職積立金法案及戸畑鋳物会社ノ退職手当敗訴事件等ニ求ムルガ如シ。固《もと》ヨリ之等社会情勢ノ看過スベカラザルコトハ勿論（であるが――引用者）、……之等ノ事象ヨリシテ直ニ如何ナル場合ニ於テモ臨時工タル以上定傭職工同様ノ退職手当支給ノ要アリト為スコトヲ得ズ／加之《これにくわえ》、期限付ニ退職手当ヲ支給スルノ結果ハ自然期限付ノ数及事実上ノ使用期間モ長キニ亘リ、従来ノ方針ヲ維持スルコト困難ナル結果ヲ招来スルニ至ルベキノミナラズ、実際必要トスル期間以上ニ使用スルノ弊ヲ醸スニ至ルヤモ測リ難シ[110]」

しかし、「期限付臨時雇職工」に対して退職手当を支給するかどうかについては、会議全体としては意見がまとまらなかった。第二の提案、同職工にも中元年末賞与を支給する案については、これは「退職手当ト異リ永年勤続ニ対スル慰労又ハ失業補償等ノ意味合無ク、当該期ニ於テ会社ニ貢献シタル労ニ報ヒ又ハ利益分配的性質ヲ有スルモノナルベキヲ以テ、退職手当以上ニ支給ノ理由（合理的根拠――引用者注）明ナリ[111]」としつつも、「期末賞与中ニモ……将来ノ勤続ニ対スル刺戟的分子モ多分ニ包含セリト見ルヲ得ベク、此ノ見解ニ於テハ退職手当論ト五十歩百歩トナラザルナキカ」[112]とされ、結局意見が一つにまとまらなかった。また第三の提案、福利厚生策を同職工に適用するという案についても、「慰安会其ノ他ノ催事《もよおしごと》等ノ場合期限付ヲ参加セシメザルコトハ露骨ノ感アリ（中略）慰安運動方面ニ於テ迄□[不明]然区別スルコトハ労務管理上却《かえっ》テ不面白《おもしろからざる》性質上、幸福増進基金利子関係事業（基金の利子で運用される三菱重工の中心的福利厚生策――引用者注）ニ付定傭並ニ均霑セシムル方可ナルベシ等」[113]の意見があったものの、結局これも意見が一つにまとまらなかった。

以上の結果、長崎造船所が提出した議題（三つの提案）については、「社会情勢」からみてきわめて重要な問題を含んでおり、「本店」に一任することで結着した。「議事録」は次のように記している。

「本件ニ関シテハ……問題ガ問題丈《だけ》ニ期限付ノ取扱方如何ニ依リテハ単ニ会社ノ内部関係ノミニ止マラズ他ニ及ボス影響ニ付テモ慎重ノ考慮ヲ要スベク、且又《かつまた》或程度期限付ニ対スル会社従来ノ根本方針ノ修正トモナリ、其ノ当否ニ付テハ現下ノ社会情勢等ヲモ併セ尚考究ヲ要スル点アルヲ以テ、本件ニ付テハ本店ニ於テ尚篤ト研究ノ上可及的速《すみやか》ニ其ノ取扱方ヲ決定、各場所へ通知ノコトニ打合ス」[114]

「期限付臨時雇職工」の問題が最後、六度めに取りあげられたのは、三六年一〇月に開かれた第二〇回「中央労務会」においてである。この会議において「本店」は、「臨時ニ使用セラル、職工（期限付、日傭等）ノ取扱方ニ係ル件」を議題として提出した。題名が示すように、このときは人夫供給請負人が供給する日雇職工の問題も合わせて取りあげられた。「本店」の議題提出の背景には、三六年六月、退職手当の支給を法的に定めた「退職積立金及退職手当法」が議会で成立したことにあった。[115]同法第五条は次のように規定している。

「本法ノ適用ヲ受クル事業ニ使用セラルル労働者ノ中左ニ掲グル者ニハ本法ハ適用セズ、但シ第一号若ハ第二号ニ該当スル者六カ月ヲ超エテ引続キ使用セラルルニ至リタルトキ又ハ第三号ニ該当スル者一年ヲ超エテ引続キ使用セラルルトキハ其ノ時ヨリ其ノ者ニ本法ヲ適用ス／一、六カ月以内ノ期間ヲ定メテ使用セラルル者／二、日日雇入レラルル者／三、季節的事業ニ使用セラルル者（以下略）」

つまり同法第五条は、臨時雇職工や日雇職工を六カ月以上使用したばあいは、それらの職工を事実上定傭工とみなし、同法の適用をうけると規定した。

上記議題を提出した「本店」は、その理由を以下のようにのべている。

「過般制定公布アリタル退職積立金及退職手当法ノ近ク実施セラル、ニ伴ヒ、期限付ノ使用六カ月ヲ超ユルトキハ其ノトキヨリ同法ノ適用アルノミナラズ、六カ月ヲ超ユル期間ヲ定メテ使用セラル、者ハ使用ノ日ヨリ同法ノ適用ヲ受クルコト、ナリ、此ノコトハ一面定傭、臨時ノ区別ヲ或程度解消セシメントスルニ在ルモノト解セラル、兎モ角退手法ノ実施セラル、ニ伴ヒ期限付臨時雇（日傭其ノ他〔「其ノ他」は工事請負人が使用する職工のこと――引用者注〕ニ付テモ）ニ付テハ雇用方法其ノ他ニ付今後如何ナル取扱ヲ為シ可ナルベキヤ研究協議ノコト、シ度[116]」

協議した結果、まず「期限付臨時雇職工」については、「現在ノ最長一年ニ付テハ右ノ如キ社会情勢ヨリ観テ之ヲ六カ月ニ短縮シ、初ヨリ之ヲ超エテ使用ヲ要スル者ハ最初ヨリ、中途ヨリ六カ月ヲ超エテ使用ヲ要スルコト明トナリタルトキハ其ノトキヨリ定傭ニ傭替《やといがえ》シテ如何《いかが》ヤトノ意見アリ、此ノ点ニ付テハ各場所共異見ナシ[117]」とされたものの、最終的には雇用期間を六カ月に短縮することは今後の状況で判断するとし、当面は従来の方針を堅持することで一致した。「議事録」は次のように記している。

「期限付臨時雇制度ハ之ヲ存置シ、真ニ期限付タル性質ヲ有スル者ノミヲ之ニ為シ……事実上ノ継続使用期間一年ヲ超エテ尚引続キ雇傭ヲ要スル者ニ付テハ其ノ要スルコト明トナリタルトキニ定傭ト為シ……結局一年ヲ超ユル期限付ハ原則トシテ置カザル取扱ハ、今後客観的四囲ノ情勢如何ニ依リテハ、或ハ継続使用期間六カ月ヲ超ユルトキハ其ノトキヨリ又初ヨリ六カ月ヲ超ユルトキハ最初ヨリ定傭トシテ雇入ヲ要スル取扱ニ変更ノ必要ヲ生ズルヤモ難測《はかりがたき》モ、今ハ暫ク此ノ点ハ従来通トシ、唯《ただ》事実上ノ継続使用期間一年ヲ超エテハ期限付トシテハ例外的ニモ絶対ニ之ヲ使用セザルコト[118]」

以上のように、「期限付臨時雇職工」の雇用期間に関する方針は従来通りとしつつも、「客観的四囲の情勢」を慎重に判断するとしたことは、三七年以降各事業所で同職工が急速に減少するか、存在しなくなったとこと（前述）を考慮すれば、「本店」は第二〇回「中央労務会」閉会後の三七年以降、同職工制度を廃止する方向へおおきく舵を切ったと考えてよいであろう。

次に、人夫供給請負人が供給する日雇職工と工事請負人が使用する職工については、まずそれらの職工が存在する事業所ごとの人数が示された。それによれば、長崎造船所（日雇職工二五〇―三〇〇人、工事請負職工八〇〇人前後）、神戸造船所（日雇職工三五〇―五〇〇人）、彦島造船所（日雇職工・人夫三〇〇人前後）、航空機名古屋製作所（日雇職工一二〇人前後）であった[119]。そのうえで協議して出された結論は、それらの職工には「退職積立金及退職手当法」が適用されないよう使用上の運用を上手にし、その親方（棒心、「ボーシン」）については例外的に同法の適用を認めつつも、将来的には親方（制度）の廃止をめざすというものであった。「記事録」はこう記している。

「日傭職工……又ハ工事請負人ノ使用スル職工ハ原則トシテ退手法ノ適用ヲ受ケザル程度ニ実際運用上考慮シ、例外トシテ事情不得已《やむをえざ》ル場合（例之《これたとえば》、日傭職工ノボーシン的ノ者）ニ限リ適用ヲ受ケシムルモ差支《さしつかえ》ナキコト（但シ今後ボーシン的ノ者ハ漸次之ヲ廃スル様善処方留意ノコト）」[120]（傍線は原文のママ）

右でいう「運用上」の考慮の重要な一つが、次の第四章二（節）で論じるように、日雇職工を人夫名義に変更すること（「人夫名義の職工」）であったことは間違いないであろう。

以上、「中央労務会」における「期限付臨時雇職工」に関する議論を考察してきた。「中央労務会」では、同職工の雇用期間（契約更新を含む）や待遇改善（予告手当、賞与、福利厚生、退職金などの給付）などの諸問題が繰り返し議論されてきたが、それらの議論の背景には常に労働争議や国家の労働政策・臨時工取締政策にどう対処するかという危機意識があった。[121] その議論の過程で時には、「期限付臨時雇職工」制から人夫供給請負人による「日雇職工」（人夫名義の職工）制への移行が主張された。「期限付臨時雇職工」制を最終的に廃止に追い込んだのは、三六年六月に成立した「退職積立金及退職手当法」だったと考えられる。しかし逆に、「期限付臨時雇職工」に代わる労働力として人夫供給請負人による「日雇職工」（人夫名義の職工）への依存度は高まったのではないかと推定される。[122]

しかし、こうした人夫供給請負人による「日雇職工」（人夫名義の職工）も、三七年七月の日中戦争の勃発によって急速に減少していったものとおもわれる。三八年四月に開かれた第二四回「中央労務会」において「本店」は「工場警備強化ニ係ル件」を議題として提出し、その理由を次のようにのべている。

「災害ノ防止、機秘密ノ保持等ノ必要上ハ勿論、時節柄特ニ防諜ノ為工場警備ノ強化ニ就テハ一層配意ヲ要スベク（中略）今次事変（「支那事変」＝日中戦争――引用者注）下在リテハ特ニ科学化シ巧妙トナリツツアル間諜ヲ防衛シ、以テ国防能力ニ聊《いささ》カノ支障ヲモ来シメザル様心的及物的両方面ニ亘リ適切ナル方策ヲ施シ、一層警備ノ強化ヲ図ルコト肝要ナルベク[123]」

そのうえで協議した結果だされた結論は、(イ)「防護委員会」の設置、(ロ)「日傭職工又ハ人夫、商人等ノ出入取締」、(ハ)「一般職工ノ機密保持」、(ニ)「職工ノ写真、指紋、筆蹟ノ整理」、(ホ)「特殊徽章ノ制定」、(ヘ)「各自ノ言動注意ノ喚起」の六点であった。このうち(ロ)「日傭職工又ハ人夫、商人等ノ出入取締」について、「議事録」はこう記している。

「日傭職工又ハ人夫、商人等ノ外来者ニ付テハ特ニ注意ヲ払ヒ、其ノ思想、素行、身元ニ付十分ノ調査ヲ為シ置クヲ要ス[124]」

ここでは、人夫供給請負人が供給する日雇職工・人夫を「外来者」と位置づけ、それら労働者の思想、日常行動や出身地などを含む身元を調査し掌握することが求められている。しかし、人夫供給請負人自身これらの事柄に関心がなく何事も知らず、ともかくかき集め収容した求職労働者を日雇職工・人夫として各事業所に供給しているので、上記のことは無理難題だったと言うべきであろう。上記(ロ)の決定を厳格に守るかぎり、人夫供給請負人による「日雇職工」の供給体制は崩壊する運命にあった。次の第四章二（節）で論じるように、同年九月に開かれた第二五回「中央労務会」で決定された諸方針は、この運命を決定づけるものであった。

注

(1) 『三菱社誌』第二四巻、大正六年(一月〜八月)、三六六〇頁。

(2) 同上書、三八九九頁。同上書、大正六年(九月〜一二月)、三九九七頁。なお三菱合資会社は一七年から一九二〇年にかけて、三菱造船のほかに三菱製鉄、三菱鉱業、三菱商事、三菱銀行などを株式会社として分離・独立させ、同社は持株会社となり、コンツェルン体制を完成させた。

(3) 『三菱社誌』第二六巻、大正八年、四九八九頁、同第二七巻、大正九年、五四八五頁。

(4) 『三菱社誌』第二八巻、大正十年、五六八三―五六八四頁。

(5) 『三菱社誌』昭和三年、一三六頁。なお少し後のことになるが、三二年四月現在、三菱航空機名古屋製作所の製造品は、飛行機機体関係(三菱式戦闘機、三菱式偵察機、三菱式軽爆撃機、三菱式練習機、三菱式各種商用機、その他)、発動機関係(各種飛行機発動機、その他)であった(名古屋産業福利研究会『三菱航空機株式会社名古屋製作所第一回見学報告』一九三二年四月九日、謄写刷、頁数なし)。

(6) 『三菱社誌』昭和四年、二八七頁。

(7) 『三菱社誌』第二六巻、大正八年、四九九三頁、同第二八巻、大正七年、五四八五、五六四九頁。

(8) 『三菱社誌』昭和九年、八七九、八八四頁。

(9) この時期の三菱長崎造船所における労働運動・争議については、前掲、西成田『近代日本労資関係史の研究』第二章第二節四、第三節五を参照されたい。

(10) 一九二〇年代の労働組合法案について詳しくは、西成田、前掲書、第四章を参照。

(11) ただ、その前年の二四年一月、三菱合資会社は「労務研究会」なるものを発足させ、同年(二月末までに五回の例会を開催している(『三菱社誌』第三一巻、大正十三年、六五二三頁)。

(12) 『三菱社誌』第三三巻、大正十四年、六八八一―六八八二頁。

(13) 同上書、六八八二頁。

(14) その全文は、同上書、六八八〇―六八八一頁。

(15) 同上書、六九二一―六九二二頁。

(16) 三菱重工業株式会社本社所蔵。ただし、この所蔵場所は、一九七七年一月筆者が同史料をマイクロフィルムで撮影したときの場所。
(17) 三菱造船株式会社神戸造船所『原価低減研究委員会記録（訓示）』一九二三年（謄写刷、頁数ナシ）、三菱造船株式会社神戸造船所『間接費低減研究委員会報告』一九二三年（謄写刷、頁数ナシ）。
(18) 『第八回中央労務会議事録』昭和五年十月、一頁。
(19) 同上、二頁。
(20) 『第九回中央労務会議事録』昭和六年四月、一頁。
(21) 『第十回中央労務会議事録』昭和六年十月、一頁。
(22) 『第十四回中央労務会議事録』昭和八年十月、五―六頁。
(23) 同上、六―七頁。
(24) 同上、八頁。
(25) 『第十一回中央労務会議事録』昭和七年四月、二―三頁。
(26) 『第十七回中央労務会議事録』昭和十年四月、一頁。
(27) 同上、六頁。
(28) 同上、五頁。
(29) 同上、八頁。
(30) 同上、一一頁。
(31) 『第十八回中央労務会議事録』昭和十年十月、七頁。
(32) 『第二十回中央労務会議事録』昭和十一年十月、六三頁。
(33) 「基本的に」と限定を付したのは、軍用電機機器などの注文生産も存在したからである。
(34) 三菱合資会社資料課『重要工業確立政策ニ関スル資料』一九二七年（謄写刷、頁数ナシ）。
(35) この点については、第四章三〇九頁参照。
(36) 三菱合資会社資料課『三菱電機神戸製作所に於ける時間研究と賃率決定』一九二七年、一五頁。
(37) 同上書、三一頁。
(38) 『第八回中央労務会議事録』昭和五年十月、五頁。

(39) 同上、同頁。
(40) 『第五回中央労務会議事録』昭和四年四月、八八頁。
(41) 同上、三頁。
(42) 同上、八八頁。
(43) この争議は二九年三月一五日、「工信会」(横浜船渠の企業内組合)の会長渡辺国治と副会長山下義一が同社取締役会長に対して、日給五〇銭の増額、残業制度の廃止、最低賃金二円五〇銭、退職手当の増額、「工信会」による入職者「紹介」の独占などとともに、「定期職工」(臨時工)の定傭工への編入などを要求した「嘆願書」を提出したことによって始まった。その「嘆願書」は、「定期職工」の定傭工への編入要求のなかで、「常傭職工となり得る期待は定期職工にとつて一つの刺戟であり衝動である。既存定期職工と常傭職工との待遇に相当の差別があり、労働条件の甚だしい相違は定期職工のたへざる不満である。常傭職工は共済会の手当をうける、退職手当の相当額を受けうる、定期昇給の恩恵をうる。……定期職工は同じく労働者でありながら唯失業の不安に脅かされるのみで、之等の特権を持ち得ない」とのべている。この争議は、同月二四日、「合理的賃金制度」の制定、退職手当の増額、「定期職工」の一部の定傭職工化など「工信会」側の要求が部分的に実現するかたちで妥結した(リポート社編『横浜船渠株式会社労働争議事情』一九二九年、謄写刷、による。引用文は同一五頁)。
(44) 『第五回中央労務会議事録』昭和四年四月、八九頁。
(45) 同上、八八—八九頁。
(46) 同上、八九頁。
(47) 同上、同頁。
(48) 同上、八九—九〇頁。
(49) この時期の退職手当制度について詳しくは、西成田豊『退職金の一四〇年』青木書店、二〇〇九年、第三章を参照されたい。
(50) 『第五回中央労務会議事録』昭和四年四月、九〇頁。
(51) 同上、同頁。
(52) 同上、同頁。
(53) 同上、同頁。

(54) 労働省『労働行政史』第一巻、労働法令協会、一九六一年、二一七―二一八頁。
(55) この点について詳しくは、第四章参照。
(56) 『第七回中央労務会議事録』昭和五年四月、二一―二二頁。
(57) 同上、二三頁。
(58) 第四章を参照。
(59) 『第七回中央労務会議事録』昭和五年四月、二三頁。
(60) 同上、同頁。
(61) 同上、二四頁。
(62) 同上、同頁。
(63) 同上、二四―二五頁。
(64) 『第十四回中央労務会議事録』昭和八年十月、三―四頁。
(65) 同上、四頁。
(66) 『第十七回中央労務会議事録』昭和十年四月、四頁。
(67) 協調会労働課『三菱航空機株式会社名古屋製作所争議』一九三三年一〇月、謄写刷（大原社会問題研究所所蔵）による。
(68) 同上史料、一頁。
(69) 同上史料、三頁。
(70) 一九二六年に成立した労働争議調停法にもとづき設けられた調停官。詳しくは、西成田、前掲『近代日本労資関係史の研究』第三章第三節二、三を参照。
(71) 前掲、協調会労働課『三菱航空機株式会社名古屋製作所争議』一三―一四頁。
(72) 同上史料、一一頁。
(73) 同上史料、一五頁。
(74) 『第十四回中央労務会議事録』昭和八年十月、八〇頁。
(75) 同上、八一頁。
(76) 同上、八二頁。
(77) 同上、同頁。

(78) 同上、同頁。
(79) 同上、同頁。
(80) 同上、同頁。
(81) 同上、八三ノ二頁。
(82) 同上、八四頁。
(83) 同上、八四ノ二頁。
(84) 同上、八五ノ一頁。
(85) 同上、八六―八七頁。
(86) 同上、八七頁。
(87) 同上、八九―九〇頁。
(88) 同上、九一頁。
(89) 同上、九二―九四頁。
(90) 同上、九七頁。
(91) 『第十七回中央労務会議事録』昭和十年四月、一八―一九頁。
(92) 社会局労働部『工場監督年報』第二〇回、一九三五年、六一三頁。
(93) 社会局労働部『労働時報』第一二巻第六号、一九三五年六月、一八八頁。
(94) 厚生省労働局『工場監督年報』第二一回、一九三六年、四三五頁。
(95) 協調会『労働年鑑』一九三六年版、一七頁。
(96) 『第十七回中央労務会議事録』昭和十年四月、一四頁。
(97) 同上、同頁。
(98) 同上、一五頁。
(99) 同上、二四頁。
(100) 同上、三一頁。
(101) 同上、同頁。
(102) 『第十八回中央労務会議事録』昭和十年十月、一頁。

(103) 前掲、厚生省労働局『工場監督年報』第二一回、四三五頁。
(104) この点については、前掲、西成田『退職金の一四〇年』一九二頁、参照。
(105) 戸畑鋳物会社訴訟事件について詳しくは、労働事情調査所編『臨時工問題の研究』一九三五年六月、一一三―一一六頁を参照。
(106) 『第十八回中央労務会議事録』昭和十年十月、二頁。
(107) 同上、同頁。
(108) 同上、三頁。
(109) 同上、四頁。
(110) 同上、一〇―一一頁。
(111) 同上、一九頁。
(112) 同上、二〇頁。
(113) 同上、二〇―二一頁。
(114) 同上、二一頁。
(115) 詳しくは、前掲、西成田『退職金の一四〇年』第四章を参照。
(116) 『第二十回中央労務会議事録』昭和十一年十月、五九頁。
(117) 同上、六五頁。
(118) 同上、六九―七〇頁。
(119) 同上、六二頁。
(120) 同上、七〇頁。
(121) 言わずもがなのことを敢えてのべるが、以上の史実は、下部構造（経済的階級関係）が上部構造（政治構造、社会的意識の諸形態）を規定するという「唯物史観」や、国家とは経済的支配階級が被支配層を支配・統合するための装置（権力）であるという「階級国家」論では説明することができず、逆にむしろそれとは正反対のことをものがたっている。
(122) 二〇年代後半以降、三菱財閥の諸統計資料には「日雇職工」数はまったく記載をされておらず、前述したように、一九〇〇年代から一〇年代にかけて請負人が供給する臨時人夫を造船所と「日々雇用の直接雇用関係」にある者として統計資料に記載していた状況とはおおきく変わり、三菱は後述するように「日雇職工」を「外来者」として位置づけるようになった。

（123）『第二十四回中央労務会議事録』昭和十三年四月、四一頁。

（124）同上、四二頁。

むすび

最後に、本章での考察を簡潔に要約することによってむすびに代えることにしたい。

まず、三菱長崎造船所において一九〇三年以降登場する臨時職工は、当初は景気変動に対応するための雇用調整弁として位置づけられていたが、その後職工を採用するときはまず臨時職工として採用し、そのさい臨時職工のまま とする者と、一定期間を経た後に定傭工とする者とに区分して採用されるようになり、第一次世界大戦期にはいると後者の試傭工としての性格がつよくなった。これらの臨時職工の募集・採用は、当該工場の小頭や組長による「紹介人」（労務供給請負人）としての活動に依存しており、採用された臨時職工は「紹介人」たる小頭・組長の配下に組み入れられることによって、一種の親方制度の関係が形成されることになった。

一方、この臨時職工に対しても同所の福利厚生策の一部が適用されており、造船所側の直接的管理がつらぬかれていた。その意味で、臨時職工に即してみれば、小頭・組長による親方的管理と造船所側の直接的管理が並存していた。したがって、臨時職工の存在を考慮せず、定傭工のみを念頭において、重工業大企業の労務管理体制を間接的管理から直接的管理へと単線的に描く議論は根本的に再検討する必要があろう。

ただし、以上のような臨時職工は、一九二〇年の反動恐慌とその後の造船不況の影響をうけて存在しなくなり、一二三年以降新たに「期限付臨時傭職工」として登場するようになるが、それは従来の臨時職工とその性格をおおきく異にするものであった。

一方、三菱長崎造船所における臨時人夫は人夫供給請負人におおきく依存した。そこに一貫してみられる特徴は「人夫供給数」に応じた一人当り供給手数料の増額、人夫供給数が不足したばあいの不足数に応じた「過怠金」（罰金）の徴収、同所に優先的に人夫を供給することの義務付けなど、人夫供給請負人に対する造船所側の管理がきわめてつよいことであった。人夫供給請負人に対するそうした造船所側の管理強化は、日露戦争後いっそうつよまり、請負人に対する「バラック」（「人夫部屋」）建設の要求、請負人が直轄する「下宿屋」（「労働下宿」）への造船所側の監督・介入の強化などとなってそれは現われた。

こうした供給請負人と臨時人夫に対する造船所側の管理とその強化は、造船所と臨時人夫の関係を造船所側が「日々雇用の直接的雇用関係」として捉えていたことによるものであった。したがって、臨時人夫に対しても、さきの臨時職工と同様に造船所の福利厚生策の一部が適用されていた。供給請負人と供給人夫の関係を親方制度の関係として捉えるならば、さきにのべた臨時職工についてと同様、臨時人夫についても親方的管理と造船所側の直接的管理が並存していた。しかし、以上のような供給請負人と臨時人夫は、臨時職工と同様に二〇年代の造船不況のなかで急速に縮小していった。

長崎造船所が一九二三年から新たに採用するようになった「期限付臨時傭職工」は、雇用期間を限定した（雇用を継続するばあいは一旦解雇の手続をとったうえで再雇用する）臨時職工であった。第一次世界大戦末から二〇年代にかけて設立された三菱財閥傘下の重工業企業・事業所も、この「期限付臨時傭職工」を採用した。同職工がどのような方法で募集され採用されたのかは史料的に詳らかでないが、中央労務会の「議事録」に同職工についてしばしば「直接雇傭」という表現が出てくることを考慮すれば、一九〇〇年代、一〇年代の長崎造船所でみられたような小頭・組長による「紹介人」（労務供給請負人）活動に依存したものではなかったことは確かであろう。

「期限付臨時傭職工」は定傭工と比較して、全体として低賃金であり、雇用調整弁として使用された側面はおおきいが、その人数・割合は景気状況のほか、製造種目や技術的・経営的合理化への取り組みなど、各企業・事業所それぞれの事情によってかなり異なっていた。

「期限付臨時傭職工」は、さきにみた長崎造船所の臨時職工とは異なり、各企業・事業所の福利厚生策は適用されなかった。そればかりでなく、三〇年代にはいると、臨時工に対する政府・行政側の取締政策などとの関連で、「解雇予告手当」や賞与、退職手当などの不支給などが問題となり、中央労務会では同職工の雇用期間、契約更新のあり方や待遇改善などの諸問題が繰り返し議論されることになった。その議論のなかで、同職工に代わるものとして人夫供給請負人が供給する日雇職工（「人夫」名義の職工）への依存（回帰）が示された。

「期限付臨時傭職工」は、最終的には一九三六年「退職積立金及退職手当法」が成立したことにより廃止・解体され、人夫供給請負人が供給する日雇職工（「人夫」名義の職工）制へ全面的に移行することになった。しかし、同職工制も日中戦争勃発による戦時体制の成立により解体されていった。

第四章　両大戦間期の臨時工と労務供給請負業

はじめに

本章の課題は、両大戦間期の臨時工（臨時工場人夫を含む）と労務供給請負業について考察することにある。従来この時期の重工業大企業労働者の特徴については、〝上層＝右派。下層＝左派〟という政治的二項対立の枠組で捉える見解[1]と、「総体として『労働貴族化』」したとする見解[2]とに分かれてきた。しかし、この二つの見解はいずれも重工業大企業労働者を単一の主体（本工、定傭工）として捉えている点では共通しており、この時期の重工業大企業部門で臨時工が増加し、大企業労働者内部の階層的分化がすすんだことについては、まったく考慮されてこなかった。それはひとえに、両見解ともこの時期の労務供給請負業の存在についての認識を完全に見落していたからにほかならない。本章が上記のような課題を設定したのは、そうした研究史的背景にもとづいている。

注

（1）山田盛太郎『日本資本主義分析』岩波書店、一九三四年、一七二頁。
（2）兵藤釗『日本における労資関係の展開』東京大学出版会、一九七一年、一二七頁。

一　一九二〇年代の臨時工と日雇労働者

㈠　一九二〇年代の歴史的状況

本章の主題を考察しその理解を深めるための前提として、まず経済（不況と解雇）、社会（労働争議）、政治（工場法施行令の改正）の三点を中心に、一九二〇年代の歴史的状況についてのべておくことにしよう。

二〇年代の日本経済は、発展する好況部門と縮小する不況部門が並存するという不均衡な構造を有していた[1]。従来の中国・朝鮮のほかにこの時期新たに加わったインド、オランダ領インドネシア、香港、エジプトなどの新市場への輸出の拡大によって発展した綿工業（紡績兼営織布業、産地織物業）、二〇年代のアメリカ経済の繁栄による絹織物業用生糸需要の伸びと、女性用絹長靴下の流行とによって堅調な成長ぶりを示した製糸業が、二〇年代の好況を代表する部門であった。また重工業部門でも、この時期の電力業の発達にともない電気機械・電線・ケーブル製造工業など電力関連重工業の発展がみられた。

しかし重工業は、全体としては縮小基調の不況部門であった。まず陸海軍の軍工廠では、第一次世界大戦中の一過性の軍需が消滅したことと、ワシントン軍縮条約の締結や三度にわたる陸軍軍縮（二二年、二三年の山梨軍縮、二五年の宇垣《うがき》軍縮）とによって、その生産額はおおきく落ち込んだ。造船業もまた、第一次世界大戦中の急成長を支えていた船舶需要が消滅し、反動恐慌（二〇年）後の海運不況と軍縮による軍需の減少がこれに加わることによって、その生産額は一九年から二九年の間に八三％も激減した。こうした軍工廠と造船業の不振によって、それらに鋼材を供給してきた官営八幡製鉄所の生産額も同様に、一九年から二九年の間に二三％減少した。

一九二〇年代は、以上述べたような不況部門を中心に労働者（職工）の解雇がすすめられた時代である。まず海軍工廠では、ワシントン軍縮条約の締結をうけた海軍が二二年七月「海軍軍備制限計画」を発表したことにともない、同年一一月と翌二三年一一月に、各工廠で数百人から二〇〇〇人以上にのぼる職工が解雇された(2)。さらに海軍工廠では、政府の財政緊縮政策にもとづく行財政整理の一環として二四年五月、職工七三〇〇人、翌二五年四月にも職工一七〇〇人が解雇された（百人未満は四捨五入――以下同じ）。

一方、陸軍工廠における職工の解雇は、二二年三月、衆議院の委員会で「陸軍整理縮小ニ関スル建議」が満場一致で可決されたこと（同月衆議院通過）に始まる。翌二三年三月、陸軍工廠（同月陸軍造兵廠となる）は「職工馘首方針」を発表し、大阪砲兵工廠では一一〇〇人が解雇された。陸軍造兵廠はさらに、政府の行財政整理の一環として二四年初頭、大量の（人数は不明）職工の解雇をおこない、翌二五年四月にも造兵廠全体で一六〇〇人の職工を解雇した。

それでは民間大企業のばあいはどうだったのだろうか。解雇職工数三〇〇人以上の企業をみると、その多くは造船不況とワシントン軍縮条約の影響をうけた造船企業であった。その主な造船企業と解雇職工数を示せば以下のとおりである(3)。

二一年五月横浜船渠（二五〇〇人）、二二年二月三菱長崎造船所（三七〇〇人）、同年四月浅野造船所（一八〇〇人）、二三年六月川崎造船所（四〇〇人）、同年一〇月三菱長崎造船所（一五〇〇人）、二五年三月浦賀船渠（三〇〇〇人)、神戸製鋼所播磨造船場(三〇〇人)、同年五月大阪鉄工所因島《いんのしま》工場(三〇〇人)、同年六月三菱長崎造船所(一六〇〇人)、同年一〇月三菱神戸造船所(三〇〇人)、同年一一月横浜船渠(六〇〇人)、二七年七月川崎造船所(三〇〇〇人)。

二〇年代大量解雇をおこなった民間大企業は、もちろん造船企業だけではない。海運不況の影響をうけた日本郵船は二二年三月、海員一三〇人、陸上労働者三五〇人を解雇した。同年五月には宝蘭製鋼所は職工八〇〇人、職員二〇〇人を解雇した。また、二五年三月には日本蓄音器商会が職工五〇〇人、同年六月には川北電機製作所が職工三〇〇人を解雇している。

以上、二〇年代における民間大企業の重要な解雇事例をのべてきたが、二七年の川崎造船所の事例を除けば、二〇年代後半になると民間大企業では陸海軍工廠と同様に大量の解雇はおこなわれなくなる。しかし、史料的に全体像を明らかにすることは困難であるが、中小企業においては二〇年代後半以降も職工の解雇がしばしばおこなわれた。(4) いま埼玉県川口市の鋳物工場に絞って、職工を解雇した(その人数は不詳)年月と工場名を示せば以下のとおりである。(5)

二七年六月小池鋳工所、同年一二月宇田川鋳物工場、二八年三月本橋工場、保坂工場、同年四月間中鋳工所、同年五月甲子鋳工所、朝倉製罐工所、同年八月松本鋳工場、福間鋳工場、同年一〇月永瀬工場、同年一一月山口鋳工所、永瀬工場、同年一二月吉岡鋳工所。

以上、二〇年代の陸海軍工廠と民間大・中小企業における職工解雇の状況についてのべてきたが、それでは解雇された職工はどのような特徴をもった人びとだったのだろうか。もとより、川口鋳物業地帯の中小企業についてはわからない。史料的にそれがつかめるのは、陸軍工廠（陸軍造兵廠）、海軍工廠、三菱長崎造船所、川崎造船所の解雇職工である。その詳細な分析は拙著に譲るが(6)、上記四企業によって解雇された職工に共通する特徴は、比較的解雇を免れた職工との対比で言えば、次のようなものであった。すなわち、年齢層はそれぞれ若干異なるが、おおむね二〇歳代後半から四〇歳代前半の基幹的熟練工の解雇は可能なかぎり抑制され、熟練の摩滅がすすむ四〇歳代後半と定年間近の五〇歳以上の高賃金層が解雇の集中的な対象となった。

それではこの時期、企業によって解雇された職工はどうなったのか、その帰趨をみることにしよう。

二二年二月の三菱長崎造船所の解雇者三七三二人、二四年五月の横須賀・呉海軍工廠の解雇者のうち帰趨が判明する一二六〇人、計四九九二人の帰趨先の職業別内訳は次のとおりである(7)。工業（職工）六九七人（四九九二人の一四・〇％）、農業二三七八人（同四七・六％）、商業一一二〇人（同二二・四％）、漁業・船員一五一人（同三・〇％）、「家ノ手伝」八一人（同一・六％）、大工・左官・石工、雑業を含む「その他」五六五人（同一一・三％）。解雇職工の帰農者数・率はもっとも高いものの、商業や都市雑業（日雇職人・日雇人夫など）を想定させる「その他」へ転職・転落した者の数・比率もかなりのウエイトを占めていることがわかる。

この点は、二六年に全国で解雇された労働者八四万二二〇四人の帰趨、二二年から三二年までの一〇年間に解雇された工場労働者総数六五四万人の帰趨からも、うかがい知ることができる。

まず、二六年の解雇労働者の帰趨先は、「帰農した者」三二・六％、「同種工業に転職した者」二〇・八％、「他種工業に転職した者」一一・四％、「その他に転職した者」一二・一％、「未従業者」九・八％である(8)（合計は一〇〇％とならないが、そのままとした）。ここでも帰農者の比率は高いものの、商業や都市雑業（日雇職人、日雇人夫など）への転職・転落を思わせる「その他に転職した者」、「未従業者」が二二％を占めている。また、前記一〇年間に解

表Ⅳ-1　労働者の構成

（単位：千人・%）

労　働　者	1923年12月末	1929年6月末
工場労働者	1,806（48.1）	2,194（45.4）
鉱山労働者	315（8.4）	247（5.1）
交通労働者	820（21.9）	—
運輸・交通・通信労働者	—	491（10.2）
自由労働者	811（21.6）	—
大工・左官等労働者	（688）	—
人夫・仲仕	（123）	—
日傭労働者其の他	—	1,901（39.3）
総　　数	3,752（100.0）	4,833（100.0）

資料：内閣統計局『労働統計要覧』1924年版，1930年版より作成。

雇された工場労働者の帰趨先も、「帰農した者」二七〇万八〇〇〇人（全体の四一・四%）、「同種工業に転職した者」一四三万七〇〇〇人（同二二・〇%）、「他種工業に転職した者」七二万七〇〇〇人（同一一・一%）、「その他に転職した者」九四万八〇〇〇人（同一四・五%）、「未従業者」七二万人（同一一・〇%）、となっている。[9] やはり帰農者の割合は高いが、それでも四〇%強であり、商業や都市雑業（日雇職人、日雇人夫など）への転職・転落を思わせる「その他に転職した者」、「未従業者」は、全体の二六%におよんでいる。商業への転職も、その多くは零細小売業や大道《だいどう》商人のような存在になったと考えられるので、二〇年代に解雇された労働者の二〇%から三〇%は、都市雑業層へ転落したと考えて差し支えないであろう。

この点は、労働者の職業別構成を示した表Ⅳ-1からも知ることができる。二三年は、都市雑業層と考えられる「自由労働者」は八一万一〇〇〇人、労働者全体の二一・六%を占めている。この数・比率自体高いが、しかし二九年になると、「日傭労働者其ノ他」は一九〇万一〇〇〇人、労働者全体の三九・三%を占めるようになる。「自由労働者」と「日傭労働者其ノ他」はほとんど同一の階層と考えられるので、広く都市雑業層として括られる労働者は、この六年間に一一〇万人、労働者全体に占める比率は一八ポイントほど増加した。

こうした最下層までを含む階層的転落を余儀なくされる解雇に対して労働者は、解雇反対の争議や解雇手当の支給を要求する争議を活発に展開した。解雇反対争議は、統計的には二〇年代後半から現われ、二七年、二九年には争議総件数の一四％から一五％を占めている。また解雇手当要求争議は、統計的には二二年から現われ、争議総件数に占めるその比率は低いときで三％、高いときで一二％におよんでいる。[10] 以上の解雇反対争議や解雇手当要求争議の具体的な事例は拙著で紹介したので、[11] それに譲り、ここでは、二（節）でのべることとの関連で、拙著ではふれなかった川口鋳物業地帯の中小企業における争議を記しておくことにしたい。

同地帯の中小企業争議は、二五年一〇月東京鉄工組合川口支部（総同盟傘下）が結成されたこと[12]によって頻発することとなった。事実、同地帯の争議件数は二六年三件、二七年二三件、二八年三八件、二九年二六件と推移している。[13] ただ理由は詳らかでないが、解雇反対争議、解雇手当要求争議は二八年に集中している。この年、上記争議の発生した工場名、争議原因（解雇反対か解雇手当要求か）、参加人員、争議日数、争議結果をのべると次のとおりである。[14]

一月―近藤工場（解雇手当要求、一人、一日、貫徹）、三月―本橋工場（解雇手当要求、二人、一日、貫徹）、野崎工場（解雇手当要求、一人、九日、貫徹）、保坂工場（解雇反対、二六人、一九日、貫徹）、四月―田中鋳工所（解雇手当要求、一二人、九日、「有利」――資料の表現のママ）、甲子鋳工場（解雇反対、一人、一〇日、解雇）、五月―朝倉製鑵工場（解雇反対、三人、二日、二人貫徹、一人解雇）、八月―松本鋳工場（解雇反対、一九人、二日、貫徹）、一〇月―永田鋳工場（解雇手当要求、一二人、二日、「有利」）、十一月―山田鋳工場（解雇手当要求、二人、六日、「有利」）、永田鋳工場（解雇手当要求、一三人、四日、「有利」）。

さて、二〇年代の企業の職工解雇に対して、以上のような解雇反対争議や解雇手当要求争議が頻発する一方、政府も解雇規制の方策の立法化に乗りだすこととなった。それは具体的には、工場法施行令の改正となって現われたが、まずそれに至る工場法全体の改正からのべることにしよう。

二二年一一月に設置された社会局は、[15] 設置後ただちに各種の労働立法について再検討を始め、工場法[16]（一九一一年成立、一六年施行）の改正をまず第一に着手すべきものと判断し、同年一二月末「工場法改正案要旨」という一つの試案をまとめた。同試案は、翌二三年二月閣議決定され、工場法改正案としてすぐ衆議院に上程された。同改正案は無修正で両院を通過し、同年三月に公布された。[17] しかし、同年九月に発生した関東大震災によって改正法の施行は延引され、二六年七月に至ってようやく施行されることとなった。

また社会局は、改正工場法の成立後ただちに工場法施行令（一九一六年成立）の改正にも着手し、「工場法施行令同施行規則改正案要綱」を作成、二三年七月、各地方長官、協調会、全国商業会議所、日本工業倶楽部[18]、大阪工業会[19]、蚕糸業組合聯合会、大日本紡績聯合会などに対し、これを諮問した。社会局は、上記の諮問に対する答申を参考にしつつ施行令改正の検討をすすめたが、これも関東大震災の発生によって頓座した。そして、二五年一一月に至りようやく施行令改正案は閣議決定され、枢密院の諮詢をあおぐことになった。枢密院では審査委員会において数次の審議がなされ、二六年五月の第五回審査委員会において十数条の改正事項を決定し、政府にその同意をもとめた。政府はこれにもとづいて改正案を修正し、枢密院に再諮詢をあおぎ、同年六月修正改正案は両院を通過した。こうして改正工場法施行令は、同月勅令第一五三号をもって公布され、改正工場法とともに、七月一日より施行されることとなった。[20]

工場法施行令の改正点は多岐におよんでいるが、本章の主題との関連でとくに注目しておきたい改正点は、以下の三点である。[21]

第一は、工業主に対し、職工を解雇しようとするばあいは、原則として少なくとも一四日前にその予告をするか、または賃金一四日分以上の手当（解雇予告手当）を支給することを義務づけた（第二七条ノ二）。この解雇規定は、即日の雇止めを禁止したものであり、即日解雇するばあいは賃金一四日分以上の解雇予告手当を支給しなければならないとするきわめて日本的な解雇ルールを設定したことを意味する。[22]

第二は、常時五〇人以上の職工を使用する工業主に対し、職工雇い入れに関する事項、賃金その他給与の支給方法・時期に関する事項、解雇に関する事項などを記した就業規則を制定することを義務づけた（第二七条ノ四）。第三は、改正前の工場法施行令第三四条（「職工ノ周旋ニ付詐術ヲ用ヰタル者ハ、二百円以下ノ罰金ニ処ス」）を削除した。第三四条の削除がなぜなされたのかは詳らかではないが、結果として後にのべるような労務供給請負業の拡大をまねいたことは明らかである。

以上、三点にわたり二〇年代の歴史的状況についてのべてきたが、これらの三点をふまえ、以下具体的な考察にはいることにしたい。

㈡　造船・機械工業の臨時工

造船業は基本的に、海運業からの個別的受注による注文生産であるため(23)、生産の変動がおおきいという産業的特質をもっている。そのため、生産の変動に対応した雇用調整の手段として労働者のなかに常に臨時工を内蔵している。また造船業は、労働集約的な総合組立産業という特徴ももっているため、この時期にはまだ運搬過程を中心に多くの不熟練労働部門が存在した。こうした不熟練労働部門を担う「工場人夫」は、熟練工とは異なり、労働市場からの雇い入れが容易なため、労働コストの面からかならずしも常雇《じょうやとい》として確保しておく必要がなく、しばしば臨時雇《やとい》という雇用形態をとった。以上の点について、多くの造船大企業を対象とした一九一九年の一調査報告書は、次のように記している。

「各造船所ニハ普通職工以外ニ、雑夫、雑役夫、傭夫、定夫、運搬職、人夫等ノ名称ノ下《もと》ニ、多少ノ雑用労働者ヲ使傭ス。彼等ハ一般ニ人夫ト称セラレ、諸物ノ運搬、掃除、屑金《くずがね》ノ選択等ヲナシ、時ニハ鳶《とび》職ヲナス者アリ」、「雑用労働者中ニ定傭《じょうやとい》、臨時傭《やとい》トノ二《ふたつ》アリ、前者ハ工場ニ於ケル諸待遇ニ普通職工ト殆《ほと》ンド差異ナク（否、全然普通ノ職工トシテ取扱フコト多シ）」（傍点引用者——以下同じ）、「人夫ノ員数ハ……造船工事ノ都合、繁閑等ニヨリテモ増減スルコト勿論ナリ。殊ニ臨時人夫ノ内ニテモ、日傭ノ如キハ、一般土木工事等ノ人足ト全ク同シク、毎朝請負親方ガ造船所ニ於ケル其日ノ所要人員宛ヲ振向ケ来ルナリ(24)」

そのうえでこの報告書は、調査時点（一九年八月）での臨時工・臨時雇人夫の数を、大阪鉄工所因島《いんのしま》工場（広島県因ノ島、定傭職工数三八〇〇人）では運搬工としての臨時工三〇〇人、臨時人夫二〇〇人、神戸三菱造船所（神戸市、定傭職工・定傭人夫数一万四三七人）では運搬職定傭工二九五人に対して同臨時工二一六人、石川島造船所（東京市、定傭職工数三五〇〇人）では臨時人夫「毎日」（労務供給請負業者への依存）約五〇〇人とつたえている(25)。

しかし、造船業において臨時工がおおきく増加するのは一九二〇年代後半のことである。造船業の労働事情を調査した協調会の調査員は、この点についてこうのべている。

「（「平職工」を——引用者）常傭工、臨時工及定期職工（期限付臨時工——引用者注）に区別してみると、現在（一九二六年——引用者）では常傭工が九六パーセント以上の多数を占めてゐるのであるが、最近では何《いず》れの造船所でも新規に雇入れる職工は、定期工若《もし》くは臨時工として採用する傾向がある(26)」

そのうえでこの調査員は、臨時工と定期工の具体的な態様について次のように記している。

「傭入れた職工は最初から常傭職工とすることは殆んどなく、大抵《たいてい》は臨時工若くは定期工とし、三ケ月乃至六ケ月、永きは一ケ年間予《あらかじ》め期間を定めて使用し、本人の性格、技術程度及働き振りを確めた上、一部分を常傭工とするのであって、大部分の職工は期間満了と共に自然解雇となるか、改めて或る期間定期工として就業するのである」(27)

ここでは、臨時工・定期工が期間満了後、一部定傭工として採用される途《みち》が残されているものの、多くは解雇されるか、契約の更新によって再び臨時工・定期工として雇用されるという事実がかたられている。そして、こうした臨時工・定期工増加の原因を、この調査員は「近来は事業不振であって、何時《いつ》事業縮少〔小〕をなすに到るやを保し難いのであるから、一般に常傭職工は成るべく増加せしめない方針を採ってゐる」(28)ことに求めている。景気変動に対する雇用調整弁として臨時工の存在を捉えている。その極端な一つの例として調査員は、役付職工以下定傭職工は一人も存在せず臨時工のみで操業している浅野造船所（一九一六年設立、横浜市）をあげている(29)。

一方、機械工業においても、二〇年代後半に臨時工が増加した。中央職業紹介所によるこの時期の調査は、以下のように記している。

「会社側は臨時工のみを増し、又は比較的短期の職工を定期職工として採用するに至ってゐる。臨時職工は勿論相当な期間の後、定傭とすると言ふ規定は何れの工場にもあるとは言へ、事実に於ては殆んど行はれてゐない」(30)（機械製造業）、「志願者は……大概《たいがい》一週間より二週間迄（中には一ケ月と規定せる工場もある）の試傭となり、その間本人の技術及身元を調べて賃銀をも定め、一定の請書《うけしょ》を提出して職工となるのである。然し斯くて傭入た者は常傭とせずに臨時工（又は一年未満の定期工）とするので、現在の如く不況の際は、所定の期間を経て年齢となりても中々常傭とせぬ所が多い」(31)（船舶車輌製造業）、「（応募者は——引用者）技術試験の上、大概二週間位

の試験傭《やとい》とするので、適当なる者のみを常傭又は臨時傭に採用するのである」[32]（器具・金属品製造業）

以上の記述にみられるように、この時期における機械工業の臨時工は、定傭工への昇進の途は開けているものの、実際にはその途を歩むことができず、臨時工としての地位に据え置かれた存在であった。その理由として、上記の調査は「現在の如き不景気且つ不安な時代に、解雇より生ずる争議其他を避くる為」[33]とのべている。すでにのべたように、二〇年代後半には解雇反対争議や解雇・退職手当の確立を求める争議が多発しており、そうした状況に対応するために経営者は、労働者を、解雇しやすく解雇手当支給の必要性がない臨時工として採用するか、その地位に長く据え置いたのであろう。

ただし、先にのべた造船業を含めて二〇年代後半に臨時工が増加するもう一つの重要な要因として、工場法施行令の改正によって解雇のさい解雇予告手当が支給されることとなり、経営側が労働者を採用するさいその支給規定が適用されない（と考えられる）臨時工を意識的にもとめたことも、十分考えることができるであろう。

㈢　陸海軍工廠の臨時工

すでにのべたように、陸海軍工廠ではほぼ一九二〇年代半ばころまでに大幅な人員削減をおこなってきた。そして二〇年代後半にはいり、新たに労働者の募集が必要となったばあいは、基本的に臨時工として採用するという方針をとることになった。

二七年九月、海軍艦政本部長と海軍航空本部長は、各工廠長（横須賀、呉、佐世保、舞鶴）と各要港部工作部長宛に次のような通牒を発出した。

「　職夫ニ関スル件
人夫ニ就キテハ、大正十四年十二月十一日付ヲ以テ、一時的雑務ニ従事スルモノト雖《いえど》モ大正十四年度限リ使用中止ノ事ニ通牒ノ処、爾今《じこん》一時的ニ工事輻輳《ふくそう》シ、廠内外ノ職工流用転傭ニ依ルモ尚工数甚シク不足スル場合ハ、日傭人夫ト区分シ、職夫ノ名義ノ下ニ、当該期間傭入使用方差支無之《さしつかえこれなく》、其ノ都度《つど》工事名称、員数、傭入期間等詳細ノ事情ヲ具シ、協議ノコトトシ、左記ニ依リ取計相成度《とりはからいあいなりたく》（34）」

この通牒は、定傭人夫、日傭人夫とは区別されるものの、かならずしも熟練を必要としない職工を「職夫」の名義で期限付きで雇用しようとするものである。二〇年代前半、人員整理がすすめられるなかでも、基幹的熟練工は、その対象外となり工廠内に残されていたためであろう。
この通牒の「左記」では次のように記されている。

「一、職工同様個人毎ニ傭入手続ヲ採リ、身元調査ニ就テハ特ニ注意ヲ要ス
二、傭入期間ハ一期三箇月以内トシ、継続傭入ヲ要スル場合ニハ期間ヲ更新スルコト（以下略）
三、賃銭ハ相当考慮ノ上、定ムルコト
四、（略）
五、服業時間及取締ニ関シテハ、職工ト同一ノ取扱ヲナスコト
六、解傭ノ際ハ、少クモ二週間前ニ予告ノ方法ヲトルコト、又如何ナル場合ニモ解雇手当其ノ他之ニ類似ノ給与ヲ行ハス（35）」

ここでは、「職夫」は職工と同一の取扱いをするが（「職工」身分）、その雇用期間は三カ月であり、期間更新は妨げないことが、まず指示されている。また、「職夫」を解雇するばあいは、二週間前にその旨を予告すること、ただし、解雇手当支給の規程は適用しないことが指示されている。

こうして雇い入れられた「職夫」の数は、次の時期のことになるが、横須賀海軍工廠のばあい、一九三二年一二月現在二九一二人、労働者総数（一万七〇九人）の二七・二％におよんでいる(36)。

一方、陸軍工廠（二三年以降は陸軍造兵廠となる）においても、人員整理を終えたあとの二〇年代後半、新たに雇い入れる労働者は基本的に臨時工扱いとなった。事実、二〇年四月陸軍省令第八号として制定された「陸軍工務規程」は、その後幾度か改正されたが、二六年八月の改正では、左記傍点の部分が追加された。

「第二十一条　工員タラントスル者ニハ左ノ各号ニ掲グル書類（略——引用者）ヲ提出セシムベシ、但シ臨時ノ必要ニ依リ六〔ケ〕月以内傭入ルル者ニ付テハ、特ニ必要ト認ムルモノノミヲ提出セシムルコトヲ得」、「第二十五条　工員左ノ各号ノ一《ひとつ》ニ該当スルトキハ、部隊長ニ於テ之ヲ解雇ス

　一—九、（略——引用者）

　十、雇傭期間満了シタルトキ」(37)

右に記されている期限付の臨時雇い職工は、「定期職工」と命名されていたようである。実際、同年九月に改正された「陸軍共済組合規則」（一九一九年四月制定）では、組合員を新たに二種類に分け次のように規定している。

「第十二条　組合員ヲ分テ甲組合員、乙組合員トス

甲組合員ト称スルハ甲組合員タルモノヲ謂《い》ヒ、乙組合員ト称スルハ左ニ掲グル者ヲ謂フ
一、女子組合員
二、造兵廠定期職工タル工員
乙工員ニハ本令中年金ニ関スル規定ヲ適用セズ（以下略）」[38]

以上のべてきたように、二〇年代後半には陸海軍工廠においても、期限付の臨時工が増加した。その理由は、造船・機械工業のばあいと多少異なり、二〇年代前半の軍工廠における人員整理を促したときとおなじ要因、軍縮と行財政整理の政策のもとで人件費の圧縮がつよく求められたからであった。

以上のべたような臨時工が急速に増加するのは、昭和恐慌期以降の一九三〇年代のことである。しかし、企業における臨時工制度の導入が二〇年代、あるいはそれ以前に始まっていることも強調しておきたい。サンプル数は少ないが、機械工業五社、造船業二社、食料品工業一社、印刷業一社の計九社を対象としたある調査によれば、二〇年代に臨時工制度を導入した企業は機械工業二社（二四年、二九年）、それ以前は造船業一社（時期不明、「非常に古し」）、食料品工業一社（一九一六年）であり、三〇年代は機械工業三社（三一年一社、三二年二社）、造船業一社（三四年）、印刷業一社（三一年）であった。[39]

(四)　日雇労働者

すでにのべたように一九二〇年代には、日雇人夫など日雇労働者の数がおおきく増加した。この日雇労働者は大企業・中小企業が蝟集する大都市圏に集中している。事実、統計的にその数が判明する二九年六月現在、全国の

表Ⅳ-2　日雇労働者の前職

（単位：人・%）

前　職	東京市（1922年）	神戸市（1926年）	合　計
農　業	60	101	161（ 20.6）
商　業	169	88	257（ 32.9）
職　工	25	96	121（ 15.5）
諸事業	26	—	26（ 3.3）
日雇労働者	34	84	118（ 15.1）
その他	82	17	99（ 12.7）
合　計	396	386	782（100.0）

資料：東京市社会局『自由労働者に関する調査』1923年，159頁，緒方康雄『失業問題と救済施設』1927年，75頁より作成。
注：東京市の「商業」には「店員」30人を含む。

「日雇労働者其ノ他」の数一九〇万一〇〇〇人のうち東京は一三万一〇〇〇人、大阪一一万三〇〇〇人、兵庫七万三〇〇〇人、愛知六万人、神奈川五万八〇〇〇人、福岡五万八〇〇〇人であり[40]、この六府県で全体の二六%を占めている。

大都市圏におけるこうした日雇労働者の増加は、もちろん既述のような職工の整理・解雇が一因であるが、日雇労働者を全体としてみたばあい、その増加は、職工の整理・解雇を促した事情とおなじ二〇年代の不況が原因であった。たとえば、二二年三月時点での東京市内の「自由労働者」（日雇労働者）一一六五人についての調査では、「自由労働者」になった原因は、「事業の失敗（倒産）」二四六人、「生活難のため」一六六人、「就職難のため」四五人、「失業の結果」三三人、「病気による失職」二六人、その他「生活不安のため」三八人であり[41]、その合計五五四人（全体の四七・六%）は、何らかのかたちで二〇年代の不況の影響をうけた人びとであった。この調査時の二二年以降も不況はいっそう深刻になり、また職工の整理・解雇もすすんだので、そうした不況の結果として生みだされた日雇労働者の数・比率は、その後さらに増大していったものと推察される。

以上の点を日雇労働者の前職からみてみることにしよう。表Ⅳ-2から明らかなように、農村から都市へ出て日雇労働者になった者（前職「農業」）は二一%にすぎず、職工の整理・解雇によって日雇労働者になった者（前職「職工」）は一六%、企業の倒産によって日雇労働者になった者（前職「諸事業」）は三%強におよんでいる。また、前職「商業」が「農業」をおおきく上回り三三%を占めているが、これも「商業」経営の不振による「生活難」や

表Ⅳ-3　日雇労働者と大企業労働者の年齢構成

（単位：人・%）

年　齢	日雇労働者		三菱長崎造船所（1924年）	横須賀海軍工廠（1924年）
	東京市（1922年）	大阪市（1923年）		
15-25	307(23.6)	5,669(23.0)	3,038(34.7)	2,029(20.4)
26-35	370(28.5)	8,765(35.6)	3,174(36.3)	3,567(35.8)
36-45	331(25.5)	6,303(25.6)	2,083(23.8)	3,076(30.9)
46-55	211(16.2)	2,967(12.0)	448(　5.1)（46-55, 56-65, 66以上）	1,297(13.0)
56-65	63(　4.8)	951(　3.9)（56-65, 66以上）		1(　0.0)
66以上	18(　1.4)			—
合　計	1,300(100.0)	24,655(100.0)	8,743(100.0)	9,970(100.0)

資料：東京市社会局『自由労働者に関する調査』1923年，122頁，大阪市社会部調査課『日傭労働者問題』1924年，32頁，三菱長崎造船所『年報』1924年下，横須賀海軍工廠『労働統計』第1巻，1924年1月より作成。

注：三菱長崎造船所の年齢構成のうち「36-45歳」と「46歳以上」は，データの「41-50歳」の人員数の3分の2を「41-45歳」，3分の1を「46-50歳」に区別した推定計値である。

「生活不安」から日雇労働者になった者と考えられる。またさきにのべたように、整理・解雇された職工のうち、「商業」へ転職した者が多いので、「商業」へ転職した後、さらに日雇労働者へ転落した者も、前職「商業」のなかには含まれているものとおもわれる。

それでは次に、日雇労働者の年齢構成を大企業労働者のそれと比較して検討してみることにしよう。表Ⅳ-3はそれを示したものである。同表から明らかなように、東京市内日雇労働者の二六歳―三五歳層比率の相対的低さ、三菱長崎造船所労働者の一五歳―二五歳層比率の相対的高さが注目されるものの、総じて言えば、四五歳までは日雇労働者と大企業労働者とのあいだに、年齢構成上特筆すべきおおきな差異はない。両者の年齢構成の点でおおきく異なるのは四五歳以上である。すなわち四五歳以上の比率は、東京市内日雇労働者は二二%、大阪市内日雇労働者は一六%と高い比率を示しているのに対し、三菱長崎造船所は五%、横須賀海軍工廠労働者はやや高いものの一三%にすぎない。このように日雇労働者のなかに中高年労働者が比較的多いことについて、神戸市中央職業紹介所長（緒方康雄）と大阪市社会部調査課はそれぞれ、「壮年以後に於て失業したる常傭労働者が、転々として此の種日稼労働者に陥り来るからである」[42]、「工場労働者より日傭労働者へ、換言すれば熟練工より不熟練労働者へ、即ち常傭より日傭への径路を辿る現状を裏書してゐる」[43]と説明している。

以上のべたような日雇労働者の就業分野について、大阪市社会部は「技術方面から見ると、大工、左官、ペンキ職といった風な一定の技量を要し可成《かなり》の力量を要する仕事を極めて能率的に仕上げる手工業者と、之等職人を助ける合番、工場雑役其他大《たい》した力量及技術を要せざる仕事をなす一般雑役との二つに分れる」[44]と記している。また東京市社会局も、「自由労働者」（日雇労働者）について「職人、熟練労働者の手伝人足、工場に於ける職工の雑役、其他大した力量並に技術を要せざる仕事をなす一般雑役は、之を不熟練の自由労働者と認むべきであ（る）」[45]とのべている。これらの記述から明らかなように、日雇労働者の少なからぬ部分は、工場の臨時の職工手伝や人夫など工場雑役や、後にふれるが臨時工の一部として就労している。

こうした日雇労働者は、これを人夫として捉えたばあい、大別して常傭人夫、日傭人夫、部屋人夫に区分される[46]。常傭人夫は一定の雇用条件のもとに、雇主と直接、一、定期間の雇用契約を結ぶ者である。「常傭」とはいえ、工場が直接雇用する臨時人夫である。日傭人夫は雇主と直接雇用契約を結ぶ者と、人夫供給請負業者をとおして就労する者に分かれる。部屋人夫は、人夫供給請負業者である親方のもとで起居を共にし、親方の請負った工事や労務供給請負に応ずる人夫である。日雇労働者のうち、雇主と直接契約（口頭契約）する者と人夫供給請負業者によって供給される者のどちらが多いかを示す資料は存在しない。ただここでは、一二年三月現在東京市内に人夫供給請負業を営む業者が四八八人存在すること[47]、二六年七月の改正工場法施行令の施行によって人夫供給請負業者が増加したと考えられることの二点を指摘するにとどめておきたい。

さてでは、こうした日雇労働者の居住状態はどのようなものだったのだろうか。二三年六月の大阪市社会部の調査によれば、日雇労働者の住居は「木賃宿《きちんやど》」[48]七四、「労働下宿」二八、「労働部屋」三三、「紹介業兼下宿」三の、計一三八軒である[49]。人夫供給請負業者が経営する部屋は、「労働部屋」を含めて三六軒、日雇労働者はそこから請

表Ⅳ-4　神戸市内の「労働下宿」における止宿人と就労先（1924年1月上旬現在）

営業者氏名	止宿労働者の業種	止宿人員	就　労　先
櫛橋マサ	船ペンキ工	10人	川崎造船所
永井まさ	工場雑役	4	不詳
中島徳次	手伝	5	川崎造船所小野分工場
栗原初五郎	船大工	1	生駒造船所
同	鋳造所手伝	2	不詳
同	製罐場手伝	2	川崎造船所
松岡正	雑役	4	三和ゴム会社
栄田カネ	雑役	5	川崎倉庫，川崎分工場
小野トメ	雑役	7	川崎造船所，鉄道省
豊原信秋	雑役	9	ゴム会社
藪田ちえ	大工・鍛冶	4	三菱造船所，淀川造船所
松本トシ	臨時人夫	5	三菱造船所
岩井岩吉	臨時人夫	15	川崎分工場
前田ヤク	臨時人夫	9	三菱造船所
曾田ハツ	雑役	7	鐘紡会社
進チヨマツ	臨時人夫	6	川崎造船所，三菱造船所
田畑マツ	臨時人夫	9	三菱造船所
勝治一人	臨時人夫	8	三菱倉庫，三菱造船所
木谷辰造	臨時人夫	15	三菱造船所，川崎分工場
谷口治一郎	臨時人夫	29	三菱造船所
藤本喜郎	臨時人夫	8	三菱造船所
橋本岩雄	臨時人夫	12	三菱造船所，川崎分工場
西部共同宿泊所	職工	8	川崎造船所
同	職工	2	日本発動機会社
同	職工	1	台湾製糖会社
倉田こまつ	雑役	2	ライジングサン石油会社

資料：神戸市立中央職業紹介所『神戸市に於ける日傭労働者問題』1925年1月，15-26頁より作成。
注：工場で就労している日雇労働者を止宿させている「労働下宿」のみを取り出した。三菱造船所は三菱神戸造船所を指す。

負業者の手を経て雇主のもとに送り出された。

一方、「木賃宿」や「労働下宿」に住む日雇労働者は、その一部は請負業者の手によって雇主に供給されたものと考えられるが、ほかの日雇労働者はみずから求職活動をしたり、雇主と直接の雇用契約（口頭契約）を結んで就労した。表Ⅳ-4は、二五年一月現在、神戸市の「労働下宿」のうち工場で就労している日雇労働者を止宿させている「労働下宿」を摘記したものである。明らかなように、工場で就労する日雇労働者は、個人（ほぼ半数は女性）が経営する「労働下宿」に止宿し、職工（臨時工）、職工手伝、職人、臨時人夫、工場雑役などとして働いている。

以上、二〇年代の日雇労働者についてのべてきたが、そのうちの少なからぬ部分はこの時期、企業によって整理・解雇され階層的に転落した者によって構成され、それがまたこの時期の臨時工や臨時人夫・工場雑役などの社会的な供給源となっていることがわかった。

注

（1）以下、西成田豊『退職金の一四〇年』（青木書店、二〇〇九年）一三六―一三九頁による。
（2）以下、西成田前掲書一四二―一四三頁による。
（3）以下、西成田前掲書一四三―一四四頁による。
（4）一九三二年六月の調査になるが、川口の銑鉄鋳物工場二五一のうち、職工数（ただし臨時工は含まず）一〇人未満の工場は一三三（全体の五三・〇％）、職工一〇人以上三〇人未満の工場は八〇（同三一・九％）、職工三〇人以上の工場は三八（同一五・一％）であり（協調会『川口鋳物業調査』一九三三年、七〇頁）、川口鋳物工場の圧倒的多数は中小・零細工場であった。
（5）東京鉄工組合川口支部『川口鋳物業に於ける労働運動十年史』下巻、一九三四年（孔版）三一頁以下。
（6）西成田前掲書、一四五―一五四頁参照。
（7）詳しくは西成田前掲書、一五五―一五六頁を参照。
（8）法政大学大原社会問題研究所編『社会・労働運動大年表』第一巻、労働旬報社、一九八六年、二五〇頁。
（9）労働運動史料委員会『日本労働運動史料』第一〇巻、統計篇、一九五九年、二〇八―二〇九頁。
（10）同上書、四六八―四七一頁より算出。
（11）西成田前掲書、一六〇―一六四頁参照。
（12）結成に至る過程については、東京鉄工組合川口支部前掲書、上巻、一二五―一三六頁参照。
（13）同上書、下巻、六―七頁。

(14) 同上書、下巻、一一―一四頁。
(15) 第一次世界大戦後、政府が社会政策行政を重視したことにより、一九二〇年八月内務省地方局社会課が社会局に昇格し、さらに二二年一一月農商務省の労働関係行政などを統合することによって、内務省の外局として新たに発足した。
(16) 同法の制定過程と同法の新たな意味付けについては、西成田前掲書、七八―九六頁参照。
(17) 労働省編『労働行政史』第一巻、一九六一年、労働法令協会、二〇八―二〇九頁。
(18) この組織については、『日本工業倶楽部廿五年史』上・下巻、一九四三年を参照。
(19) この組織については、『大阪工業会五十年史』一九六四年を参照。
(20) 以上、前掲、労働省編『労働行政史』第一巻、二一四―二一五頁。
(21) 同上書、二一七―二一八頁。
(22) この点は、戦後の一九四七年三月に制定された労働基準法にも継承されている。同法第一九条は、「使用者が労働者を解雇しようとするときは少くとも三〇日前にその予告をなすか又は三〇日分以上の平均賃金に相当する金額を支給する」ことを要するとし、「解雇の予告」を定めている。無手当の「雇い止め」という解雇の仕方は、日本には本来なかった。
(23) ただし第一次世界大戦中は、川崎造船所などを中心に、不特定の顧客を対象とする同型船の見込生産（ストック・ボート）がおこなわれたことがある。
(24) 平木泰治『造船所労働状態調査報告書』東京高等商業学校、大正八年修学旅行報告（一橋大学附属図書館所蔵）。
(25) 同上。
(26) 吉田寧「本邦造船業労働事情概説（一）」（協調会『社会政策時報』一九二六年二月）、一二五頁。
(27) 同上、一三一頁。
(28) 同上、同頁。
(29) 同上、同頁。
(30) 中央職業紹介事務局『職業別労働事情（三）機械工業』一九二七年、四二頁。
(31) 同上書、九〇頁。
(32) 同上書、一三八頁。
(33) 同上書、四二頁。

(34) 横須賀海軍工廠編『横須賀海軍工廠史』第四巻、一九三五年、一三九頁。
(35) 同上書、一三九―一四〇頁。
(36) 同上書、五二五頁。
(37) 労働事情調査所編『官業労務規程総覧』一九三八年版、モナス、一九三七年、四―五頁。
(38) 同上書、六四頁。
(39) 全国産業団体聯合会事務局『臨時工問題に関する参考資料』一九三五年六月、三七―五四頁。
(40) 内閣統計局『労働統計要覧』一九三〇年版、八―九頁。
(41) 東京市社会局『自由労働者に関する調査』一九二三年、一六〇―一六三頁。
(42) 緒方康雄『失業問題と救済施設』厳松堂書店、一九二七年、六八頁。
(43) 大阪市社会部調査課『日傭労働者問題』弘文堂書店、一九二四年、三三頁。
(44) 同上書、一七頁。
(45) 前掲、東京市社会局『自由労働者に関する調査』二七頁。
(46) 緒方康雄、前掲書、四八頁。
(47) 前掲、東京市社会局『自由労働者に関する調査』六九頁。
(48) 中世日本に始まる安価な宿泊施設。多くは貧しい旅人が利用した。
(49) 前掲、大阪市社会部調査課『日傭労働者問題』一六〇頁。

二　一九三〇年代の臨時工と労務供給請負業

(一) 昭和恐慌後の臨時工の増加

一九二九年一〇月のニューヨーク株式市場の大暴落に端を発した世界恐慌は日本にもおよび、日本は深刻な恐慌に陥った（昭和恐慌）。とくに、アメリカ市場に圧倒的に依存していた製糸業への打撃はおおきく、それは養蚕業の没落を介して農業恐慌を深化させ、その後も長いあいだ農業は不況状態で低迷した。これに対して重工業は、ロンドン軍縮条約の締結（一九三〇年四月）もあって、三〇年はいぜん不況のなかにあったが、三一年一二月の金輸出再禁止による為替相場の急落によって輸出が促進されるとともに、同年九月の満州事変勃発による対満投資の急増によって、一転して好況的発展を示すようになった。

こうした昭和恐慌期・恐慌脱出の過程を経て、三〇年代には産業構造の重化学工業化がおおきく伸展した。事実、工業総生産額に占める繊維工業の比率は、三〇・六％（三〇年）から二九・一％（三五年）に減少したのに対し、重化学工業の比率は、三二・八％（三〇年）から四三・五％（三五年）に増加した。(1)この点をさらに労働者（職工）数と労働者（職工）総数に占めるその比率でみると、紡織工業は九〇万三〇〇〇人、五二・六％（三〇年）から一〇万七〇〇〇人、四二・五％（三五年）と比率でおおきく落ち込んでいるのに対し、重化学工業（機械器具工業、金属工業、化学工業の合計）は三七万一〇〇〇人、二二・〇％（三〇年）から八一万四〇〇〇人、三四・三％（三五年）と大幅に増加している。(2)

昭和恐慌後の以上のような重化学労働者の増加は、おもに臨時工の増加によってもたらされた。そのことを直接示す資料は存在しないが、後述するように三四年一二月末現在、職工一〇〇人以上の機械器具工場の臨時工は四万八〇〇〇人であり、それは三二年から三四年までの職工一〇〇人以上機械器具工場の職工数増加分七万八〇〇〇人の六一・五％におよんでいる。(3)また、川口鋳物業についての三二年六月現在の調査報告も、次のように記している。

「現在（調査当時――引用者）に於ては本職工の募集は全然なく……職工の補充は殆んど全部が臨時に採用した職工によって為されて居る状態である」(4)、「臨時職工は工場に於ける作業の都合により臨時採用され、其の契約期間は概ね三箇月以内とされてゐるが、最近当地方の工場主の中には、職工の採用に当っては悉《ことごと》く臨時職工として採用し、一箇月毎に契約を更新し使用して居るものがある。而《しか》も此の方法は、現在当地方の共通的な傾

表Ⅳ-5　臨時職工数の推移

（単位：人・%）

	1934年12月末	1935年12月1日	1937年11月1日
常傭職工(A)	398,392	486,517	1,132,380
臨時職工			
工場主ノ直接雇傭スルモノ(B)	67,883	55,487	125,179
供給請負人ヲ通ジ雇傭スルモノ(C)	12,204	24,479	32,625
合計(D)＝(B)＋(C)	80,087	79,966	157,804
(C)／(D)	15.2	30.6	20.7
総計(A)＋(D)	478,479	566,483	1,290,184
(D)／(A)＋(D)	16.7	14.1	12.2

資料：社会局労働部『臨時職工及人夫ニ関スル調査』1935年3月，「臨時職工及人夫名義職工数比較表」昭和13年1月24日，社会局資料（謄写刷）より作成。

注：職工数100人以上規模の工場（官営工場は除く）の職工数。

向にさへなりつつある状態である(5)」

そのうえでこの調査報告は、臨時工は三二年六月現在、職工総数の約一〇%を占めているとのべている(6)。三二年の川口鋳物業の職工数は三六〇六人であるから(7)、三六〇人前後が臨時工ということになろう。

以上のように、正確な統計データは存在しないが、昭和恐慌後における重工業の発展にともなう重工業労働者の増加の過程で、臨時工が増大していったことは間違いない。この点について東洋経済新報社も、やや後のことになるが、こうのべている。

「最近（三六、七年頃――引用者）に於ける重工業関係労働者の増加に於いて、その最も大きな部分を占めると見られてゐるのは、臨時工、人夫名義の職工（「人夫名義の職工」については後述――引用者）である。（中略）最近のこの増大は著しく、最近に於ける労働事情の一特徴をなすものと云ってよい。（〔金輸出〕再禁止後、幾何《いくら》の増加を示したか正確な数字を示すことは、問題が新しく、従って累年的な調査を欠いてゐるので、甚だ困難だ。）併《しか》し、最近の厖大な臨時工の数字は、その性質から昭和六、七年以後増加したものと見ることが出来よう(8)」

表Ⅳ-6　業種別臨時職工数とその割合（1934年12月末）

（単位：人・％）

業　種	常備職工 (A)	臨時職工 (B)	合計 (C)	(B)／(C)
染織工場	122,246	4,281	126,527	3.4
機械器具工場	148,598	48,483	197,081	24.6
化学工場	82,725	11,303	94,028	12.0
飲食物工場	8,727	1,909	10,636	17.9
雑工場	12,607	1,381	13,988	9.9
特別工場	23,489	12,730	36,219	35.1
合　計	398,392	80,087	478,479	16.7

資料：社会局労働部『臨時職工及人夫ニ関スル調査』1935年３月より作成。
注：職工100人以上の工場についての調査。
「特別工場」とは電気，ガス，金属製錬工場など。

そこで次に、臨時工の数がわかる三〇年代の三時点をとって、その推移を検討することにしよう（表Ⅳ-5）。臨時工の数は三四、五年の八万人前後から日中戦争勃発（三七年七月）後の三七年一一月には一五万八〇〇〇人とおおきく増加している。戦時経済体制にはいっても、当初は臨時工がかなりの数にのぼっていた。しかし、常備工を含めた職工全体に占める臨時工の比率は、臨時工採用に対するこの時期の政府・府県当局による規制・取締政策（第三章参照）などによって、三四年の一七％から三五年の一四％、三七年の一二％へと低下している。臨時工は、工場主（経営者）と直接雇用契約を結んで入職する者と、労務供給請負業者をとおして入職する者（間接雇用）の二つのタイプが存在する。臨時工のうち前者の直接雇用の臨時工の方が多いが、後者の労務供給請負業者によって供給される臨時工もけっして少なくない。臨時工のうち労務供給請負業者によって供給される臨時工の比率は、上述した臨時工比率の低下とは反対に、三四年の一五％から三五年の三一％、三七年の二一％へと上昇する傾向にある。

こうした臨時工は、前述したことと関連するが、業種的には機械器具工場に集中している。表Ⅳ-6はそれを示したものである。染織工場、雑工場では臨時工の比率が低く、機械器具工場、飲食物工場、特別工場では同比率が高いが、人数、比率とも高いのは機械器具工場である。すなわち、臨時工総数八万八七人のうち四万八四八三人、総数の六〇・五％が機械器具工場に集中している。この点は、臨時工が多い工場の業種からも確認することができる。いま、三四年一二月末の時点で臨時工が多い上位一二位までの工場・企業名と臨時工数をあげると、以下のとおりである。(9) ①日本製鉄八幡製鉄所一万一七二六人（職工総数に占める臨時工数の比率四二・〇％）、②日立製作所日立工場三一九六人（同四三・二％）、③川崎造船所二七八〇人（同三七・六％）、④日本製鋼所広島工場一六四〇人（同七二・七％）、⑤日本車輌製造株式会社一四二〇人（同五〇・九％）、⑥汽車製造株式会社一三八二人（同六二・一％）、⑦東京瓦斯《がす》電気工業大森工場一三五〇人（同四六・六％）、⑧三菱重工業長崎造船所一三〇一人（不詳）、⑨三菱重工業名古屋工場一二三八人（同二〇・二％）、⑩大阪機械製作所一一三二人（同七二・六％）、⑪芝浦製作所一〇八九人（同二八・〇％）、⑫住友製鋼所九八七人（同四三・二％）。

以上からわかるように、臨時工を多数使用している工場・企業の業種は、機械工業、鉄鋼業、造船業であった。同時に、臨時工を多数使用している工場・企業では臨時工の比率もいちじるしく高く、多くは四〇％から七〇％におよんでいる（機械器具工場全体では二四・六％、表Ⅳ-6を参照）。

そこで次に、企業規模別に臨時工の比率をみることにしたい。まず警視庁管轄下の職工三〇人以上工場についての三六年一〇月末現在の調査により、機械器具工場で臨時工を使用している工場数とその割合を規模別にみると、職工「三〇人以上五〇人未満」では九七工場、同規模工場総数三九五の二四・六％であり、以下「五〇人以上一〇〇人未満」八〇工場、同二五八工場の三一・〇％、「一〇〇人以上五〇〇人未満」七九工場、同一八〇工場の四三・九％、「五〇〇人以上一〇〇〇人未満」一三工場、同一九工場の六八・四％、「一〇〇〇人以上」一四工場、同一四工場の一〇〇・〇％となっている。(10) 明らかに工場規模がおおきくなるほど臨時工を使用する工場の比率が高くなっている。

さらに表Ⅳ-7をみよう。工場規模の区分は上記したものよりさらに細かくなっているが、ここでも、職工総数に占める臨時工の比率は工場規模がおおきくなるにしたがって高くなっていることをよみとることができる。とくに職工一〇〇人以上の工場になると臨時工比が一〇%をおおきく超え、職工一〇〇〇人以上の大工場では職工全体の半数が臨時工によって占められている。また、臨時工のなかで「熟練工」の占める比率は、いずれの規模の工場でも定傭工中の「熟練工」比よりも低く、臨時工が全体として定傭工より低熟練の職工が多かったことが知られる。ただ、臨時工中の「熟練工」比は、職工一〇〇〇人以上の大工場では六八%を占めており、職工九九九人以下の工場の四〇—五〇%をおおきく引き離していることも注目されよう。

表Ⅳ-7　機械工業の企業規模別臨時工数とその比率（大阪市，1937年）

（単位：人・%）

職工規模	常傭工				臨時工				
	熟練工(A)	その他(B)	小計(C)	(A)／(C)	熟練工(D)	その他(E)	小計(F)	(D)／(F)	(F)／(C)+(F)
5人未満	1,025	423	1,448	70.8	34	35	69	49.3	4.5
5-9人	3,761	1,410	5,171	72.7	160	159	319	50.2	5.8
10-19人	4,986	1,946	6,932	71.9	316	233	549	57.6	7.3
20-29人	3,908	1,929	5,637	69.3	209	258	467	44.8	7.7
30-49人	5,100	2,603	7,703	66.2	289	276	565	51.2	6.8
50-99人	4,382	1,956	6,338	69.1	255	414	669	38.1	9.5
100-199人	3,477	2,253	5,730	60.7	414	384	798	51.9	12.2
200-499人	4,752	2,307	7,059	67.3	484	815	1,299	37.3	15.5
500-999人	2,455	1,988	4,443	55.3	644	687	1,331	48.4	23.1
1000人以上	6,436	1,562	7,998	80.5	5,430	2,553	7,983	68.0	50.0
合　計	40,282	18,177	58,459	68.9	8,235	5,794	14,049	58.6	19.4

資料：大阪市役所『大阪市工業経営調査書——金属・機械器具工業』1937年より作成。
注：機械器具工業の労働者のみを取り出した。ただし，家族従業員，徒弟は除外した。「熟練工」「その他」の区分は原資料のママ。

以上、昭和恐慌後の重化学工業、とくに機械工業における臨時工の増加についてのべたが、陸海軍工廠においても昭和恐慌後、臨時工（職夫）が増加した。事実、福岡地方職業紹介所の報告書は佐世保海軍工廠について次のように記している。

「職工数は、昭和五年頃は約六千人を集めるに過ぎなかったが、昭和八年末には職工約六千二百人、職夫約三千人、合計九千二百人、（昭和）十年末に於ては、職工約七千五百人、臨時職工約千人、職夫約四千人、合計約一万三千人の労働者を擁して居り、最近新たに採用する者は農山村青年よりの職夫と、小学校卒業の見習工の二途に依り採用せられ……」(11)

この記述からわかるように、佐世保海軍工廠においては三〇年ころは職夫がまったく存在せず、三三年末には職工は二〇〇〇人増えたが、職夫は約三千人となり（労働者全体に占める職夫の比率は約三三％）、さらに三五年には、職工が一三〇〇人増えたのに対し、職夫・臨時工（両者の区分は不詳）は二〇〇〇人増加している（労働者全体に占める職夫・臨時工の比率は約三八％）。佐世保海軍工廠にみられるようなこうした臨時工（職夫）の増加は、ほかの海軍工廠でも進んだものとおもわれる。実際、三五年五月一日現在の臨時工数は、横須賀工廠五五六〇人、呉工廠一万六〇〇〇人、広《ひろ》工廠一九四〇人、舞鶴工廠一八六〇人である。(12) 各工廠の労働者総数がわからないので、それぞれの臨時工比率を出すことはできないが、前記したように三二年一二月現在の横須賀工廠の職夫数が二九一二人だったことを考えれば、三年半ほどのあいだに同工廠の臨時工（職夫）数は二六四八人、五二％増加したことになる。

一方、陸軍造兵廠でも臨時工は増大した。三四年三月一日現在の各工廠の臨時工数と労働者全体に占めるその比率を示せば、以下のとおりである。(13) 造兵本部三三人、三〇・八％、火工廠二七二六人、四八・〇％、名古屋工廠一

表Ⅳ-8　臨時職工（企業直接雇用）の雇用形態別人数

（単位：人・%）

雇用形態	1934年12月末	1935年12月1日	1937年11月1日
期限付	38,393(56.6)	35,780(64.5)	86,862(69.4)
期限定メナキモノ又ハ一定作業完了ヲ条件トルスモノ	24,928(36.7)	12,537(22.6)	23,209(18.5)
日々傭入ラルモノ	1,378(2.0)	4,946(8.9)	6,221(5.0)
其ノ他	3,184(4.7)	2,224(4.0)	8,847(7.1)
合　計	67,883(100.0)	55,487(100.0)	125,179(100.0)

資料：表Ⅳ-5に同じ。

四九一人、五三・三%、大阪工廠四二二七人、五四・〇%、小倉工廠二二一一人、五〇・三%、平壌兵器製作所二三六人、三九・四%、造兵廠合計一万九二四人、五一・〇%。このように陸軍造兵廠においても、さきにみた機械工業大工場とおなじように、臨時工がいちじるしく高い比率を示している。

以上縷縷のべてきたように、昭和恐慌後、臨時工はなぜ急速に増加するようになったのか、その理由については本節の最後でのべることにする。ただここでは、陸海軍工廠における臨時工の増加は、満州事変の勃発による陸海軍兵器の増産を低賃金の（後述）労働者に担わせようとしたことにもとづく点だけを指摘しておきたい。

(二)　臨時工の雇用形態と賃金・労働条件

臨時工には、前述したように、工場主（経営者）と直接雇用契約を結んで入職する者と、労務供給請負業者をとおして入職する者（間接雇用）の二つのタイプが存在する。本項ではまず、前者の直接雇用の臨時工について、その雇用形態と賃金・労働条件を中心に考察することにしたい。

臨時工は、(一)雇用期間が定められた臨時工（それも、後述するように、期間満了後解雇される者と、契約が更新されて継続雇用される者とに分かれる）、(二)雇用期間の定めがなく、定傭工とおなじように就労しながら臨時工身分に置かれた者、あるいは一つの作業が完了した時点で解雇される者、(三)日々雇い入れが繰り返される日雇臨時工の三つに大別される。表Ⅳ-8はこの三つの雇用形態別臨時工数とその割合を示したものである。明らかなように、期限付の臨時工数がもっとも多く、期限の定めがない、あるいは作業完了と同時に解雇される臨時工（以下「期限不定臨時工」と記す）がこれに次ぎ、日雇臨時工は少ない。しかし、これらをその推移でみると、期限付臨時工の割合は五七％、六五％、六九％としだいに増加しているのに対し、期限不定臨時工の割合は三七％、二三％、一九％と減少している。これは、第三章で論じたように、定傭工とおなじように就労していながら臨時工扱いしていることに対するこの時期の行政側の規制・取締政策の結果とみてよいであろう。

それでは次に、期限付臨時工の雇用契約の内容とその特徴について検討することにしたい。四つの事例を紹介する（ルビは筆者による）。

〔事例1〕(14)

誓約書

本籍地
現住地
姓名
年　月　日生

右者今般《こんぱん》貴社工場入自昭和　年　月　日至同　年　月　日　ケ月間臨時従業員トシテ御採用被下候《くだされそうろう》ニ就《つい》テハ、左記事項特ニ遵守可仕《つかまつるべく》、尚其他本人ニ対スル一切《いっさい》ノ責任ハ保証人ニ於テ相《あい》引受ケ、貴社ニ対シテハ決シテ御迷惑相懸《あいか》ケ申間《もうすま》敷《じく》、為後日連署ヲ以テ誓約書仍而《よって》如件《くだんのごとし》

一、勤務中ハ貴工場ノ諸規則ハ屹度《きっと》相守《あいまも》リ、誠実業務ニ従業スル事

一、（略）

一、（略）

一、貴工場ノ都合又ハ本人ノ不都合ナル所為ニ依リ解雇相成候共、決シテ異議申出テザル事

以上

昭和　年　月　日

本人氏名　印

保証人　住所

職業

氏名　印

この事例にみられるように、臨時工には雇用期間が定められているものの、経営者はその期間に拘束されることなくいつでも一方的に解雇できるという条項が掲げられている。経営者に対して臨時工は、きわめて従属的な立場にあったと言ってよい。

〔事例2〕(15)

承諾書

私儀本日ヨリ貴工場ニ臨時工トシテ日給金　円　銭ニテ来ル　月　日迄御採用ノ御許可相成《あいなるべく》候ニ就テハ、退職ニ際シ、給料ノ外《ほか》退職手当、予告手当等一切《いっさい》支給ヲ受ケサル約束ノ上従業可致《いたすべく》候、尚又右期間ノ短縮又ハ延長等貴工場作業ノ都合ニ依リ可然御取計相成《しかるべくおんとりはからいあいなり》トモ、右ノ通リ一切異存無御座《ござなく》候間《あいだ》、後日ノ為メ承諾書差入《さしいれ》候也

昭和　年　月　日

氏名

……鋳鋼所御中

この事例でも、〔事例1〕とおなじように、雇用期間が定められているものの、経営者がその期間を一方的に短縮（途中解雇）したり、延長したりすることができるものとされている。また期間満了後の退職のさいは、退職手当（この時期には退職手当制度は多くの企業に普及しており、その法制化もすすめられていた[16]）や解雇予告手当など賃金以外の手当はいっさい支給しないことが明記されている。

〔事例3〕[17]

誓約書

私儀今般御社臨時職工ニ御採用相成《あいなり》候ニ就テハ、左ノ条項堅ク遵守シ聊《いささか》モ背反申間敷《もうすまじく》候事

一、臨時職工トシテ御採用ノ期間ハ昭和　年　月　日限リトシ、期間内ト雖《いえど》モ、御会社ノ都合ニ依リ何時《いつ》解雇セラルヽモ異存ナキハ勿論《もちろん》、解雇手当金并《ならびに》退職手当金等ノ支給ヲ受ケザルモノナルコトヲ承知シ、何等ノ名義ヲ以テスルモ就業中ノ賃金以外ハ決シテ請求致ス間敷《まじき》事

一、（略）

一、（略）

一、御工場内ニ於テ許可ナク集会結社ヲ為シ、又ハ流言蜚語《りゅうげんひご》ニヨリ他人ヲ扇動スルガ如キ事、決シテ致間敷《いたしまじき》事

一、（略）

右誓約候也

本籍
現在所
戸主並ニ其ノ続柄
姓名 ㊞
明治
大正 年 月 日生

この事例でも、〔事例2〕とおなじようなことが、その第一項で記されている。ただ、この事例で特徴的なことは、その第四項で臨時工による集会や結社、宣伝（「流言蜚語」）や組織化（「扇動」）が禁止されていることである。臨時工として採用された以上、労働運動や労働争議にかかわってはならないことが指示されている。

〔事例4〕(18)

誓約書

拙者《せっしゃ》儀、今般貴会社臨時職工トシテ　ケ月以内御試用相成《あいなり》、左記箇条承諾ノ上入社仕候《つかまつりそうろう》ニ就テハ、上役《うわやく》ノ指揮ニ従ヒ、一意専心作業ニ精励可仕《つかまつるべく》ハ勿論、貴社ノ御都合ニ依リ何時《いつ》御解雇相成《あいなり》候トモ、聊《いささ》カモ苦情申《もうす》間敷《まじく》、仍《よっ》テ誓約書如件《くだんのごとし》

昭和　年　月　日

住所

氏名
住所
紹介人氏名

……株式会社御中

記

一、臨時雇傭期間満了スルモ、尚《なお》引続キ雇用ノ必要アルトキハ、通告ヲ為サスシテ其期間ヲ更新スルコトアルヘシ、但シ如何ナル場合ト雖モ、最初ノ雇傭月附ヨリ起算シテ一年ヲ超エサルモノトス

一、雇傭満一年ニ達スル臨時職工ニシテ技術優秀品行方正ナル者ニ、詮衡ノ上、正規職工ニ採用スルコトアルヘシ

以上

ここでは、雇用期間満了後の期間の延長（契約の更新）は自動的におこなわれることが記されている。ただし、そのばあいでも、雇用期間は一年を超えないものとし、一年に達した臨時工については定傭工として採用するばあいがあるとしている。

以上、期限付臨時工の契約内容について検討してきたが、そのことをふまえて次に、雇用期間別、期間更新、雇用期間不定別に分けてこの時期の臨時工の雇用形態について検討することにしよう。

まず臨時工の契約上の雇用期間についてみると、一九三五年の一四八工場についての調査によれば、三〇日（一カ月）未満は二四工場（一四八工場の一六・二％）、三〇日（一カ月）以上は四九工場（同三三・三％）、六〇日（二カ月）以上は七五工場（同五〇・七％）である。[19] また三六年の四八工場についての調査によれば、一カ月またはそれ以下

は一六工場（四八工場の三三・三％）、二カ月は一九工場（同三九・六％）、三カ月は一〇工場（同二〇・八％）、六カ月は三工場（同六・三％）である。[20]雇用期間の区分が多少異なるが、概して言えば、契約上の雇用期間は一カ月未満は少なく、二カ月以上三カ月がもっとも多いといえよう。

しかし、既述のように、このような雇用期間は満期後しばしば自動的に更新され、定傭工とおなじように長期間就労している臨時工が多数存在した。事実、全国産業団体聯合会加盟の一〇五企業についての調査[21]（三五年）によれば、臨時工二万六三五七人のうち契約更新による臨時工は五九三四人、全体の二二・五％を占めていた。また、雇用期間に定めがなく六カ月以上就労している臨時工は、一万三二七九人、全体の五〇・四％におよんでいる。[22]具体的に個別企業に即してこれをみると、三三年八月末現在、兵庫県警察部による同県下臨時工の雇用期間調査によれば、臨時工の平均勤続日数の長い企業は、阪神鉄工所二三二日（最長二七九日）、紡機製造会社一六五日（最長六カ月）、神戸製鋼所一七二日（最長一年七カ月）、日本エヤーブレーキ会社一七八日（最長八カ月）、高尾鉄工所一七二日（最長八カ月）、川西航空機一二〇日（最長一年）、阪急電鉄車輌工場五四〇日（最長二年）、川崎造船所艦船工場一八〇日（最長一年三カ月）、日本スピンドル会社三六〇日（最長三年九カ月）などであった[23]（順不同）。

表Ⅳ-9　雇用形態別・勤続期間別臨時工数（東京府，職工30人以上工場，1936年10月末現在）

（単位：人・％）

勤続期間＼雇用形態	1カ月以上3カ月以内	3カ月以上6カ月以内	6カ月以上1年以内	1年以上2年以内	2年以上	合　計
期限付	3,455(58.6)	914(15.5)	1,209(20.5)	284(4.8)	33(0.6)	5,895(100.0)
期間更新	2,146(32.4)	1,346(20.3)	1,792(27.1)	1,017(15.4)	320(4.8)	6,621(100.0)
期間不定	4,968(60.0)	1,007(12.2)	1,161(14.0)	757(9.1)	386(4.7)	8,279(100.0)
合　計	10,569(50.8)	3,267(15.7)	4,162(20.0)	2,058(9.9)	739(3.6)	20,795(100.0)

資料：福田清作「警視庁管下三十人以上使用工場に於ける臨時工の実際（其の二）」（『産業福利』第12巻第6号，1937年6月）100-101頁より作成。

表Ⅳ-10　常傭工と臨時工の賃金（日給と日収）比較（1934年2月末現在，職工50人以上工場，京浜地方）

（単位：円）

業種	男性				女性			
	常傭工		臨時工		常傭工		臨時工	
	定額	実収	定額	実収	定額	実収	定額	実収
染織工業	1.44	1.81	1.21	1.38	0.72	0.72	0.64	0.65
機械器具工業	1.72	2.91	1.68	2.08	0.80	1.06	0.71	0.89
化学工業	1.57	2.16	1.28	1.42	0.76	0.87	0.54	0.56
飲食物工業	1.67	2.12	1.17	1.22	0.76	0.93	0.62	0.57
雑工業	1.91	2.56	1.57	2.51	1.00	1.09	0.78	1.02

資料：労働事情調査所編『臨時工問題の研究』1935年6月，80-81頁より作成。
注：「特別工場」は不詳。

以上、臨時工の雇用期間、期間更新、期間不定についてのべたが、臨時工のこれらの雇用形態と勤続期間をクロスさせてみたものが表Ⅳ-9である。臨時工総数二万七九五人のうち期限付臨時工は五八九五人、総数の二八・三％、期間更新の臨時工は六六二一人、同三一・八％、期間不定の臨時工は八二七九人、同三九・八％であるが、この時点での期限付臨時工もその後期間が更新され期間更新の臨時工となる可能性がある。その点をふまえたうえで、まず期限付臨時工の勤続期間をみると「一カ月以上三カ月以内」が五九％と多数を占めている。これに対して、期間更新の臨時工の勤続期間は、三カ月以上の四階級の比率が高く、期間更新が繰り返されると、勤続一年以上、二年以上がけっして例外でないことがわかる。一方、期間不定の臨時工の勤続期間は、期限付臨時工のそれとおなじように「一カ月以上三カ月以内」が六〇％と多数を占めているが、期限付臨時工のそれと異なるのは、勤続一年以上、二年以上が無視しがたい比重を占めていることである。期間不定の臨時工は、短期間に集中的に雇用される臨時工と、定傭工とおなじように長期間就労しながら臨時工扱いされている者の二層より成り立っていると言ってよいであろう。

以上、工場主（経営者）によって直接雇用される臨時工の雇用形態について論じてきたが、それではそうした臨時工がどのような賃金・労働条件のもとに置かれていたかを、次に考察することにしよう。

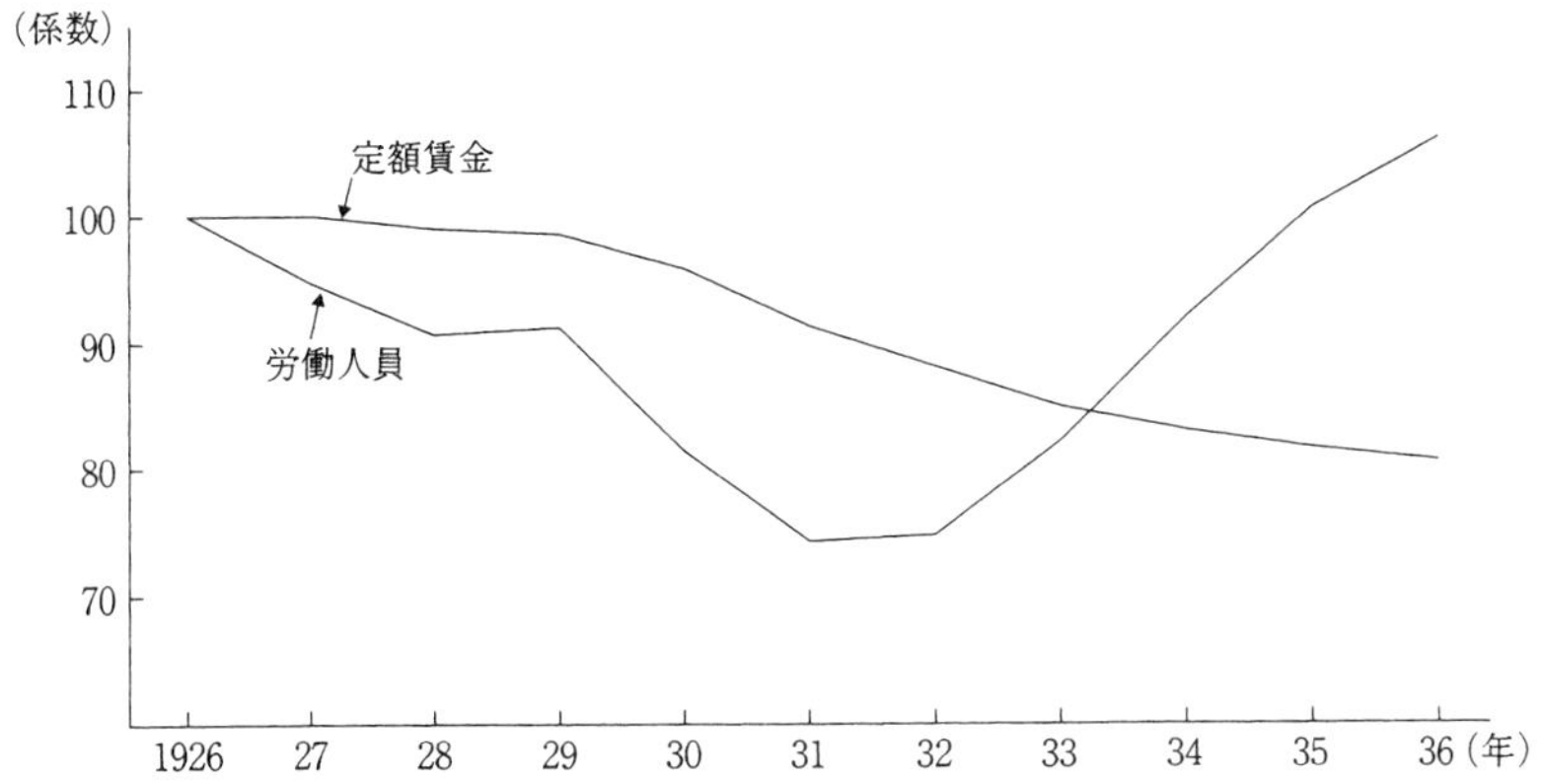

図Ⅳ-1　労働人員と定額賃金の指数の推移（1926年＝100）

資料：日本銀行調査局『労働統計概説』第９回（1930年），第13回（1934年），第15回（1936年）（日本経営史研究所編『日本銀行作成労働統計』Ⅰ，Ⅱ，雄松堂書店，1971年，所収）より作成。
注：職工30人以上の民営工場（全業種）の指数。

表Ⅳ-10は定傭工と臨時工の賃金（日給・日収）を比較したものである。同表より臨時工の賃金の対定傭工賃金比率を割り出すと、以下のようなことが言えるであろう。まず男性労働者については、機械器具工業では定額では九八％で臨時工と定傭工の間におおきな差はないが、実収では七一％で両者におおきな格差がみとめられる。これに対して、雑工業を除くほかの工業では、定額でも実収でも臨時工と定傭工とのあいだにおおきな格差が存在するが、定額での対定傭工比は七〇―八五％であるのに対し、実収でのそれは六〇―七五％であり、実収面での格差の方がおおきい。このようにみると、男性労働者では臨時工は定傭工より明らかに安い賃金で雇い入れられ（機械器具工業は別、その理由は不明）、後述するようなフリンジ・ヴェネフィットが無いなどの事情により、実収の面では臨時工の賃金は定傭工のそれよりさらに低いものとなっている。一方、女性労働者では、そのもともとの低賃金労働者としての性格から、染織工業の臨時工賃金の対定傭工比八九％（定額）、九〇％（実収）に示されるように、臨時工と定傭工の賃金格差は小さく、定額と実収の開きも小さい。

以上みたような臨時工の低賃金は、図Ⅳ-1からも確認することができる。一九二六年を一〇〇とした労働人員指数は、昭和恐慌期の三〇、三一年におおきく落ち込んだあと、三二年から増勢に転じ、三五年にほぼ二六年水準に回復し、翌三六年には二六年水準を六ポイントほど上回るに至っている。これに対して定額賃金指数は、昭和恐慌期におおきく落ち込んだあとも一貫して回復することなく、三六年まで持続的に低落している。このように、三二年以降の労働人員指数の上昇に反比例して定額賃金指数が持続的に低下していることは、労働人員増加を規定した臨時工の定額賃金の低さにもとづくものであろう。

臨時工には賃金ばかりでなく、待遇や労働条件の面でも、定傭工とのあいだに明確な差別が存在した。事実、社会局による職工一〇〇人以上の六八七工場についての調査（三五年一二月末現在）によれば、(24) 臨時工と定傭工とのあいだに「待遇上何等差別ヲ設ケザルモノ」は一六一工場（調査対象工場の二三・四％）で、五二六工場は何らかのかたちで待遇上の差別を設けていた。ただしこの時期、社会局は臨時工制度に対する規制・取締政策をすすめており、社会局の調査に応じた工場が、臨時工と定傭工とのあいだの差別の有無や差別的諸事項に正直に回答したかどうかははなはだ疑問である。たとえば、差別事項の調査項目のなかに「臨時職工ノ日給、常傭工ニ比シ安キモノ」という項目があるが、それに「有り」と回答した工場はわずかに六三工場（五二六工場の一二％）にすぎず、本章での前述の考察とは明らかに違っている。

以上のように、差別事項に「有り」と回答した工場が少ないであろうことを前提に、臨時工と定傭工とのあいだの差別事項とそれを設けている工場数を示せば、以下のとおりである。「退職手当ヲ支給セザルモノ」一九六工場、「勤続手当、皆精勤賞、能率賞ヲ支給セザルモノ」一五六工場、「期末賞与ヲ支給セザルモノ」一五五工場、「共済組合、購買組合ニ加入セシメザルモノ」六五工場、「慶弔救済規定ノ適用ナキモノ」五四工場、「臨時工ノミ昇給セシメザルモノ」三一工場、「公休日ヲ与ヘズ」三〇工場、「日給以外何等支給セザルモノ」二七工場、「早出《はやで》残業ノ割増金ヲ附セザルモノ」二六工場、「休日手当ヲ支給セザルモノ」二二工場。このようにみると臨時工は、賃金以

表Ⅳ-11　労務供給請負業者による臨時工・工場人夫数

（単位：人・％）

	1934年12月末	1935年12月1日	1937年11月1日
臨時工			
雇入及賃銀等ニ関シ工業主ニ於テ特定スルモノ	7,066（57.9）	7,283（29.8）	18,044（55.3）
工業主ニ於テ特定セザルモノ	5,138（42.1）	17,196（70.2）	14,581（44.7）
小計（A）	12,204（100.0）	24,479（100.0）	32,625（100.0）
人夫（B）	24,096	25,716	45,504
合計（A＋B）	36,300	50,195	78,129
（A）／（A＋B）	33.6	48.8	41.8

資料・注とも表Ⅳ-5に同じ。

外の諸手当（フリンジ・ヴェネフィット）が支給されないこと、企業内福祉的給付が受けられないこと、休日就業や労働時間の延長に対する割増賃金が給与されないこと、この三点で定傭工とのあいだに明確な差別が設けられていたといってよい。

（三）臨時工・工場人夫と労務供給請負業

前項では工場主（経営者）が直接雇用する臨時工について考察したが、本項では労務供給請負業者（以下、「請負業者」と記す）によって供給される臨時工と工場人夫について検討することにしたい。後述するように、請負業者によって供給される工場労働者のなかには「人夫名義の職工」が含まれており、臨時工と工場人夫は一応区別されるものの、その区別はかならずしも厳密なものではないためである。

表Ⅳ-11は、請負業者によって供給された臨時工・工場人夫数の推移を示したものである。請負業者によって供給された工場労働者のうち臨時工の占める割合は、三四年の三四％から三五年の四九％、三七年の四二％としだいに増加している。請負業者が供給労働者を工場人夫から臨時工へシフトさせていることがわかる。また臨時工のなかでは、「雇入及賃銀等ニ関シ工業主ニ於テ特定スルモノ」は、五八％（三四年）、三〇％（三五年）、五五％（三七年）と、変動はあるものの減少基調にある。これに対して「工業主ニ於テ特定セザルモノ」は、四二％（三四年）、七〇％（三五年）、四五％（三七年）と、変動はあるものの増勢基調にある。

「雇入及賃銀等ニ関シ工業主ニ於テ特定スル」臨時工とは、工場主（経営者）が請負業者に対し特定の者を指名した臨時工のことで、その多くは「熟練的作業ニ就労」[25]し、「実質的には工業主から直接雇傭される臨時職工と大差ない」[26]と評されるような臨時工である。一方、「工業主ニ於テ特定セザル」臨時工とは、「不熟練労働者ニシテ……比較的単純ナル労務」[27]に就く臨時工のことであり、その多くは「人夫名義の職工」というかたちをとった。請負業者が供給する臨時工を、「人夫名義」にしたことは、その就労内容が工場人夫のそれとそれほどおおきな違いはないという事情が根本にあったにせよ、職工を対象とした工場法は、人夫には適用されないという事情を悪用した一種の脱法行為であった。以上の点をふまえると、前掲の表Ⅳ-11は、請負業者が供給労働者を工場人夫から臨時工へシフトさせつつ、「人夫名義の職工」の割合を高めていったことをものがたっている。

それでは次に、工場主（経営者）と請負業者の具体的な契約事例とその内容をみることにしよう（契約事項は重要なもののみを摘記した）。

〔事例5[28]〕

人夫供給契約書

……ヲ甲トシ、……ヲ乙トシ、両者間ニ於テ人夫供給ニ関シ契約ヲ締結スルコト左ノ如シ

第一条　乙ハ甲ノ要求ニヨリ、遅滞ナク身体強健思想堅実ナル人夫ヲ供給スルモノトス

第二条　乙ノ供給スル人夫ノ勤務時間ハ午前七時ヨリ午後五時迄ヲ定時トシ、甲ハ右時間ニ対シテ日給金壱円参拾銭ヲ乙ニ支払ヒ、乙ハ金壱円弐拾銭ヲ人夫ニ支払フモノトス

但《ただ》シ定時間中一時間ノ休憩時間ヲ与フ

第五条　人夫中技倆、勤務優秀ニシテ将来有望ナル者ハ、甲ニ於テ直接工員トシテ傭入スルコトアルヘシ、

此ノ場合乙ハ異議ナク無償且無条件ニテ甲ノ要求ニ応スルモノトス

工場名〔甲〕
請負者名〔乙〕
（傍線は原文のママ、以下同じ）

この事例は「人夫」供給についての契約書であるが、技能など優秀な者については、「工員」として工場主（経営者）が直接雇用するばあいがあることを記している（第五条）点で、ここでの「人夫」は「人夫名義の職工」（臨時工）であると推察される。この契約書では、工場主が一人の「人夫」に付き一日（定時間）当り一円三〇銭を請負業者に支払い、請負業者は「人夫」に一円二〇銭を支払うことが明記されている。工場主の「人夫」に対する賃金給与は請負業者をとおしてなされ、差額の一〇銭が請負業者のいわば「手数料」（中間搾取）ということになる。しかし、実際に請負業者が「人夫」に対して一円二〇銭を支払うかどうかの義務規定はない。

〔事例6〕(29)

使用人夫供給請負契約書

合資会社……組ハ……会社発電課使役人夫ノ供給ヲ請負タルニ付……会社ヲ甲トシ、合資会社……組ヲ乙トシ、契約スル事次ノ如シ

第九条　人夫ノ使役時間ハ一日十時間ヲ標準トス、但シ甲ハ業務ノ都合ニ依リ之ヲ伸縮スルコトアルヘシ

第十一条　賃金ハ左ノ各号ニ依リ毎月一回甲ヨリ乙ニ支払フモノトス

一、第九条ノ標準時間ノ就役ヲ以テ一人トシ、賃金一人ニ付左ノ通リトス

並人夫　壱円弐拾弐銭
朝鮮人夫　壱円〇六銭
女人夫　七拾銭
二、三、四、（略）
第十二条　乙ハ供給人夫ニ対シ、前条第壱号ノ賃金ノ自分ノ八以上ノ口銭ヲ要求スルコトヲ得ス
昭和　年　月　日
会社名
請負者名

この事例は文字どおり工場人夫（そのなかに朝鮮人の人夫が含まれていることは注目される）(30) 供給についての契約書である。ここでも、工場主の人夫に対する賃金給与は請負業者をとおしてなされることになっているが、〔事例5〕とは異なり、「手数料」（中間搾取）は定額ではなく、諸人夫賃金の八％まで（定率）とされている。しかし〔事例5〕とおなじように、実際に請負業者が定率を守るかどうかを縛る規定は存在しない。

〔事例7〕(31)

誓約書

今般貴所日雇職工人夫供給方御用命相受《あいうけ》候ニ就《つい》テハ、左記件々無相違《そういなく》履行可仕《つかまつるべく》、万一之《これ》ニ違背スル等不都合ノ所為有之《これあり》候トキハ、供給御差止《おんさしと》メ、其他如何《いか》ナル御処置有之《これあり》トモ何等《なんら》異議申立間敷《まじく》、後日ノ為メ保証人連署ヲ以テ茲《ここ》ニ誓約仕《つかまつり》候也

昭和　年　月　日

日雇職工人夫供給請負人

保証人

……御中

記

七、供給職工人夫ノ賃金ハ、貴所ニ於テ各本人ノ技能其ノ他御参酌ノ上、適当ニ御決定下サルヘキコト（以下略）

八、賃金ハ総《すべ》テ供給職工人夫各本人ノ所得ト致スヘキコト

九、供給手数料トシテ左記ノ通リ拙者《せっしゃ》ニ御支払下サルヘキコト

供給職工、人夫一人一日付金拾銭、但シ人夫ニシテ満十六歳未満ノ者ハ金五銭、供給女夫《めふ》一人一日付金五銭

十、供給職工人夫ニ対スル賃金及供給手数料ハ、毎月二回貴所職工賃金支払日ニ拙者ニ御支払下サルヘキコト、但シ供給職工ニ対スル賃金ハ貴所ニ於テ直接各本人ニ御支払下サルヘキコト

十四、職工人夫供給期間ハ、昭和　年　月　日ヨリ昭和　年　月　日迄トス、但シ貴所ノ都合ニ依リ何時《いつ》解約セラルトモ、何等《なんら》異議申《もうす》間敷《まじき》コト

この事例では、まず、請負業者が供給する職工と人夫の賃金は、工場主側の判断で決定されることが記されている。それは、職工・人夫の賃金の如何にかかわらず、職工・人夫一人一日当りの「供給手数料」が定められているからである。〔事例5〕、〔事例6〕と異なるのは、職工・人夫の賃金決定が工場主側に委ねられているためであろ

うか、少なくとも職工については、賃金は工場主側が直接支払うとされていることである。第八項をみると、人夫の賃金についてもおなじことが言えそうであるが、その点は不分明である。

以上のように、請負業者が供給する臨時工・工場人夫の賃金は、請負業者をとおして支払われるばあいと、工場主が直接支払うばあいの二通りがあった。三四年一二月末現在、職工一〇〇人以上の工場についての社会局の調査によれば、請負業者をとおした賃金支払いは約六五％、工場主による直接支払いは約三五％であった[32]。工場主による直接支払いのばあいの請負業者に対する「報酬」（手数料）は、〔事例7〕にみられるように、「毎月定額を定め、或は労働者一人に付単価を定めて、之を労働者の賃銀とは別個に支払はるゝ[33]」とされている。請負業者に対するこうした手数料の別途支給は、供給した労働者（臨時工・工場人夫）の賃金の〝ピンはね〟（中間搾取）を防止するためで、この時期の行政側の規制・取締政策によってしだいに普及していく傾向にあった[34]。

供給した労働者の賃金に対する請負業者の〝ピンはね〟の率は、労働者の性・年齢や労働の種類によってそれぞれ異にするケースもあり、一定のケースもある。また、賃金の一定額を〝ピンはね〟するケースも存在する。比率によるばあいは、供給労働者の賃金（日給）の五％から二五％、定額によるばあいは賃金（日給）の五銭から五〇銭とされている[35]。事実、三五年一〇月現在、神奈川県の主要工場一六〇を対象した調査によれば、「人夫名義の職工」の平均賃金は一円四五銭、平均〝ピンはね〟額は二五銭一厘で、それは賃金の一七・三％に当り、また人夫の平均賃金は一円五二銭、平均〝ピンはね〟額は二六銭二厘で、それは賃金の一七・二％となっている[36]。

以上、工場主（経営者）と請負業者の関係、請負業者と臨時工・工場人夫の関係についてのべてきたが、それでは次に、これら請負業者（以下、「労務供給請負業者」の表記に戻す）はどのような社会的存在だったのか、この点について考察することにしよう。

労務供給請負業者が供給する労働者は、「工場雑役」労働者（上記の臨時工・工場人夫など）、「仲仕《なかし》」（沖《おき》仲仕、陸《おか》仲仕など）、「土木建築」労働者の三つに大別される。たとえば、三五年九月現在、阪神地域の労務供給請負業者に所属する労働者は四万七千人にのぼり、その労働種別の割合は、「工場雑役」四五・〇％、「仲仕」一八・五％、「土木建築」二一・三％、「人夫雑役」三・三％、「その他」一・九％であった(37)。労務供給請負業者一人が供給するこれら労働者の数は、三〇人未満が圧倒的に多かった。事実、三八年二月の調査になるが、それによれば、全国で労務供給請負業に従事している業者数は七三七六人で、その供給労働者数別内訳は、一〇人未満三六九三人（全体の五〇・一％）、一〇人以上三〇人未満二三六九人（同三二・一％）、三〇人以上五〇人未満六八七人（同九・三％）、五〇人以上六二七人（同八・五％）であった(38)。

以上のように、一人の労務供給請負業者が供給する労働者数はけっして多いわけではなかった。しかし、「常ニ事業量ノ変動ニ従ヒ求人者ノ要求スル労働量ハ一定シ難ク、ソノ緩急ニ応ズル為ニ、若《も》モノ労働者ヲ手許《てもと》ニ常置スル必要アルヲ以テ、労働者ノ止宿設備ヲ有スルモノガ多イ(39)」と報告されているように、業者の宿泊設備のなかに供給労働者を確保しているばあいが多かった。表Ⅳ-12は、東京・神奈川の労務供給請負業者の所属労働者数別業者数を示したものである。所属労働者の多くは業者の宿泊設備に止宿している者と考えられる。さきにのべた三八年二月の全国調査とは異なり、東京・神奈川という大都市地域のため、労務供給請負業者に所属する労働者数は二〇―四九人がもっとも多く、一九人以下は少ない。また供給する労働者の種別の業者数は、工場が密集する東京でも神奈川でも「工場会社の雑役人夫」を扱う業者は多い。ただし、東京港、横浜港がある東京、神奈川では、上記に劣らず「仲仕」を扱う業者が多く、都市建設工事が多い東京では、「土木建築労働者」を扱う業者が抜きん出ている。なお、労務供給請負業者のなかにはそれを兼業とする者が少なからず存在するが、本業は何かを示す史料は存在しない。

上述したような労務供給請負業の発展の背景には、昭和恐慌後も農業が長期間不況状態で低迷したため農村部か

表IV－12　業務態様別労務供給請負業者数（1935年）

（単位：人）

	業者が供給する労働者の種別	専業・兼業の別	所属労働者数別業者数						計
			10人未満	10-19	20-49	50-99	100人以上	不明	
東京府	工場会社の雑役人夫	専業	—	2	42	10	7	—	61
		兼業	—	—	44	2	—	—	46
	仲仕	専業	—	—	14	53	1	—	68
		兼業	—	—	3	—	—	—	3
	土木建築労働者	専業	13	4	1,225	36	18	21	1,317
		兼業	6	—	586	2	1	1	596
神奈川県	工場会社の雑役人夫	専業	—	—	7	6	3	10	26
		兼業	—	—	6	6	—	11	23
	仲仕	専業	—	—	5	1	3	1	10
		兼業	—	—	42	—	—	—	42
	土木建築労働者	専業	—	—	4	4	5	39	52
		兼業	—	—	10	1	—	5	16

資料：東京地方職業紹介事務所『労力供給請負業ニ関スル調査』1935年6月（謄写刷，頁数なし）より作成。

ら都市部へ人口が流出し、その多くが日雇労働者として都市部へ滞留していたという事情がある。実際、表IV－13から明らかなように、労働者総数に占める「日傭労働者其ノ他」の比率は、三一年から三五年にかけて微減しているものの、一貫して四〇％前後を占めている。そしてその比率は三七年におおきく低下するが、それでも労働者総数のうち三人に一人は日雇労働者であり、その実数は三一年のときよりも一五万八〇〇〇人増加している。こうした日雇労働者の増加は、もちろんただちに労務供給請負業者の傘下にはいったわけではない。日雇労働者に対して労務供給請負業者は積極的に募集活動をおこなった。事実、工場へ臨時工・人夫などを供給する請負業者は「常に

表Ⅳ-13　労働者構成の推移

（単位：千人・％）

労　働　者	1931年	1933年	1935年	1937年
工場労働者	2,026(43.4)	2,234(43.6)	2,792(47.3)	3,407(53.1)
鉱山労働者	196(4.2)	228(4.4)	275(4.7)	366(5.7)
運輸，交通，通信労働者	507(10.9)	557(10.9)	544(9.2)	549(8.5)
日傭労働者その他	1,942(41.6)	2,108(41.1)	2,295(38.9)	2,100(32.7)
総　数	4,671(100.0)	5,127(100.0)	5,906(100.0)	6,422(100.0)

資料：内閣統計局『労働統計要覧』1932年版，34年版，36年版，38年版より作成。
注：各年12月末現在。

営利職業紹介所を利用し、或は……飯屋《めしや》、電柱、共同便所等に募集の貼紙をなし(40)」て労働者を募集するとされている。また、個別の事例であるが、八幡製鉄所に「臨時職夫」、「請負人夫」を供給する請負業者は、みずからが経営する「労働下宿」の止宿人を集めるときは、「門司、下関、福岡、久留米、別府、熊本、鹿児島方面等ノ周旋業者ト連絡ヲ執リ……誘引スル(41)」とされている。

このように日雇労働者は、労務供給請負業者の積極的な募集活動によって初めてその傘下の労働者に編入された。

(四)　臨時工・労務供給請負業の拡大の要因

本節の最後に、一九三〇年代にこれまでみてきたような臨時工と労務供給請負業がなぜ拡大したのか、その要因について考察することにしたい。

まず第一の最大の要因は、満州事変を契機とする重化学工業の急速な発展のもとで、経営者側がその発展の持続性に対してきわめて慎重な判断を有していたことである。事実、全国産業団体聯合会は、「(満州事変の——引用者)軍需インフレは、我が国産業界に急激な労働需要を惹起したが、他面その継続性についての見通し困難なる等の理由からして、臨時工といふ一種特別の労働者層を形成するに至った(42)」という認識を示している。また社会局も、臨時工制度について、「工業主は、現下経済乃至産業界の状況に鑑み、工業界殷賑の持続性に付見通し付かず、拡張部分の作業に対しては何時《いつ》なりとも自由に縮少〔小〕し得べき方策として此の制度を採用せるもの、如し[43]」とのべている。したがって、既述のような臨時工の契約更新（その繰り返し）も、経営者の政治経済状況に対する認識と密接に結びついていた。この点について当時の一調査報告書は、「満州事変が起り上海事変（三二年一月——引用者）が起った当時は、軍部の政治的進出に対する反感と共に、財界は軍需インフレが永続すると思はなかったから……臨時工募集となり、満州事変による対外関係の緊張が非常時意識となって相当永引くと見極められるや、臨時工の契約更新による大量使傭となり……[44]」と記している。

こうした経営者の経済状況認識が臨時工を生みだしていることについては個別的事例からも認識することができる。一例をあげると、前記した戸畑鋳物株式会社（資本金一五〇〇万円、職工六〇〇〇人、その内臨時工二五〇〇人）が三四年一一月臨時工二人を解雇したことによる解雇不当訴訟事件で、大阪区裁判所は三五年七月の判決文（原告勝訴）のなかで、被告会社側の主張を次のようにまとめている。

「被告会社ハ今日我国ノ工業界ガ部分的ニ活気ヲ呈セルハ、主トシテ赤字公債ノ増発ト軍需工業ノ殷盛トニ基ク一時ノ変態的現象ニシテ、永続性ナキモノト観測スルガ故ニ、未ダ工場設備ヲ拡張セズ、正常ノ製造能力ニ超過セル製造ハ臨時的操業ニシテ、之ニ要スル人員ハ臨時ノ必要ニ基クモノト解シ、之ヲ臨時人夫トシテ本工ト区別スルモノナリ[45]」

以上のべたような経営者の経済状況認識は、経営者が労務供給請負業に依存する一つの理由でもあった。実際、福岡地方職業紹介所と社会局の調査によれば、求人者（経営者）側が労務供給請負業者を利用する一つの理由は、「不景気ガ再来シ減員ノ場合、解雇ノ問題ガ起ルコトハ困ル[46]」、「事業ノ繁閑ニ応ジ、敏速且確実ニ所属労働者ノ供給ヲ受ケ得ルコト[47]」であった。

第二の要因は、第一の要因と密接に関連することがらであるが、職工をいつでも解雇できるよう解雇予告手当の支給（改正工場法施行令第二七条ノ二）をはじめ、工場法が適用されない雇用形態を、経営者側が意識的に追求したことである。実際、当時の一論考は、「供給請負業者の手を通ずる雇傭といふ形式において使傭されてゐる臨時工は……企業家との間には直接の雇傭関係なき観を呈せるため、企業家はこれに対ししば〱工場法施行令第二七条の二による予告手当の支給を始め、その他工場法規の命ずる義務の履行を拒絶せんことを計（48）」っているとのべている。また、求人者（経営者）側が労務供給請負業者を利用する理由として社会局の調査は、「労働者側ガ事業主トノ間ニ法律上直接ノ雇傭関係ニ立タザルガ為ニ、事業主ガ直接賃銀其他労働条件ニ関スル責任ヲ負フ必要ナク、且《かつ》解雇手当、其他解雇ニ伴フ諸種ノ問題ニ関係セザルコトヲ得ルコト」、「供給労働者ガ諸労働保護法規ノ適用ヲ受ケザルコト」をあげている（49）。おなじ点について東京地方職業紹介所の調査も、「工場法制定ニ伴ヒ求人者ハ普通職工ニ対シテハ同法ヨリ種々ナル制限ヲ受ケ経済上ノ不利アリ、然ルニ一般事業ノ振不賑ハ予測スルヲ得ス、好況時代ニ多数ノ常傭職工ヲ雇入レ一朝不況ノ場合ニ之カ整理頗《すこぶ》ル困難トナリ、経済上多大ノ損失ヲ蒙ルコトアルニ反シ、供給人ヨリ一時的ノ形式ニ於テ雇入レタル熟練工ハ直ニ整理シ得ルノ利益アリ（50）」とのべている。

第三の要因は、昭和恐慌後、重化学工業を中心とする多くの企業が人件費の削減のために、低賃金の労働者をもとめたことである。一（節）でのべた二〇年代の人員整理、それに本書ではふれなかったが浜口《はまぐち》雄幸《おさち》内閣（二九年七月二日―三一年四月一四日）のもとですすめられた産業合理化政策によって、企業の労働者の多くは相対的高賃金の基幹的熟練工によって構成されていた。恐慌後は、企業にとってこうした構造を転換させる必要があった。当時の一調査報告書は以下のようにのべている。

「年来の不況の結果、昭和四年前後に於いて所謂《いわゆる》産業合理化が行はれ、高給の老朽職工が一応解雇されて以来、事業主は解雇することはあっても新規に雇入れることは極めて少なく、従って現在本工として残っているものの大部分は、勤続年限も長く日給額も相当に高いものがある。海軍工廠に於いては本工の七割は一〇年以上の勤続者であり、陸軍工廠においては定額賃銀の平均が二円五〇銭以上に達する（一九―三一年の機械製造業労働者の平均定額賃金は一円九一銭(51)――引用者注）……この事が極端になれば、本工を中心とする作業に於いて生産コストが高〔嵩《かさ》〕み、事業を圧迫するといふ結果にまで到達し、事業家は……賃銀の高い本職工を……賃銀の安い臨時工を以って置き換へようとする努力を生むに至（った）(52)」

第四の要因は、第一、第二の要因と密接に関連することであるが、現在の好景気が反転して不況局面におちいり解雇問題に直面したとき発生するであろう労働争議を抑止するために、経営者側が臨時工の積極的な採用を重視したことである。事実、全国産業団体聯合会は、臨時工の存在理由の一つとして「将来解雇に当ってのトラブルを予防せんとすること(53)」をあげており、また社会局も、求人者（経営者）が労務供給請負業者を利用する理由の一つとして、「労働争議等ノ場合ニ、供給業者ノ不当勢力（争議への対抗勢力――引用者）ヲ利用シ得ベキコト(54)」を指摘している。また福岡地方職業紹介所も上記の点について、「工場ノ変災若クハ労働争議等ノ非常ノ場合ニ於テ、供給人ノ勢力ヲ利用スルコトガ出来ル(55)」と記している。

第五の要因は、昭和恐慌後の日本経済の重化学工業化にともなう構造的要因である。その一つは、重化学工業の発達によって運搬過程の重筋労働の必要性がいっそう高まったことである。この点について福岡地方職業紹介所は、「工場ノ経営ニ当ツテハ、場外ニ於テノ原料、製品、機械等ノ運搬作業及場外ト場内ノ連絡運搬作業、其他臨時ニ多数ノ労働者ヲ必要トスル場合多ク、其ノ結果トシテ人夫供給ノ必要ガ起ルコトハ蓋《けだ》シ避クベカラザル事実デアロウ(56)」とのべている。いま一つは、重化学工業の発達にともない、一（節）でのべた造船業や土木建築業のような、注文生産で労働集約的な総合組立産業の発展がいっそううながされたことである。

最後に第六の要因は、昭和恐慌後重化学工業を中心に工業部門がいち早く発展の軌道にのったのに対し、農業部門はその後も長いあいだ不況で低迷したという、日本経済のもう一つの構造的要因である。長びく農業不況は、重化学工業の発展が著しい大都市部への人口流出をうながし、それらの人びとの多くは都市下層の日雇労働者として沈澱し、労務供給請負業者をとおして臨時工（「人夫名義の職工」）や工場人夫などへ編成替えされた。

以上、臨時工と労務供給請負業がなぜ三〇年代に拡大したのか、その要因を六点にわたってのべてきた。そのすべてが重要であるが、筆者の考えでは、主観的要因としては第一、第二の要因、客観的要因としては第五、第六の要因が重視されるべきだとおもう。

注

(1) 三和良一・原朗編『近現代日本経済史要覧』補訂版、東京大学出版会、二〇一〇年、一一頁。
(2) 前掲『日本労働運動史料』第一〇巻、一三九頁より算出。
(3) 東洋経済新報社編『日本経済年報』第二十七輯、一九三七年第一輯、東洋経済新報社、八七頁。
(4) 石原太蔵「川口鋳物業の実際（中）」協調会『社会政策時報』一九三三年三月号、一一四頁。
(5) 同上、一一六頁。
(6) 同上、同頁。
(7) 前掲、協調会『川口鋳物業実地調査』六七頁。
(8) 前掲、東洋経済新報社編『日本経済年報』第二十七輯、八五頁。
(9) 社会局労働部『臨時職工及人夫ニ関スル調査』一九三五年三月、三―七頁より算出。
(10) （警視庁工場課）福田清作「警視庁管下三十人以上使用工場に於ける臨時工の実際（其の一）」（『産業福利』第一一巻第

五号、一九三七年五月）九二―九六頁より算出。
(11) 福岡地方職業紹介事務局『九州地方労働事情概要』一九三六年七月、四五頁。
(12) 労働事情調査所編『臨時工問題の研究』一九三五年六月、一二三頁。
(13) 同上書、一二二頁。
(14) 前掲、社会局労働部『臨時職工及人夫ニ関スル調査』四六―四七頁。
(15) 同上書、五四頁。
(16) 前掲、西成田豊『退職金の一四〇年』第四章参照。
(17) 前掲、社会局労働部『臨時職工及人夫ニ関スル調査』六二―六三頁。
(18) 労働事情調査所編『臨時工問題の研究』一九三五年六月、附録五二頁。
(19) 労働事情調査所編『臨時工問題の研究』一九三五年六月、三六―三九頁。
(20) 池田安夫「本工と臨時工の関係」（『社会政策時報』一九三六年七月号）一六二頁。
(21) この経営者団体については、前掲、西成田豊『退職金の一四〇年』一九八―一九九頁参照。
(22) 全国産業団体聯合会調査課『臨時工問題に関する調査』一九三五年一〇月、二頁。
(23) 前掲、労働事情調査所編『臨時工問題の研究』四一頁。
(24) 以下、同上書、九九―一〇一頁。
(25) 社会局職業課『労力供給請負業ノ現況』一九三七年一二月（謄写刷、頁数なし）。
(26) 前掲、労働事情調査所編『臨時工問題の研究』三五頁。
(27) 前掲、社会局職業課『労力供給請負業ノ現況』。
(28) 前掲、社会局労働部『臨時職工及人夫ニ関スル調査』二〇―二一頁。
(29) 同上書、二一―二四頁。
(30) この点については、西成田豊『在日朝鮮人の「世界」と「帝国」国家』東京大学出版会、一九九七年、第三章を参照されたい。
(31) 前掲、社会局労働部『臨時職工及人夫ニ関スル調査』二四―二五頁。
(32) 同上書、一七頁。
(33) 同上書、同頁。

(34) 前掲、労働事情調査所編『臨時工問題の研究』六一頁。
(35) 前掲、社会局労働部『臨時職工及人夫ニ関スル調査』一八頁。
(36) 社会局労働部『労働時報』第一二巻第一〇号、一九三五年一〇月、一三六頁。
(37) 『労力供給請負業ニ対スル意見』昭和七年九月中央事務局回答（謄写刷、頁数なし）。
(38) 「昭和十三年二月三日各地方長官宛照会ノ結果」社会局資料（謄写刷、一葉）。
(39) 前掲、社会局職業課『労力供給請負業ノ現況』。
(40) 前掲、労働事情調査所編『臨時工問題の研究』五九頁。
(41) 福岡地方職業紹介事務局『労力供給請負業に関する調査』一九三四年一二月（謄写刷）、一七頁。
(42) 全国産業団体聯合会事務局『臨時工問題に関する参考資料』一九三五年六月、一頁。
(43) 前掲、社会局労働部『臨時職工及人夫ニ関スル調査』一四頁。
(44) 前掲、労働事情調査所編『臨時工問題の研究』一二〇頁。
(45) 後藤清「臨時工の法律学的研究」（『社会政策時報』一九三六年一月号）七頁。
(46) 福岡地方職業紹介事務局『労力供給請負業に関する調査』一九三四年一二月（謄写刷、頁数なし）。
(47) 前掲、社会局職業課『労力供給請負業ノ現況』。
(48) 前掲、後藤清「臨時工の法律学的研究」一〇―一一頁。
(49) 前掲、社会局職業課『労力供給請負業ノ現況』。
(50) 東京地方職業紹介事務局『横浜地方ニ於ケル土木建築・工場雑役労力供給請負業ニ関スル調査』一九三五年六月（謄写刷）、五―六頁。
(51) 前掲『日本労働運動史料』第一〇巻、二九一頁。
(52) 前掲、労働事情調査所編『臨時工問題の研究』八八頁。
(53) 前掲、全国産業団体聯合会事務局『臨時工問題に関する参考資料』一〇頁。
(54) 前掲、社会局職業課『労力供給請負業ノ現況』。
(55) 前掲、福岡地方職業紹介事務局『労力供給請負業に関する調査』一九三四年一二月、一七頁。
(56) 前掲、福岡地方職業紹介事務局『労力供給請負業に関する調査』一九三四年一二月、二頁。

むすび――臨時工制度の解体と労務供給請負業の縮小

最後に、両大戦間期とくに三〇年代に発達した臨時工制度・労務供給請負業が、日中戦争の勃発（三七年七月）以降、解体・縮小していく展望をのべて、本章を締めくくることにしたい。

前掲表Ⅳ-5・8・11でみたように、日中戦争勃発後の三七年一一月の時点においても、臨時工と労務供給請負業者の大量の存在が確認される。経営者側は、なおこの時点でも戦争とそれによる好景気が持続するとは考えていなかったようにおもわれる。しかし、翌三八年四月の国家総動員法（労働力の動員・統制を含んでいる）の公布は、二（節）の㈣で指摘した第一、第二の要因を消滅させる決定的な契機となった。また、その後の戦争長期化の見通しによる労働力不足への企業側の懸念は、労働者の積極的な採用をうながし、労務供給請負業者による臨時工、「人夫名義の職工」、日雇職工の供給を急速に縮小させた。これも、前記第一・第二の要因を消滅させる重要な契機となった。また三八年三月に始まった産業報国運動は、(1)労働争議再燃の可能性を否定した（前記第三の要因の消滅）ばかりでなく、産報運動の基調理念の一つである「労資一体」の思想は、労働者内部の階層性を否認するものであった。

以上のべた諸状況の変化によって、三八年半ばころまでに臨時工制度は解体し労務供給請負業は縮小していったものとおもわれる。もちろん、そのことを直接証明する史料は存在しない。ただここでは、三菱重工業の一つの事例だけを紹介しておきたい。

それまで臨時工や日雇職工を使用してきた三菱重工業は、三八年九月に開かれた第二五回「中央労務会」において、協議事項の一つに「長期戦ニ対応スル労働力ノ維持及培養方策ニ係ル件」を提示した。(2)同社が、日中戦争発生後一年余りたって初めてこの戦争を「長期戦」と認識したことが、まず注目される。その「長期戦」を前提とした上記事項について協議した結果、「中央労務会」がくだした結論は、「年齢、資格及体格検査ノ基準ヲ低下スル等、雇入条件ヲ或程度緩和シ、大量雇入ニ対処スルコト」、「傷痍軍人ハ差支ヘナキ限リ優先的ニ採用スルコト」、「女子ノ使用ニ付テハ積極的ニ考慮スルコト」、「職工ノ移動防止及応召職工対策ニ付テハ今後共一層配意ノコト」などであった。このように三菱重工業は、戦争が「長期戦」になる見通しのもとで、採用基準を緩和してまで労働者を大量に採用し、その移動制限（当然、解雇制限を含むことになる）をはかる方針に転換したのである。三菱重工業にみられるこうした雇用政策の転換は、ほかの多くの企業でもすすんだものと考えてよいであろう。

以上、戦争の本格化にともない、臨時工制度が解体し労務供給請負業が縮小したことの歴史的背景と要因についてのべてきた。ただ、筆者が労務供給請負業について一貫して「縮小」と記してきたのは、戦時経済体制にはいっても、前記第五の要因は消滅するどころか逆に増大したと考えたからである。戦時経済体制のもとでは、民需工場の軍需工場への転換（改造）、飛行場・発電所建設などのための土木建築業の拡張や、海上輸送のための港湾荷役業の拡大など、これらの業種を担う労働者（日雇職人・人夫、仲仕）の需要も高まり、それらは依然労務供給請負業に依存せざるをえなかったからである。この点については、次の終章で詳しく論ずることにする。

注

（1）産業報国運動と産業報国会については、前掲、西成田豊『近代日本労資関係史の研究』第六章を参照されたい。

（2）以下、三菱重工業株式会社『第二十五回中央労務会議事録』昭和十三年九月、一一―一九頁による。

終　章　政策と理論

一　政策の展開と帰結

第三章、第四章で論じたように、臨時工に対する政府・行政当局の取締政策と、日中戦争の勃発（一九三七年七月）による戦時経済体制への移行は、臨時工、「人夫名義の職工」や日雇職工の存在を事実上解体するとともに、それら職工の供給をおこなう労務供給請負業も事実上消滅させた。しかし、戦時経済体制への移行後も、労務供給請負業一般が否定されたわけではない。そのことは、職業紹介所（一九二一年四月の職業紹介法の制定によって設立された）をそれまでの市町村営から国営へ移管することを定めた「改正職業紹介法」のなかにはっきり示されている。

そこでまず、職業紹介法改正に至る背景と経緯について簡単にふれておきたい。職業紹介事業を国営にする必要があるという議論は、各地の職業紹介所長の意見を中心に、日中戦争前からあったが(1)、戦争勃発とともにその気運は急速に高まった。戦時経済への突入にともない、政府は軍需工場の労働力を確保し増大するために労働力資源を開拓し斡旋する必要に迫られたが、職業紹介所の経営が市町村においておこなわれていたことが、一つのおおきな障害となっていた。こうして一九三八年一月、政府は「職業紹介制度改正要綱」を政府部内の職業紹介委員会に諮問した。同委員会は審議の結果、同年二月「希望決議」（後述）を付したうえでこれを承認する旨の答申を出した。これをうけて政府は、職業紹介所の国営移管をおもな内容とする「職業紹介法改正法案」を帝国議会に提出した。同法案は可決され、改正職業紹介法は同年四月に公布され七月に施行されることになった。[2]

改正職業紹介法は、繰り返しのべてきたように、職業紹介所の国営移管を主眼とするものであったが、しかし同法第八条、第二二条ではそれぞれ以下のような重要な内容が規定されている。[3]

「労務供給事業ヲ行ハントスル者又ハ労務者ノ募集ヲ行ハントスル者ニシテ命令ノ定ムルモノハ地方長官（東京府ニ在リテハ東京府知事及警視総監トス）ノ許可ヲ受クベシ（以下略）」（第八条）、「本法施行ノ際……許可ヲ受クベキ労務供給事業又ハ労務者ノ募集ヲ行フ者ハ本法施行後二月以内ニ地方長官（東京府ニ在リテハ東京府知事及警視総監トス）ニ許可ヲ申請スベシ／前項ノ者ハ前項ノ申請ニ対スル許可又ハ不許可ノ処分アル迄其ノ事業又ハ募集ヲ行フコトヲ得《う》」（第二二条）

これらの二つの条項は、地方長官の許認可を前提に労務供給請負業（「労務供給事業」）を法的に承認したものである。そして、このことは実は、さきに記した職業紹介委員会の「希望決議」五項目のうちの一つに「民間事業ノ統制ニ関スル事項」という項目があり、そのなかで「民間ノ職業紹介事業並《ならびに》之ガ類似業ノ統制ニ関シテハ産業、労働両面ノ実情ヲ充分参酌シ、労働需給ノ円滑ヲ欠クコトナキヲ期スルコト」[4]がうたわれていたことと密接に関連している。そしてさらに「希望決議」のこの項目は、政府が諮問した「職業紹介制度改正要綱」のなかにあった「当分ノ内、法人又ハ私人ハ地方長官ノ許可ヲ受ケテ職業紹介事業ヲ営ムコトヲ得ルコト」（項目の一〇）、「職業紹介類似業ニ付テハ許可ヲ受ケシムルコト」（同一一）という規定[5]を、支持し応援するものであった。

上述した「改正職業紹介法」第八条の規定をうけて三八年六月、厚生省は省令第一八号をもって「労務供給事業規則」（以下「規則」と記す）を制定した[6]（翌七月施行）。労務供給請負業一般については、従来何の法的な保護や監督・規制はなかったが、同「規則」の制定によって初めてその保護と監督がなされるようになった。同「規則」[7]は、まず第一条で「本令ハ職業紹介法（以下、法ト称ス）第八条ノ規定ニ依ル労務供給事業ニ之ヲ適用ス」とし、第二条ではその事業を「（前略）労務供給事業ハ臨時ニ使用セラルル労務者ヲ有料ニテ又ハ営利ノ目的ヲ以テ常時三十人以上供給スル事業トス」と規定している。さらに第三条では、「労務供給事業ノ許可ヲ受ケントスル者ハ左ニ掲グル事項ヲ具シ、事業所所在地ヲ管轄スル地方長官ニ申請スベシ」とし、十一にわたる記載事項が示されている。そのなかには「本籍、住所、氏名、年齢及履歴」、「事業所ノ所在地及名称」のほかに、「所属労務者ノ業務ノ種類」、「所属労務者ニ対スル賃金支払ノ方法」、「所属労務者ニ対スル金品ノ貸付及回収方法」、「所属労務者ノ宿泊施設ヲ設クルトキハ其ノ所在地、構造（平面図添附）、宿泊定員及宿泊料金額」などの重要な項目が含まれていた。

以上の条項をふまえると、「規則」が定めた労務供給請負業とは、業者がその配下に三〇人以上の所属労働者を有しその供給能力があること、またその所属労働者を宿泊施設（いわゆる「人夫部屋」）に収容し確保するばあいがあることなどを指している。そのうえで「規則」は、これらのことについてさまざまな規制基準を設けている。また「規則」は、業者が供給する所属労働者の業務について明示していないが、「規則」公布後の三九年一〇月現在の業種は、人夫、仲仕、職夫、土工、大工、左官、雑役、派出婦、看護婦、附添婦、自動車運転手、メッセンジャー、店員、料理人、浴場従業員、妓夫・妓女などであった[8]。これらのなかでも多いのは、人夫、雑役、職夫、仲仕、派出婦であった[9]。また、この時点での供給業者数、所属労働者数はそれぞれ、二四六一人、一二万四八〇五人であった[10]。

さて、以上のべたような「規則」にもとづく労務供給請負業に対して、その後しだいに政府による統制が強化されるようになっていった。まず、日米の戦争が始まった四一年一二月八日、戦争遂行に必要な労働力を確保するために、労働者の雇入、使用、解雇、就職、退職制限などを定めた「労務調整令」（勅令）が公布され、その第九条で「厚生大臣ハ労務供給業者ノ供給ニ依ル従業者ノ使用ノ制限ニ関シ必要ナル命令ヲ為スコトヲ得」とされた。(11) その使用制限の具体的な内容は、国民学校修了者、一般の青壮年を「供給」労働者とするばあいは、国民職業指導所（四一年二月職業紹介所をこれに改組）(12)の認可を必要としたこと、技能者を「供給」労働者とすることはできないとしたことなどであった。(13) 以上の「労務調整令」の公布をうけて、同月「規則」の一部改正がおこなわれ、労務供給請負業者は「技能者および……国民学校卒業者を所属労務者とすることができない」とされた。(14)

また、戦争末期になると、日雇労務者に対する政府の労務統制が強化され、それにともない労務供給請負業に対する監督・規制もつよまった。すなわち四四年九月、厚生省は省令でもって「労務調整令施行規則」（その内容は不詳）を改正し、日雇労働者（工鉱業の雑役作業、土木建築業、運輸業を担う労働者）(15)の雇入、就労を制限するとともに、労務供給請負業者が供給する労働者の使用についても、すべてその人数を国民勤労動員署長（四四年三月国民職業指導所は国民勤労動員署と改称された）の許可をうけることとし、「供給」労働者数に対する規制を全面的に拡充した。(16)

「労務調整令施行規則」の改正と同時に（四四年九月）、厚生省は省令をもって「労務供給事業規則」を再び改正した。その改正の主要な点は、㈠国民勤労動員署長が認可した人数の範囲内で日雇労働者などを業者の所属労働者とするばあいは、国民勤労動員署長の承認と地方長官の指定団体（道府県労務報国会――後述）の指示を必要としたこと、㈡労働者の配置など必要があるときは、国民勤労動員署長のほか、地方長官やその指定団体（同上）も業者に対し労働者の供給についてさまざまな指示ができるとしたこと、㈢業者は所属労働者の名簿と事業実績を国民勤労動員署長と警察署に届出なければならないとしたこと、㈣地方長官がその必要があると判断したときは、所属労働者の所属解除を命令できるとしたこと、以上の四点であった。(17)

以上のべたような労務供給請負業者に対する統制・監督・規制の強化は、上述したように日雇労働者に対する労務統制の一環であった。事実、四四年一〇月には「日傭労務者ノ計画配置ニ関スル件」が次官会議で決定され、それまでの「国民（労務）動員計画」[18]とは別に日雇労働者の配置計画を策定することになった[19]。また同月、「日傭労務者ノ統制ノ強化ニ伴ヒ労務配置及管理ノ適正ナル遂行ヲ確保センガ為労務統制ニ伴フ取締ヲ一層強化スル」必要性から「労務統制に伴う取締機構の整備強化」が次官会議で決定された[20]。

以上のべてきたように、日中戦争勃発後、労務供給請負業は初めて法的保護と監督をうけるようになり、その法認（保護）と監督規制の両面で政府の介入が始まったが、日米開戦後から戦争末期に至る過程でしだいに後者の監督規制の側面がつよまっていった。そのことは、日雇労働者一般に対する労務統制の強化と一体のものであった。そして実は、日雇労働者一般に対する労務統制という観点からみると、四二年九月の「労務報国会」が一つのおおきな画期となる。

産業・労働をとおして国家に報いる（具体的には「労資一体」化）という産業報国運動は三八年三月から開始され、それは四〇年一一月の大日本産業報国会の創立へとつながった[21]。しかし、土木建築業や港湾荷役業など日雇労働者を使用する業種にはさまざまな種類があり、また事業の永続性がないため、その事業主と日雇労働者の組織化はきわめて困難だったため、それらは大日本産業報国会には編入されなかった。しかし、大日本産業報国会の創立とともに「勤労新体制確立要綱」が閣議決定（四〇年一一月）されたことから[22]、関係省庁は日雇労働者を「勤労新体制」のもとに組織化する必要に迫られた。こうして厚生省は、日雇労働者を対象とした「労務報国会」の設立を立案し、四二年九月、厚生・内務両次官より地方長官に対して「労務報国会設立ニ関スル依命通牒」が発出され、「労務報国会設立要綱」が示された[23]。さらに同月、厚生省労働・職業局長より地方長官に対して「道府県労務報国会ノ組織並ニ事業等ニ関スル件」が発出され、道府県労務報国会会則と道府県労務報国会支部規則の準則が示された[24]。

こうして四二年一〇月以降、大日本労務報国会、道府県労務報国会、道府県労務報国会支部が次々と設立されていった。ただ、これらが大日本産業報国会と異なる点は、おもに個々の事業場における単独の報国会は結成しないという点にあった。

そこで次に、厚生・内務両次官より地方長官に示された「労務報国会設立要綱」[25]（以下「要綱」と記す）をみることにしたい。「要綱」はまず冒頭で次のように記している。

「勤労新体制確立要綱ニ基キ労務供給業者、日傭労務者ヲ使用スル作業請負業者及日傭労務者ヲシテ労務報国会ヲ組織セシメ、勤労能力ノ最高度発揮並ニ労務ノ適正配置ヲ図リ、以テ勤労動員ノ完遂ヲ期セントス」

ここでは、労務供給請負業者、作業請負業者、日雇労働者の三者によって労務報国会が構成されるべきことが示されている。そのうえで「要綱」は、労務報国会は構成員の業務と労働の特徴から大日本産業報国会とは別個に組織されるが、両者の連携をつよく求めている。

「本労務報国会ハ大日本産業報国会ノ一環タルベキモノナルモ、其ノ特殊性ニ鑑ミ別個ニ之ヲ組織セシメントスルモノナルヲ以テ、大日本産業報国会ト緊密ナル聯絡ヲ保テ提携ヲ以テ産業報国ノ実ヲ挙ゲシムルモノトス」

さらに「要綱」は、「大日本労務報国会」について、その構成員は各「道府県労務報国会」とし、目的については次のように記している。

「本会ハ大日本産業報国会ト緊密ナル聯絡ノ下ニ、業者（労務供給業者並ニ日傭労務者ヲ使用スル作業請負業者ヲ指称ス……）並ニ其ノ所属及使用労務者ノ産業報国運動ヲ全国的ニ実施統轄シ、日傭労務者ノ適正ナル配置ヲ図リ勤労動員ノ完遂ヲ期スルヲ以テ目的トスルコト」

「要綱」はさらに、「道府県労務報国会」についてもその形式上の概要（構成員、目的、事業）についても指示しているが、この「道府県労務報国会」については、「長野県労務報国会」の資料[26]（管見のかぎり「道府県労務報国会」については同県のものが唯一の資料である）が存在するので、それに即して考察することにする。

「長野県労務報国会」は、四三年三月に設立された。その「設立趣意書」は次のように記している。

「（前略）工場、鉱山等に於ては産業報国運動が活発に展開せられ相当の成果を挙げつゝあるのでありますが、それ以外の日傭労務者に就きましては従来殆んど確たる組織も結成されざる侭今日に至ったのでありますが、是等労務者は現在土木建築、交通運輸、工鉱業及農林水産業等の分野に於て国家産業の基礎的労務部面を担当して居るのであります（中略）斯る実情に鑑みまして、県下における日傭労務者を打って一丸とする労務報国会を結成し、其の潑剌《はつらつ》たる活動に依って国家の基調労務たるの実を挙げんとするのであります[27]」

設立と同時に作成された「長野県労務報国会設立要綱」は、同会の具体的な内容を記している。まず会員は、「長野県内ノ土木建築業、交通運輸業、工業、鉱業及農林水産業ニ於ケル日傭労務関係者ヲ以テ会員トス[28]」とされ、会員は「普通会員」、「賛助会員」、「名誉会員」の三種に区分された。「普通会員」はさらに「甲種会員」と「乙種会員」に区分され、前者は「労務供給業者、日傭労務者ヲ使用スル作業請負業者」の二者によって構成され、後者は「労務供給業者ノ所属労務者、作業請負業者ノ使用労務者、土木建築業技術労務者、一般貨物取扱労務者、農林水産業日傭労務者、其ノ他ノ日傭労務者」の六者によって構成されるとした（「賛助会員」、「名誉会員」については何も記されていない）。

役員については、会長は長野県知事、副会長は長野県警察部長と「学識経験アル民間人」とされ、理事は「関係官庁職員及労務報国会関係者中ヨリ会長之ヲ委嘱シ、内若干名ヲ常任トス／但長野県労政課長及職業課長ハ常任トス」と規定された(29)。また、以上のべたことからもわかるように、事務所は長野県庁内に置かれ、事務局長は「長野県警察部長タル副会長」、事務局次長は「長野県労政課長、同職業課長ノ職ニアル常任理事」とされた(30)。

一方、会費については、会設立と同時に作成された「長野県労務報国会々費規程」（以下、「規程」と記す）が詳細に記している。それによれば、会費は甲種会費、乙種会費、分担金、賛助会費からなるとされている(31)（「規程」第二条）。まず甲種会費は、以下の八つの等級区分により「甲種会員タル業者」が納めるものとされた（同第三条）。すなわち、一級「常時労務者概ネ千人以上使用又ハ所属スルト認メラレル者」は年会費一〇〇〇円、二級同五〇〇人以上、五〇〇円、三級同二〇〇人以上、二〇〇円、四級同一〇〇人以上、一〇〇円、五級同五〇人以上、五〇円、六級同二〇人以上、二〇円、七級同一〇人以上、一〇円、八級同一〇人未満、五円、がそれである(32)。また乙種会費は、「乙種会員タル労務者」が納めるもので、「日給労務者」男子、月額五銭、同女子、月額三銭、とされた（同第四条）。一方、「分担金」は、長野県労務報国会支部（各警察署管轄区域ごとに設立された）の下部組織として市町村ごとに設立された「労務報国委員会(33)」が納めるものとされ、各市町村の世帯数別に「年額分担金」が決められた（同第五条）。それは以下のとおりである(34)。世帯数五〇〇未満一〇円、同一〇〇〇未満二〇円、同二〇〇〇未満三〇円、同五〇〇〇未満五〇円、同一〇、〇〇〇未満七〇円、同一〇、〇〇〇以上八〇円。

以上、「長野県労務報国会」の概要についてのべてきたが、四四年一月末現在、その組織状況は、甲種「第一種」

（「労務供給業者」）会員は、土木建築業九九四人、交通運輸業一一五人、「労務供給業」一般二〇人、「鉱工業其ノ他」四五六人（甲種「第一種」会員計一五九三人）、甲種「第二種」（「日傭労務者ヲ使用スル作業請負業者」）会員は六〇〇人で、甲種会員のなかでは「労務供給業者」が圧倒的に多かった。一方乙種会員は、男子四万六九九八人、女子一〇〇八人、計四万八〇〇六人であった(35)。

なお、「長野県労務報国会」の事業については前記の「設立要綱」で、「勤労報国精神ノ昂揚ニ関スル事項」、「国民動員ヘノ協力ニ関スル事項」など六項目が掲げられているが(36)、それらの事業が実際にどのようなかたちでどこまで実施されたかを示す記録資料は存在しない。

以上のべてきたことから明らかなように、「労務報国会」は、戦時期の労働統制外にあった日雇労働者を組織化するものであったが、その中心には労務供給請負業者とその所属労働者が存在していた。

それでは、政府による監督・統制が次第につよまっていったとはいえ、戦時期においても労務供給請負業や日雇労働者の存在が基本的に容認されたのはなぜなのであろうか。その理由は、戦時経済体制のもとで、軍需工場の労働力の確保・拡大のための労働統制（労働力動員）政策が推進された(37)一方、他方では新たな軍需工場の建設、民需工場の軍需工場への転換(38)、飛行場建設、発電所建設などのための土木建築業や、海上輸送強化のための港湾荷役業など、これらの業種を担う労働力が必要とされ、これらの事業の流動性・非永続性から日雇労働者やそれらを供給する労務供給請負業の存在が必要とされたためであった。前述した職業紹介法の改正は、職業紹介所の国営化によって軍需工場の労働力を確保・拡大する一方、こうした流動性のある事業については労務供給請負業への依存を承認するという、一見相矛盾する二つの狙いがあった。

さて、以上のような労務供給請負業に対する政策の展開や労働力動員政策の推進にもかかわらず、四五年八月一五日「帝国」日本は敗戦を迎えた。

表終-1　業種別労務供給請負業の状況（1946年2月末現在）

（単位：人・%）

業種別	業者数	所属労務者数
土木建築業	2,515(57.1)	63,479(49.7)
交通運輸業	485(11.0)	27,427(21.5)
家事業	575(13.0)	10,130(7.9)
その他業種	833(18.9)	26,750(20.9)
合計	4,408(100.0)	127,786(100.0)

資料：労働省『労働行政史』第2巻，1969年，1205頁。
注：数字の誤りを訂正した。

終戦後、日本を占領したGHQ（連合国最高司令官総司令部）は四五年九月まず「労務報国会」の解散命令を出す(39)とともに、同年一一月には日本政府に対し職業政策改革に関する覚書（内容は不詳）を手交した(40)。また翌四六年五月には、政府に対して失業対策として公共事業費六〇億円を計上するよう指令が発せられるとともに、その事業遂行のさい作業請負業者を排除することが要求された(41)。さらに同年七月には、前記「覚書」をうけて作成された「職業紹介制度改革調査報告書」（内容は不詳）が厚生省に提出された(42)。

おそらくこうした状況を背景に、労務供給請負業の禁止をおもな目的とする「職業安定法案」が提出されることになるが、そのことを考察する前に、四六年二月末現在の労務供給請負業者数とその所属労働者数を業種別にみておくことにしよう。表終-1によれば、業者数では土木建築業が圧倒的な多数を占め（五七%）、また所属労働者数では、それに交通運輸業を加えた二つの業種で全体の七一%を占めている。前に記した三九年一〇月現在の業者数、所属労働者数と比較すると、所属労働者数は微増しているのに対し、業者数は大幅に増加している。戦時中においても、労務供給請負業は根強く存続し、新規参入業者は大幅に増えていたことがわかる。

こうした労務供給請負業を廃止するために四七年八月、政府は日本国憲法発布（同年五月）後の最初の国会（第一回国会）に「職業安定法案」を提出した。同法案は衆議院労働委員会に付託され審議が開始されたが、そのさい政府側が説明した提案理由は、以下のとおりであった。

「（前略）終戦迄の職業行政は、一言にして申せば、労務の動員配置を目的として行なわれてきたのでありま（すが）……職業行政本来の目的は国民に対して奉仕することにあり、特に憲法の改正をみて基本的人権の尊重が確立せられた今日におきましては、従来の労務の統制配置を目的とした現行の職業紹介法を廃止して、あらたに新憲法の精神に則る法律を制定する必要が生じたのでありまして、本法案制定の趣旨もここにあるのであります。／本法案の目的とするところは、その第一条に明らかな如く、公共職業安定所その他の職業安定機関が憲法第二十二条の職業選択の自由の趣旨を尊重しつつ、各人の有する能力に適当な職業に就く機会を与えることに……あります。（中略）本方法は他人の勤労の上に存在する労働供給事業を禁止しようとするものでありります。即ち、本法案の規定によって認められる労働組合法（四五年一二月公布）による労働組合が労働大臣の許可を受けて行うものの外、従来多く行われてきた労働者供給事業は、中間搾取を行い労働者に対する不当な圧迫を加える例が尠くないのに鑑み、労働の民主化の精神から全国的にこれを禁止しようとするものでありま（43）す」

「職業安定法案」に対する以上の提案理由について、それぞれ条文に即してみると「職業選択の自由」については、第一条のほかに第二条で「何人も公共の福祉に反しない限り、職業を自由に選択することができる」と規定されており、また労務供給請負業の禁止と、労働組合がそれを担うばあいの許可については、それぞれ第四四条と第四五条で、「何人も第四五条で規定する場合を除くの外《ほか》労働者供給事業を行ってはならない」、「労働組合法による労働組合が労働大臣の許可を受けた場合は、無料の労働者供給事業を行うことができる」と規定されている。すなわち「職業安定法案」は、新憲法の三原則（国民主権、平和主義、基本的人権の尊重）のうち、個人の基本的人権の尊重という新憲法の精神に則って立案されたのである（44）。ただし法案は「労働者供給事業」一般をすべて否定したのではなく、労働組合法にもとづく労働組合がその事業をおこなうばあいは、監督官庁の許可を得ればこれを法的に認めるとした点に特徴がある。同法案は国会における審議の結果可決され、職業安定法は四七年一一月公布、翌月から施行されることになった。

ところで、職業安定法が新憲法がうたう基本的人権の尊重という観点から立案されたことは上述したとおりであるが、その立案過程でＧＨＱがどのように関与したのかは、それがわかる直接的な史料が存在しないため、現在のところ詳らかにすることはできない。しかし、さきにのべたように、ＧＨＱが日本政府に対して職業政策改革に関する覚書を手交したことを考えれば、法案作成過程でＧＨＱが何らかのかたちで関与したことは、十分推測することが可能であろう。

事実、ＧＨＱ労働課には「労働者供給事業禁止担当官」としてコレットという人物がおり、コレットは、職業安定法が成立した四七年一一月に以下のような談話を発表している[45]。コレットはまず次のようにのべている。

「この度新しく実施される職業安定法は、今迄日本にあった人夫供給業とか親分子分による口入稼業というものを根本から禁止してこの封建制度が生んだ最も非民主的な制度を改正し、労働者を鉄か石炭かのように勝手に売買取引することを日本からなくして労働者各人が立派な一人前の人間として働けるように計画されたものである。」

コレットはここで、「労働者供給事業」（労務供給請負業）を「封建制度」から生まれた制度、職業安定法はその制度から解放された〝人間らしい労働〟（人権の尊重）を保障するものという構図でかたっている。後者はそれで良いとしても、前者ははたして正しいのかは、後にあらためて論ずることにする。

コレットはさらに以下のようにのべている。

「この職業安定法を正しく行ってゆき、封建制度中の最悪の人夫供給業を禁止するならば、数世紀にわたって東洋諸国を禍していた最も非民主的な社会制度を日本から追放する第一歩を踏み出すことになるであろう。」、「この実現（職業安定法の目的達成——引用者注）によって、日本は国民の民主化を大手を振っていうこともできれば、また世界にその悪名を謳われた最も恥ずべき『苦力制度』の廃止については、日本がアジア諸国の先頭に立ったともいえるのである。」

コレットはここで、「封建制度」としての「労働者供給事業」（労務供給請負業）を「苦力《クーリー》制度」と同一のものと捉え、それを「社会制度」の非民主的なアジア的特質であると主張している。アジア諸国に広く「封建制度」が展開していたという史的認識や、「非民主的」と「封建制度」をイコールで結びつけるのは誤りであるが、コレットが「労働者供給事業」（労務供給請負業）をアジア的視野で捉えていた点は、注目しなければならないであろう。ただし、コレットの上記のような概念規定は供給業主とその配下労働者の関係を「親分子分」関係、「親方制度」関係として捉えていることにもとづいており、業主が労働組合に変わり、「供給」労働者との間に「親分子分」関係のような人格的支配・従属関係が存在しなければ、「労働者供給事業」それ自体を、コレットは否定していない。むしろ逆に、コレットは「（職業安定法の成立は——引用者）正規の労働組合が昔の人夫供給業の仕事を民主的に改正することになった」[46]とさえのべている。

職業安定法施行後、「付則」に記された三カ月の猶予期間を経た四八年三月から、GHQ労働課は総力をあげて労務供給請負業の排除に乗りだし、全国の地方軍政部をとおして創設間もない公共職業安定所（職業安定法成立にともない設立された）に指示し、「数カ月間」のうちに労務供給請負業を根絶するよう強力な至上命令を発出した。(47) 労務供給請負業の根絶はGHQ労働課の指示どおりスムーズに進んだわけではないが、職業安定法の成立がこの業種の急速な衰退を促したことは間違いない。ただ、GHQ労働課（コレット）や職業安定法が想定した労働組合がこの業務を担うという構想は、労働組合法によって結成された組合の圧倒的多数が企業内組合であったため、遂に実現することはなかった。

注

(1) たとえば、一九三四年六月、厚生省において全国職業紹介所長打合会が開催され、職業紹介所の国営問題が議題として取りあげられた（労働省『労働行政史』第一巻、労働法令協会、一九六一年、七二三頁）。
(2) 同上書、七二三―七二四頁。
(3) 同上書、七二九―七三〇頁。
(4) 同上書、七二八頁。
(5) 同上書、七二七頁。
(6) 同上書、七三七頁。
(7) その全文は、同上書、七三八―七四一頁。
(8) 同上書、七三八頁。
(9) 同上書、同頁。
(10) 同上書、同頁。
(11) 「労務調整令」の全文は、同上書、一一一二―一一一五頁。
(12) この点について詳しくは、西成田豊『近代日本労働史――労働力編成の論理と実証』有斐閣、二〇〇七年、二五七―二五八頁、参照。

(13) 前掲『労働行政史』第一巻、一一一〇頁。
(14) 同上書、七三八頁。
(15) 同上書、一一九〇頁。
(16) 同上書、一一九一頁。
(17) 同上書、同頁。
(18) 「国民（労務）動員計画」について詳しくは、前掲、西成田『近代日本労働史』第七章を参照。
(19) 前掲『労働行政史』第一巻、一一九二頁。
(20) 同上書、同頁。
(21) 産業報国運動と産業報国会について詳しくは、西成田豊『近代日本労資関係史の研究』東京大学出版会、一九八八年、第六章を参照。
(22) 前掲、西成田『近代日本労働史』二五四、三四〇、三五四頁、参照。
(23) 前掲『労働行政史』第一巻、一一九三頁。
(24) 同上書、同頁。
(25) その全文は、同上書、一一九四―一一九六頁。
(26) 長野県労務報国会『長野県労務報国会要覧』昭和一八年三月、同『長野県労務報国会要覧』昭和一九年四月。
(27) 長野県労務報国会『長野県労務報国会要覧』昭和一八年三月、一頁。
(28) 同上書、二頁。
(29) 同上書、三―四頁。
(30) 同上書、二頁、五頁。
(31) 同上書、一七頁。
(32) 同上書、同頁。
(33) 「労務報国委員会規則準則」については、同上書、一二三―一二四頁。
(34) 同上書、一八頁。
(35) 長野県労務報国会『長野県労務報国会要覧』昭和一九年四月、五四頁。
(36) 前掲、『長野県労務報国会要覧』昭和一八年三月、三頁。

(37) 前掲、西成田『近代日本労働史』第七章、参照。
(38) 同上書、同章、参照。
(39) 北海道立労働科学研究所編『臨時工』前編、一九五五年、二九九頁。
(40) 労働省『労働行政史』第二巻、労働法令協会、一九六九年、一一六七頁。
(41) 同上書、同頁。
(42) 同上書、同頁。
(43) 同上書、一一六八—一一七〇頁。
(44) 職業安定法は本文でのべたように、新憲法の三原則のうち基本的人権の尊重という精神から制定されたものであり、その点をふまえれば同法第四四条はひじょうに重要であるが、戦前・戦後の主要な労働関連法を史料として抄録した竹前栄治編『史料　日本の労働』（悠思社、一九九四年）が、職業安定法のうち第四四条を省略しているのは（同書、八五—八六頁参照）、同法の意義を真に理解しているのか、疑問をいだかざるをえない。いわゆる護憲派と称される人びとのなかで、その多くは、日本国憲法三原則のうち平和主義に特に強い関心を寄せ（筆者も平和主義は重要だとおもっているが）、基本的人権尊重の条項には関心が薄く理解が浅いことに、筆者は批判的である。そうした憲法に対する関心の在りようが「職業安定法」に対する正しい認識を阻んでいるようにおもわれる。
(45) 北海道立労働科学研究所編『臨時工』後編、一九五六年、二九九—三〇〇頁。
(46) 同上書、三〇〇頁。
(47) 前掲、北海道立労働科学研究所編『臨時工』前編、五〇七頁。

二　理論的考察

従来の近代日本経済史・労働史研究において、研究対象の産業はおもに重工業（それも主として大企業）、繊維工業（製糸業、綿紡績業、織物業）、石炭鉱業が中心であった。そして、この三つの産業は、しばしばそれぞれ異なった特徴をもつものとして対比的に論じられてきたようにおもわれる。労働史に即して言えば、重工業大企業では間接的管理体制（親方請負制）から直接的管理体制（経営側の直接的管理支配）へと進展していくのに対し、繊維工業では直接的管理体制を暗黙の前提としつつ、女工の低賃金、長時間労働、人身拘束的生活管理などの構造的側面が強調されてきた。これに対し石炭鉱業では、「納屋制度」という納屋頭による坑夫の募集・出勤督励（繰り込み）、生活管理という〝特有の〟制度に焦点が当てられてきた。

しかし、本書で追究した視点からすれば、これらの三つの産業には、無視しがたい共通した重要な要因が存在することをみとめることができる。そこで本書での考察を要約しつつ、石炭鉱業も含めてこの点についてのべれば、以下のように言うことができるであろう。

まず、繊維工業の女工の募集の多くは、「募集人」・「紹介人」などと呼ばれる個人の労務供給請負業務につよく依存していた。また「募集人」・「紹介人」による女工の工場間廻し（工場への出し入れ）は、「募集人」・「紹介人」と女工との間にある種の人格的な支配・従属関係があったという意味で、一面で「親分子分」関係的な性格を有していた（第一章）。また、こうした個人による労務供給請負業務のさまざまな弊害に対する対抗的施策として、一九二〇年代にはおもに出稼県の町村行政単位で「女工供給（保護）組合」が多数設立された（第二章）。この「組合」による女工の供給・斡旋も一種の労務供給請負業とみることができるが、そこには前述した戦後の職業安定法（第四五条）で法認された労働組合による「労働者供給事業」と一脈相通ずるものがあったと言ってよい。

一方、重工業大企業については、親方請負制は、文字どおり作業請負までを担う労務供給請負業であるが、それが解体・廃止されたあと（「直接的管理体制」へ移行後）も、たとえば三菱長崎造船所では、一九〇〇年代にはいって登場する臨時職工の募集は、小頭・組長などの「親方職長」[1]による「紹介人」（労務供給請負人）としての活動に依存しており、募集した臨時職工は、「紹介人」（労務供給請負人）である「親方職長」の配下として同一の職場に配置された。また、同所の工場人夫（臨時人夫）に対する需要は、特定の人夫供給請負人による労務供給請負活動に依存していた。また同所の発展過程で、同所の要請により、人身拘束的側面をもつ〝バラック〟(「人夫部屋」)が供給請負人によって建設され、またその配下の者によって「労働下宿」がつくられた(第三章の一)。三菱長崎造船所という個別企業・事業所を離れて全国的規模でみても、重工業大企業では両大戦間期に臨時工が増加し、その多くは「人夫名義の職工」というかたちをとって労務供給請負業者(人夫供給請負人)によって供給された。そして、これらの業者の多くは「労働部屋」を設けており、「人夫名義の職工」の一部や工場人夫だけでなく、土木建築人夫や仲仕なども供給していた(第四章)。

こうした労務供給請負業は、日中戦争の勃発による戦時経済体制への移行により、重工業大企業(軍需工場)への臨時工の供給は事実上廃止されたものの、戦時経済体制の発展にともなう土木建築業や港湾荷役業の拡大によって、土木建築人夫や仲仕などを供給する担い手としてその存在が政府によって法認され監督されるようになった(本章の一)。

また、本書では取りあげなかった石炭鉱業の「納屋制度」も、本書の視点に立って再解釈すれば、納屋頭が坑夫を募集し「納屋」に収容し、それらの坑夫を炭鉱経営者に供給する労務供給請負業の一形態であったと考えることができる。

以上のようにみると、従来しばしば異なった特徴をもつものとして対比的に論じられてきた重工業大企業、繊維工業、石炭鉱業、そしてこれまでほとんど実証的研究がなされてこなかった土木建築業と港湾荷役業、以上の諸産業は、それを労働史に即してみれば、労務供給請負業という重要な共通の要因を含んでいたことがわかる。ただ、それぞれの産業における労務供給請負業の存在形態の差異は、経営側に供給する労働者を業者が工場外の人的関係(人格的支配・従属関係)で掌握しているか(重工業大企業の親方請負制、繊維工業の女工、三菱長崎造船所の臨時職工など)、「供給」労働者を業者がある種の力でもって囲い込み施設(人夫部屋、労働部屋、納屋など)に収容しているか(三菱長崎造船所の臨時人夫、両大戦間期重工業大企業の「人夫名義の職工」の一部、坑夫、土木建築人夫、仲仕など）どうかの点にある。後者は、これまでしばしば収容施設が明確であるだけに、これを「半封建制度」と規定されてきた。しかし、序章で論述したように、労務供給請負業は資本主義の成立や工鉱業の発展にともなう不熟練労働者に対する需要の急増に対して、その市場を開拓し発掘する必要性から生成したものであって、開拓し発掘した労働者を収容施設に囲い込むことをもって、さきの前者と区別してこれを「半封建的制度」と規定するのは誤りであろう。

以上のことは、世界史を俯瞰すればいっそう明瞭となる。たとえば、徳永重良氏の研究(2)によれば、イギリス資本主義成立期（同氏によれば「自由主義段階」の資本主義）の綿工業の中核的な熟練労働者＝精紡工は、糸継ぎ工や補助工など不熟練労働者をみずから雇い、精紡工の収入のなかからごく僅かな賃金をかれ（かの女）らに支給していた。その点で、イギリス資本主義成立期の綿工業は「間接的雇用制度」のもとにあったと、徳永氏は指摘している(3)。また、堀江英一氏の研究(4)によれば、イギリス資本主義成立期のミュール型紡績工場では、工場主は職場を「集団請負制」を担う多数の作業集団に分割し、その「集団請負制」の責任者は精紡工が担っていた。そして同氏が掲載した一八三三年時点のミュール型紡績工場における労働者構成の表(5)によれば、総数一万五五三一人（不明者七四人を除く）の内訳は、成年男子五一六三人、成年女子一一八九人、一八歳未満の未成年男子六五四九人、同女子二六三〇人であり、未成年男子の八九％（五八五二人）、未成年女子の八七％（二二八四人）は「職工」（成年男子の精紡工）によって雇用された者であった。この精紡工に雇用された未成年者の多くは糸継ぎ工や掃除工などの不熟練労働者であり、堀江氏は成年女子も成年男子の精紡工に雇われた者だったとしている(6)。そのうえで同氏は、ミュール型紡績工場は、工場主に直接雇用されている精紡工と、この精紡工に雇用されている糸継ぎ工、掃除工という「二重雇用制度」下にあったと記している(7)。さらに同氏は、こうした「集団請負制」下の精紡工は「戦前わが国の多くの産業部門にもみられたあの組長という職種にあたる(8)」とのべている。以上のようなイギリス資本主義成立期の綿紡績業における精紡工は、経営側からすれば、不熟練労働者の募集・斡旋をかれらに依存したという意味で、作業請負を担った労務供給請負人としての性格を有していたと言ってよいであろう。

こうしたイギリス資本主義成立期の綿紡績業の雇用関係（「間接雇用制度」、「二重雇用制度」）は、徳永氏の研究によれば、綿工業に限らず、同時期の石炭鉱業や製鉄業それに機械工業の一部などかなり広範な産業部門で採用されていた。(9) たとえば同氏によれば、機械工業では、その担い手であるクラフツマン（万能工的な熟練労働者）は、作業遂行上ある程度の独自性を有しており、クラフツマンから選ばれた職長は、しばしば雇主から一定の仕事を請負い、みずから雇い入れた労働者でもって作業を遂行させ、請負価格と配下労働者に支払った賃金の差額を「利潤」として取得していた。すなわち、この請負制のもとでは、職長（「請負親方」）は労働者の雇用、解雇、配置、作業監督、指揮命令、賃金決定など広範に権限を有していたとされる。(10) 以上のことも、雇主側からすれば、職長（「請負親方」）は作業請負を担う労務供給請負人としての性格を有していたと言ってよい。

また藤本武氏のその後の研究(11)によれば、イギリスでは一九世紀、ほかの産業でもバッティ（butties）、親分（gaugers）、沖仲仕（lumpers）などの親方労働者が、それぞれ石炭鉱業、建築業、港湾荷役業において、労働者を配下の者として雇い入れ、みずからの収入のなかから彼らに賃金を支払っていた。(12) 藤本氏は、とくに一九世紀イギリスの建設業について詳しく論じ、そこには「組頭制度」（親方制度）に近いギャング・システムが存在しており、親分は作業を請負うとともに、配下の労働者を施設内に収容し、トミー・ショップ（施設内食料品販売店）で食料などの生活必需品を法外の値段で売りつけ、賃金からその分を差し引いていた。(13) 同氏はこうした点を論じたうえで、ギャング・システムを「日本の明治・大正期の土木工事における人夫部屋をほうふつとさせるものがある」(14) と記している。

以上のように、資本主義成立期あるいは一九世紀のイギリスにおいても、多くの産業部門で作業請負をともなった労務供給請負人（その名称はさまざまであるが）が存在していた[15]。その請負人が雇い入れ配下に置いた労働者を施設内に収容し確保しておくか、そうでないかは、労働市場の発達の度合――この点はたいへん重要であるが――を別とすれば、労働の現場の永続性や地理的条件に規定されていたと考えられる。たとえば、労働現場に永続性があり、その周辺に地理的開放性があるような綿工業や機械工業では「請負親方」による収容施設はなく、逆に労働現場が非永続的であり地理上閉鎖的な所では――前者は建設業[16]、後者は石炭鉱業[17]であるが――「請負親方」による収容施設が存在した。請負人に雇用された者は、ほとんどが不熟練労働者であり、その意味で労務供給請負業は、資本主義発祥の地イギリスにおいても、資本主義の成立とともに急速に拡大した不熟練労働者の需要に応えるために生みだされたものである。したがって、請負業者が開拓し発掘した不熟練労働者を力で囲い込み施設に収容するかどうかをもって――労務供給請負業の一つの形態をもって――当該資本主義の性格（たとえばその「半封建」的性格）を規定するのは誤りであろう。

　藤本氏はまた、序章でのべたアジア的規模でみられた「組頭制度」を実証的にさらに深く究明している。たとえば同氏は、第二次世界大戦前インドの工場の「ジョッバー制度」を「組頭制度」として捉え、ジョッバー（jobbers）は、村落で労働者を集める「募集人」として活動しつつ、かれ（かの女）らを工場で管理・監督する職長あるいは下位使用者（sub-employer）として幅広い権限（住居の付与、作業訓練、昇格、懲罰、休日の付与など）があたえられていたとしている[18]。

　また藤本氏は、旧インドシナにおける「カイ制度」（Cais）についてもさらに深く考察し、これも「組頭制度」と捉え、「カイ制度」は、現地語（アンナン語）を知らないヨーロッパ人経営者が「カイ」という仲介者と契約し、「カイ」に必要労働者の雇用、作業組織の編成、賃金の支払いなどの権限を委託する制度であったと指摘している[19]。この制度も、作業請負をともなった労務供給請負業として捉えることができるであろう。また「カイ」の一つのタイプとして、同氏は、たんに労働者の募集のみをおこない、かれ（かの女）らを工場に引き渡す「カイ」が存在することを指摘し、この「カイ」は日本で言う「募集人」であると記している。[20] いずれにしても、旧インドシナにおける「カイ制度」は労務供給請負業そのものであったと言ってよいであろう。

以上のべてきたように、近代日本においても、一九世紀イギリスにおいても、植民地時代のアジアにおいても、労働者（とくに不熟練労働者）の募集において、労務供給請負業は共通して必要とされた存在であった。また、労務供給請負人が募集した（経営側からみれば供給された）労働者の多くが不熟練労働者であったことと同じ事情で、供給請負人はしばしば作業請負までを担った。そのさい、供給請負人が募集した労働者をみずからの施設に収容し確保しておくかどうかは、労働市場の自律的発達の度合、あるいは当該労働の産業的特質（労働現場の固定性・流動性）や地理的条件におもに規定されていた。ただ、供給請負人と労働者との間には、市場の開拓・発掘の過程で、あるいはそれ以前にすでに存在していたさまざまな形の「縁故」という関係で、多くのばあい人格的支配・従属関係が存在しており、その点で本来労務供給請負業は人権侵害的要因を内包していたと言ってよい。そして、供給請負人が労働者をみずからの施設に収容し確保しておくばあいは、その人格的支配・従属関係がいっそう暴力的な形態をとり、人権侵害的要因が倍加されたことは、間違いないであろう。供給請負人が労働者をみずからの施設に収容しておくか、そうでないかは、おおきな違いではあるが、労務供給請負業が有する人権侵害的要因をふまえれば、両者に決定的な本質的差異はない。

したがって、労務供給請負業者がもつ労働者の収容施設をもって、さきにのべたＧＨＱ労働課（コレット）の認識のように、この業種を「封建的」、「アジア的」（そもそも植民地時代のアジアに封建制が存在したかのような主張は通らないが）と規定するのは誤りであろう。近代になれば、人権侵害の制度や構造が消滅するという史的認識は、近代をあまりにも美化した抽象的理念である。そのことは、現代（現在）においても、世界と日本においてさまざまな形で人権侵害がなされていることを直視すれば、すぐにわかることである。

要するに、労務供給請負業は日本やアジアでは、供給請負人が労働者の収容施設をもつばあいが多く、そしてそれが労働者に対する人権侵害的要因を強化し、また施設が明示的であっただけに、「封建的」、「アジア的」と認識されたと言えよう。しかし、資本主義成立期（あるいは一九世紀）のイギリスの実態をふまえれば、人権侵害的要因を内包した労務供給請負業は、世界史的には、ある時期まで（それは各国によってまちまちであろうが）、かなり普遍的な存在だったのではないかとおもわれる。

注

（1）さしあたり、これを「工場・職場の職工に対して親方として技能を指導しつつも、作業請負をおこなわず、かれらを管理・監督する職長」として捉えておく。

（2）徳永重良『イギリス賃労働史の研究』法政大学出版局、一九六七年。

（3）同上書、六―七頁。

（4）堀江英一編著『イギリス工場制度の成立』ミネルヴァ書房、一九七一年。

（5）同上書、表18。

（6）同上書、五七頁。

（7）以下の条文は、同上書、同頁。

（8）同上書、五五頁。

（9）徳永、前掲書、七頁。

（10）同上書、二四頁。

（11）藤本武『組頭制度の研究――国際的考察』㈶労働科学研究所、一九八四年、第二章。

（12）同上書、七二頁。

(13) 同上書、同頁。
(14) 同上書、七三頁。
(15) 労務供給請負業は英訳すればさしずめ、Labor Supply Contracting Agencies となろうが、英語には一般にこのように表現される言葉はない。
(16) navvies とよばれた土工たちは、運河の掘削、道路の造成、港湾建設、鉄道トンネル工事などで各地を転々と移動する“組”(gang)に雇われていたとされている(藤本、前掲書、七二頁)。
(17) 同上書、七一頁。
(18) 同上書、六一―六五頁。
(19) 同上書、六六―六七頁。
(20) 同上書、六七頁。

あとがき

本書は、ほぼこの四年の間に私が発表した四本の論文に一部加筆・修正を施し、新たに書き下ろした二本の論文を加えてまとめたものである。まず、本書の構成とそれらの諸論文の関係を示せば次のとおりである。

㈠　序章――書き下ろし。
㈡　第一章――「近代日本における繊維工業女性労働者の募集方法について――女工と労務供給請負業」（『人文・自然研究』第六号、一橋大学大学教育研究開発センター、二〇一二年三月）。
㈢　第二章――「一九二〇年代の女工供給（保護）組合――『組合』の女工供給事業」（同上誌、第七号、二〇一三年三月）。
㈣　第三章――「三菱財閥系重工業企業・事業所の臨時職工・人夫と労務供給請負業」（同上誌、第八号、二〇一四年三月）。
㈤　第四章――「両大戦間期日本の臨時工と労務供給請負業」（同上誌、第五号、二〇一一年三月）。
㈥　終章――書き下ろし。

本書を執筆する動機になったのは、前著（『退職金の一四〇年』二〇〇九年三月）の校了直前の二〇〇八年一二月末、「年越し派遣村」に集まった「雇い止めに会った」労働者の窮状を報道と映像で知ったときの衝撃である。序章（一節）の注で記したように、私はかねてから職業安定法第四四条と労働者派遣法の改正（一般労働者への適用拡大）

は法律として相互に矛盾するのではないかという疑念を抱いていた。「年越し派遣村」についての報道と映像は、私のその疑念を喚起させ、それを可視化するものであった。そして、前著を上梓したあと、ひと呼吸を置いて職業安定法制定の前提となった戦前の労務供給請負業についての研究を始めようと決意した。また、そうした研究がほとんどないことも私の意欲を強くした。

しかし、そうした研究意欲が強くなったとき、既に私の体は病気に侵されていた。年が明けた二〇〇九年一月、舌ガンと診断され、三月、一四時間に及ぶ手術を受けた。幸い手術は成功したが、五月大学に復帰するとさまざまな仕事が積み上がっており、本書のための資史料の収集と執筆に取りかかることができるようになったのは二〇一〇年に入ってからであった。しかし、〝怪我〟としては命にかかわるあまりにもおおきな〝怪我〟であったが、〝怪我の功名〟と言うべきか、一カ月以上にわたる長期の入院で頭の中のそれまでのさまざまな雑念はなくなり、逆に私が抱いていた学問観や人間関係などに関する想念は、はっきりその輪郭を描くようになった。

本書は私にとっておそらく最後の研究書になるとおもうので、「あとがき」としては必ずしもふさわしくないが、その学問観の一端をのべさせていただきたい。私の専門分野である経済史学・歴史学、あるいは広く社会（政治・経済を含む、以下同じ）に関する学問は戦後、「歴史科学」（以下「戦後歴史学」と記す）「社会科学」として樹立された。これらの学問が科学であるためには、自然科学と同じように理論が必要とされた。終戦直後から一九五〇年代前半ころまでは、さまざまな領域でマルクス主義の影響が及んでおり、理論はおのずとマルクス主義が中心となった。したがって、戦後歴史学や社会科学は、程度の差はあるものの、あるいは受け方はさまざまであるが、マルクス主義の影響を受けていた。自然科学は社会状況がいかように変化しようとも、それとは何のかかわりもなく、新しい発見や創造、実験的証明がないかぎり、その理論が変化することはない。社会に関する学問も社会科学であることを主張するかぎり、自然科学と同様にその理論の不変性が強調されてきた。社会科学がそのような存在であるかぎり、理論には適さないさまざまな事象は捨象された。捨象という行為なしに理論は形成されないからである。

戦後歴史学は、社会科学のなかでもマルクス主義の影響をもっとも強く受けた分野であり、マルクス主義の根幹をなす資本・賃労働関係（あるいは前近代の階級関係）では捉えること（説明すること）ができない史実は、非本質的なものとして捨象された。本書の研究テーマである労務供給請負業は、その典型的な例であろう。また、戦後歴史学は上述のように歴史科学であるかぎり、その方法的不変性が重視され（変化は「変節」と等置された）、みずからは時代（現実）との緊張関係のなかで歴史を考察すること（歴史科学の社会的有効性）を主張しながら、実際には時代（現実）の展開に常に一歩も二歩も遅れていた。このことは、少なからぬ歴史研究者が共通して指摘してきたところである。

その典型的で重要な一例をあげれば、一九九〇年前後の冷戦の終結によるマルクス主義の破綻（マルクス主義による七五年にわたる壮大な「社会実験」の失敗）は、戦後歴史学に突き付けられた非常におおきな歴史的課題であったにもかかわらず、そのことを深刻に受けとめることができなかったことを指摘することができる。その原因は、マルクス主義党派の「冷戦はまだ終っていない」という牽《けん》強付会の主張に多くの研究者が引きずられたこと、繰り返しになるが、マルクス主義の科学性（不変性）への信奉によって、そこから抜け出す人間的・知的な力がなかったからである。私自身は、「冷戦」の終結とその直後のイギリスへの留学を経て政治的にはマルクス主義から離れたが、学問的にはマルクス主義的認識方法から離れるのには、その後さまざまな思索をとおして五年余りの年月を要した。

そして、現実社会から遊離したところでの学問的営みや論争、とくに一連の諸史実にマルクス・レーニンが説くどのような概念を適用するかといった概念論争は、観念の遊戯であることを思い知るに至った。別の言い方をすれば、社会や現実の変化に柔軟に対応してみずからの学問の在り方やその方法論を検討し、場合によってはみずからの学問を再構成し変化させること、それは古い学問観からすれば科学ではないかも知れないが、そこに学問の社会的有効性があると考えるようになった。変化は「変節」ではなく進歩である。また、文学や芸術の研究は立派な一つの学問であるが、科学ではないことを思えば、学問＝科学研究でないことも容易にわかることである。科学・理論至上主義に、普通の人びとからかけ離れた一種の学問的権威主義を感じとっているのは、私一人だけではないだろう。そうした理論至上主義よりも、リアリズムに徹し、理論から見捨てられてきた（捨象されてきた）史実や現実を歴史の表舞台に登場させること、あるいは現実の問題の解決能力（構想力）を磨く方がはるかに重要だと私は考えている。理論至上主義とリアリズムの精神、こと社会にかんする学問に関するかぎり、学問の独創性は後者の方から生まれるとおもっている。本書は、以上のような学問観をベースに執筆された。

本書は、単著としては八冊めの本になるが、私の研究を一貫して評価し応援してくださったのは、実は戦後歴史学派の方々ではなく、むしろそれとは異なる学問的潮流の諸先生であった。数量経済史を専門とする尾高煌之助先生や社会史・民衆史研究の立場に立つ安丸良夫、鹿野政直、安在邦夫の諸先生などであった。これらの諸先生が戦後歴史学について造詣が深かったという理由もあろうが、私の研究の中に私自身自覚していない戦後歴史学派ならぬ側面を早くから読み取っていたことに、一番の理由があったのかも知れない。特に、本書の基となった諸論考をお送りした際には、上記の諸先生からは必ず丁寧な励ましのお手紙をいただいた。上記の諸先生に心から感謝とお礼の言葉を申し上げたい。

最後に、三〇年以上にわたる友人であり、アメリカの代表的な日本史研究者であるアンドルー・ゴードン氏（ハーバード大学歴史学部教授）に対して感謝の念を申し上げる。ゴードン氏は私との対話のなかで、しばしば日本人の日本（経済）史研究者は日本の特殊性を強調しすぎているのではないか、「日本的」と言われるものは多くの国にもみとめられる、という疑問を提起していた。それに対して戦後歴史学派に属していた私は、それぞれの国の歴史にはそれぞれ固有の構造的特徴があるのではないかという反論を展開していた。しかし、本書の結論は、労務供給請負業の存在は世界史的にはかなり広く見られた現象であり、各国・各地域の違いは結局程度の差の問題であり、その程度の差を研究者が特殊な概念で説明するかどうかによって、当該国・地域に歴史的固有性があるか無いかが決まるにすぎないということであった。前述のように、本書は私の最後の研究書になるだろうが、その本書で、結論の論理構成がゴードン氏のかねてからの主張と期せずして一致したことに、ゴードン氏との不思議な縁を感じ取った。

最後になったが、本書出版に際しては、編集部の戸田隆之氏にたいへんお世話になった。心よりお礼を申し上げる。また、この二〇年余りの出版不況の折、私の観察ではほとんど例外的とでも言えるような御発展ぶりを示しているミネルヴァ書房に敬意を表するとともに、拙い本書の出版をお引き受け下さったことに深く感謝申し上げる。

府中の寓居にて

西成田　豊

二〇一五年二月

事項索引

あ 行

か 行

さ　行

た　行

な　行

は　行

人名索引

ま　行

や　行

《著者紹介》

西成田 豊（にしなりた・ゆたか）

1948年　山口県に生まれる
1973年　一橋大学経済学部卒業
1978年　一橋大学大学院経済学研究博士課程単位取得退学
1989年　一橋大学経済学部教授
1990年　経済学博士（一橋大学）
1998年　一橋大学大学院経済学研究科教授
現　在　一橋大学名誉教授
専門分野　近現代日本経済史・労働史
主な業績　『近代日本労資関係史の研究』東京大学出版会，1988年
『在日朝鮮人の「世界」と「帝国」国家』東京大学出版会，1997年（社会政策学会学術賞受賞）
『中国人強制連行』東京大学出版会，2002年
『経営と労働の明治維新』吉川弘文館，2004年
『近代日本労働史』有斐閣，2007年
『退職金の140年』青木書店，2009年
その他共編，共著など多数

MINERVA 人文・社会科学叢書205
近代日本の労務供給請負業

2015年４月20日　初版第１刷発行　〈検印省略〉

定価はカバーに
表示しています

著　者　西成田　豊
発行者　杉　田　啓　三
印刷者　江　戸　宏　介

発行所　株式会社　ミネルヴァ書房
607-8494 京都市山科区日ノ岡堤谷町１
電話代表　(075)581-5191
振替口座　01020-0-8076

共同印刷工業・兼文堂

ISBN978-4-623-07272-9
Printed in Japan